# 화엄경소론찬요
# 華嚴經疏論纂要

# 화엄경소론찬요 ⑨
# 華嚴經疏論纂要

## ◉ 일러두기 ◉

1. 이 책의 원서는 명말청초 때의 승려인 도패 스님※이 약술 편저한 《화엄경소론찬요》이다. 《대방광불화엄경》 80권본을 기초로 하여, 경문에 청량 스님의 소초(疏鈔)와 이통현 장자의 논(論)을 붙여 상세하게 풀이하였다.

2. 경(經), 소(疏), 논(論)은 원문에 토를 붙여서 그 뜻을 이해하기 편하도록 했으며, 원문 바로 아래 번역문을 넣었다.

3. 원문을 살려 그대로 옮겨 놓음을 원칙으로 하다 보니 본문의 제목 번호에 있어서 다소 혼동이 올 수 있다. 그럴 경우 목차를 참고하기 바란다.

4. 산스크리트어 표기는 〈표준국어대사전〉과 〈불광 사전〉 등에 등재된 음역어를 사용하였으며, 불교 용어에 대한 설명은 주로 〈불광 사전〉을 참고하였다.

5. 내용을 좀 더 쉽게 풀기 위하여 중간에 체계가 약간 바뀌었음을 밝힌다.

※ 위림도패(爲霖道霈, 1615~1702) 스님은 명말청초 때의 조동종 승려이다. 14세 때 백운사(白雲寺)에서 출가하여 경교(經敎)를 공부했다. 영각원현을 모시며 법을 이었고, 천동산(天童山) 밀운원오(密雲圓悟)에게 배워 크게 깨달았다. 그 후 백장산(百丈山)에 암자를 짓고 5년 동안 정업(淨業)을 닦았다. 나중에 고산(鼓山)으로 옮겨 20여 년 동안 살았는데 귀의하는 사람이 매우 많았다. 저술로는 《인왕반야경합소(仁王般若經合疏)》 3권을 비롯하여 《화엄경소론찬요(華嚴經疏論纂要)》 120권, 《법화경문구찬요(法華經文句纂要)》 7권, 《불조삼경지남(佛祖三經指南)》 3권, 《위림도패선사병불어록(爲霖道霈禪師秉拂語錄)》 2권, 《여박암고(旅泊庵稿)》 4권, 《선해십진(禪海十珍)》 1권, 《사십이장경지남(四十二章經指南)》, 《불유교경지남(佛遺教經指南)》, 《고산록(鼓山錄)》 6권, 《반야심경청익설(般若心經請益說)》, 《팔십팔불참(八十八佛懺)》, 《준제참(準提懺)》, 《발원문주(發願文註)》 등이 있다.

## ◉ 간행사 ◉

《화엄경소론찬요》 번역서를 간행하면서

《화엄경》은 비로자나 세존께서 보리도량에서 처음 정각을 성취하신 후, 일곱 도량 아홉 차례의 법문에서 일진(一眞)의 법계(法界)와 제불의 과원(果願)을 보여주시어 미묘한 현지(玄旨)와 그지없는 종취(宗趣)를 밝혀주신 최상의 경전이다. 이처럼 《화엄경》은 법계와 우주가 둘이 아닌 하나로 그 광대함을 말하면 포괄하지 않음이 없고, 그 심오함을 말하면 갖춰 있지 않음이 없어 공간으로는 법계에 다하고 시간으로는 삼세에 통하고 있다.

이러한 이유에서 《화엄경》은 근본 법륜으로 중국은 물론 동양 각국에서 높이 받들며 수많은 주석서가 간행되어 왔다. 그러나 세상에 널리 알려진 것은 청량 국사의 《대방광불화엄경소초(大方廣佛華嚴經疏鈔)》와 통현 장자의 《대방광불화엄경론(大方廣佛華嚴經論)》이다. 소초(疏鈔)는 철저한 장구(章句)의 분석으로 본밀을 지극히 밝혀주었고, 논(論)은 부처님의 논지를 널리 논변하여 자심(自心)으로 회귀하고 있는 것이 특징이다. 이처럼 청량소초와 통현론은 양대 명저(名著)로 모두 수증(修證)하는 데에 지극한 궤범(軌範)이었다.

탄허 대종사께서는 이러한 점을 토대로 통현론을 주(主)로 하고 청량소초를 보(補)로 하여 번역하심으로써 《화엄경》이 동양에 전해진 이후 동양 최초의 《화엄경》 번역이라는 쾌거를 이룩하셨다. 일찍이 한국불교에 침체된 화엄사상은 대종사의 번역에 힘입어 다시 온 누리에 화엄의 꽃비가 내려 화엄의 향기로 불국정토를 성취하여 더할 수 없는, 지극한 법륜을 설하셨다.

그러나 대종사께서 열반하신 이후, 불법은 날로 쇠퇴하고 중생의 근기는 날로 용렬하여 방대한 소초와 논을 열람하기에는 역부족이었다. 이에 대종사의 《화엄경》을 다시 한 번 밝히기 위해서는 또 다른 모색을 필요로 할 시점에 이르렀다. 보다 쉽게 볼 수 있고 간명한 데에서 심오한 데로, 물줄기에서 본원을 찾아갈 수 있는 진량(津梁)을 찾지 않는다면 대종사의 평생 정력을 저버리게 된다는 절박한 마음이 없지 않았다.

청대(淸代) 도패(道霈) 대사는 청량의 소초와 통현의 논 가운데 그 정요(精要)만을 뽑아 《화엄경소론찬요(華嚴經疏論纂要)》를 편집하였다. 이는 매우 방대한 소초와 논을 축약하여, 가까이는 청량 국사와 통현 장자의 심법을 전수하였고 멀리는 비로자나불의 묘체(妙諦)를 밝혀주는 오늘날 최고의 《화엄경》 주석서이다.

이에 《화엄경소론찬요》를 대본으로 하여, 다시 대종사의 번역서를 참고하면서 현대인이 보다 쉽게 이해할 수 있는 번역서를 간행하기에 이르렀다.

이제 돌이켜 생각하면 무상한 세월 속에 감회가 적지 않다. 내지난날 출가 입산하여 겨우 이레가 되던 날, 처음 접한 경전이 《화엄경》이었다. 행자 생활을 시작한 영은사는 대종사께서 오대산 수도원이 해산된 후, 이의 연장선상에서 3년 결사(結社)를 선포하시고 《화엄경》 번역이라는 대작불사를 시작하여 강의하셨던, 한국불교사에 한 획을 그려준 역사의 도량이었다.

그 당시 대종사께서는 행자인 나에게 《화엄경》을 청강하라 하시면서 "설령 알아듣지 못할지라도 들어두면 글눈이 생겨 안 들은 것보다 낫다."고 권면하셨다. 이제 생각해보면 행자 출가 즉시 《화엄경》 공부 자리에 참여했다는 것은 전생의 숙연(宿緣)이 아니었으면 어떻게 그 당시 그 법회에 참석이나 할 수 있었겠는가. 이는 행운 중 행운으로 다겁의 선근공덕이 아닐까 생각되며, 아울러 늦게나마 대종사의 영전에 하나의 향을 올리는 바이다.

처음 《화엄경》 설법을 듣는 순간, 끝없는 우주법계의 장엄세계가 황홀하고 법계를 밝혀주고 무진 보배를 담고 있는 바다의 불가사의한 공덕이라는 대종사의 사자후가 머릿속에 쟁쟁하게 울려왔을 뿐, 그 도리를 이해한다는 것은 나의 근기로써는 도저히 불가능한 일이었다. "쭉정이만도 못하다."고 꾸지람을 하시던 대종사의 방할(棒喝)을 맞으며 영은사에서의 결사가 끝난 후, 나는 단 한 번도 《화엄경》을 펼쳐 볼 엄두를 내지 못했다.

그러던 몇 해 전, 무비 스님께서 범어사에서 《화엄경》을 강좌하시면서 서울에서도 《화엄경》 강좌를 열어보라고 권할 적만 하더라도 언감생심 《화엄경》을 강의하겠다는 생각을 하지 못하였다. 그러나 씨앗을 뿌려놓으면 새싹이 돋아나듯, 반드시 인연법은 사라지지 않는 모양이다. 영은사에서의 《화엄경》 인연이 자곡동 탄허기념박물관에 화엄각건립불사를 발원하게 되었고, 화엄각건립불사를 위하여 《화엄경》 강좌를 열기에 이를 줄은 꿈에도 생각지 못하였다.

미력한 소견으로 강좌를 열면서 정리된 강의 자료를 여러 뜻있는 이들과 다시 한 번 토론하고 강마하면서 우선 〈세주묘엄품〉 출간을 시작으로 계속 연차적으로 간행하고 있다.

이 책이 나오도록 기꺼이 설판제자가 되어주신 승해(勝解) 스님과 능과(能果) 스님, 유봉환 · 심정자 불자님, 오정순 · 김철관 불자님, 조민자 · 이황원 불자님, 무량심 불자님, 김장배 · 임명숙 · 김종훈 불자님, 박혜정 불자님, 한대지행 불자님, 비로행 불자님 등의 깊은 신심과 끊임없이 무주상으로 동참해주신 여러분께 깊은 감사의 말씀을 드린다.

이 책이 간행되어 그동안 추진되어온 화엄각 창건 불사 또한 원만히 성취되길 기원한다. 이 귀한 인연공덕으로 다시 한 번 화엄사상이 꽃피어 온 누리에 탄허 대종사의 공덕이 빛나고, 아울러 화엄정토가 구현되어 남북의 통일과 세계의 평화가 이루어지길 진심으로 축원하는 바이다.

2019년 2월<br>五臺山 後學 慧炬 合掌 再拜

◉ 목차 ◉

## 화엄경소론찬요 제43권 ◉ 십무진장품 제22-2

## 화엄경소론찬요 제44권 ◉ 승도솔천궁품 제23-1

## 화엄경소론찬요 제45권 ◉ 승도솔천궁품 제23-2

## 화엄경소론찬요 제46권 ◉ 도솔궁중게찬품 제24

# 화엄경소론찬요 제42권
華嚴經疏論纂要 卷第四十二

◉

## 십무진장품 제22-1
十無盡藏品 第二十二之一

四門中에 初는 來意라

4분야(來意·釋名·宗趣·釋文) 가운데,

1. 유래한 뜻

◉疏◉

來意者는 總有五義하니 一은 爲答前第二會初十藏問故오 二는 前明正位일세 今依位起行故로 同梵行品이오 三은 前約位別行이오 今辨始終通行故오 四는 前明成位行일세 今辨淨治彼行故니 同十地中信等十行이오 五는 前自分究竟이오 今辨勝進趣後니 同上明法이라

準問컨대 應在十廻向後어늘 今此辨者는 略有二義하니

一云 藏有二義하니 約蘊攝義인댄 在十行後어니와 約出生義인댄 在十地前이니 義通二處니라 問答互顯이라

一云 廻向無別自體라 但以能廻前行으로 爲其自體니 今十藏旣爲十行勝進이며 亦爲廻向勝進일세 故廻向後에 無別勝進이니 此卽前後互擧하야 顯義方備니라

然明法品 及第五廻向에 皆有十藏하니 隨三賢異일세 故不相濫이니라

又前是勝進所成이오 後是一位之果어니와 今通爲勝進일세 故意旨不同이라【鈔_ '準問'下는 釋上問前卻妨이니 二義通之라

'然明法'下는 會差別이니 有二義釋하니 初는 以位揀이라 前明法은 卽勝進所成者는 是勝進家果故니라 故經云'菩薩이 滿足如是願時에 卽得十種無盡藏하나니 所謂普見諸佛無盡藏이오 二는 總持不忘無盡

藏이오 三은 決了諸法이오 四는 大悲救護오 五는 種種三昧오 六은 滿衆生心廣大福德이오 七은 演一切法甚深智慧오 八은 報得神通이오 九는 住無量劫이오 十은 入無邊世界無盡藏이라하니라

'後是一位之果'者는 以是第五廻向之果故로 經云'菩薩住此廻向이면 得十種無盡藏하나니 所謂見佛無盡藏이니 於一毛孔에 見阿僧祇諸佛이 出興於世故'等이니 其中有同名者는 亦復優劣有異니라】

유래한 뜻에는 모두 5가지의 뜻이 있다.

(1) 앞의 '제2법회 첫 부분의 10가지 藏을 물음'에 대해 대답한 때문이다.

(2) 앞에서는 正位를 밝혔기에, 여기에서는 정위를 의지하여 行을 일으킨 때문에 梵行品과 같다.

(3) 앞에서는 正位의 개별 행위로 말하였고, 여기에서는 始終의 전체 행위를 논변한 때문이다.

(4) 앞에서는 정위를 성취한 행을 밝혔기에, 여기에서는 그 행을 청정하게 다스리는 것으로 논변하였다. 十地 가운데 信 등의 十行과 같다.

(5) 앞에서는 자신의 究竟을 말하였고, 여기에서는 수승하게 정진하여 그 뒤의 지위로 나아가는 것을 논변하였다. 이는 위의 제18 명법품에서 말한 바와 같다.

물음에 준해보면, 십회향의 뒤에 있어야 할 부분임에도 여기에서 논변한 것은 간단하게 2가지의 의미가 있다.

일설에 의하면, "藏에는 2가지 뜻이 있다. 첫째, 쌓여 있다[蘊

攝]는 뜻으로 말하면 十行의 뒤에 있어야 하지만, 둘째, 생겨난다[出生]는 뜻으로 말하면 十地 이전에 있어야 한다. 그 뜻은 십행과 십지 2부분에 모두 통한다. 물음과 대답이 서로 그 뜻을 밝혀주고 있다."고 한다.

일설에 의하면, "회향이란 별개 자체가 없다. 단 앞서 말한 行을 회향하는 것으로 그 자체를 삼는다. 여기에서는 十藏이 이미 十行의 수승한 정진이자, 또한 회향의 수승한 정진이기도 하다. 따라서 이미 회향을 마친 후에는 또 다른 수승한 정진이 있을 수 없다. 이는 전후 문장의 그 의의를 모두 밝혀야 비로소 그 뜻이 모두 갖춰질 것이다."고 한다.

그러나 제18 명법품 및 제25 십회향품 제5회향에서 모두 十藏을 말하고 있다. 三賢을 따라 차이가 있기에 서로 뒤섞이지 않는다.

또한 앞에서는 수승한 정진에 의해 성취된 바이며, 뒷부분은 하나의 지위에 의한 결과를 말했지만, 여기에서는 모두 수승한 정진을 말한 것이기에 그 뜻이 똑같지 않다. 【초_ "물음에 준해보면" 이하는 위 질문의 전후 논란에 대한 해석으로, 2가지 뜻에 모두 통한다.

"그러나 제18 명법품" 이하는 차별을 말한 것으로, 2가지 뜻의 해석이 있다. 첫째는 지위로 차별하는 것이다. 앞의 제18 명법품은 곧 수승한 정진에 의해 성취된 바라는 것은 수승하게 정진한 사람의 결과이기 때문이다. 따라서 제18 명법품의 경문에 이르기를 "보살이 이러한 서원을 만족할 때 곧 열 가지 무진장함을 얻게 된다.

(1) 이른바 모든 부처님을 두루 뵈옵는 무진장이며,

⑵ 다라니[總持]를 잊지 않는 무진장이며,

⑶ 모든 법을 결단하는 무진장이며,

⑷ 크게 어여삐 여기는 마음으로 구호하는 무진장이며,

⑸ 가지가지 삼매의 무진장이며,

⑹ 중생의 마음을 만족시켜주는 광대한 복덕의 무진장이며,

⑺ 일체 법을 연설하는 깊은 지혜의 무진장이며,

⑻ 신통의 과보를 얻는 무진장이며,

⑼ 무량한 겁에 머무는 무진장이며,

⑽ 그지없는 세계에 들어가는 무진장이다."고 하였다.

"뒷부분은 하나의 지위에 의한 결과"라는 것은 제25 십회향품 제5회향의 결과이다. 따라서 제25 십회향품에 이르기를 "보살이 이러한 회향에 머무르면 열 가지 무진장을 얻는다. 이른바 부처님을 뵈옵는 무진장을 얻나니 한 털구멍에서 아승기 부처님들이 세상에 출현하심을 보기 때문이다." 등이다. 그 가운데 똑같은 이름 또한 우열의 차이가 있다.】

二 釋名

2. 품명을 해석하다

◉ 疏 ◉

釋名者는 藏은 是出生蘊積之義니 謂一藏內에 體含法界라 故攝德

出用이 二無盡이라 寄圓顯十은 卽帶數釋也니라

품명을 해석한다는 것은 '藏' 자에는 생겨난다[出生]와 쌓여 있다[蘊積]이 뜻이 있다.

하나의 藏 내면의 본체가 광대한 법계를 함유한 까닭에 '공덕을 섭수함'과 '작용을 내는' 2가지가 그지없음을 말한다. 원만함을 따라 10의 숫자로 '十無盡藏'이라 밝힌 것은 곧 앞 단어가 수량이나 순서를 나타내는 帶數釋이다.

## 三 宗趣

3. 종취

◉ 疏 ◉

宗趣者는 十藏爲宗이오 攝前生後 得果로 爲趣니라

宗趣라는 것은 10가지 무진장으로 宗을 삼고, 앞의 지위를 뒤이어서 뒤의 지위를 발생하는 것으로 趣를 삼는다.

◉ 論 ◉

將釋此品에 三門如前이라

一釋品名目者는 爲此說十種藏일세 依法立名이니 可知니라

第二 釋品來意者는 此位已說十種行일세 以此十無盡藏으로 成前十行之法하야 使令無盡하고 成後十廻向之法하야 使令進向하야 令使行

門不滯라 是故로 此品須來니라

第三 長科經意者는 分爲二門이니 一은 長科經意오 二는 隨文釋義라 '一長科經意'者는 於此一品經中에 大段은 隨十藏名目하야 總有十一段經하니 其文 如下하다

이 품을 해석하는 3부분은 앞의 품에서 말한 바와 같다.

(1) 품의 명제를 해석한다는 것은 이에 10가지 종류의 無盡藏을 말하기 위하여 법을 따라 명제를 세운 것이다. 이는 설명하지 않아도 알 수 있다.

(2) 품의 유래한 뜻을 해석한다는 것은 이 지위에서 이미 십행을 말한 까닭에 十無盡藏으로써 앞서 말한 십행의 법을 성취하여 다함이 없도록 하고, 뒤의 十廻向 법을 성취하기 위해 앞으로 나아가면서 行門에 조금도 집착하지 않도록 하고자, 이런 이유에서 이 품을 여기에 쓰게 된 것이다.

(3) 경문의 뜻을 큰 과목으로 나누면 2부분이다. ① 경문의 뜻을 큰 과목으로 나누고, ② 경문을 따라 그 뜻을 해석하는 것이다.

"① 경문의 뜻을 큰 과목으로 나눈다."에서 십무진장품의 경문에 관한 큰 단락이란 10가지 무진장이라는 명제에 따라 모두 11단락의 경문으로 구성되어 있다. 그 경문은 아래와 같다.

---

四釋文中에 大分四別이니 第一은 唱數顯同이오 二는 徵名列異오 三은 依名廣釋이오 四는 總歎勝能이니 今은 初라

4. 경문의 해석

이는 크게 4부분으로 구별된다.

제1. 10가지 무진장이 수효를 들어 삼세제불이 똑같이 말했음을 밝혔으며,

제2. 10가지 무진장의 명목을 물어 그 차이점을 열거했으며,

제3. 10가지 무진장의 명목을 따라 자세히 해석하였으며,

제4. 10가지 무진장의 훌륭한 점을 총체로 찬탄하였다.

이는 첫 부분이다.

**經**

**爾時**에 **功德林菩薩**이 **復告諸菩薩言**하사대 **佛子**여 **菩薩摩訶薩**이 **有十種藏**하니 **過去未來現在諸佛**이 **已說當說今說**이시니라

그때 공덕림보살이 다시 여러 보살에게 말하였다.

"불자여, 보살마하살에게 열 가지 그지없는 장이 있다. 이를 과거의 부처님이 이미 말씀하였고, 미래의 부처님이 장차 말씀할 것이며, 현재의 모든 부처님이 지금 말씀하고 계신다.

◉ **疏** ◉

三世同說은 顯勝令遵이라

과거, 미래, 현재 모든 부처님이 똑같이 말한 것은 그 훌륭함을 밝혀 이를 따르도록 한 것이다.

二는 徵名列異라

제2. 10가지 무진장의 명목을 물어 그 차이점을 열거하다

經

**何等**이 **爲十**고

**所謂信藏**과 **戒藏**과 **慚藏**과 **愧藏**과 **聞藏**과 **施藏**과 **慧藏**과 **念藏**과 **持藏**과 **辯藏**이니 **是爲十**이니라

무엇이 열 가지 무진장인가?

이른바 믿음의 창고[信藏], 계율의 창고, 참회의 창고, 부끄러움을 아는 창고, 법문을 들은 창고, 보시의 창고, 지혜의 창고, 기억의 창고, 가르침을 지니는 창고, 말씀의 창고를 열 가지 무진장이라 한다.

◉ **疏** ◉

藏은 如前解니 信等對藏이면 皆持業釋이라 心淨名信이오 制止名戒오 崇重賢善爲慚이오 輕拒暴惡爲愧오 餐教廣博爲聞이오 輟己惠人爲施이오 決擇諸法名慧오 令心明記爲念이오 任持所記爲持오 巧宣所持爲辨이니 各有業用이라【鈔_ '各有業用'者는 如信은 以能除不信濁으로 爲業하고 戒는 以遮防破戒薉로 爲業하고 慙은 以對治無慙하야 止息惡行으로 爲業하고 愧는 以對治無愧하야 止息惡行으로 爲業하고 聞은 以能破無知로 爲業하고 施는 以止慳으로 爲業하고 慧는 以破痴로 爲業하고 念은 以治忘念으로 爲業하고 持는 以治忘失로 爲業하고 辨은 以治

於賽訥으로 爲業이니라】

藏은 앞의 해석과 같다. 믿음, 계율 등을 藏에 상대하여 말하면 모두 행위를 가지고 해석하는 持業釋이다.

⑴ 마음이 청정한 것을 믿음의 창고라 말하고,

⑵ 제재하고 그만두는 것을 계율의 창고라 말하고,

⑶ 어질고 선한 이를 높이 받드는 것을 참회의 창고라 말하고,

⑷ 포악한 일을 가볍게 거절하는 것을 부끄러운 마음의 창고라 말하고,

⑸ 가르침이 해박한 것을 법문을 들은 창고라 말하고,

⑹ 자신을 챙기지 않고 남에게 은혜를 주는 것을 보시의 창고라 말하고,

⑺ 모든 법을 결정하고 선택하는 것을 지혜의 창고라 말하고,

⑻ 마음에 분명히 생각하는 것을 기억의 창고라 말하고,

⑼ 마음에 기억한 일들을 몸으로 행하는 것을 가르침을 지니는 창고라 말하고,

⑽ 몸소 지닌 바를 남들에게 잘 베푸는 것을 말씀의 창고라 말한다.

이처럼 각각 하는 일이 있다.【초_ "각각 하는 일이 있다."는 것은 信藏은 불신의 혼탁함을 없애는 것으로, 戒藏은 파계의 폐해를 막는 것으로, 慚藏은 참회가 없는 마음을 다스려 악행을 멈추는 것으로, 愧藏은 부끄러워하는 마음이 없는 것을 다스려 악행을 멈추는 것으로, 聞藏은 無知를 타파하는 것으로, 施藏은 간탐심을 그치

는 것으로, 慧藏은 어리석음을 타파하는 것으로, 念藏은 망각을 다스리는 것으로, 持藏은 잊거나 잘못을 다스리는 것으로, 辯藏은 더듬거리거나 어눌함을 다스리는 것으로 일을 삼는다.】

然念·慧及戒·慚·愧等五는 皆當體爲性하고 餘五는 行用立名이니 此約隨相이라 若就融通인댄 皆順法界之行이니 良以法界 性自淸淨하야 離過等故로 隨義說十이라 然約隨相인댄 前九는 自利오 後一은 利他어니와 通皆具二니라 信爲行本일새 故首明之오 依信離過하고 慚愧莊嚴이면 戒行光潔하나니 上三은 離過之行이오 餘皆進善이라 進善之首는 必藉多聞이니 如聞而行이면 唯福與慧오 念使增明하고 持令經久하고 辨以利他故로 前七은 卽七聖財니 慧爲正導일새 故終辨之니라 次二는 守護오 後一은 積而能散이라

그러나 念·慧 및 戒·慚·愧藏 등 5가지는 모두 당체로 자성을 삼고, 나머지 5가지는 행위의 작용으로 명제를 붙인 것이다. 이는 현상의 작용에 따라 말한 것이다.

만일 융통으로 말하면 모두 법계를 따르는 행이다. "법계의 자성이 스스로 청정하여 잘못을 여의었다." 등으로 그 의미에 따라 10가지 무진장을 말하였다. 그러나 현상의 작용에 따라 말하면 앞의 9가지는 自利이며, 뒤의 1가지는 利他이지만, 모두 자리와 이타 2가지를 갖추고 있다.

믿음은 모든 행의 근본이기에 맨 먼저 이를 밝혔다. 믿음을 의지하여 허물을 여의고, 뒤이어서 참회와 부끄러워하는 마음으로 장엄하면 戒行이 빛나고 고결하다. 위의 3가지 藏은 허물을 여의

는 행이며, 나머지는 모두 선으로 나아가는 도이다.

선으로 나아가는 첫 단계는 博學多聞의 힘을 빌려야 한다. 들은 대로 수행하면 오직 복덕과 지혜이며, 기억하여 더욱 밝혀나가고, 이를 지녀서 오랜 세월 부지하도록 하고, 논변으로 남들에게 이익을 주는 것이다. 따라서 앞의 7가지(信, 戒, 慚, 愧, 聞, 施, 慧藏)는 곧 7가지의 거룩한 성자의 재물인데, 지혜가 바른 지도자이기에 이를 맨 끝으로 말한 것이다.

다음 2가지(念, 持藏)는 지도에 따라 수호하는 것이며,

뒤의 1가지(辯藏)는 쌓아놓은 나의 것을 남들에게 흩어 나눠주는 것이다.

第三은 依名廣釋이니 十藏이 卽爲十段이라 今初는 信藏이라 信中有四니 謂徵名·釋相·結名·辨益이라 辨益一種은 唯初·七·十이오 餘之七段은 文但有三이라

今初段中에 初徵이라

제3. 10가지 무진장의 명목을 따라 자세히 해석하다

10가지 무진장이 곧 10단락이다.

이는 1. 믿음의 창고[信藏]이다.

信藏은 4부분으로 나뉜다. 1) 명제의 물음, 2) 양상의 해석, 3) 명제의 끝맺음, 4) 이익에 대한 논변을 말한다. '이익에 대한 논변'은 오직 제1, 제7, 제10 단락에 있을 뿐, 나머지 7단락의 경문에는

단 1) 명제의 물음, 2) 양상의 해석, 3) 명제의 끝맺음 3가지가 있을 뿐이다.

이는 1) 믿음의 창고 가운데, 명제의 물음이다.

**經**

**佛子**여 **何等**이 **爲菩薩摩訶薩**의 **信藏**고

불자여, 무엇이 보살마하살의 믿음의 창고인가?

—

釋中分三이니 初는 明信相이오 次'若菩薩'下는 明信力이오 三'此菩薩入佛'下는 總結信成이니 今은 初라

2) 양상의 해석은 3부분으로 나뉜다.

(1) 믿음의 양상을 밝혔고,

(2) '若菩薩' 이하는 믿음의 힘을 밝혔으며,

(3) '此菩薩入佛' 이하는 믿음의 성취를 총체로 끝맺었다.

이는 (1) 믿음의 양상을 밝힘이다.

**經**

**此菩薩**이 **信一切法空**하며 **信一切法無相**하며 **信一切法無願**하며 **信一切法無作**하며 **信一切法無分別**하며 **信一切法無所依**하며 **信一切法不可量**하며 **信一切法無有上**하며 **信一切法難超越**하며 **信一切法無生**하나니라

이 보살이 모든 법이 공함을 믿으며,

모든 법이 무상함을 믿으며,

모든 법이 욕심으로 원함이 없음을 믿으며,

모든 법이 지은 이가 없음을 믿으며,

모든 법이 분별이 없음을 믿으며,

모든 법이 의지함이 없음을 믿으며,

모든 법이 헤아릴 수 없음을 믿으며,

모든 법이 위가 없음을 믿으며,

모든 법이 초월하기 어려움을 믿으며,

모든 법이 생겨남이 없음을 믿는 것이다.

◉疏◉

十句爲四니 初三은 三空이라 信所執無相이니 謂情有理無 名空이오 空亦無相이오 空無相故로 無所願求니라

次二은 信依他無生이니 一은 緣起無作이오 二는 不實故로 無能所分別이오 三은 無體故로 無所依니라 次三은 信圓成無性이니 一은 廣無邊量이오 二는 勝故無上이오 三은 深不可越이라【鈔_ '初三三空'等者는 意以前九로 別約三性하고 後一은 總融이니 前中에 卽依三性하야 信無三性이라 此初는 信所執이니 徧計所執性을 云無相者는 卽相無自性性이오 二는 依他無生이니 無生은 卽生無自性性이오 三은 圓成無性이니 無性은 卽勝義無自性性이라】

10구는 4부분으로 나뉜다.

첫째 3구(信一切法空, 無相, 無願)는 3가지가 空함이다. 집착의 대상에 형상이 없음을 믿는 것이다. 情實은 있으나 이치가 없음을 법이 공하다 말하고, 공한 때문에 법이 無相하다 말하고, 공하여 형상이 없기 때문에 원하거나 구하는 바가 없음을 말한다.

둘째 3구(信一切法無作, 無分別, 無所依)는 依他起性이 생겨남이 없음을 믿는 것이다. 첫 구절은 緣起가 일어남이 없고, 둘째 구절은 진여실상이 아니기 때문에 주체와 대상의 분별이 없고, 셋째 구절은 체성이 없기 때문에 의지한 바가 없다.

셋째 3구(信一切法不可量, 無有上, 難超越)는 圓成實性의 자성이 없음을 믿는 것이다. 첫 구절은 광대하여 그 끝을 헤아릴 수 없고, 둘째 구절은 수승한 까닭에 위가 없고, 셋째 구절은 심오하여 초월할 수 없음을 말한다. 【초_ "첫째 3구는 3가지가 공함이다." 등의 뜻은 앞의 9가지로써 변계소집성·의타기성·원성실성 3가지를 개별로 말하였고, 뒤의 1가지(信一切法無生)는 총체로 융합한 것이다. 앞의 9가지는 자성을 따라 3가지의 자성이 없음을 믿는 것이다.

첫째 3구는 집착하는 대상을 공이라 믿는 것이다. 변계소집성을 형상이 없다고 말한 것은 곧 형상 자체가 그 자성이 없는 성품이기 때문이다.

둘째 3구는 의타기성이란 생겨남이 없음을 믿는 것이다. 생겨남이 없다[無生]는 것은 곧 생겨남이 그 자성이 없는 성품이기 때문이다.

셋째 3구는 원성실성의 자성이 없음을 믿는 것이다. 자성이 없

다는 것은 곧 절대적 진리[勝義]란 자성이 없는 성품이기 때문이다.】

後一은 總信三性無生이니 如初會辨이라 則十皆無生이니 並通三性이라 如一無生觀은 但信依他의 無偏計人法自然之生性이면 則是無性圓成이니 餘例此知니라【鈔_ 後一은 總信三性하고 總融前九라 文中有三이니 一은 指前이니 卽第二經에 '清淨功德眼自在天王은 得知一切法이 不生不滅과 不來不去 無功用行解脫門이라'하니 廣如前說이라 '則十皆無生'者는 一은 空이 是無生義오 二는 無相이 是無生義오 三은 無願이 是無生義오 四는 無作이 是無生義等이라 '並通三性'者는 此有二義하니 一은 空等이 通三이니 謂偏計空·依他空·圓成空等이며 乃至三性難超越이오 二는 無相·無生·無性도 亦通三性이라

下疏依後義하야 作一重云'如一無生'이어니와 若作無相인댄 應云'但信依他無偏計之相이면 是則圓成之相이오 若信依他無自然之性이면 則悟圓成之性이라'하니 是故로 結云'餘例此知'라하니라】

맨 끝 구절(信一切法無生)은 변계소집성·의타기성·원성실성 3가지 자성이 생겨남이 없다고 총체로 믿는 것이다. 이는 최초 법회에서 논변한 바와 같다.

일체 10가지 법이 모두 생겨남이 없으니, 아울러 변계소집성·의타기성·원성실성 3가지에 모두 통한다. 그 하나의 無生觀이 단 의타기성은 人·法과 자연의 生性이 없음을 두루 헤아려 믿으면 이는 곧 자성이 없는 원성실성이다. 나머지는 이에 준하여 생각하면 설명하지 않아도 알 수 있다.【초_ "맨 끝 구절은 3가지 자성이 생겨남이 없다고 총체로 믿음"이며, 앞의 9가지를 총체로 융합한

것이다.

이 경문은 3부분으로 나뉜다.

① 앞의 경문을 말한다. 이는 제1 세주묘엄품에 "청정공덕안자재천왕은 일체 법이 생겨나지도 않고 사라지지도 않고 오지도 않고 가지도 않는, 작용이 없는 행인 해탈문을 얻었다."고 하니 앞에서 자세히 말한 바와 같다.

② "일체 10가지 법이 모두 생겨남이 없다."는 것은 ㉠ 공하다는 것이 無生의 의미이며, ㉡ 형상이 없는 것이 無生의 의미이며, ㉢ 원하는 바가 없는 것이 無生의 의미이며, ㉣ 지은 바가 없는 것이 無生의 의미라는 등이다.

③ "아울러 변계소집성·의타기성·원성실성 3가지에 모두 통한다."는 말에는 2가지 뜻이 있다. ㉠ 空 등이 3가지 성품에 통하니 '변계소집성의 공·의타기성의 공·원성실성의 공' 등이며, 내지 3가지 성품이란 초월하기 어려움이다. ㉡ 無相과 無生과 無性 또한 3가지 성품에 모두 통한다.

아래의 청량소는 뒤의 의미를 따라 다시 중복하여 '하나의 無生觀'을 말했지만, 無相觀으로 말한다면 다음과 같이 말해야 할 것이다. "단 의타기성과 변계소집성이 相이 없다고 믿으면 이는 곧 원성실성의 無相이며, 의타기성에 자연의 성품이 없다고 믿으면 그것은 곧 원성실성의 자성이 없음을 깨달은 것이다."라고. 이 때문에 "나머지는 이에 준하여 생각하면 설명하지 않아도 알 수 있다."고 말한 것이다.】

第二 明信力中에 二니 先은 正顯業用이오 後는 徵釋所由니 今은 初라

(2) 믿음의 힘을 밝힌 부분은 2단락이다. 앞 단락은 바로 믿음의 작용을 밝혔고, 뒤 단락은 유래되는 바를 묻고 해석하였다.

**經**

**若菩薩**이 **能如是隨順一切法**하야 **生淨信已**에
**聞諸佛法不可思議**호되 **心不怯弱**하며
**聞一切佛不可思議**호되 **心不怯弱**하며
**聞衆生界不可思議**호되 **心不怯弱**하며
**聞法界不可思議**호되 **心不怯弱**하며
**聞虛空界不可思議**호되 **心不怯弱**하며
**聞涅槃界不可思議**호되 **心不怯弱**하며
**聞過去世不可思議**호되 **心不怯弱**하며
**聞未來世不可思議**호되 **心不怯弱**하며
**聞現在世不可思議**호되 **心不怯弱**하며
**聞入一切劫不可思議**호되 **心不怯弱**하나니라

만약 보살이 이와 같이 모든 법을 따라서 청정한 믿음을 가지고

일체 부처님의 법이 불가사의함을 듣고서도 마음에 겁을 내지 않으며,

일체 부처님이 불가사의함을 듣고서도 마음에 겁을 내지 않으며,

중생의 세계가 불가사의함을 듣고서도 마음에 겁을 내지 않으며,

법계가 불가사의함을 듣고서도 마음에 겁을 내지 않으며,

허공계가 불가사의함을 듣고서도 마음에 겁을 내지 않으며,

열반계가 불가사의함을 듣고서도 마음에 겁을 내지 않으며,

과거 세계가 불가사의함을 듣고서도 마음에 겁을 내지 않으며,

미래 세계가 불가사의함을 듣고서도 마음에 겁을 내지 않으며,

현재 세계가 불가사의함을 듣고서도 마음에 겁을 내지 않으며,

일체 겁에 들어감이 불가사의함을 듣고서도 마음에 겁을 내지 않는다.

◉ 疏 ◉

文有十句하니 徧從前十이니 前十 竝成此十이라 若類例辨인댄 初二는 於勝上法에 不怯이오 次四는 廣多法에 不怯이니 一은 所化衆生이오 二는 卽化法이며 三은 是化處며 四는 化之所歸오 後四는 寬遠法에 不怯이라 若尅文取義인댄 以後十句로 逆配前十이니 謂由信法無生이라 故於佛法不怯이니 佛法以無生爲體故며 佛難超故며 衆生無盡故며 法界無邊故며 虛空無依故며 涅槃無分別故며 過去之因이 不作果故며 未來之法을 無可願故며 現在之法이 卽無相故며 入劫無障礙는 以卽空故니 此十은 皆深廣難思니라【鈔_ '若尅文取義'者는 上但當文通釋이어니와 今은 對前別釋經이라】

경문은 10구이다. 앞서 말한 10가지를 두루 따르고 있다. 앞서 말한 10가지와 아울러 이의 10가지를 이룬 것이다.

만일 유례로 변별한다면 처음 2가지(諸佛法, 一切佛)는 가장 훌륭

한 법에 대해 겁내지 않음이며,

다음 4가지(衆生界, 法界, 虛空界, 涅槃界)는 광대하고 많은 법에 대해 겁내지 않음이다. 첫째 중생계란 교화의 대상인 중생이며, 둘째 법계란 교화하는 법이며, 셋째 허공계란 교화하는 장소이며, 넷째 열반계란 교화의 귀결점이며,

뒤의 4가지(過去世, 未來世, 現在世, 一切劫)는 아득히 장구한 법에 대해 겁내지 않음이다.

만일 경문의 뜻을 깊이 파헤쳐 살펴보면, 뒤의 10구로 앞의 10구를 역으로 짝지어 볼 수 있다. 법의 無生을 믿는 까닭에 불법에 대해 겁내지 않는다. 일체 불법이 無生으로 본체를 삼기 때문이며, 제불을 초월하기 어려운 때문이며, 중생이 그지없기 때문이며, 법계가 끝이 없기 때문이며, 허공이 의지한 바 없기 때문이며, 열반이 분별이 없기 때문이며, 과거의 원인이 결과를 짓지 못하기 때문이며, 미래의 법을 원하거나 구할 게 없기 때문이며, 현재의 법이 형상이 없기 때문이며, 일체 겁에 들어가는 데 장애가 없음은 空 때문이다. 이처럼 10가지는 모두 심오하고 광대하여 불가사의하다. 【초_ "만일 경문의 뜻을 깊이 파헤쳐 살펴보면"이란 위에서는 해당 경문을 전체로 해석하였지만, 여기에서는 앞의 문장을 상대하여 개별로 경문을 해석하였다.】

---

二徵釋中에 先徵意에 云何以深廣難思를 菩薩이 聞而不怯고 釋意에

云'以於深廣에 皆堅信故니라' 文分爲二니 初總後別이라

뒤 단락은 묻고 해석한 가운데, 앞에서 묻기를 "어찌하여 보살은 심오하고 광대한 불가사의함을 듣고서도 겁내지 않는 것일까?" 라고 하니, 이에 대한 해석의 뜻은 "심오하고 광대한 불가사의에 대해 모두 굳건한 신심이 있기 때문이다."고 하였다.

경문은 2부분으로 나뉜다. 앞에서는 총체로, 뒤에서는 개별로 해석하였다.

## 經

**何以故**오 **此菩薩**이 **於諸佛所**에 **一向堅信**하야 **知佛智慧**의 **無邊無盡**이니라

무슨 까닭인가? 이 보살이 모든 부처님이 계신 도량에 한결같이 굳은 신심으로 부처님의 지혜가 그지없고 다함이 없음을 알았기 때문이다.

◉ **疏** ◉

總云一向信者는 無猶豫故며 堅者는 異說不壞故니라 '所信'은 謂何오 卽佛智慧니라 智慧는 何相고 無邊無盡이라 然通二義하니 一은 廣無邊涯이오 豎不可盡이며 二는 無二邊之偏하고 同眞性之無盡이라

앞에서 총체로 '한결같은 신심'이라 말한 것은 멈칫거림이 없기 때문이며, 굳다[堅]는 것은 이단의 말에 무너지지 않기 때문이다.

신심의 대상은 무엇을 말하는가? 바로 부처님의 지혜이다.

지혜는 어떤 모습일까? 그지없고 다함이 없다.

그러나 2가지 의미에 모두 통한다.

① 횡으로 끝자락이 없고, 종으로 다함이 없다.

② 양쪽의 어느 한쪽에 치우침이 없고, 眞性의 끝이 없는 것과 같다.

二 別釋

뒤에서는 개별로 해석하다

經

**十方無量諸世界中**에 **一一各有無量諸佛**이 **於阿耨多羅三藐三菩提**에 **已得今得當得**하시며 **已出世今出世當出世**하시며 **已入涅槃今入涅槃當入涅槃**하사대 **彼諸佛智慧**는 **不增不減**이며 **不生不滅**이며 **不進不退**며 **不近不遠**이며 **無知無捨**니라

시방의 한량없는 모든 세계 가운데, 하나하나의 세계마다 각각 한량없는 부처님이 계시는데 아뇩다라삼먁삼보리를 과거에 이미 얻었고 현재에 지금 얻으며 미래에 장차 얻을 것이며, 과거에 이미 세상에 나왔고 현재 세상에 나오며 미래에 장차 세상에 나올 것이며, 과거에 이미 열반에 들었고 현재 세상에 지금 열반에 들며 미래에 장차 열반에 들 것이다.

그러나 저 모든 부처님의 지혜는 더하지도 않고 덜하지도 않으며, 생겨나지도 않고 사라지지도 않으며, 나아가지도 않고 물러서지도 않으며, 가깝지도 않고 멀지도 않으며, 아는 것도 없고 버리는 것도 없다.

◉ 疏 ◉

初釋前意니 十方無量은 是無邊義오 已·現·當入은 是無盡義오 言得菩提는 是自證義오 出世入滅은 是應現義라 法無邊故로 佛智無邊이니 一佛之智도 尚不可盡이온 況橫徧十方하고 竪該三際아 菩薩은 於斯廣遠에 堅信不移하나니 寧有怯耶아

① 앞서 말한 뜻을 해석하였다. 시방세계가 한량없다는 것은 끝이 없다는 뜻이며, 과거, 현재, 미래에 들어간다는 것은 그지없다는 뜻이다. 보리를 얻었다고 말한 것은 스스로 증득한 뜻이며, 세상에 몸을 나타내심과 열반에 드는 것은 응신으로 몸을 나타내 보인 뜻이다. 불법이 끝없기 때문에 부처님의 지혜가 끝이 없다. 한 부처님의 지혜도 오히려 다함이 없는데, 하물며 횡으로 시방세계에 다하고, 종으로 삼세를 모두 갖춘 지혜야 어떠하겠는가. 보살이 이처럼 광대하고 장구한 부처님 지혜에 대한 굳건한 신심으로 이단의 말에 의해 변하지 않는데 어찌 겁내는 마음이 있을 수 있겠는가.

二'彼諸'下는 釋第二意 聞深不怯이니 謂已得今得菩提而不增이오 當得未得而不減이며 已出今出而不生이오 已入今入而不滅이며 當出而不進하고 當入而不退하며 現得出入而不近하고 在於已當而不

遠하며 照窮萬法而無知하고 頓寂諸相而不捨하나니 以寂照之體 如如하야 超戲論故니라 但以世俗文字數故로 說有三世언정 非菩提涅槃有去來今이라 菩薩이 旣堅信於此니 寧聞深而怯耶아

② '彼諸佛智慧' 이하는 (2)의 심오한 법을 듣고서도 겁내지 않는다는 뜻을 해석하였다. 보리지혜를 이미 얻었고 지금 얻었다 할지라도 더하지 않고, 당연히 얻어야 하고 아직 얻지 못했다 할지라도 덜하지 않으며, 이미 세상에 나오셨고 지금 나오셨을지라도 태어남이 아니다. 이미 열반에 드셨고 지금 열반에 든다 할지라도 사라지지 않음이며, 나갈지라도 나아가지 않고, 들어간다 할지라도 물러서지 않으며, 현재에 출입하되 가깝지 않고, 과거나 미래에 있으되 멀지 않으며, 모든 법을 다 비춰보되 아는 것이 없고, 모든 모양이 한꺼번에 고요하되 버리지 않는다. 이는 寂靜과 觀照의 체성이 如如하여 쓸모없는 말들을 초월한 때문이다. 단 세속의 문자에 의한 수효를 쓴 까닭에 三世가 있다고 말할 뿐이지, 보리열반에 과거, 미래, 현재가 있는 게 아니다. 보살이 이미 이를 굳건하게 믿고 있으니 어찌 불가사의의 심오함을 듣고서 겁을 내겠는가.

第三은 總結信成이라

(3) 믿음의 성취를 총체로 끝맺다

**此菩薩**이 **入佛智慧**하야 **成就無邊無盡信**일세 **得此信已**에 **心不退轉**하며 **心不雜亂**하며 **不可破壞**하며 **無所染着**하며 **常有根本**하며 **隨順聖人**하며 **住如來家**하며 **護持一切諸佛種性**하며 **增長一切菩薩信解**하며 **隨順一切如來善根**하며 **出生一切諸佛方便**하나니

이 보살이 부처님의 지혜에 들어가 끝없고 다함없는 믿음을 성취하였다.

이런 믿음을 얻은 후에 마음이 물러서지 않으며, 마음이 혼잡하거나 어지럽지 않으며, 파괴할 수 없으며, 물든 바가 없으며, 항상 근본이 있으며, 성인을 따르며, 여래의 집에 머물며, 일체 모든 부처님의 종성을 보호하여 지니며, 일체 모든 보살의 믿음과 이해를 더욱 키워나가며, 일체 모든 여래의 선근을 따르며, 일체 모든 부처님의 방편을 내고 있다.

◉ **疏** ◉

於中二니 初一句는 總牒信成이니 謂由明達佛智無邊無盡故로 稱此成信이라

경문은 2부분이다. 첫 1구는 믿음의 성취를 총체로 이어 말하였다. 부처님의 지혜가 끝없고 다함없는 도리를 분명하게 통달한 까닭에 이에 부합하는 믿음을 성취한 것이다.

二得此信下는 顯成信之益이며 亦是正顯成相이라 有十一句하니

前七은 行體堅牢니라 初句는 爲總이오 二는 內心不雜故不退오 三은 外緣不沮故오 四는 不染相故오 五는 有正慧故니 無慧之信은 長無明故니라 靜法이 云梵云阿慕羅匿陀는 此云不從根生이니 謂無生之信이 無根生故니라 今本에 云常有根本者는 譯人不審阿字 沒在句하야 翻無爲有니 於理背也라하니 此或應爾어니와 今以理通인댄 二義無違하니 無根은 語慧之體오 根本은 約慧之用이니 亦猶從無住本으로 立一切法故니 無本者는 卽是根本이라 六은 順同古聖故오 七은 安住菩提心故니라

後四는 攝德無盡이니 一은 護已成性이오 二는 復長新解오 三은 順如生善이오 四는 不滯有無니라

둘째 '得此信' 이하는 믿음의 성취에 의한 이익을 밝힘이며, 또한 바로 믿음 성취의 모습을 밝힌 것으로, 11구가 있다.

앞의 7구는 믿음을 행하는 체성이 굳건함을 말한다.

제1구(心不退轉)는 총체로 말하며,

제2구(心不雜亂)는 마음이 혼잡하거나 어지럽지 않기 때문에 물러서지 않으며,

제3구(不可破壞)는 바깥의 반연이 저지하거나 무너뜨리지 못하기 때문이며,

제4구(無所染着)는 모양에 물들지 않기 때문이며,

제5구(常有根本)는 바른 지혜가 있기 때문이다. 지혜가 없는 믿음은 無明만을 키워나가기 때문이다. 靜法이 이르기를 "범어에 阿慕羅匿陀라는 말은 중국에서는 '근본에서 생겨난 것이 아니다[不從

根生].'는 뜻이다. 이는 無生의 믿음이 근본이 없는[無根] 데서 생겨남을 말한 때문이다. 경문에서 이를 '常有根本'이라 말한 것은 번역자가 '阿慕羅匿陀'의 '阿' 자는 '없다[沒在]'는 뜻으로 쓰인 字句임을 제대로 살펴보지 못하고, '없다'는 뜻을 도리어 '있다'고 말한 것이다. 이는 문맥의 조리에 어긋난다."고 하였다. 이는 혹 그럴 수도 있겠지만, 지금 이치로 통하여 보면 2가지 뜻이 모두 어긋나지 않는다. '근본이 없다[無根].'는 것은 지혜의 본체를 말하고, 근본은 지혜의 작용으로 말한다. 이 또한 無住의 근본으로부터 모든 법을 세우는 것과 같기 때문이다. '근본이 없다[無根].'는 것은 곧 근본이다.

제6구(隨順聖人)는 옛 성인을 따라 똑같기 때문이며,

제7구(住如來家)는 보리의 마음에 안주한 때문이다.

뒤 제8~11의 4구는 공덕을 그지없이 받아들인 것이다.

제8구(護持一切諸佛種性)는 몸을 보호하여 종성을 성취함이며,

제9구(增長一切菩薩信解)는 다시 새로운 이해를 키워나감이며,

제10구(隨順一切如來善根)는 진여를 따라 선을 낳음이며,

제11구(出生一切諸佛方便)는 有와 無에 막힘이 없다.

## 三結 四益

3) 믿음의 창고에 대한 명제를 끝맺고,

4) 중생을 위한 이익

**是名菩薩摩訶薩信藏**이니 **菩薩**이 **住此信藏**하야는 **則能聞持一切佛法**하야 **爲衆生說**하야 **皆令開悟**하나니라

이를 보살마하살의 믿음의 창고[信藏]라 말한다.

보살이 이런 믿음의 창고에 안주하게 되면 일체 부처님 법을 듣고 중생을 위해 말해주어 그들을 모두 깨닫게 해주는 것이다.

◉ 疏 ◉

'是名'下는 結이오 '菩薩住此'下는 辨益이니 易知니라

'是名' 이하는 명제를 끝맺음이며, '菩薩住此' 이하는 중생을 위한 이익을 말하였다. 이는 설명하지 않아도 쉽게 알 수 있다.

第二 戒藏

2. 계율의 창고

釋相中二니 初列十名이오 後隨牒釋이니 今은 初라

이의 양상의 해석은 2부분으로 나뉜다.

(1) 10가지의 이름을 나열하였고,

(2) 뒤이어서 해석하였다.

이는 (1) 10가지의 이름을 나열함이다.

**經**

**佛子**여 **何等**이 **爲菩薩摩訶薩**의 **戒藏**고

**此菩薩**이 **成就普饒益戒**와 **不受戒**와 **不住戒**와 **無悔恨戒**와 **無違諍戒**와 **不損惱戒**와 **無雜穢戒**와 **無貪求戒**와 **無過失戒**와 **無毁犯戒**니라

불자여, 무엇이 보살마하살의 계율의 창고인가?

이 보살이 널리 이익을 주는 계율,

받아들이지 않는 계율,

머물지 않는 계율,

뉘우침이 없는 계율,

어기고 다툼이 없는 계율,

손해되고 번거롭게 하지 않는 계율,

뒤섞이고 더러움이 없는 계율,

탐욕이 없는 계율,

과실이 없는 계율,

훼방과 범함이 없는 계율을 성취하였다.

◉ **疏** ◉

初中十戒 皆通三聚어니와 取其相顯인댄 初但饒益有情이오 後一은 律儀오 中八은 通三이니 約遮過罪인댄 皆菩薩律儀오 但爲救護等은 卽是饒益이오 攝善은 可知니라 爲顯此十이 皆通三聚일새 故釋後一하야 復顯三聚니라

첫 부분의 10가지 계율이 三聚戒(攝律儀戒, 攝善法戒, 饒益有情戒)에 모두 통하는 말이지만, 그 나타난 양상으로 말하면 첫 구절(普饒益戒)은 중생에게 도움을 줌[饒益有情戒] 뿐이며, 맨 끝 구절(無毁犯戒)은 율의[攝律儀戒]이며, 가운데 8구는 삼취정계에 모두 통하는 바, 잘못된 일들을 막는 것으로 말하면 보살의 율의이며, 단 중생의 救護 등은 중생에게 도움을 주는 계율이며, 善法을 받아들이는 계율은 설명하지 않아도 알 수 있다. 이처럼 10가지 계율이 三聚戒에 모두 통함을 밝히기 위한 까닭에 맨 끝 구절(無毁犯戒)을 해석하여 다시 삼취계를 나타낸 것이다.

二 牒釋

(2) 뒤이어 해석하다

經

**云何爲普饒益戒**오

**此菩薩**이 **受持淨戒**는 **本爲利益一切衆生**이니라

무엇을 중생에게 널리 이익 되는 계율이라 말하는가?

이 보살이 청정한 계율을 받아 지님은 본래 일체중생의 이익을 위함이다.

◉疏◉

牒釋中에 十戒爲十이니 皆先牒後釋이라

初饒益者는 菩薩本意일세 故首明之니라

뒤이어 해석한 가운데 10가지 계율은 10단락으로 나뉜다.

모두 앞에서는 뒤이어 쓰고, 뒤는 해석한 부분이다.

첫째, 중생에게 널리 이익을 베푸는 것은 보살의 본의이기에 첫머리에서 이를 밝힌 것이다.

經

**云何爲不受戒**오

**此菩薩**이 **不受行外道**의 **諸所有戒**하고 **但性自精進**하야 **奉持三世諸佛如來**의 **平等淨戒**니라

무엇을 받아들이지 않는 계율이라 말하는가?

이 보살이 외도들의 모든 계율을 받아 행하지 아니하고, 단 마음의 성품이 스스로 정진하여 삼세의 모든 부처님 여래의 평등하고 청정한 계율을 받들어 지니는 것이다.

◉疏◉

二不受中에 文有二意니 一은 不受邪戒니 謂鷄狗等이오 二는 三聚宿成하야 動不踰矩니라【鈔_ 謂鷄狗等者는 涅槃二十四에 云菩薩摩訶薩이 受持禁戒는 不爲生天이오 不爲恐怖며 乃至 不受狗戒·鷄戒·牛戒·雉戒며 乃至 是名菩薩修大涅槃이니 是第三戒라하고 又十住毗婆

沙論 第三에 明穢土中 多諸外道 有持牛戒者·鹿戒者·狗戒者·烏戒者·象戒者니라

釋曰 此皆外道所持惡禁戒라 通由二因하야 生此妄計니 一은 由天眼하야 見有衆生從雞狗等하야 卽生天上故오 二는 由非理尋思하야 妄生此計니라

婆沙一百一十四에 有二外道하니 一은 名布剌拏憍雉迦니 受持牛戒하고 二는 名頞剃剌羅栖你迦니 受持狗戒러니 二人이 異時에 往佛所하야 種種愛語로 相慰問已하고 時에 布剌拏 先爲他問호되 '此栖你迦 受持狗戒하야 修道已滿하니 當生何處잇고'

世尊이 告曰 '汝止莫問하라'

復再三請이어늘 佛以慈心으로 告言하사되 '諦聽하야 受持狗戒하야 若無缺犯이면 當生狗中이오 若有缺犯이면 當墮地獄호리라'

聞佛語已에 悲泣哽咽하야 不能自勝한대 世尊이 告曰 '吾先告言호되 止不須問이러니 今果懷恨이로다'

時에 布剌拏 白言호되 '世尊이시여 不以此人當生狗趣라 故我悲泣이라 然我長夜受持牛戒하니 或恐將來에 亦當爾耶아 唯願大慈하사 爲我宣說하소서'

世尊이 告曰 '准前狗戒니라'

此等은 皆由不了眞道니라

婆沙 又問云호되 '云何受豬戒·牛戒·狗戒라야 名無缺犯이닛고' 答호되 '一如牛法·狗法이 名無缺犯이니라】

둘째, 받아들이지 않는 계율에는 2가지 뜻이 있다.

① 삿된 계율을 받아들이지 않는다. 닭, 개 등의 계율을 말한다.

② 三聚淨戒가 일찍이 성취되어 하는 일마다 법도에서 벗어나지 않음이다. 【초_ "닭, 개 등의 계율을 말한다."는 것은 열반경 24에 이르기를 "보살마하살이 계를 받아 지니는 것은 천상에 태어나기 위함이 아니며, 공포 때문이 아니며, 내지 狗戒, 鷄戒, 牛戒, 雉戒를 받지 않으며, 내지 이를 보살이 大涅槃을 닦는다고 말한다. 이것이 제3계율이다."고 하였고, 또 十住毗婆沙論 제3에서는 더러운 국토에 있는 온갖 수많은 외도들을 밝히면서 牛戒를 가지는 자, 鹿戒를 가지는 자, 狗戒를 가지는 자, 馬戒를 가지는 자, 象戒를 가지는 자가 있다고 말하였다.

이에 대한 해석은 다음과 같다.

이는 모두 외도가 지닌 악법의 계율들이다. 이런 일들은 모두 2가지 원인에 의해 허튼 생각을 일으켰기 때문이다.

① 그들의 천안통에 의해 닭과 개 따위의 몸을 지닌 중생이 천상에 태어나는 것을 보았기 때문이다.

② 진리가 아닌 것을 찾고 사유함으로 말미암아 부질없는 생각을 내기 때문이다.

바사론 114에 의하면, 두 명의 외도가 있었다. 첫째 사람의 이름은 '포랄라교치가'이다. 그는 소의 계율[牛戒]을 받아 지녔다. 둘째 사람의 이름은 '알체랄라서니가'이다. 그는 개의 계율[狗戒]을 받아 지녔다. 두 사람이 어느 날, 부처님이 계신 도량으로 찾아가 온갖 좋은 말로 서로 안부를 물은 후에 포랄라가 먼저 알체랄라에 대해 여쭈었다.

"알체랄라가 개의 계율을 받아 수도하여 이미 원만했으니 어느 곳에 태어나게 되는 몸입니까?"

세존이 그에게 말씀하셨다.

"더 이상 묻지 마라."

다시 두세 차례 간곡하게 청하자, 부처님께서 자비의 마음으로 일러주었다.

"잘 듣도록 하라. 개의 계율을 받아 잘 지켜 범하는 일이 없으면 개의 몸으로 태어날 것이며, 만일 범하는 일이 있으면 지옥에 떨어질 것이다."

포랄라는 부처님의 말씀을 듣고서 목이 메도록 슬피 울면서 슬픔을 가누지 못하자, 부처님께서 다시 일러주었다.

"내가 앞서 '더 이상 묻지 마라.'고 했는데…, 정작 듣고 나니 마음에 한이 되었구나."

그때 포랄라가 말씀드렸다.

"세존이시여, 알체랄라가 개의 몸을 받아 태어나게 된 것을 제가 슬퍼하는 것이 아니라, 제가 기나긴 어둠 속에서 소의 계율을 받아 지녀왔습니다. 혹시 저 역시도 내생에 또한 그처럼 되는 것입니까? 오직 원하옵건대 대자비의 마음으로 저를 위해 말씀해주십시오."

세존이 그에게 말씀하셨다.

"앞서 말한 개의 계율에 준한다."

그들은 모두 참다운 도를 알지 못한 데에서 연유한 것이다.

바사론에서 또다시 세존에게 여쭈었다.

"어떻게 돼지의 계율, 소의 계율, 개의 계율을 받은 것으로 부족함이나 범함이 없다[無缺犯]고 말씀하시는 것입니까?"

"소와 개처럼 똑같이 한 것을 부족함이나 범함이 없다고 말한다."】

**經**

**云何爲不住戒**오

**此菩薩**이 **受持戒時**에 **心不住欲界**하며 **不住色界**하며 **不住無色界**하나니 **何以故**오 **不求生彼**하야 **而持戒故**니라

무엇을 머물지 않는 계율이라 말하는가?

이 보살이 계를 받아 지닐 때

마음이 욕계에 머물지 아니하며,

색계에 머물지 아니하며,

무색계에 머물지 않는다.

무슨 까닭인가? 그곳에 태어나기 위해서 계율을 지니는 것이 아니기 때문이다.

◉ **疏** ◉

三中에 唯爲菩提及衆生故로 非如難陀之類니라【鈔_ 非如難陀는 難陀之緣이 甚長하고 而人多聞正明호되 其性多欲하야 染著孫陀羅어

늘 佛이 方便誘之하야 至於天上하야 見諸天女 端正姝麗 過其本妻러니 見諸天男이 皆有天女로되 獨於一處에 見有天女 迥異姝麗로되 而無天男하고 問佛한대 佛令自問이러니 彼女答言호되 '我夫主는 即佛弟難陀니라' 難陀 答言호되 '我身即是니라' 女言호되 '難陀爲僧하야 身披袈裟니라' 聞已에 便求剃落持戒하니 本爲貪著天女而持禁戒라 故阿難譏之호되 '如羝羊相觸에 將前而更卻이라 汝爲欲持戒도 其事亦如是라 身雖能持戒나 心爲欲所牽이라 斯業不淸淨하니 何用是戒爲아하니 意云'如羊本擬向前은 如汝欲生天上受欲이오 而更卻後는 如汝持戒니 故業不淸淨이리】

셋째, 머물지 않는 계율은 오직 보리 및 중생을 위해 지키기 때문에 難陀의 유와 같지 않다. 【초_ "난타의 유와 같지 않다."에서 난타는 키 큰 몸에 보고 들은 게 많고 정직하고 명철하지만, 그의 심성에 욕심이 많아 '손타라' 여인을 탐닉하였다. 부처님이 방편으로 그를 데리고 천상에 올라가 그의 본처보다 훨씬 단정하고 아름다운 천상의 여인들을 보여주었다. 모든 천상의 남자에게 모두 천상의 여인들이 함께하였는데, 유독 한 곳에 어느 여인이 남다르게 어여쁘지만 그에게 천상의 남자가 없는 것을 보고서 부처님께 그 이유를 묻자, 부처님은 그에게 직접 물어보도록 하였다.

그 여인이 "나의 남편은 바로 부처님의 아우인 난타입니다."라고 말하자, 난타가 대답하였다.

"내가 바로 난타이다."

"난타는 출가스님으로 그의 몸에 가사를 입었습니다."

난타는 여인의 말을 듣고서 곧바로 삭발하고 계를 받기를 원하였다. 난타의 본심은 천상의 여인을 탐닉하기 위하여 계를 받고자 한 것이다. 따라서 아난이 난타를 비아냥거리며 말하였다.

"염소가 달려들어 앞으로 가려다가 다시 물러서는 것과 같다. 그대가 계를 받고자 하는 일 또한 그와 같다. 몸은 계를 받고자 하나 마음은 여색에 욕심이 이끌린 터라, 하는 일이 청정하지 못하는데 어떻게 계를 받을 수 있겠는가?"

아난이 말한 뜻은 다음과 같다. "그 염소가 본래 앞으로 향하려고 생각한 것은 그의 몸이 천상에 태어나서 그 여색을 즐기고자 하는 것과 같고, 다시 뒤로 물러선 것은 그가 계를 받는 것과 같다. 이 때문에 그의 하는 일이 청정하지 못하다고 말한 것이다."】

**經**

**云何爲無悔恨戒**오

**此菩薩**이 **恒得安住無悔恨心**하나니 **何以故**오 **不作重罪**하며 **不行諂詐**하며 **不破淨戒故**니라

무엇을 뉘우침이 없는 계율이라 말하는가?

이 보살이 항상 뉘우침이 없는 마음에 안주하였다.

무슨 까닭인가? 큰 죄를 짓지 않으며, 아첨하거나 거짓말을 하지 않으며, 청정한 계율을 어기지 않기 때문이다.

◉疏◉

四中 涅槃에 云何故持戒오 爲不悔故니라 何故不悔오 爲歡喜故니라 乃至爲得大涅槃故니라【鈔_ 涅槃等者는 卽第二十七師子吼言하되 '何因緣故로 受持禁戒오' 佛言하사되 '爲心不悔니라' '何故不悔오' '爲受樂故니라' '何故受樂고' '爲遠離故니라' '何故遠離오' '爲安穩故니라' '何故安穩고' '爲禪定故니라' '何故禪定고' '爲實知見故니라' '何爲實知見고' '爲見生死過患故니라' '何爲見生死過患고' '爲心不貪著故니라' '何爲心不貪著고' '爲得解脫故니라' '何爲得解脫고' '爲得無上大涅槃故니라' '何爲得無上大涅槃고' '爲得常樂我淨故니라' '何爲得常樂我淨고' '爲得不生不滅故니라' '何爲得不生不滅고' '爲見佛性故니라 是故로 菩薩이 性自能持究竟淨戒라하니 疏家 但至涅槃으로 已爲究竟일새 故略後三이니 後三은 卽涅槃中事故니라】

넷째, 뉘우침이 없는 계율 가운데 열반경에 이르기를 "무엇 때문에 계를 지니는 것일까? 후회하는 일이 없도록 하기 위한 때문이다. 무엇 때문에 후회하는 일이 없는 것일까? 마음이 기쁘기 때문이다. 내지 대열반을 얻었기 때문이다."고 하였다.【초_ '열반경' 등이란 제27에 사자후보살이 부처님께 여쭈었다.

"무슨 인연 때문에 계율을 받아 지녀야 하는 것입니까?"

"마음에 후회하는 일이 없도록 하기 위한 때문이다."

"무엇 때문에 후회하는 일이 없는 것입니까?"

"기쁜 마음을 누린 때문이다."

"무엇 때문에 기쁜 마음을 누린 것입니까?"

"멀리 여의었기 때문이다."

"무엇 때문에 멀리 여의는 것입니까?"

"평안하기 때문이다."

"무엇 때문에 평안한 것입니까?"

"선정에 들었기 때문이다."

"무엇 때문에 선정에 드는 것입니까?"

"여실지견 때문이다."

"어떤 것이 여실지견입니까?"

"생사의 우환을 보았기 때문이다."

"어떤 것이 생사의 우환을 본 것입니까?"

"마음이 탐착하지 않기 때문이다."

"어떤 것이 마음에 탐착이 없는 것입니까?"

"해탈을 얻었기 때문이다."

"어떤 것이 해탈을 얻은 것입니까?"

"위없는 큰 열반을 얻었기 때문이다."

"어떤 것이 위없는 큰 열반을 얻은 것입니까?"

"常樂我淨을 얻었기 때문이다."

"어떤 것이 상락아정을 얻은 것입니까?"

"생겨나지도 않고 사라지지도 않음을 얻었기 때문이다."

"어떤 것이 생겨나지도 않고 사라지지도 않음을 얻은 것입니까?"

"불성을 보았기 때문이다."

이 때문에 보살이 마음의 성품에 스스로 究竟의 청정한 계율을 지닌다고 하였다. 이에 대한 주석을 쓴 사람들은 다만 열반에 이른 것으로 끝을 삼은 까닭에 뒤의 3부분을 생략한 것이다. 뒤의 3부분은 열반에 관한 일이기 때문이다.】

**經**

**云何爲無違諍戒**오

**此菩薩**이 **不非先制**하고 **不更造立**하며 **心常隨順**하야 **向涅槃戒**하며 **具足受持**하야 **無所毁犯**하며 **不以持戒**로 **惱他衆生**하야 **令其生苦**하고 **但願一切**로 **心常歡喜**하야 **而持於戒**니라

무엇을 어기고 다툼이 없는 계율이라 말하는가?

이 보살이 먼저 제정한 것을 어기지 않고 다시 새로 만들지 않으며,

마음이 항상 열반 계율을 따라 향하며,

구족하게 받아 지님으로써 훼손하거나 범하는 일이 없으며,

계를 지님으로써 다른 중생을 괴롭혀 고통을 받지 않도록 하고,

단 일체중생의 마음을 항상 기쁘게 해주기를 원하여 계율을 지니는 것이다.

◉ **疏** ◉

五中有四니 非者는 違也라 一은 不違制立이니 不同調達이오 二는 不違涅槃이니 不取相故오 三은 不違律儀니 具足持故오 四는 不違利物이니 不惱他故니라【鈔_ 不同調達者는 佛說四依는 爲除比丘四惡欲故어늘

調達比丘 加一爲五니 謂加不食酥鹽魚肉하고 復皆盡形壽니 況雖有同이나 本意不善이라 不違涅槃者는 非涅槃經이면 以無相持故일세니라】

다섯째, 어기고 다툼이 없는 계율에는 4부분이 있다. '不非先制'의 非는 어김을 말한다.

① 옛 제도를 어기고서 새로 세우지 않는다. 調達과 같은 일을 하지 않는 것이다.

② 열반 계율을 어기지 않는다. 겉모양을 취하지 않기 때문이다.

③ 율의를 어기지 않는다. 구족하게 지녔기 때문이다.

④ 중생의 이익을 어기지 않는다. 남을 괴롭히지 않기 때문이다. 【초_ "조달과 같은 일을 하지 않는다."에서 부처님이 말씀하신 "법에, 뜻에, 지혜에, 了義經에 의지하라."는 4가지 의지처는 비구의 4가지 나쁜 욕심을 없애기 위한 것인데, 조달비구는 여기에 한 가지를 더하여 5가지를 마련하였다. 연유, 소금, 물고기, 살코기를 먹어서는 안 되고, 여기에 다시 육체의 수명을 다한다는 것을 더하였다. 비유는 비록 똑같지만 본래 의도는 좋지 못하다.

"열반 계율을 어기지 않는다."는 것은 열반경이 아니면 지닐 수 없기 때문이다.】

**經**

**云何爲不惱害戒**오

**此菩薩**이 **不因於戒**하야 **學諸呪術**하야 **造作方藥**하야 **惱害衆生**하고 **但爲救護一切衆生**하야 **而持於戒**니라

무엇을 괴롭히고 해를 끼치지 않는 계율이라 말하는가?

이 보살이 계율로 인하여 여러 가지 주술을 배워서 약을 만들어 중생을 괴롭히고 해악을 끼치지 않고, 단 일체중생을 구호하기 위해 계율을 지니는 것이다.

◉ 疏 ◉

六有二意니 一은 非爲欲惱衆生하야 先須持戒오 二는 非爲欲成淨戒하야 逼惱衆生이니 如殺馬祀等이라【鈔_ '一非爲欲惱衆生'者는 如欲禁龍하야 曾聞羅漢持戒而能遣龍하고 遂卽持戒 是也라 '如馬祀等'者는 卽百論中에 外道 計殺馬祀天하야 得生梵天이라하니 卽逼惱於馬를 謂爲戒等이라】

여섯째, 괴롭히고 해를 끼치지 않는 계율에는 2가지 뜻이 있다.

① 중생을 괴롭히고 해를 끼치기 위하여 먼저 반드시 계를 지니는 것이 아니며,

② 청정 계율을 성취하기 위하여 중생을 핍박하거나 괴롭히지 않는다. 예컨대 말을 죽여 제사를 지내는 등과 같다.【초_ "① 중생을 괴롭히고 해를 끼치기 위하여"라는 것은 예컨대 용을 제재하기 위하여, "일찍이 나한이 계를 가지고서 용을 굴복시켰다."는 말을 듣고서 마침내 계를 받는 것과 같은 경우이다.

"예컨대 말을 죽여 제사를 지내는 등"이란 백론경에 의하면, "외도가 말을 죽여 하늘에 제사를 올림으로써 그 보답으로 범천에 태어났다."고 한다. 이런 일을 계획하는 것이 곧 말을 핍박하거나

괴롭히는 것으로 계를 삼는다는 등이다.】

**云何爲不雜戒**오

**此菩薩**이 **不着邊見**하며 **不持雜戒**하고 **但觀緣起**하야 **持出離戒**니라

무엇을 뒤섞임이 없는 계율이라 말하는가?

이 보살이 치우친 견해에 집착하지 않으며,

잡다한 계를 가지지 아니하고,

다만 12연기를 관찰하여 삼계를 벗어나는 계를 가지는 것이다.

◉ **疏** ◉

七中에 戒正見邪라 故名爲雜이라 定有·定無 爲斷常雜이니 觀緣性離하야 非有·非無면 則名爲持오 又無煩惱之雜이 眞出離矣니라【鈔_定有·定無者는 今律學者는 多計爲有라 禪學之者는 說戒如空이라하니 定有는 著常이오 定無는 著斷이 此爲邪見이니 雜於正戒라

觀緣性離者는 觀緣之相에 不壞堅持하고 緣成性空이라 故不起迷倒니라】

일곱째, 뒤섞임이 없는 계율이란, 계는 바르지만 견해가 삿된 것을 雜이라고 말한다. 반드시 有라는 것과 반드시 無라는 것은 斷見과 常見이 뒤섞여 있는 것이다. 12연기의 자성을 떠나서 有도 아니요, 無도 아님을 보는 것을 곧 '가졌다[持]' 말하고, 또한 번뇌의

혼잡이 없는 것이 진실로 삼계를 벗어남이다.【초_ "반드시 有라는 것과 반드시 無라는 것"은 현재 律學 하는 이들은 대부분 有라 생각하고, 禪學 하는 이들은 계율은 空과 같다고들 말한다. "반드시 有라는 것"은 常見에 집착함이며, "반드시 無라는 것"은 斷見에 집착하는 邪見이다. 바른 계율에 있어 잡된 부분이다.

"12연기의 자성을 떠나서 보아야 한다."는 것은 12연기의 양상을 봄으로써 견고하게 지닌 계율을 무너뜨리지 않고, 12연기를 성취한 자성이 공한 때문에 혼미와 전도를 일으키지 않는다.】

**經**

**云何爲無貪求戒**오

**此菩薩**이 **不現異相**하야 **彰己有德**하고 **但爲滿足出離法故**로 **而持於戒**니라

무엇을 탐욕이 없는 계율이라 말하는가?

이 보살이 기이한 모양을 나타내어 자기에게 덕이 있다고 드러내지 않고,

다만 세간법에서 벗어남을 만족하게 하기 위한 까닭에 계를 가지는 것이다.

◉ **疏** ◉

八中에 不現異相 彰己有德은 五邪之一이니 已見淨行이라 又如十住論說호되 一者는 矯異오 二者는 自親이오 三者는 激動이오 四者는 抑揚

이오 五者는 因利求利니 大同前引智度論說이라 今文은 卽矯異也라

【鈔_ 又如十住婆沙論說호되 一矯異者는 謂有貪利養故로 行十二頭陀하야 作如是念호되 他作是行하야 當得敬養이니 我作是行도 亦或得之라하야 爲利養故로 改易威儀니라

二 自親者는 爲有貪利養故로 至檀越家而語之言호되 汝等은 如我父母兄弟姊妹親戚하야 無有異也니 若有所須면 我能相與오 若有所作이면 我能作之니 不計遠近하고 來相問訊하라 我住此者는 正相爲耳라하야 爲求利養하야 貪著檀越하야 能以巧辨으로 牽引人心이라

三 激動者는 謂有不計貪罪하고 欲得財物하야 現於貪相하야 語檀越言호되 此衣鉢·尼師壇이 好하니 若我得之면 則能受用이니 若人能隨意施者는 此人難得이라하며 又有謂檀越言호되 汝家羹飯餠肉香美하고 衣服又好하니 若常供養我면 我以親眷으로 必當相與이라하니라

四 抑揚者는 謂貪利養故로 語檀越言호되 汝極慳惜하야 尚不能與父母兄弟姊妹妻子親戚하나니 更有誰能得汝物者오 檀越이 愧恥하야 俛仰施與하며 又至餘家하야 語彼人言호되 汝有福德하니 受人身不空이라 阿羅漢等이 常入汝家하야 與汝坐起語言이라하야 欲令檀越로 必謂我是大阿羅漢이니라

五 因利求利者는 謂以衣鉢及僧伽梨·尼師檀等 資生之物로 持示人言호되 此是國王及施主와 并餘貴人이 將來與我이라하야 令其檀越로 心中生念호되 王及貴人도 尚供養彼온 況我不與아하니 因以此利로 更求餘利일세 故以名也니라】

여덟째, 탐욕이 없는 계율 가운데, "기이한 모양을 나타내어

자기에게 덕이 있다고 드러내지 않는다."는 것은 五邪 중의 하나로, 이미 淨行經에 보인다. 또한 十住論에서 "① 矯異, ② 自親, ③ 激動, ④ 抑揚, ⑤ 이익으로 인하여 이익을 추구함"이라고 말한 것과 같다. 앞에서 인용한 지도론의 경문과 크게는 같다. 여기에서 말한 경문은 곧 矯異 부분을 말한다.【초_ 또한 십주바사론에서 말한 바와 같다.

'① 矯異'란 이익과 공양을 받고자 탐하는 마음이 있기 때문에 12頭陀行을 닦으면서 이런 생각을 한다.

"저 사람이 이런 수행으로 존경과 공양을 받았다. 나 역시 그처럼 수행하면 혹시 그와 같이 될 수도 있다."

이처럼 이익과 공양을 받기 위해 위의를 꾸미는 것이다.

'② 自親'이란 이익과 공양을 받고자 탐하는 마음이 있기 때문에 시주 집을 찾아가 말한다.

"그대들은 나의 부모, 형제, 자매, 친척이나 다름없다. 만일 필요한 것이 있다면 내가 도와줄 것이며, 해야 할 일이 있다면 내가 해줄 것이다. 멀고 가까운 것을 따지지 말고 찾아와 묻도록 하라. 내가 여기에 머무는 것은 바로 서로 위하고자 한 때문이다."

이익과 공양을 받고자 시주에게 집착하여 뛰어난 말솜씨로 사람의 마음을 사로잡는 것이다.

'③ 激動'이란 탐욕의 죄를 생각지 않고 재물을 얻고자 탐욕스러운 얼굴로 시주에게 말한다.

"이 의발과 坐具가 매우 좋다. 만일 나에게 주면 좋은 데 잘 쓰겠다.”

만일 그 시주가 그의 뜻에 따라 시주하는 자는 “이런 사람을 만나기 어렵다.”고 말한다.

또 어떤 시주에게 이렇게 말한다.

“너희 집에 국과 밥과 떡과 살코기가 향기롭고 맛있으며, 의복 또한 매우 좋다. 나에게 언제나 공양하면 내가 한집안 친척처럼 반드시 함께할 것이다.”라고.

‘④ 抑揚’이란 이익과 공양을 받고자 탐하는 마음이 있기 때문에 시주에게 이렇게 말한다.

“너희들이 너무 인색하여 오히려 부모, 형제, 자매, 처자, 친척에게도 베풀지 않으니 그 누가 너희 물건을 받은 자가 있겠는가?”

시주가 부끄러운 마음에 억지로 보시하기도 한다.

또 다른 집을 찾아가 그들에게 이렇게 말한다.

“너희들은 복덕이 있으니 사람의 몸을 받아 태어난 것이 헛되지 않다. 언제나 아라한 등을 너희 집안에 모셔 함께 생활하고 이야기를 나누도록 하라.”

시주로 하여금 반드시 나를 대아라한으로 생각하도록 만들고자 함이다.

‘⑤ 이익으로 인하여 이익을 추구함’이란 의발 및 僧伽梨와 좌구 등 생활에 필요로 하는 물건들을 가리키면서 남들에게 이렇게 말한다.

“국왕 및 시주와 아울러 그 밖의 귀족들이 이 물건들을 나에게 보시하게 하라.”

그 시주로 하여금 이런 생각을 하게 만든다.

“국왕 및 귀족까지도 그에게 공양을 올리는네, 하물며 내가 보시하지 않을 수 있겠는가.”

이런 이익을 계기로 다시 그 밖의 이익을 추구하기에 ‘이익으로 인하여 이익을 추구한다.’고 말한다.】

**經**

**云何爲無過失戒**오

**此菩薩**이 **不自貢高**하야 **言我持戒**하며 **見破戒人**호되 **亦不輕毁**하야 **令他愧耻**하고 **但一其心**하야 **而持於戒**니라

무엇을 과실이 없는 계율이라 말하는가?

이 보살이 스스로 자신을 높이 받들어 ‘나는 계를 가졌노라.’고 말하지 않으며,

계를 어긴 사람을 보고서 또한 경멸하거니 훼담히여 그를 부끄럽게 만들지 않고,

다만 그 마음을 한결같이 지녀 계를 지키도록 한다.

◉ 疏 ◉

九中 不輕毁者는 無行經에 云'見破戒人호되 不說其過惡하고 應念彼人 久久亦當得道니라' 問호되 '涅槃에 云見破戒人이어든 應當擯黜하고 訶責擧處면 當知是人은 得福無量이라하니 豈不違於無行·此經이리오'

答호되 略有三義하니 一은 此經은 約自行이오 涅槃은 據攝衆이며 二는 此經은 約根未熟하야 護恐增惡일세 故且攝受오 涅槃은 約根熟者하야 慈心拔濟일세 故應折伏이며 三은 彼約慈心이오 此約輕毁라 故不同也니라

아홉째, 과실이 없는 계율 가운데 "또한 경멸하거나 훼담하여 그를 부끄럽게 만들지 않는다."는 것은 무행경에 이르기를 "파계한 사람을 보더라도 그의 잘못을 말하지 않고, 그 사람도 오랜 세월이 흐르다 보면 또한 반드시 도를 얻게 될 거라고 생각해야 한다."고 하였다.

어떤 사람이 이에 대해 물었다.

"열반경에 이르기를 '파계한 사람을 보면 당연히 내쫓고 꾸짖고 잘못을 들어 조처하면, 그런 사람은 한량없는 복을 얻게 됨을 알아야 한다.'고 하였다. 무행경에서 말한 뜻과 열반경에서 말한 부분이 서로 어긋나지 않는가?"

이에 관한 대답은 간단하게 3가지의 의미가 있다.

① 무행경에서는 자신의 수행으로 말하였고, 열반경에서는 중생을 받아들이는 부분을 따른 것이며,

② 무행경에서는 근기가 未熟하여 행여 악행을 더할까 두려운 마음에 그를 보호하고자 그를 받아들이는 것으로 말하였고, 열반경에서는 근기가 성숙한 이를 들어 자비의 마음으로 구제하려는 까닭에 그를 꺾어 굴복시킨 것이며,

③ 무행경에서는 자비의 마음으로 말하였고, 열반경에서는 경멸과 훼담으로 말하였기에 똑같지 않다.

云何爲無毁犯戒오

此菩薩이 永斷殺盜邪婬과 妄語兩舌惡口와 及無義語와 貪瞋邪見하고 具足受持十種善業하나니

菩薩이 持此無犯戒時에 作是念言호되 一切衆生이 毁犯淨戒는 皆由顚倒라 唯佛世尊이 能知衆生의 以何因緣으로 而生顚倒하야 毁犯淨戒하시나니 我當成就無上菩提하고 廣爲衆生하야 說眞實法하야 令離顚倒라하나니 是名菩薩摩訶薩의 第二戒藏이니라

무엇을 훼방과 범함이 없는 계율이라 말하는가?

이 보살이 길이 살생, 도둑질, 사음(邪淫), 거짓말, 두 가지 말, 악한 말, 옳지 않은 말, 탐심, 진심, 사견을 끊고 열 가지 착한 업을 구족하게 받아 지니는 것이다.

보살이 이처럼 훼방과 범함이 없는 계율을 가질 때 이러한 생각을 한다.

'일체중생이 청정한 계율을 범하는 것은 모두 전도 때문이다. 오직 부처님 세존께서 중생이 무슨 인연으로 전도되어 청정한 계를 범하게 되는가를 잘 알고 계신다. 나는 위없는 보리지혜를 성취하여 널리 중생을 위하여 진실한 법을 설하여 중생으로 하여금 전도에서 벗어나도록 하리라.'

이를 보살마하살의 제2 계율의 창고라고 말한다.

◉ 疏 ◉

十中에 釋內分二니 初는 明律儀니 十善은 衆戒之本일세 故偏明之니 廣如二地라 二菩薩持此下는 雙明二聚니 攝菩提善하야 益衆生故니라

열째, 훼방과 범함이 없는 계율의 해석은 2부분으로 나뉜다.

① 율의를 밝혔다. 10가지 선은 모든 계율의 근본이기에 그쪽 부분만을 밝힌 것이다. 자세히 말하면 二地와 같다.

② '菩薩持此' 이하는 二聚淨戒를 모두 밝힌 것이다. 보리지혜의 善法을 받아들임[攝善法戒]이며, 중생에게 이익을 주기[饒益衆生戒] 때문이다.

第三 慚藏

3. 참회의 창고

釋相中二니 先은 標章이오 二謂彼下는 別釋이니 今은 初라

양상을 해석한 부분은 2가지이다.

(1) 標章이며,

(2) '謂彼' 이하는 개별로 해석함이다.

이는 (1) 표장이다.

**經**

**佛子**여 **何等**이 **爲菩薩摩訶薩**의 **慚藏**고

**此菩薩**이 **憶念過去所作諸惡**하야 **而生於慚**하나니

불자여, 무엇이 보살마하살의 참회의 창고인가?

이 보살이 과거에 지은 모든 악을 생각하여 참회하는 마음을 내는 것이다.

◉ 疏 ◉

然慚愧相別을 諸說不同하니 涅槃에 云慚者는 羞天이오 愧者는 羞人이며 慚者는 自不作惡이오 愧者는 不敎他作이며 慚者는 內自羞恥오 愧者는 發露向人이라하고 瑜伽四十四에 亦云內生羞恥를 爲慚이오 外生羞恥를 爲愧라하고 大同涅槃後解니라 成唯識에 云依自法力하야 崇重賢善을 爲慚이오 依世間力하야 輕拒暴惡 爲愧라하니 俱舍亦同이라 若無慚愧는 但翻上慚愧이니 謂不羞天이면 則是無慚이니 餘可例知니라

그러나 慚과 愧의 양상의 차이에 대해 여러 설이 똑같지 않다. 열반경에 이르기를 "慚이란 하늘을 우러러 부끄러워하고, 愧란 아래로 사람에게 부끄러움이며, 慚이란 스스로 악을 짓지 않고, 愧란 남들로 하여금 악을 범하지 않도록 함이며, 慚이란 내면으로 스스로 부끄러워하고, 愧란 밖으로 드러나 사람에게 향함이다."고 하였다.

유가경 44에서 또한 이르기를 "내면으로 부끄러워하는 마음을 내는 것을 慚이라 하고, 밖으로 부끄러워하는 마음을 내는 것을 愧라 한다."고 하니, 열반경의 후자 해석과 크게는 같다.

성유식론에 이르기를 "자신의 법력에 의지하여 어질고 선한 이를 높이 받드는 것을 慚이라 하고, 세간의 힘을 의지하여 포악한

일들을 가볍게 막아내는 것을 愧라 한다."고 하니, 구사론 또한 이와 같다. 예컨대 慚愧가 없다는 것은 위에서 말한 慚愧를 뒤집은 것이다. 하늘을 우러러 부끄러워하지 않으면 그것은 곧 慚이 없다고 말한다. 나머지는 예로 미뤄보면 알 수 있다.

若說羞恥爲慚愧者인댄 是二通相이니 今經이 多同唯識하야 而以不相恭敬으로 爲二通相이라

만일 수치를 慚愧라 말한다면 이는 2가지의 공통된 양상이다. 이 경문은 대부분 유식론과 같아 서로 공경하지 않는 것으로 2가지의 공통된 양상을 삼았다.

---

二別釋中에 分二니 先은 釋過去作惡이 卽無慚行이오 二'自惟'下는 釋而生於慚이니 今은 初라

⑵ 개별 해석은 2부분으로 나뉜다.

첫째는 과거에 지은 악이 곧 참회하는 마음이 없는 행임을 해석하였고,

둘째 '自惟' 이하는 참회하는 마음을 내는 것을 해석하였다.

이는 첫째, 참회하는 마음이 없는 행이다.

**經**

**謂彼菩薩이 心自念言호되 我無始世來로 與諸衆生으로 皆悉互作父母兄弟姉妹男女하야 具貪瞋癡와 憍慢諂誑과 及**

餘一切諸煩惱故로 更相惱害하고 遞相陵奪하야 姦淫傷殺을 無惡不造하며

一切衆生도 悉亦如是하야 以諸煩惱로 備造衆惡일세 是故로 各各不相恭敬하며 不相尊重하며 不相承順하며 不相謙下하며 不相啓導하며 不相護惜하고 更相殺害하야 互爲怨讎하나니라

저 보살이 마음으로 이렇게 생각한다.

'내가 시작도 없는 옛 세상으로부터 모든 중생과 모두 부모 형제 자매 남녀 사이로 태어나 탐내고 성내고 어리석고 교만하고 아첨하고 일체 번뇌를 모두 지닌 까닭에 서로가 서로를 괴롭히고 손해 입히며, 서로서로 업신여기고 빼앗아 간음하고 살상하여 온갖 악을 짓지 않은 게 없으며, 일체중생도 모두 이와 같아 온갖 번뇌로 수많은 악을 지었기에 각각 서로 공경하지 않으며, 존중하지 않으며, 순종하지 않으며, 겸손하지도 않으며, 서로 계도하지 않으며, 서로 보호하고 아끼지 않고 서로 죽이고 해치면서 원수가 되어왔다.'

◉ 疏 ◉

文中에 初는 自念無慚이오 後一切下는 悲他亦爾니라

이의 경문에 앞부분은 스스로 참회가 없음을 생각하였고, 뒤의 '一切衆生' 이하는 중생을 자비의 마음으로 생각하는 것 또한 그와 같다.

第二 正顯慚相

둘째, 참회의 모습을 바로 밝히다

經

**自惟我身**과 **及諸衆生**이 **去來現在**에 **行無慚法**을 **三世諸佛**이 **無不知見**하시나니 **今若不斷此無慚行**이면 **三世諸佛**이 **亦當見我**하시리니 **我當云何猶行不止**리오 **甚爲不可**로다 **是故**로 **我應專心斷除**하고 **證阿耨多羅三藐三菩提**하야 **廣爲衆生**하야 **說眞實法**이라하나니 **是名菩薩摩訶薩**의 **第三慚藏**이니라

스스로 돌이켜 생각해본다.

'나의 몸과 모든 중생이 과거, 미래, 현재에 참회하는 법을 행한 적이 없음을 삼세 모든 부처님이 알고 보지 않으심이 없다. 만약 지금이라도 이처럼 참회 없는 행을 끊지 않으면 삼세 모든 부처님이 또한 나를 보고 계실 것이다. 내가 어떻게 아직도 잘못된 이런 행을 끊지 않을 수 있겠는가. 매우 옳지 못한 일이다.

이 때문에 나는 당연히 오롯한 마음으로 이러한 잘못을 끊고 없애어 아뇩다라삼먁삼보리를 증득하여 널리 일체중생을 위하여 진실한 법을 연설하리라.'

이를 보살마하살의 제3 참회의 창고라고 말한다.

◉ 疏 ◉

顯慚相中에 初自念昔非니 恥佛知見은 現修慚相이오 自惟는 卽是內自羞恥니라【鈔_ '自惟卽是內自羞恥'者는 正同涅槃이오 兼得唯識依自法力이라】

참회의 양상을 밝힌 가운데, ① 스스로 지난날의 잘못을 생각하는 것이다. 부처님이 알고 보고 계심을 부끄러워함은 현재 참회하는 수행의 모습이며, 스스로 돌이켜 생각한다는 것은 내심 스스로 부끄러워하는 것이다.【초_ "스스로 돌이켜 생각한다는 것은 내심 스스로 부끄러워하는 것이다."는 것은 바로 열반과 같고, 겸하여 유식의 자신의 법력에 의지함을 얻음이다.】

二'是故'已下는 決志斷證이라

文言'去·來·現在 行無慚'者는 言總意別이니 菩薩이 自惟昔過하고 愍物三世常行일세 故專心斷除는 防已伏之再起오 爲衆生說은 則物我之兼亡이라

② '是故' 이하는 뜻을 결단하여 반드시 증득하겠다는 각오이다.

경문에 "과거, 미래, 현재에 참회를 행한 적이 없다."는 것은 말이야 총체이지만 뜻은 개별이다. 보살이 스스로 지난 잘못을 생각하고, 중생이 삼세에 언제나 이처럼 행하여 온 것을 가엾이 여긴 까닭에, 오롯한 마음으로 이러한 잘못을 끊고 없애려는 것은 이미 조복 받은 잘못이 다시 일어나는 것을 막고자 함이며, 중생을 위한 설법은 곧 나와 중생을 모두 놓아버리는 것이다.

第四 愧藏

4. 부끄러운 마음의 창고

釋相中三이니 初는 自念無愧而修愧行이라

부끄러운 마음의 양상을 해석한 부분은 3가지이다.

이는 (1) 스스로 부끄러워하는 마음이 없었음을 생각하여, 부끄러운 행동을 닦아가는 것이다.

經

**佛子**여 **何等**이 **爲菩薩摩訶薩**의 **愧藏**고
**此菩薩**이 **自愧昔來**로 **於五欲中**에 **種種貪求**하야 **無有厭足**일세 **因此增長貪恚癡等**의 **一切煩惱**니 **我今不應復行是事**라하니라

불자여, 무엇이 보살마하살의 부끄러운 마음의 창고인가?

이 보살이 스스로 지난날의 일들을 부끄러워하는 것이다.

'옛적부터 오욕락(五欲樂) 속에 가지가지 탐욕으로 만족한 줄 몰랐다. 이 때문에 탐내고 성내고 어리석음 등의 온갖 번뇌를 키워왔다. 나는 이제부터 다시는 그런 일을 행하지 않을 것이다.'

◉ 疏 ◉

云我今不應復行是事는 卽愧行也니라

"나는 이제부터 다시는 그런 일을 행하지 않을 것이다."는 곧 부끄러운 마음으로 잘못을 닦아가는 수행이다.

---

二 傷物無愧

(2) 중생을 해치면서도 부끄러워하는 마음이 없다

**經**

**又作是念**호되 **衆生**이 **無智**하야 **起諸煩惱**하야 **具行惡法**하야 **不相恭敬**하고 **不相尊重**하며 **乃至展轉互爲怨讎**하야 **如是等惡**을 **無不備造**하고 **造已歡喜**하야 **追求稱歎**하며 **盲無慧眼**하야 **無所知見**하니라

또 이런 생각을 하였다.

'중생들이 지혜가 없어 온갖 번뇌를 일으켜 갖은 악한 일들을 모두 행하여 서로가 공경하지 않고 서로 존중하지 않으며, 내지 더욱더 서로 원수가 되기에 이르렀다. 이처럼 악한 일들을 행하지 않은 게 없으며, 나쁜 짓을 하고서도 좋아하여 서로 칭찬해주기를 바라며, 봉사처럼 지혜의 눈이 없어 식견이 없다.'

◉ **疏** ◉

不覺苦集일세 故云無知無見이라

인생의 고통과 번뇌의 集積을 깨닫지 못한 까닭에 아는 게 없

고 보는 게 없다.

三은 依顧世間而修愧行이라

(3) 세간의 삶을 뒤돌아보면서 부끄러운 마음으로 수행하다

經

**於母人腹中**에 **入胎受生**하야 **成垢穢身**하야 **畢竟至於髮白面皺**하나니 **有智慧者**는 **觀此**에 **但是從婬慾生不淨之法**이라 **三世諸佛**이 **皆悉知見**하시나니 **若我於今**에 **猶行是事**하면 **則爲欺誑三世諸佛**이라 **是故**로 **我當修行於愧**하야 **速成阿耨多羅三藐三菩提**하고 **廣爲衆生**하야 **說眞實法**이라하나니 **是名菩薩摩訶薩**의 **第四愧藏**이니라

'어머니의 배 속에 들어가 나의 생명이 태어나 더러운 몸을 가지고서 결국은 하얀 머리에 주름진 얼굴에 이른다. 지혜 있는 이는 이런 모습을 보면서 생각한다. 단 음욕으로 생겨난 청정하지 못한 법일 뿐이다. 이는 삼세의 모든 부처님이 다 아시는 일이다. 만약 금생에도 이러한 일을 변함없이 행한다면 삼세의 모든 부처님을 속이는 것이다. 그러므로 나는 당연히 부끄러운 마음으로 수행하여 아뇩다라삼먁삼보리를 서둘러 성취하고 널리 일체중생을 위하여 진실한 법을 연설하리라.'

이를 보살마하살의 제4 부끄러운 마음의 창고라고 말한다.

◉ 疏 ◉

依顧世間而修愧行하야 誓益自他라

세간의 삶을 뒤돌아보면서 부끄러운 마음으로 수행하여, 나와 남에게 모두 이익이 되기를 맹세하는 것이다.

於中에 初는 所愧境이오 '有智慧'下는 顧他生愧이니 卽外羞也니 初는 因人이오 後는 諸佛이라 '是故'已下는 決志斷證이라

言'不淨之法'者는 從婬慾生이란 卽種子不淨이오 母人腹中이란 卽住處不淨이오 成垢穢身이란 卽自相自性이오 究竟髮白이란 意含究竟不淨이니【鈔_ '從婬慾生'者는 疏中에 先說五種不淨이니 一은 種子不淨이오 二는 住處不淨이오 三은 自性不淨이오 四는 自相不淨이오 五는 究竟不淨이라 卽智論二十一說이오 梵行品에 已廣其相이로되 但自性不淨은 卽三十六物이니 今當更說호리라

卽涅槃十二 聖行品에 云從頭至足히 其中에 唯有髮一. 毛二. 爪三. 齒四. 不淨五. 垢穢六. 皮七. 肉八. 筋九. 骨十. 脾十一. 腎十二. 心十三. 肺十四. 肝十五. 膽十六. 腸十七. 胃十八. 生藏十九. 熟藏二十. 大便二十一. 小便二十二. 涕二十三. 唾二十四. 目淚二十五. 脂二十六. 膏二十七. 腦二十八. 膜二十九. 骨三十. 髓三十一. 膿三十二. 血三十三. 膀三十四. 胱三十五. 諸脈三十六이라

釋曰 遠公不分하니 其中骨有二하고 腦有二어늘 腦連膜 除二에 欠二오 腸有大小어늘 亦欠其一이라 餘處有胞니 則具三十六이어니와 直就經文하야 今具者인댄 復有分垢爲一이니 汗爲一이면 則穢字屬汗 亦具三十六이라】

이의 첫 부분은 부끄러운 바의 경계이고, 뒤의 '有智慧' 이하는 남을 돌아보면서 부끄러운 마음을 일으키는 것이니, 곧 외적 수치이다. 앞에서는 사람으로, 뒤에서는 제불로 말하였다.

'是故' 이하는 뜻을 결단하여 반드시 증득하겠다는 각오이다.

'청정하지 못한 법'이라 말한 것은, 음욕에 의해 태어남이란 종자가 청정하지 못함이며, 어머니의 배 속이란 머문 곳이 청정하지 못함이며, 더러운 몸을 받았다는 것은 자신의 모습과 자신의 성품이며, 결국 백발이 되었다는 것은 결국 청정하지 못하다는 뜻이 함축되어 있다. 【초_ "음욕에 의해 태어났다."는 것은 청량소에서 먼저 5가지의 不淨을 말하였다. ① 종자가 청정하지 못함이며, ② 머문 곳이 청정하지 못함이며, ③ 자신의 모습이 청정하지 못함이며, ④ 자신의 성품이 청정하지 못함이며, ⑤ 결국 청정하지 못하다는 것이다. 이는 지도론 21에서 말한 바 있고, 제16 범행품에서 이미 그 양상에 대해 자세히 말하였다. 단 자신의 성품이 청정하지 못함은 곧 36가지 존재가 있다. 여기에서 이를 다시 말하고자 한다.

열반경 12 聖行品에서 말하였다.

"머리에서 발끝까지 그 가운데 36가지가 있다.

① 머리털, ② 털, ③ 손발톱, ④ 치아, ⑤ 不淨, ⑥ 때와 더러움, ⑦ 피부, ⑧ 살, ⑨ 힘줄, ⑩ 뼈, ⑪ 비장, ⑫ 신장, ⑬ 심장, ⑭ 폐, ⑮ 간, ⑯ 쓸개, ⑰ 창자, ⑱ 위장, ⑲ 生藏, ⑳ 熟藏, ㉑ 대변, ㉒ 소변, ㉓ 콧물, ㉔ 침, ㉕ 눈물, ㉖ 지방, ㉗ 기름, ㉘ 뇌, ㉙ 膜, ㉚ 뼈, ㉛ 골수, ㉜ 膿, ㉝ 피, ㉞ 膀, ㉟ 胱, ㊱ 諸脈이다."

위를 해석하면 다음과 같다.

遠公은 구분하지 않았다. 그 가운데 뼈를 2차례, 뇌를 2차례 말하고 있는데, 뇌는 膜에 연결 지어 2가지를 빼면 2가지가 부족하고, 腸에는 大腸과 小腸이 있는데, 여기에서는 또한 그중 하나가 부족한 까닭에 다른 부분에서 胞가 있다고 하여 36가지를 갖추었다. 하지만 직접 경문의 측면에서 구체적으로 말한다면 다시 垢를 나눠 또 다른 하나를 마련해야 한다. 땀이 하나가 되어, '穢' 자는 땀에 속한다. 이렇게 보면 또한 36가지를 갖춘 것이다.】

言誑三世佛者는 違本四弘誓斷惑故니라 餘文은 易知니라

"삼세의 모든 부처님을 속이는 일"이라고 말한 것은 본래 사홍서원 가운데 끝없는 번뇌를 끊겠다는 부분을 어긴 때문이다. 나머지 경문은 설명하지 않아도 쉽게 알 수 있다.

## 第五 聞藏

5. 법문을 들은 창고

**經**

**佛子**여 **何等**이 **爲菩薩摩訶薩**의 **聞藏**고

불자여, 무엇이 보살마하살의 법문을 들은 창고인가?

釋相中二니 初는 明所知之法이오 後菩薩摩訶薩下는 顯多聞之意라

今初는 標稱聞藏이니 釋云知者는 聞爲本故니 實則多知耳라

文亦分二니 先標章이오 後牒釋이니 今은 初라

이의 양상을 해석한 부분은 2가지이다.

1) 알아야 할 바의 법을 밝힘이며,

2) '보살마하살' 이하는 보고 들은 바가 많다는 뜻을 밝힌 것이다.

1) 알아야 할 바의 법을 밝힌다는 것은 법문을 들은 창고를 표장한 것이다. 해석에 의하면, 안다는 것은 듣는 게 근본이기 때문이니 들은 것이 많으면 실제 아는 것이 많다.

경문은 또한 2부분으로 나뉜다.

앞에서는 표장을, 뒤에서는 이를 이어서 해석하였다.

이는 앞의 표장이다.

經

**此菩薩**이 **知是事**가 **有故**로 **是事**가 **有**하고

**是事**가 **無故**로 **是事**가 **無**하며

**是事**가 **起故**로 **是事**가 **起**하고

**是事**가 **滅故**로 **是事**가 **滅**하며

**是世間法**이오 **是出世間法**이며

**是有爲法**이오 **是無爲法**이며

**是有記法**이오 **是無記法**이니라

이 보살이 이런 일이 있기 때문에 이런 일이 있고,

이런 일이 없기 때문에 이런 일이 없으며,

이런 일이 일어나기 때문에 이런 일이 일어나고,

이런 일이 사라지기 때문에 이런 일이 사라지며,

이것은 세간법이고,

이것은 출세간법이며,

이것은 유위법(有爲法)이고,

이것은 무위법(無爲法)이며,

이것은 기록할 수 있는 법이고,

이것은 기록할 수 없는 법임을 아는 것이다.

◉ 疏 ◉

句雖有十이나 義束爲七이니 初之四句는 但是緣生故니 謂一 緣生이오 二 有漏五蘊이오 三 無漏五蘊이오 四 有爲오 五 無爲오 六 有記오 七 無記니라

구절로 보면 10구이지만 그 뜻을 요약하면 7가지이다. 앞의 4구(是事有故~是事滅)는 오직 緣起法으로 생겨나기 때문이다.

7가지의 뜻이란 (1) 緣生, (2) 有漏五蘊, (3) 無漏五蘊, (4) 有爲, (5) 無爲, (6) 有記, (7) 無記를 말한다.

二牒釋은 卽爲七段이니 初는 緣起라

뒤이어 해석한 부분은 7단락이다.

(1) 연기법

**經**

**何等**이 **爲是事有故**로 **是事有**오 **謂無明**이 **有故**로 **行有**니라
**何等**이 **爲是事無故**로 **是事無**오 **謂識無故**로 **名色**이 **無**니라
**何等**이 **爲是事起故**로 **是事起**오 **謂愛起故**로 **苦起**니라
**何等**이 **爲是事滅故**로 **是事滅**고 **謂有滅故**로 **生滅**이니라

어떤 것이 이런 일이 있기 때문에 이런 일이 있는 것일까? 무명이 있기 때문에 무명의 행이 있음을 말한다.

어떤 것이 이런 일이 없기 때문에 이런 일이 없는 것일까? 식(識)이 없기 때문에 명색(名色)이 없음을 말한다.

어떤 것이 이런 일이 일어나기 때문에 이런 일이 일어나는 것일까? 애욕이 일어나기 때문에 괴로움이 일어남을 말한다.

어떤 것이 이런 일이 사라지기 때문에 이런 일이 사라지는 것일까? 유(有)가 사라지기 때문에 생(生)이 사라짐을 말한다.

◉ **疏** ◉

緣起中에 依生引二門하야 開爲四重徵釋이니 謂十二支에 初二는 能引이오 次五는 所引이오 次三은 能生이오 後二는 所生일세 故爲四也니라

12연기 부분은 生·引 2가지 문을 의지하여 이를 4중으로 묻고 해석한 것이다.

12연기 가운데 처음 2부분은 생을 이끄는 주체[能引]이며,

다음 5부분은 생을 이끄는 대상[所引]이며,

다음 3부분은 생의 주체[能生]이며,

뒤의 2부분은 생의 대상[所生]이기에 4중이 된다.

前七은 許同因位일세 故名能引所引이오 後五는 要因果相望일세 云能生所生이오 由此能引所中에 但云此有彼有라하고 後文은 則云此起彼起라하니 起는 卽生也라 故集論에 云謂於因時에 有能引所引하고 於果時에 有能生所生이라하니라

12연기 가운데 앞의 7부분은 因位와 같음을 인정한 까닭에 그 이름을 생을 이끄는 주체와 대상[能引·所引]이라 말하고, 뒤의 5부분은 因果의 상호 대조를 요한 까닭에 생의 주체와 대상[能生·所生]이라 말한다. 이러한 연유로 생을 이끄는 주체와 대상에서는 다만 이런 것이 있으면 저런 것이 있다고 말하였고, 뒤의 경문에서는 곧 이런 것이 일어나면 저런 것이 일어난다고 말하였다. 일어나는 것이 곧 生이다. 이 때문에 집론에 이르기를 "因時에는 생을 이끄는 주체와 대상[能引·所引]이 있고, 果時에는 생의 주체와 대상[能生·所生]이 있다."고 말하였다.

然文有染淨二觀하니 初는 於能引中에 明染觀일세 故云無明有故로 行有니라

第二는 約所引이니 亦通能所相對하야 以明淨觀일세 故云識無故로 名色無니라 以識通能引하야 有二種業하니 一은 持諸有情所有業縛이니 謂與行所引習氣로 俱生滅故오 二는 與名色作緣이니 謂由識入母胎

하야 名色得增長이라 今言識無者는 卽不爲業熏이오 不持業縛이라 故不入胎하야 增長名色일세 故云'識無故名色無'라하니라

第三은 能生·所生 相對하야 以明染觀일세 故云'愛起故苦起'라하니 苦는 卽當果오 愛는 卽能生이라 能生有三하니 擧初攝末이오 下明淨觀하야 擧末攝初니 蓋巧辨影略耳니라

第四는 亦能·所生 相對하야 以明淨觀이니 謂因亡果喪耳니라【鈔_第三下에 能生·所生 相對니 上愛取有는 是能生이오 生老死는 爲所生이라】

그러나 경문에는 染觀과 淨觀 2가지가 있다.

① 생을 이끄는 주체[能引] 가운데 染觀을 밝힌 까닭에 無明이 있다. 이 때문에 行이 있다고 말하였다.

② 생을 이끄는 대상[所引]으로 말한 까닭에 또한 주체와 대상의 상대를 통하여 淨觀을 밝혔다. 이 때문에 "識이 없기 때문에 名色이 없다."고 말한다.

識이 생을 이끄는 주체를 통하여 2가지 종류의 업이 있다.

㉠ 모든 중생이 업의 속박을 지니고 있다. 行으로 이끌어온 바의 습기와 더불어 生滅을 함께하기 때문이며,

㉡ 名色과 반연을 짓는 것이다. 識이 모태에 들어감으로 말미암아 名色이 더욱 커나간다고 말한다.

여기에서 識이 없다고 말한 것은 업에 훈습되지 않고 업에 속박되지 않았다. 따라서 모태에 들어가 名色을 키워나가지 않기에 "식이 없기 때문에 명색이 없다."고 말한다.

③ 생의 주체와 생의 대상을 상대로 하여 染觀을 밝혔기에 "애욕이 일어나기 때문에 괴로움이 일어난다."고 말하였다. 괴로움은 해당 과보이며, 애욕은 곧 생의 주체이다.

생의 주체에는 3가지가 있다. 앞부분을 들어 끝부분을 포괄하고, 아래에서 淨觀을 밝힐 때에는 끝부분을 들어 앞부분을 포괄하였다. 이는 한 부분의 설명을 줄여 미루어 알 수 있도록 잘 말해주고 있다.

④ 또한 생의 주체와 생의 대상을 상대로 하여 淨觀을 밝혔기에 "원인이 사라지면 결과가 사라진다."고 말하였다. 【초_ ③ 이하는 能生·所生의 상대이다. 위의 애욕으로 有를 취하는 것은 생을 이끌어내는 주체이고, 태어나고 늙고 죽는 것은 생의 대상이다.】

◉ 論 ◉

初從十二緣說이니 無明有故로 行有오 識無故로 名色無오 愛起故苦起오 有滅故生滅이니 此上四事는 識之與愛 皆從無明妄計하야 諸有從生이어늘 今達有本無라 卽十二緣滅이오 十二緣滅은 非智有生이오 非智有滅이로되 但除其病이면 其智 無依·無形·無爲하야 而靈通萬有하야 無思而現하고 無作而成하나니 學之者는 以止觀兩門으로 功終方會니 此之一辨과 後之十法은 總終聖教하야 具陳識相하야 對治異解니라 已下는 如文具明이니

첫 부분은 12연기로 말하였다.

無明이 있기 때문에 行이 있고,

識이 없기 때문에 名色이 없고,

애욕이 일어났기 때문에 괴로움이 일어나고,

사라짐이 있기 때문에 生이 사라지는 것이다.

위의 4가지 일은 식과 애욕이 모두 무명의 부질없는 생각에 의하여 모든 有의 존재가 뒤따라 생겨나는 것인데, 이제는 '유'의 존재란 본래 없음을 달관한 터라 12연기가 사라지고, 12연기가 사라짐은 지혜로 생겨난 것도 아니고 지혜로 사라지는 것도 아니다. 하지만, 단 그 병폐만 없애면 그 지혜는 의지함이 없고 형상이 없고 하는 일이 없어 靈으로 萬有에 통하여 생각함이 없어도 절로 나타나고 하는 일이 없이 절로 이뤄지는 것이다.

이를 배우려는 이는 止觀 2가지 법문의 공부를 끝마쳐야 비로소 알 수 있다. 여기에서 말한 하나의 논변과 뒤의 10가지 법은 성인의 가르침을 총체로 끝맺으면서 識의 양상을 구체적으로 말하여 잘못된 견해를 다스려주고 있다. 아래는 경문에서 보는 바와 같이 모두 분명하다.

## 第二 有漏五蘊

(2) 유루오온

**經**

**何等**이 **爲世間法**고

**所謂色受想行識**이니라

어떤 것이 세간법인가?

이른바 색, 수, 상, 행, 식이다.

◉ 疏 ◉

蘊者는 積聚義니 雜集 第一에 云藏果·重擔義라하야늘 而標名世間者는 世는 卽隱覆義니 隱覆勝義故며 又可破壞義니 三世所遷故며 間者는 墮虛僞中故며 隱覆之法이 卽墮虛僞라 故世卽是間이니라 然色等蘊이 通於無漏出世之義로되 欲阿毁故로 略擧一分이라【鈔_ '二有漏'下는 文五니 一은 釋總名이니 已見光明覺이라

'雜集藏果'等者는 卽第二論이니 其藏果義는 與蘊義로 大同이오 重擔은 與陰覆義로 大同이라 然彼論에 云蘊義 云何오 答호되 諸所有色으로 乃至若近若遠히 彼一切를 略說色蘊이니 積聚義故로 如財貨蘊이며 如是 乃至識蘊이라하니 釋曰 此卽藏果義니 蘊藏色等果法耳라 言重擔者는 論云荷雜染擔일세 故名爲蘊이니 如肩荷擔이라 荷雜染擔者는 謂煩惱等 諸雜染法이 皆依色等故니 譬如世間身之一分이 能荷於擔이니 卽此一分을 名肩·名蘊이라 色等亦爾하야 能荷雜染일세 故名之爲蘊이라

'而標名'下는 二釋世間이니 世有三義하니 隱覆名世는 通爲無爲니 如世界成就品이오 下二는 唯有爲世間이니 世卽是間이니 持業釋也라

'然色等'下는 三料揀이니 言通無漏者는 謂佛五蘊이니 況因滅無常色하야 獲常色等이니 兼通無爲호되 今但取有漏有爲蘊하고 不攝無爲니 義不相應故로 留於無漏하야 在後段說이라】

蘊이란 쌓여 있고 모여 있다의 뜻이다. 잡집 제1에서는 "果法의 창고와 무거운 짐이라는 뜻이다."고 하였다. '세간'이라 이름을 붙인 것은 '世'란 곧 가리다[隱覆]의 뜻이다. 절대 진리를 가려버리기 때문이며, 또한 부셔버리다[破壞]의 뜻이다. 삼세의 변천이 이뤄지기 때문이다. '間'이란 허위 속에 떨어지기 때문이다. 가리는 법이 곧 허위에 떨어지기 때문이다. 따라서 世가 곧 間이다.

그러나 色蘊 등이 無漏 출세간의 의미에도 통하지만, 잘못된 부분을 꾸짖고자 한 까닭에 간단하게 일부를 들어 말한 것이다.

【초_'⑵ 유루오온' 이하의 경문은 5부분으로 나뉜다.

① 총체의 명칭을 해석하였다. 앞의 제9 광명각품에 보인다.

"잡집에서 말한 果法의 창고" 등이란 곧 '⑵ 유루오온'의 논지이다. '果法의 창고[藏果]'의 의미는 蘊이라는 뜻과 크게는 같고, '무거운 짐[重擔]'이란 '가리다[陰覆]'의 뜻과 크게는 같다. 그러나 잡집론에 이르기를 "蘊이라는 뜻은 무엇인가? 모든 존재하는 색으로 이에 가깝고 멀리까지 그 모든 것을 간단하게 色蘊이라고 말한다. 쌓여 있고 모여 있다는 뜻이기에 재물을 쌓아놓은 것과 같으며, 이와 같이 내지 識蘊이라 한다."고 하였다.

이에 대한 해석은 다음과 같다.

"이는 '果法의 창고'에 관한 뜻이다. 色 등의 果法을 간직하여 감싸고 있기 때문이다."

'무거운 짐[重擔]'이라 말한 것은 논에 이르기를 "雜染의 짐을 걸머지고 있기에 그 이름을 蘊이라 한다. 어깨에 짊어진 짐과 같다."

고 한다. "雜染의 짐을 걸머지고 있다."는 것은 번뇌 등 온갖 잡염의 법이 모두 色 등을 의한 때문이다. 비유하면 세간에 몸의 일부분이 이러한 짐을 짊어지고 있다. 따라서 이런 일부분을 肩이라 이름하고, 蘊이라 말하는 것과 같다. 色 등 또한 그와 같다. 잡염을 짊어진 까닭에 그 이름을 蘊이라 한다.

② '而標名' 이하는 제2부분으로 '世間' 2글자를 해석하였다. '世' 자에는 3가지 의미가 있다. 가리는[隱覆] 것을 '世'라 말한 것은 無爲세간에도 통한다. 이는 제4 세계성취품에서 말한 바와 같다. 아래 2가지의 의미는 오직 有爲世間에 국한된다. '世' 자가 곧 '間' 자의 뜻이니, 하는 일을 가지고 해석하는 持業釋이다.

③ '然色等' 이하는 제3부분으로 料揀이다. 無漏五蘊에 통한다고 말한 것은 부처님의 오온을 말한다. 無常의 색이 사라짐으로 인하여 영원한 색을 얻는다는 등에 비유한 것이다. 겸하여 無爲에 통하지만, 여기에서는 단 有漏有爲의 오온을 취했을 뿐, 無爲를 포괄하지 않았다. 그 의미가 상응하지 않기 때문에 無漏를 남겨둔 채 뒤 단락에서 말하고자 한다.】

云何知之오 應知三種이니 一은 知其相이니 謂色은 以變礙爲相이오 受는 以領納爲義오 想者는 取像이오 行은 謂遷流오 識者는 了別이라 二는 知其生滅이니 謂生無所從來오 滅無所至니라 三은 知其不生不滅이니 謂法本不生이라 今則無滅이라 故力林菩薩이 云分別此諸蘊인댄 其性本空寂이라 空故로 不可滅이니 此是無生義라하니 況知一切法趣蘊이 蘊이 卽法界無礙라야 方名眞實多聞이니라

어떻게 그런 줄을 아는가? 3가지 종류를 알아야 한다.

① 오온의 모습을 알아야 한다. 色은 변하고 장애가 있는 것으로, 受는 받아들이는 것으로, 想은 양상을 취하는 것으로, 行은 변하고 흘러가는 것으로, 識은 알고 분별하는 것으로 모습을 삼는다.

② 오온이 생겨나고 사라짐을 알아야 한다. 오온이 생겨남은 그 유래가 없고 사라짐은 그 이르러 오는 바가 없다.

③ 오온이 생겨남도 아니요, 사라짐도 아님을 알아야 한다. 법이 본래 생겨남이 없는 터라 곧 사라짐도 없다. 따라서 역림보살이 말하였다.

"여러 가지 蘊을 분별하면 그 자성이 본래 空寂하다. 공적하기 때문에 사라짐이 없다. 이것이 생겨남이 없다는 뜻이다."

하물며 일체 法趣의 蘊을 아는 것이야! 오온이 곧 법계에 걸림이 없어야 비로소 그 이름을 진실하게 박학다문이라 한다.

然諸蘊性이 性皆遷流호되 隨勝立名이니 行之一種은 雖標總稱이나 即受別名이며 又攝法多故니라【鈔_ '然諸蘊性'下는 第五 解妨이니 此即以通爲別妨이라 釋有二義하니 初一은 可知라 '又攝法多'者는 第二釋也니 因此略明五蘊의 攝法多少리니 且依大乘百法인댄 識蘊은 唯攝八識心王이오 色蘊은 唯攝十一種色이오 想·受 二蘊은 但攝心所徧行中 二數니 四蘊은 但攝二十一法이오 除六無爲니 蘊所不攝이라 餘七十三은 皆行蘊攝일세 故云多也라하니라 百法은 已見第一疏抄하다】

그러나 모든 蘊의 자성의 성품은 모두 변천하고 흘러가되 수승한 부분을 따라 그 명칭을 세워 말한 것이다. 行의 유는 비록 총체의 명칭으로 말하지만, 그것은 곧 受의 별명이며, 또한 섭수한 법이 많기 때문이다. 【초_ "그러나 모든 蘊의 자성" 이하는 제5의 논란에 대한 해석이다. 이는 곧 전체로 개별을 삼은 논란이다. 이 해석에는 2가지 뜻이 있다. 제1은 설명하지 않아도 알 수 있다. "또한 섭수한 법이 많다."는 것은 제2의 해석이다.

이를 계기로 오온이 얼마만큼의 법을 섭수하고 있는가를 간단하게 밝히고자 한다. 또한 대승의 百法에 의하면, 識蘊은 오직 八識心王을 섭수할 뿐이고, 色蘊은 11가지 종류의 색을 섭수하고, 想蘊·受蘊은 단 心所偏行 가운데 2가지를 포괄하고 있다. 4가지 蘊은 단 21가지 법만을 섭수하고, 6가지 無爲는 제외되어, 4가지 온으로 섭수하지 못하는 부분이다. 나머지 73가지는 모두 行蘊의 섭수이기에 이를 많다고 말한 것이다. 百法은 이미 제1疏抄에 보인다.】

## 第三 無漏五蘊

(3) 무루오온

**經**

**何等**이 **爲出世間法**고
**所謂戒定慧解脫解脫知見**이니라

어떤 것을 출세간법이라 하는가?
이른바 계, 정, 혜, 해탈, 해탈지견이다.

◉疏◉

亦名無取五蘊이라 然無漏蘊도 亦有二類하니 一은 仍本名하야 亦名色等이니 不與漏相應故로 名爲無漏오 二는 從已轉立名이니 卽五分法身이니 如今文是라 欲顯戒等 德是可欣일세 故從極果하야 標以出世나 理實亦有世間戒等이라【鈔_ '理實亦有'者는 上五蘊도 亦有出世間이나 然世間戒等에 自有二義하니 一者는 外道 共有十善等戒와 四禪等定과 世智之慧하야 脫下地惑하야 於中知見이오 二者는 正教之中에 亦說十善五戒와 四禪八定과 無見慢修欣厭之慧로 脫下界縛하고 了見分明이나 而是有漏일세 故名世間이라하니라】

또한 無取五蘊이라 말하기도 한다. 그러나 무루오온에는 또한 2가지 종류가 있다.

① 본래 명칭을 따라 또한 色 등이라 말한다. 이는 번뇌[漏]와 상응하지 않기 때문에 그 이름을 無漏라 한다.

② 이미 전변한 자리에 따라 명칭을 붙인 것으로, 곧 불법을 깨달은 5가지의 법신[五分法身], 戒身, 定身, 慧身, 解脫身, 解脫知見身이다. 이의 경문에서 말한 바와 같다. 戒 등의 공덕이 좋아할 만한 것임을 밝히고자 한 까닭에 極果에 따라 번뇌가 없는 출세간법으로 밝혔으나, 이치에는 실제로 또한 世間戒 등도 있다. 【초_ "이치에는 실제로 또한 世間戒 등도 있다."는 것은 위에서 말한 오온 역시 출세간법이 있다. 그러나 세간의 戒 등에도 그 나름 2가지 뜻이 있다.

① 외도도 똑같이 十善 등의 계율, 四禪 등의 선정, 世智의 지

혜가 있어 아래 지위의 미혹에서 벗어나 그런 속에서도 지견이 있으며,

② 正教에도 또한 十善五戒, 四禪八定, 見慢이 없이 닦는 欣厭의 지혜로 아래 경계의 속박에서 벗어나고 了見이 분명함을 말했으나 이는 有漏이기에 그 이름을 유루세간이라 한다.】

戒定慧 三은 上來頻釋이라 解脫은 卽是離繫로 爲名이오 解脫知見은 由離繫縛으로 於境自在하야 觀求覺了니라 智論 八十八에 云戒衆者는 攝一切戒하야 和合成衆이라하니 衆은 卽蘊也니 餘皆準之니라 然卽轉前五蘊하야 成此五分이니 謂轉色蘊하야 成於戒身이니 表·無表戒 皆色蘊故며 轉受蘊而成定名이니 定은 名正受니 入四靜慮하야 出四受故며 轉想成慧니 凡所有想이 皆是虛妄이니 見相非相이면 見法身故며 轉行爲解脫이니 無貪等行을 名心解脫이오 永斷無智慧解脫故며 轉識成解脫知見이니 若與邪受로 妄想相應이면 謂識依根하야 了別諸境이어니와 若與正受로 智慧相應이면 卽是現量이니 如實知故니라 仁王觀空品에 云觀色識受想行하야 得戒忍·知見忍·定忍·慧忍·解脫忍이라하니 卽斯義也니라 然此五分法身이 不覆勝義며 不爲相遷이며 不墮虛僞일새 故名出世니 雜集에 云謂能對治三界하야 無顚倒 無戲論 無分別故로 是出世間義라하니라

계·정·혜 3가지는 위에서 자주 해석하였다. 해탈은 곧 얽매임을 여읜 것으로 말하고, 解脫知見은 얽매임을 여읨으로 말미암아 모든 경계에 자유자재하여 깨달음을 살펴보고 추구하는 것이다. 지도론 88에 이르기를 "戒衆이란 일체 모든 계율을 가지고 화합하

여 衆을 이룬 것이다."고 한다. 여기에서 말한 '衆'이란 곧 蘊이다. 나머지는 모두 이에 준한다.

그러나 앞서 말한 오온을 전변하여 불법을 깨달은 5가지의 법신을 성취하는 것이다.

色蘊을 전변하여 戒身의 성취를 말한다. '몸과 입에 의해 드러난 행위에 따라 받는' 表戒와 '의지나 사고 등과 같은 마음에 의한 행위, 즉 드러나지 않는 행위에 따라 받는' 無表戒가 모두 色蘊이기 때문이다.

受蘊을 전변하여 定身의 성취를 말한다. 定은 正受이다. 4가지 靜慮[四禪: catvāri dhyānāni]에 들어가 喜·樂·苦·憂 四受에서 벗어났기 때문이다.

想蘊을 전변하여 慧身의 성취를 말한다. 모든 생각은 다 허망한 것이다. 눈으로 볼 수 있는 모습들이 본래의 모습이 아닌 줄을 보면 법신을 보기 때문이다.

行蘊을 전변하여 解脫身의 성취를 말한다. 탐욕의 마음이 없는 행등을 心解脫이라 하고, 영원히 無智를 끊음이 慧解脫이기 때문이다.

識蘊을 전변하여 解脫知見身의 성취를 말한다. 만일 邪受와 망상이 상응하면 모든 識이 6근에 따라 모든 경계를 이해하고 분별하지만, 만일 正受와 지혜가 상응하면 곧 비판과 분별이 없이 외부세계의 현상을 있는 그대로 받아들이게[現量] 된다. 이는 如實히 알았기 때문이다.

인왕경 觀空品에 이르기를 "色·識·受·想·行을 관조하여 戒忍,

知見忍, 定忍, 慧忍, 解脫忍을 얻는다."고 하니 곧 이런 의미이다.

그러나 五分法身이 절대 진리를 가리지 않으며, 현상의 세계에 의해 변하지 않으며, 허위를 따르지 않기에 그 이름을 출세간이라 한다. 잡집론에 이르기를 "三界를 다스려 전도가 없으며, 戲論이 없으며, 분별이 없기에 出世間의 뜻이라 말한다."고 하였다.

問호되 無取五蘊은 卽有爲無漏어니 何以言不爲相遷고

答호되 約教異故로 前是權小所明이어니와 若實教定說이면 非爲無爲니 同眞性故니라 但似蘊相現일세 立以蘊名이니 故涅槃에 純陀云善覆如來有爲之相일세 應言如來同於無爲라하니 況二融攝가 若如是知면 名爲多聞이니라

어떤 사람이 물었다.

"취함이 없는 오온은 곧 有爲의 무루인데, 어떻게 현상의 세계에 의해 변하지 않는다고 말하는가?"

이에 대해 답하였다.

"가르침이 다른 부분으로 말했기 때문이다. 앞에서는 權教의 입장에서 밝힌 것이지만, 實教의 定說을 따른다면 有爲와 無爲가 아니다. 眞性과 똑같기 때문이다. 단 오온 양상의 현재 존재하는 바와 같기 때문에 蘊으로 이름 붙인 것이다. 열반경에서 純陀가 말하기를 '여래의 有爲 모습을 잘 가리기에 당연히 여래가 無爲와 같다고 말한다.'고 한다. 하물며 有爲와 無爲 2가지를 모두 원융하게 섭수한 자리야 어떠하겠는가. 만일 이와 같이 알고 이해하면 그를 박학다문하다고 말한다."

第四 有爲

(4) 유위법

**經**

**何等**이 **爲有爲法**고

**所謂欲界**와 **色界**와 **無色界**와 **衆生界**니라

어떤 것을 유위법이라 하는가?

이른바 욕계, 색계, 무색계, 중생계이다.

◉ **疏** ◉

有爲者는 瑜伽 一百에 云'有生滅 繫屬因緣을 是名有爲'라하고 智論에 云'有所得故로 是名有爲'라하니 二論은 心境爲異니라 今略擧四事니 三界는 卽所依處오 衆生은 卽能依之者니라 然所依處 隨心成異라 故論에 云'欲所屬界 名欲界等'이라하니라【鈔_ 論云者는 卽俱舍第八이라 '等'字는 等餘二界니 云色所屬界를 名爲色界오 無色所屬界는 名爲無色界'라하니 略'所屬'二字하고 但名欲界等이라】

유위법이란 유가경 제100에 이르기를 "生滅에 얽매인 인연을 유위법이라 한다."고 하며, 지도론에 이르기를 "얻은 바가 있기 때문에 그 이름을 유위법이라 한다."고 하였다. 유위에 대한 두 경전의 논지는 내면의 마음과 외적 경계를 따른 차이가 있다. 여기에서는 4가지의 일을 간단하게 들어 말하였다. 三界는 의지의 대상이

되는 공간이며, 중생은 곧 의지의 주체자이다.

그러나 의지의 대상이 되는 공간은 마음에 따라 차이가 있다. 따라서 논에 이르기를 "욕심으로 소속된 세계를 欲界 등이라 말하였다."고 한다. 【초_ "논에 이르기를"이란 구사론 제8의 경문을 인용한 부분이다. '名欲界等'의 '等' 자는 나머지 색계, 무색계 등을 말한다. 色으로 소속된 세계는 色界라 하고, 無色으로 소속된 세계는 無色界라 한다. '所屬' 2글자를 생략하고 단 '欲界等'이라 말했을 뿐이다.】

---

第五 無爲

(5) 무위법

經

**何等**이 **爲無爲法**고

**所謂虛空**과 **涅槃**과 **數緣滅**과 **非數緣滅**과 **緣起**와 **法性住**니라

어떤 것을 무위법이라 하는가?

이른바 허공, 열반, 숫자의 인연으로 사라짐, 숫자의 인연이 아님으로 사라짐, 연기, 법성주이다.

◉ 疏 ◉

爲者는 作也니 卽前生滅이라

今虛空等은 寂寞沖虛하야 湛然常住하야 無彼造作일세 故名無爲니라 瑜伽에 云'無生滅하야 不繫屬因緣을 是名無爲라'하고 智論에 云'無所得故로 名爲無爲라'하며 淨名에 云'不墮數故라'하니라 然諸論總名이 大旨無別이라 言虛空者는 離諸障礙하야 無物所顯故일세니라【鈔_ 唯識에 有六無爲하니 卽爲六段이라 初 虛空은 釋語 全是百法疏意니 卽唯識에 依性 假施設有義니라 彼論에 先釋法性하야 云'謂空無我 所顯眞如가 有無俱非며 心言路絕하야 與一切法으로 非一非異等이라'하니 是法眞理일세 故名法性이오 離諸障礙일세 故名虛空이라하니 釋曰 彼論은 明法性空이라 但言離諸障礙오 百法은 兼取外空이라 云無物所顯故라하고 俱舍云此中空無礙라하니라】

'無爲'의 '爲'란 作爲이다. 곧 앞서 말한 生滅이다. 이 경문에서 말한 허공 등은 적막하고 공허하여 담담하게 상주하여 조작이 없기에 이를 無爲라 한다. 유가경에서는 "생멸이 없어 인연에 얽매임이 없음을 무위라 말한다."고 하였고, 지도론에서는 "얻은 바가 없기 때문에 무위라 말한다."고 하였고, 유마경에서는 "숫자에 떨어지지 않았기 때문"이라 하였다. 그러나 여러 경전에서 말한 논지의 총체적 명칭의 大旨는 차이가 없다.

① '虛空'이라 말한 것은 모든 장애를 여의어 나타나는 존재가 없기 때문이다.【초_ 유식론에서는 6가지의 無爲를 6단락으로 말하고 있다.

제1단락에서 말한 虛空에 대한 해석은 모두 百法疏에서 말한 뜻이다. 유식론에서는 성품을 의지하여 임시로 마련되어 있다는 뜻이다. 유식론에서 먼저 法性에 대해 다음과 같이 해석하였다.

"空無我에 의해 나타난 진여는 모두 有와 無가 아니며, 마음의 의식으로나 언어로 표현할 수 없다. 모든 법과 하나도 아니고 차이가 있는 것도 아니다 등등으로 말하였다. 이는 법의 진리이기에 그 이름을 법성이라 하고, 모든 장애를 여읜 까닭에 그 이름을 허공이라 한다."

이에 대한 해석은 다음과 같다.

"유식론에서 말한 바는 법성이 공함을 밝힌 까닭에 단 '모든 장애를 여의었다.'고 말하였고, 백법소에서는 외적인 空까지 겸하여 취한 까닭에 '모든 장애를 여의어 나타나는 존재가 없기 때문'이라 말하였고, 구사론에서는 '중도의 空이 장애가 없다.'고 말하였다."】

二 涅槃者는 古有二釋이니 一은 云性寂滅故라하니 此即性淨涅槃이라 涅槃三十四에 亦同此說하다

② '열반'이란 예로부터 2가지 해석[1]이 있다. 하나는 성품이 적멸한 때문이라고 말한다. 이는 곧 성품이 청정한 열반이다. 열반경 34에서 말한 바 또한 이와 같다.

三 數緣滅者는 數謂慧數니 由慧爲緣하야 揀擇諸惑하고 能顯滅理라 故唐三藏이 譯爲擇滅이라하니 謂擇力所得滅을 名爲擇滅이니라 然此滅言은 有其二義하니 一은 理性寂滅이니 此從所顯得名이오 二는 因滅惑顯을 名理爲滅이니 則從能顯得名이라

1 여기에서는 2가지 가운데 一云性寂滅故만을 말했을 뿐, 一云即性淨之果 부분을 생략하였다.

③ "숫자의 인연으로 사라짐"에서 숫자[數]는 지혜의 숫자[慧數]를 말한다. 지혜를 따라 모든 의혹을 가려내고 적멸의 이치[滅理]를 밝힌 것이다. 따라서 唐 三藏은 이를 '擇滅'로 번역하였다. 가려내는 힘으로 얻은 바의 적멸을 '擇滅'이라 명명하였다.

그러나 여기에서 말한 滅에는 2가지 뜻이 있다. ㉠ 理性寂滅이다. 이는 나타난 바의 대상에 따라 그 명칭을 붙인 것이며, ㉡ 滅을 인연하여 미혹이 드러남에 진리를 滅이라 말한다. 이는 드러남의 주체에 따라 그 명칭을 붙인 것이다.

四 非數緣滅者는 非由慧數滅惑所得이오 但以性淨 及於緣闕之所顯故니라【鈔_ 四非數緣滅者는 故唯識에 云'不由擇力하고 本性淸淨과 及緣闕所顯을 名非擇滅이라'하니 釋曰 論存二義하니 初義異小라 故上疏文에 取爲楷定이라

言'緣闕'者는 俱舍論에 云'畢竟碍當生일세 別得非擇滅이라'하고 下釋中에 云言當生者는 當來生法이니 緣會則生하고 緣闕不生하나니 於不生時에 得非擇滅이라 此非擇滅이 碍當生法하야 令永不起를 名畢竟碍니라

言'別得'者는 謂非擇滅이 有實體性하야 緣闕位中에 起別得故로 非擇滅得이라 不因擇滅코 但由緣闕일세 名非擇滅이라하니라】

④ "숫자의 인연이 아님으로 사라짐"이란 지혜의 숫자로 의혹을 없앤 데서 얻어진 게 아니라 다만 성품의 청정함 및 반연이 없는 데에서 드러난 것이기 때문이다.【초_ "④ 숫자의 인연이 아님으로 사라짐"이란 유식론에 이르기를 "가려내는 힘을 따르지 않고

본성이 청정함 및 반연이 없는 데에서 드러난 것을 非擇滅이라 말한다."고 하였다.

이에 대한 해석은 다음과 같다.

"유식론에서 말한 뜻에는 2가지가 있다. 첫째 의미는 방편의 權敎와 다르기에 위의 청량소에 楷定함을 취하였다."

"반연이 없다[緣闕]."고 말한 것은 구사론에 이르기를 "결국 當生의 장애가 되기에 非擇滅을 별도로 얻는다."고 하였고, 아래 해석에서 "當生이라 말한 것은 미래세에 생겨나는 법을 말한다. 반연이 모이면 생겨나고 반연이 사라지면 생겨나지 않는다. 생겨나지 않을 때에 非擇滅을 얻는다. 非擇滅이 미래세에 생겨나는 법에 장애가 되어 영원히 일어나지 않도록 하는 것을 '결국 當生의 장애가 된다.'고 말한다.

'別得'이라 말한 것은 非擇滅이 實體의 자성이 있어 반연이 없는 지위에서 별도로 얻음의 계기를 마련해주기 때문에 擇滅로 얻은 게 아니다. 擇滅을 따르지 않고 단 반연이 없음으로 말미암은 까닭에 非擇滅이라고 말한다."고 하였다.】

五 緣起者는 有別有通하니 別은 謂十二因緣故니 分別論者는 大衆·一說·雞胤·化地·說出世部에 皆立十二緣起하야 以爲無爲하니 彼意는 以其次第作緣하야 恒無雜亂일세 故說爲常이라하고 有佛無佛에 此法自爾일세 名曰無爲라하니라 故智論三十二에 云聲聞法中에 亦說法性實際故라하고 雜阿含中說에 有一比丘 問佛호되 十二因緣이 爲是佛作이닛가 爲是餘人作이닛가 佛 告比丘하사되 我不作十二因緣이며 亦

非餘人作이니 有佛無佛에 諸法 如하야 法相·法位 常有라하니 所謂是事有故로 是事有等이라 涅槃에 亦說호되 卽是無爲라하고 遠公 云就人論法이면 三世流轉이 是其有爲오 廢人談法이면 法相常定이라 故曰無爲라하니 望今經意컨대 緣起無性이라 故曰無爲니라 大品에 云菩薩이 觀十二因緣 如虛空不可盡이라하고 涅槃에 云十二因緣은 卽是佛性이라하니 雖擧十二因緣이나 卽已攝陰界諸法이니라

⑤ 緣起에는 개별이 있고 공통이 있다.

개별의 연기는 12因緣으로 말한 때문이다. 分別論者(vibhajyavādin)에는 大衆部(Mahsaghika)·一說部(Ekavyvahrika)·鷄胤部(Kaukkuika)·化地部(Mah saka)·說出世部(Lokottaravdin)가 있는데, 그들은 모두 12연기를 내세워 無爲를 삼는다. 그들이 말한 뜻은 차례를 따라 인연을 지어나가기에, 언제나 혼잡하거나 산란함이 없어 영원하다[常] 말하고, 부처님이 계시든 계시지 않든 이 법은 그대로 존재하기에 그 이름을 無爲라 말한다.

이 때문에 지도론 32에서는 "성문승의 법에서도 또한 법성 실제를 말한 때문이다."고 하며, 잡아함경에서는 다음과 같이 말하였다.

어느 비구가 부처님께 여쭈었다.

"12인연법은 부처님께서 만드신 것입니까? 다른 사람들이 만든 것입니까?"

부처님께서 비구에게 말씀하셨다.

"내가 12인연법을 만들지 않았으며, 또한 다른 사람들이 만든 것도 아니다. 부처님이 계시든 계시지 않든 모든 법은 如如하여 法

相과 法位가 언제나 있다."

이른바 "이런 일이 있기 때문에 이런 일이 있다."는 등이다.

열반경에서도 또한 '無爲'라 하였고, 遠公은 말하기를 "사람의 입장에서 법을 논하면 삼세의 생사윤회가 바로 有爲이며, 사람을 놓아두고 법만을 들어 말한다면 法相이 언제나 일정하기에 無爲라 말한다."고 하였다. 이 경문에서 말한 뜻과 대조해보면 緣起 자체가 자성이 없는 까닭에 無爲라 한다.

대품경에서는 "보살이 12인연이란 끝이 없는 허공과 같음을 본다."고 하며, 열반경에서는 "12인연이 바로 불성이다."고 하였다. 경문에서 비록 12인연을 들어 말했지만, 이미 음계의 모든 법을 포괄하고 있다.

六 法性住者는 卽眞如也니 謂非妄倒일세 故名眞如니라 又眞實·如常은 揀妄揀事니 於一切位에 恒如其性이오 而云住者는 離遷變故오 與法爲性은 是隨緣義니라 復云住者는 是不變義니 卽妄卽眞하야 事皆如矣니라 若準智論인댄 法性·法住는 各是一義云云하야 卽爲七法이니라【鈔_ 若準智論下는 別釋이니 取上法字와 及下住字하야 自爲一義하야 成七無爲니 則法字兩用이라】

⑥ 法性住란 바로 진여이다. 망상전도가 아니기에 그 이름을 진여라 한다. 또한 진실과 如常은 망상과 다르고 사법계와도 다르다. 일체 지위에 언제나 그 성품이 똑같고, 住라 말한 것은 변천을 여읜 때문이며, 법과 더불어 성품이 되는 것은 인연을 따른 의미이다.

다시 住라 말한 것은 변치 않는다는 뜻이다. 망상과 하나가 되고 진여와 하나가 되어 모든 일마다 모두 진여이다. 만일 지도론에 준하면, 法性과 法住는 각각 한 가지의 뜻이라 운운하여, 곧 7가지 법이 되었다. 【초_ "만일 지도론을 준하면" 이하는 개별로 해석함이다. 위 '法' 자 및 아래의 '住' 자를 취하여 그 나름 하나의 의미로 7가지의 無爲를 이룬 것이다. 이는 '法' 자를 法性과 法住 2가지로 사용한 것이다.】

然小乘說三虛空은 則就外空이오 復計三皆實有어니와 若大乘說인댄 非唯數增이라 義亦有異니라 唯識論中에 二義建立니 一은 唯心變故오 二는 依法性하야 假施設有니 謂此諸義 但一眞如로되 隨義假設이니 一은 無相義오 二는 所證義오 三은 惑盡義오 四는 性淨義오 五는 隨緣義오 六은 隨緣이 卽不變義니라【鈔_ '然小乘'下는 對揀權實이니 初擧小乘이오 '若大乘'下는 擧大斥小니라】

그러나 소승에 대해 3가지 허공을 말한 것은 곧 外空으로 말하였고, 다시 3가지 모두 실제 존재한다 생각한 것이지만, 만일 대승으로 말하면 오직 수효가 더 많을 뿐 아니라 의미 또한 차이가 있다. 유식론에서는 2가지 의미로 말하였다. 하나는 마음의 변화 때문이며, 다른 하나는 법성에 의하여 임시 마련된 것이다. 이러한 모든 뜻은 단 하나의 진여이지만, 그 뜻에 따라 임시로 마련된 것이다. ㉠ 無相하다의 뜻이며, ㉡ 증득한 대상의 뜻이며, ㉢ 미혹이 다했다의 뜻이며, ㉣ 성품이 청정하다의 뜻이며, ㉤ 반연을 따른다의 뜻이며, ㉥ 반연을 따름이 곧 변하지 않는다는 뜻이다. 【초_ "그러나 소승에 대해 3가지 허공" 이하는 權敎·實敎를 상대로 다른 점을 말한다. 첫 부분은 소승을 들어 말하였고, "만일 대승으로 말하면" 이하는 큰 것을 들어 작은 것을 배척하였다.】

此中法性은 卽是眞如니라 然法性·眞如도 亦假施設이니 遮撥爲無일세 故說爲有라하고 遮執爲有일세 故說爲空이라하고 勿謂虛幻일세 故說爲實이라하고 理非妄倒일세 故名眞如라하고 爲法之性일세 名爲法性이니 非離色心코 別有實體니라 今多聞之人은 不唯知名而已오 應如是知니라

여기에서 말한 법성은 곧 진여이다. 그러나 법성과 진여 또한 임시방편으로 말한 것이다. 떨쳐내어 無라 하는 것을 차단하고자 有라 말하고, 집착하여 有라 하는 것을 차단하고자 空이라 말하고, 공허하여 허깨비와 같다고 말할 수 없기에 實하다 말하고, 진리는 전도망상이 아니기에 진여라 말하고, 법의 자성이기에 그 이름을 법성이라 한다. 이는 사람의 마음을 여의고 별개의 실체가 있다는 것은 아니다. 여기에 박학다문한 사람은 오직 그 명제를 아는 데 그치지 않고, 당연히 이처럼 알아야 한다.

## 第六 有記法

(6) 유기법

**何等이 爲有記法고**

**謂四聖諦**와 **四沙門果**와 **四辯**과 **四無所畏**와 **四念處**와 **四正勤**과 **四神足**과 **五根**과 **五力**과 **七覺分**과 **八聖道分**이니라

어떤 것이 기록할 수 있는 법이라 하는가?

사성제, 사사문과, 사변, 사무소외, 사념처, 사정근, 사신족, 오근, 오력, 칠각분, 팔성도분이다.

◉ **疏** ◉

有記法者는 有釋云謂能招愛非愛果일세 故名有記라하니 此乃通說이라 餘處辨記는 卽是善惡이어니 今唯擧善이니 應云順理善法을 可記錄故니라

有記法이란 혹자는 "애욕과 애욕이 아닌 결과를 초래한 까닭에 그 이름을 有記라 한다."고 해석하였다. 이는 모두가 인정하는 통설이다. 나머지 다른 곳에서 記를 논변한 것은 곧 선악으로 말했지만, 여기에서는 오직 선만을 들어 말하였다. 당연히 진리를 따른 선한 법만을 기록해야 하기 때문이다.

下出所記法體니 句有十一이나 義攝唯五니라 四聖諦는 如前本品已辨이오 四沙門果는 如梵行品이오 四辯은 如第九地오 三十七品은 如第四地니라

아래에서는 기록해야 할 대상으로서의 法體를 말하였다. 11구이지만 그 의미는 오직 5가지로 포괄하고 있다. 사성제는 본 품의 앞부분에서 이미 논변한 바와 같고, 사사문과는 범행품에서 말한 바와 같고, 사변은 제9지와 같고, 37품은 제4지와 같다.

四無所畏를 今當略明호리니 謂外難無怯일세 故名無畏니라 瑜伽에 云 '如來於此謗難에 都不見有如實因相하나니 由是因緣으로 能自了知하야 坦然無畏라'하니라 無畏爲四니 一은 一切智無畏오 二는 漏盡無畏오 三者는 障道오 四는 出苦道니라

여기에서는 사무소외를 간단하게 설명하고자 한다. 외부의 어려움을 겁내지 않기에 그 이름을 無畏라 한다. 유가론에서는 "여래께서 남들이 비방하는 수난이란 전혀 여실한 원인이 있다고 보지 않는다. 이러한 인연을 스스로 잘 알고서 편안한 마음으로 두려움이 없다."고 하였다.

두려움이 없는 마음은 4가지이다.

① 일체지를 설법하는 데 두려운 바가 없고,

② 번뇌가 다했음을 설법하는 데 두려운 바가 없고,

③ 도의 장애가 다했음을 설법하는 데 두려운 바가 없고,

④ 고통에서 벗어난 도를 설법하는 데 두려운 바가 없다.

此四는 各有難答이니 初 外難에 云'若佛是一切智者인댄 有諸比丘 從他方來에 何須問言安樂住不아 言一切智인댄 無所不知어늘 今問於他하니 一何相反고' 佛自唱言하사되 '我是一切智人이로되 但爲攝受來者하야 隨順世間師弟人事故라'하니라【鈔_ '此之四段'下는 二辨相이니 初一切智無畏難에 有二하니 初는 牒擧所難이오 二'有諸比丘'下는 正難이라 於中에 先出難所因이니 謂諸部律中에 多有此言하니 時諸比丘至如來所하야 頭面禮足한대 佛便問言하사되 '比丘여 住止安樂不아 乞求易得不아 不以飮食爲苦耶等'이라

今云'何故問'者는 卽是難也니 '言一切'下는 結成難也라 '佛自唱言'下는 答也니 於中에 先按定所難하야 明不失一切智義니 若具인댄 皆云'我於此難에 正見無由하고 得安穩住하야 無怖無畏라 自稱我是大仙尊位라'하니라

'但爲攝受'下는 出是一切智之所以니 示現問耳오 非已不知니라

言'攝受'者는 令發勝心이니 聞佛慰問하고 發道心故니라

'隨順世間師弟人事'者는 此有二意하니 一者는 成上示現之相이오 二者는 亦令餘人審諦於事니 佛知尙問이온 況餘不知아 亦爲後人作軌則故어니와 見來發心인댄 應爲引攝일세 故云隨順世間이라하니라】

두려움이 없는 4가지 마음에 대해 각각 논란과 대답이 있다.

첫째, 외부의 어려움을 겁내지 않음에 대해 물었다.

"만일 부처님이 일체 지혜를 지녔다면, 모든 비구가 다른 곳에서 찾아왔을 때에 굳이 편안하게 잘 있었느냐를 물을 필요가 있을까? 부처님은 일체 모든 것을 아는 지혜를 지녔다고 말한다면, 말하지 않아도 모를 턱이 없는데, 여기에서 도리어 찾아온 비구들에게 잘 있느냐고 물었다. 어째서 이처럼 상반되는 것일까?"

부처님께서 스스로 말씀하시기를 "나는 일체 모든 것을 아는 지혜를 지닌 사람이지만, 단 찾아오는 이들을 받아들이기 위해 세간의 사제 사이에 주고받는 인사를 따랐을 뿐이다."고 하였다.

【초_ "두려움이 없는 4가지 마음" 이하는 2) 양상을 논변한 부분이다.

"① 일체지를 설법하는 데 두려운 바가 없다."는 데 대한 논란

에는 2가지의 물음이 있다.

㉠ 논란한 바를 뒤이어 들어 말함이며, ㉡ '有諸比丘' 이하는 바로 논란한 부분이다. 그중에 먼저 논란의 원인이 되는 바를 말하였다. 諸部의 律藏 속에 이런 부분을 언급한 바 많다. 당시 모든 비구가 여래가 계신 도량을 찾아와 머리를 숙여 부처님의 발에 절을 올리자, 부처님께서 갑자기 물었다. "비구여, 편안하게 잘 살았느냐? 걸식하기 용이하던가? 음식 때문에 괴로움은 없느냐?" 등을 말한다.

여기에서 "무엇 때문에 굳이 편안하게 잘 있었느냐를 물을 필요가 있을까?"라는 것은 곧 논란이다. "부처님은 일체 모든 것을 아는 지혜를 지녔다고 말한다면" 이하는 논란을 끝맺은 것이다. "부처님께서 스스로 말씀하시기를" 이하는 대답이다. 여기에서 먼저 논란이 되는 바를 결정지어 一切智를 잃지 않았다는 뜻을 밝혔다. 만일 이 부분을 보다 자세히 말한다면 모두 이렇게 말할 것이다.

"나는 이런 논란에 그만한 이유가 없음을 바로 보고서 평온한 마음에 안주하여 겁내는 생각도 없고 두려움도 없다. 자칭 나는 大仙尊位라 할 것이다."

"단 찾아오는 이들을 받아들이기 위해" 이하는 一切智를 내는 이유이다. 몸을 나타낸 것으로 물은 것이지, 자신이 모른 것이 아니다.

"찾아오는 이들을 받아들인다."고 말한 것은 그들의 수승한 마음을 내도록 하기 위함이다. 부처님의 위안을 듣고서 도심을 내기 때문이다.

"세간의 사제 사이에 주고받는 인사를 따랐을 뿐"이라는 데에는 2가지 뜻이 있다. 하나는 몸의 모습을 나타낸 것이며, 다른 하나는 또한 나머지 사람으로 하여금 그런 일들을 자세히 살피도록 하기 위함이다. 부처님은 이미 알고서도 오히려 안부를 묻는데, 하물며 나머지 알지 못하는 사람들이야 안부를 묻지 않을 수 있겠는가. 또한 후세 사람을 위해 준칙을 만들어주기 위한 때문이기도 하지만, 그가 찾아와 발심을 한다면 당연히 그를 이끌어 받아들여야 하기에 세간의 사제 사이에 주고받는 인사를 따른 것이다.】

二有難云'若佛自言漏永盡者인댄 何以愛語羅睺하고 訶罵調達이닛고' 佛 於此難에 正見無由하고 安穩無怯하야 自唱德號하사되 我實漏盡이로되 但爲隨根而調伏故라하니라【鈔_ '二有難云'下는 第二無畏니 先難中에 文但有二니 先은 牒擧所難이니 謂經中說言하사되 '我諸漏已盡이라'하니라

'何以愛'下는 正難이니 難之所因이 含在其中이니 謂羅睺羅 被僧驅出하야 在於廁上이어늘 佛 語諸比丘言하사되 '云何野干이 驅師子子오'하니 卽愛語羅睺니라 調達이 頻爲惡行이어늘 佛 時罵言하사되 '痴人이여'하고 或云'食唾小兒等耶아'

'佛於此難'下는 亦先按定所難이니 不失漏盡之義니라

'但爲隨根而調伏故'는 卽出愛恚所以니 謂羅睺는 譬之慧象이 隨逐人心이라 軟言卽調어니와 調達은 喻之惡馬라 楚毒方調니 非是如來有愛羅睺하고 有恚調達하야 漏未盡也니라】

둘째, 혹자가 논란하여 말하였다.

"만일 부처님이 스스로 영원히 번뇌가 다했다고 말씀하셨다면, 어찌하여 나후라에겐 사랑스럽게 말씀하시고 조달에겐 꾸짖은 것일까?"

부처님은 이런 논란에 그만한 이유가 없음을 바로 보고서 평온한 마음에 안주하여 겁내는 생각 없이 스스로 공덕의 법호를 말씀하시기를 "나는 실로 번뇌가 다했지만 단 중생의 근기에 따라 조복하기 때문이다."고 하였다. 【초_ '二有難云' 이하는 "② 번뇌가 다했음을 설법하는 데 두려운 바가 없다."는 데 대한 논란이다. 앞의 논란에 대한 부분은 경문에 2가지의 뜻이 있을 뿐이다. 앞에서는 논란의 대상을 뒤이어 들어 말한 것이다. 경문에서 "나는 모든 번뇌가 이미 다했다."고 말하였다.

"어찌하여 나후라에겐 사랑스럽게 말씀하시고" 이하는 바로 논란 부분이다. 논란의 원인이 되는 내용이 그 속에 담겨 있다. "나후라가 스님들에게 쫓겨 변소에 있자, 부처님께서 모든 비구에게 '어찌하여 여우가 사자 새끼를 내쫓느냐?'라고 말씀하셨다." 이는 나후라에게 사랑의 마음으로 말씀하신 것이다.

조달이 자주 악행을 저지르자, 부처님께서 호되게 꾸짖어 때로는 '멍청한 놈'이라 하였고, 혹은 '콧물을 핥아먹는 어린아이' 등이라 하였다.

"부처님은 이런 논란에 그만한 이유" 이하는 또한 먼저 논란이 되는 바를 결정지어 번뇌가 다했음을 잃지 않았다는 뜻이다.

“단 중생의 근기를 따라 조복하기 때문이다.”란 어떤 사람을 사랑하고 어떤 사람에게 성을 내는 그 이유를 말하였다. 나후라는 지혜로운 코끼리가 인심을 따른 것으로 비유하였기에 부드러운 말씨로 그를 조복하였지만, 조달은 성깔 사나운 말에 비유하였기에 혹독한 회초리만이 바야흐로 그를 조복할 수 있기 때문이다. 여래께서 나후라를 사랑하고 조달에게 성을 낸 것은 번뇌가 미진한 때문이 아니다.】

三有難云'若佛說欲能障道者인댄 何故로 預流·一來는 尙有妻子之愛잇가' 佛 於此難에 心無怯懼하사 謂'自唱德號하사되 我說欲能障道는 但障不還羅漢이오 非初二果라'하니라【鈔_ '佛於此'下는 答中亦二니 先은 按定所難이니 不失欲爲障道니라 若具인댄 亦應云'我於此難에 正見無由하고 安穩無怯하야 處大仙位라 故云自唱德號라하니라

'我所說'下는 出不障所以니 若說邪行이면 障諸聖道어니와 若說畜妻면 障離欲道니 初 二果人은 性戒久成이라 故斷邪行이오 旣未離欲일세 不斷妻子니 斯有何失가 故諸染法이 非不障也니라】

셋째, 혹자가 논란하여 말하였다.

“만일 부처님이 애욕이 도에 장애가 된다고 말씀하셨다면, 무슨 까닭에 ‘깨달음의 방향으로 흐르는 預流果’와 ‘한 번 천상에 올라갔다가 또다시 인간계에 태어나 열반을 얻는 一來果’에게는 오히려 처자의 사랑이 있는 것일까?”

부처님이 논란에 겁내는 마음이 없어 공덕의 법호를 스스로 말씀하셨다.

“내가 애욕이 도에 장애가 된다고 말한 것은 다만 ‘욕계의 번뇌를 단절하고 천상에 태어나 욕계로 되돌아오지 않는 不還果’와 ‘번뇌를 끊어 더 닦을 것이 없는 羅漢果’에 장애가 된다. 앞서 말한 ‘預流果’와 ‘一來果’가 아니다.”【초_ “부처님이 논란에” 이하는 대답에 있어 또한 2가지이다. 앞에서는 논란이 되는 바를 결정지어 애욕이 도에 장애가 됨을 잃지 않았다고 하였다. 만일 이 부분을 보다 자세히 말한다면 또한 이렇게 말할 것이다.

“나는 이런 논란에 그만한 이유가 없음을 바로 보고서 평온한 마음에 안주하여 겁내는 생각도 없고, 大仙尊位에 있는 까닭에 스스로 공덕의 법호를 말하였다.”

“내가 애욕이 도에 장애가 된다고 말한 것” 이하는 장애가 되지 않은 이유를 말한 것이다. 만일 삿된 행위로 말한다면 모든 부처님의 도에 장애가 되지만, 아내를 두는 것으로 말하면 애욕을 여읜 도에 장애가 될 뿐이다. 앞의 ‘預流果’와 ‘一來果’의 사람은 본성적으로 이미 갖춰진 계율[性戒]을 오래전에 이룬 터라, 삿된 행위는 끊었지만 아직은 애욕을 여의지 못한 까닭에 처자의 인연을 끊지 못한 것인데, 그런 그에게 무슨 잘못이 있겠는가. 따라서 모든 染法이 장애가 되지 않은 것은 아니다.】

四有難云若佛說諸聖道 能盡苦者인댄 何故로 羅漢이 受瘡潰蚰螫之苦이닛가 佛 於此難에 心無怯懼하사 自唱德號하사되 我說聖道 實能盡苦邊際는 但說未來오 非現在故라하니라【鈔_ 我說聖道下는 通前難이라 然有二意하니 一者는 由於前世故業感身일세 於此身上에 得阿

羅漢이나 苦依身在라 故有此苦오 非得羅漢 後有此苦니 卽今疏意니라 更有意云'無學은 實無苦果로되 爲現惡因이 必有苦報라 由此聖者示相受苦하야 起後敎故니라' 亦猶世尊 受金鎗等이니 示義非實일세 故疏略無니라】

넷째, 혹자가 논란하여 말하였다.

"만일 부처님이 '모든 성인의 도가 괴로움을 다하였다.'고 말씀하셨다면, 무슨 까닭에 나한이 종기와 뱀 따위에게 고통을 받는 것일까?"

부처님은 이런 논란에 겁내는 마음이 없어 공덕의 법호를 스스로 말씀하시기를 "내가 '성인의 도가 괴로움을 다하였다.'고 말한 것은 단 미래를 말했을 뿐이지 현재를 말한 게 아니기 때문이다." 고 하였다.【초_ "내가 '성인의 도가 괴로움을 다하였다.'고 말한 것은" 이하는 앞의 논란을 통틀어 말한 것이다. 그러나 2가지 뜻이 있다. 하나는 전생의 옛 업보에 의하여 몸을 받을 때에 그 몸에 아라한을 얻었으나 괴로움이 그의 몸을 의지하여 있는 터라 괴로움이 있는 것이지, 나한을 얻은 뒤에 이러한 괴로움이 있었던 것은 아니다. 이것이 청량소에서 말한 뜻이다.

또한 이런 뜻이 있다.

"모든 것을 다 배웠으므로 다시 더 배울 법이 없는 無學은 실로 고통의 과보가 없지만, 惡因이란 반드시 고통의 과보가 있음을 밝히기 위한 까닭에, 聖者가 相으로 고통을 받는 점을 보여 후세의 가르침을 일으킨 때문이다. 또한 세존이 金鎗의 고통을 겪은 일 등

과 같다. 여기에서 보여준 의의는 실제가 아니기에 청량소에서 생략하여 언급한 바 없다.】

四中에 初一은 離所知障이오 次는 離煩惱障이오 三은 是出離道障이오 四는 卽出離之道니 初二는 自利오 後二는 利他니라

所以自歎此四者는 初一은 爲菩薩이오 第二는 爲聲聞이오 後二는 通爲니 智論二十五와 瑜伽五十과 對法十四에 廣辨其相호리라

4가지 가운데, ① 所知障을 여읨이며, ② 煩惱障을 여읨이며, ③ 道의 장애에서 벗어남이며, ④ 벗어난 道이다. 앞의 2가지는 自利이며, 뒤의 2가지는 利他이다.

이 4가지를 스스로 찬탄한 바는 ① 보살을 위하고, ② 聲聞을 위하고, 뒤의 2가지는 보살과 성문을 모두 위함이다. 지도론 25, 유가론 50, 대법론 14에 그 양상을 자세히 논변하였다.

---

第七 無記中에 分二니 先은 徵名이오 後謂世間下는 辨相이니 今은 初라

(7) 무기법

이는 2부분으로 나뉜다.

앞에서는 명제를 물었고, 뒤의 '謂世間' 이하는 그 양상을 논변하였다.

이는 명제에 대한 물음이다.

**何等**이 **爲無記法**고

어떤 것을 기록함이 없는 법이라 하는가?

◉ **疏** ◉

無記 二義니 一은 非善非惡이라 不能招感愛非愛果 名爲無記니 可釋餘文이어니와 今此正謂虛妄推度하야 非理問難을 不可記錄일세 故名無記안정 非對善惡故니 倶舍 第十九에 云諸契經에 說十四無記라하니 卽其義也니라 亦名置記니 記卽答也니 不應答故니라

기록함이 없는 법에는 2가지의 뜻이 있다. 첫째는 선도 아니요, 악도 아니다. 애욕과 애욕이 아닌 결과를 초래하지 않은 것을 無記라 말한다. 나머지 경문을 해석할 수 있지만, 여기에서는 바로 잘못 미루어 헤아림으로써 이치에 맞지 않는 물음과 논란을 기록할 수 없기 때문에 無記라 말하지만, 선악을 상대로 말한 것이 아니기 때문이다. 구사론 제19에 이르기를 "모든 경전에 14가지의 無記를 말하였다." 함이 바로 그와 같은 뜻이다. 또한 그 無記를 置記라 말하기도 한다. 記는 곧 대답이다. 응답이 없기 때문이다.

所以不答者는 何謂오 此乃無義語也니라 知之라도 不免生死오 不知라도 不障涅槃이라 前說有記는 則反於此니라 智論 第三에 云所以不答十四難者는 此事無實故니 諸法有常은 無此理故며 言斷亦爾니라 如有人問호되 [(殼-几)/牛]於牛角에 得幾升乳오하면 豈曰問耶아

第十七에 云有一比丘 思唯十四難호되 不能解하야 辭佛不爲弟子한

대 佛言하사되 我爲老病死人하야 說法濟度어니 此是鬪諍法이라 如中毒箭이니 不應推尋하라'하고 楞伽에 亦云'皆是世論이라 非我所說이라'하니라【鈔 '第十七'下는 引昔例今이니 其文稍略이라 具云'有一比丘 於十四難에 思惟觀察호되 不能通達일세 心不能忍하야 持衣鉢하고 至佛所하야 白佛言호되 佛 能爲我解此十四難하사 使我了者인댄 當作弟子어니와 若不能解인댄 我當更求餘道호리이다 佛言하사되 痴人이여 汝共我要誓호되 若答十四難이면 汝作弟子耶아 比丘言호되 不也니이다 佛言하사되 汝痴人이여 今何以言若不答我면 不作弟子아 我爲老病死人하야 說法濟度니 此十四難은 是鬪諍法이라 於法無益이오 但是戱論이어니 何用問爲아 若爲汝答이면 汝心不了하야 至死不解하야 不能得脫生老病死리라 譬如有人이 身被毒箭이어든 親屬이 呼醫하야 欲爲出箭塗藥한대 便言 未可出箭이니 我先當知汝姓字·親里·父母·年歲며 次欲知箭出在何山과 何木何羽와 作箭鏃者는 爲是何人과 是何等鐵이오 復欲知弓何山木과 何蟲角이오 復欲知藥是何處生과 是何種名이라하야 如是等事를 盡了知之라야 然後聽汝出箭塗藥이니라 佛問比丘하사되 此人可得知此衆事라야 然後出箭不아 比丘言호되 不可得知니 若待盡知면 此則已死니이다 佛言하사되 汝亦如是니라 爲邪見箭이 愛毒所塗하야 已入汝心이어니 欲拔此箭인댄 作我弟子어니와 爲不欲拔箭이오 而欲求盡世間常無常邊無邊等인댄 求之未得코 卽失慧命하야 與畜生同死하야 自投黑暗호리라 比丘 慚愧하야 深識佛語하고 卽得阿羅漢道이니라

復次菩薩이 欲作一切智人인댄 推求一切法하야 知其實相하고 十四難

中에 不滯不礙하야 知其是心重病하야 能出能忍을 是名法忍이라하니라】

물음에 대답하지 않은 바는 무엇을 말하는가? 이는 의미가 없는 말이기 때문이다. 알지라도 생사를 면할 수 없고, 모른다 할지라도 열반에 장애가 되지 않는다. 앞서 말한 有記法은 이와 반대이다.

지도론 제3에서 말하였다.

"14가지의 논란에 대답하지 않은 이유는 그 일이 실상이 없기 때문이다. '모든 법이 변하지 않고 영원하다.'는 것은 이런 이치가 없기 때문이며, '모든 법이 없어져 사라진다.'고 말하는 것 또한 그와 같다. 만일 어떤 사람이 묻기를 '소뿔에서 젖을 짜면 몇 되의 우유를 얻을 수 있을까?'라고 한다면 어떻게 그것을 물음이라고 말할 수 있겠는가."

제17의 논란에서 말하였다.

"어떤 비구가 14가지 논란을 사유하다가 끝내 이해하지 못하자, 부처님께 하직하고 제자가 되지 않겠다고 하였다.

부처님이 말씀하시기를 '내가 늙고 병들고 죽을 사람을 위해 설법하여 그들을 제도하지만, 이런 유는 싸움으로 다투는 법이라 독화살을 맞은 것과 같다. 다시는 이런 것에 대해 추구하거나 생각하지 마라.'고 하였다."

능가경에서도 "이는 모두 세간의 쓸모없는 말들이다. 내가 말한 대상이 아니다."고 하였다. 【초_ "제17의 논란" 이하는 옛 고사를 인용하여 오늘날을 예시한 것인데, 그 경문이 다소 생략되었다. 이를 구체적으로 말하면 다음과 같다.

어떤 비구가 14가지 논란을 사유하고 관찰하였지만 통달하지 못하자, 화를 참지 못하여 의발을 들고 부처님 계신 곳으로 찾아와 부처님께 말씀드렸다.

"부처님께서 저를 위해 14가지 논란을 해석하여 제가 이해할 수 있도록 말씀해주시면 제자가 되겠지만, 만일 해석하지 못한다면 저는 다른 도를 구하겠습니다."

"어리석은 사람이여, 네가 나와 맹세하건대 14가지 논란을 대답해주면 제자가 되겠느냐?"

"아닙니다."

"어리석은 사람이여, 지금 어찌하여 '만일 나에게 대답해주지 못하면 제자가 되지 않겠다.'고 말했는가? 내가 늙고 병들고 죽을 사람을 위해 설법하여 그들을 제도하지만, 이런 14가지 논란의 경우, 싸움으로 다투는 법이라 법에 아무런 이익이 없다. 단지 쓸데없는 말일 뿐인데, 어떻게 묻고 논란할 게 있겠느냐? 만일 너를 위해 이런 것을 대답한다면 너의 마음은 깨닫지 못하여 죽음에 이르도록 이해하지 못하여 생로병사에서 해탈하지 못할 것이다.

비유하면, 어떤 사람이 독화살을 맞았을 때에 가까운 친척이 의원을 불러 독화살을 뽑아내고 약을 바르려고 하는데, 그가 갑자기 이렇게 말하였다. '독화살을 뽑아내지 마라. 내가 먼저 독화살을 쏜 그의 이름, 그의 고향, 그의 부모, 그의 나이를 알아보고, 그 다음에 화살이 어느 산에서 자란 나무이고, 어떤 나무, 어떤 깃털로 만들어진 것인지, 화살촉을 만든 사람은 그 누구인지, 그 무슨 쇠로 만들었는지 알고 싶으며, 또한 활은 어느 산에서 나온 나무이며, 어떤 뿔을 사용했는지, 또한 독약은 어느 곳에서 나온 것인지, 독약은 어떤 종류인지 알고자 한다.'

이러한 것들을 모두 알고 난 후에 독약이 묻은 화살을 뽑도록 허락하겠다는 것과 같다."

부처님이 비구에게 물으셨다.

"그 사람이 모든 것을 알고 난 후에 독화살을 뽑아야겠느냐?"

"도저히 알 수 없을 것입니다. 만일 모조리 알기를 기다린다면 그 사람은 진즉 죽었을 것입니다."

"너 또한 이와 똑같다. 삿된 견해의 화살에 애욕의 독을 묻힌 독화살이 너의 심장에 꽂혀 있다. 이런 독화살을 뽑으려면 나의 제자가 되어야 하는데, 독화살을 뽑으려는 생각을 하지 않고 온갖 세간의 常·無常, 邊·無邊 등을 추구하고자 한다면, 아무리 추구하고자 발버둥칠지라도 이를 얻을 수 없고, 곧 慧命을 잃어 축생과 함께 죽어 스스로 암흑 속으로 들어가게 될 것이다."

비구가 부끄러운 마음으로 부처님의 말씀을 깊이 이해하여 곧바로 아라한의 도를 얻었다.

또한 보살이 일체 모든 것을 아는 지혜를 지닌 사람이 되고자 한다면 당연히 일체 모든 법을 추구하여 그 실상을 알아, 14가지 논란에 집착하지 않고 장애되지 않으며, 그 마음의 심각한 병을 알고서 여기에서 벗어나고 잘 참아내는 것을 法忍이라고 말한다.】

言十四者는 卽此中에 前四는 四句로되 其第四 四句를 但合爲二니 謂

身與神一이며 身與神 異니라 然諸經論에 多說十四難이로되 而相或同異하니 不繁會釋어니와 今經委論은 不出我法二執이니라

14가지 논란이라 말한 것은 그 가운데 앞의 4부분은 4구씩으로 16가지 논란이 되는데, 그중 제4의 4구를 합하여 2가지로 삼는다. 그것은 몸[身]과 神이 하나이고, 몸과 신이 다른 것을 말한다.

그러나 여러 경전에서 대부분 14가지 논란을 말했지만, 서로 같기도 하고 다르기도 하다. 너무 복잡하여 모두 해석하지 않지만, 이의 경문에서 말한 자세한 논지는 我執과 法執에서 벗어나지 않는다.

二辨相中에 文分五段이니 第一은 有四四句하니 就我明無記오 第二 '過去'下는 就三世하야 橫論凡聖數之多少오 三 '何等'下는 約凡聖하야 豎論初後오 四 '世間從何'下는 徵三世間所從이오 五 '何者'下는 約生死際畔하야 以辨無記니 今은 初라

뒤에서 양상을 논변한 가운데, 경문은 5단락으로 나뉜다.

① 4단락에 4구씩이다. 자아의 측면에서 無記를 밝혔다.

② '過去' 이하는 삼세의 측면에서 범인과 성인의 수효가 많고 적음을 횡으로 논하였다.

③ '何等' 이하는 범인과 성인의 측면에서 시작과 끝을 종으로 논하였다.

④ '世間從何' 이하는 삼세간의 유래하는 바를 물었다.

⑤ '何者' 이하는 생사의 언덕을 들어 無記를 논변하였다.

이는 ① 자아의 측면에서 無記를 밝혔다.

經

**謂世間有邊**과 **世間無邊**과 **世間亦有邊亦無邊**과 **世間非有邊非無邊**과
**世間有常**과 **世間無常**과 **世間亦有常亦無常**과 **世間非有常非無常**과
**如來滅後有**와 **如來滅後無**와 **如來滅後亦有亦無**와 **如來滅後非有非無**와
**我及衆生有**와 **我及衆生無**와 **我及衆生亦有亦無**와 **我及衆生非有非無**니라

세간이 끝이 있는 것, 세간이 끝이 없는 것, 세간이 또한 끝이 있고 또한 끝이 없는 것, 세간이 끝이 있는 게 아니고 끝이 없는 게 아닌 것,

세간이 영원함이 있는 것, 영원함이 없는 것, 세간이 또한 영원함이 있고 또한 영원함이 없는 것, 세간이 영원함이 있는 게 아니며 영원함이 없는 게 아닌 것,

여래가 열반하신 뒤에 있는 것, 여래가 열반하신 뒤에 없는 것, 여래가 열반하신 뒤에 또한 있고 또한 없는 것, 여래가 열반하신 뒤에 있는 게 아니고 없는 게 아닌 것,

나와 중생이 있는 것, 나와 중생이 없는 것, 나와 중생이 또한

있고 또한 없는 것, 나와 중생이 있는 게 아니며 없는 게 아님을 말한다.

◉ 疏 ◉

句雖十六이나 其過는 不出斷常이라 言世間者는 準大品中컨대 通三世間하니 謂衆生世間과 五蘊世間과 及器世間어니와 今此文意는 正顯衆生世間이오 兼明五蘊世間이니 以衆生으로 是總主假者어늘 外道 計以爲我故로 有邊等諸見이라

初 有邊四句는 約未來世오 常等四句는 約過去世오 如來有無는 依涅槃起故니라 中論邪見品에 云'我於過去世에 爲有爲是無아 世間常等見이 皆依過去世라 我於未來世에 爲作爲無作가 有邊等諸見이 皆依未來世'라하고 涅槃品에 云'如來滅後有無等은 依涅槃起'이라'하니라

我及衆生有無四句는 約現在說이니라

구절로 보면 비록 16구이지만 그 잘못은 斷見·常見에서 벗어나지 않는다. 세간이라 말한 것은 대품경에 준하면 3가지 세간에 통한다. 중생세간, 오온세간 및 器世間을 말한다. 그러나 이 경문에서 말한 뜻은 바로 중생세간을 밝히면서 겸하여 오온세간을 밝힌 것이다. 중생으로 총체 주재의 임시 존재라 하는데, 외도가 허튼 생각으로 자아를 삼는 까닭에 邊 등의 여러 견해가 생긴 것이다.

제1단락, 세간이 끝이 있다는 등 4구는 未來世로 말하였고,

제2단락, 세간이 영원함이 있다 등 4구는 過去世로 말하였으며,

제3단락, 여래가 열반한 후에 있다 없다 등은 열반을 의지하여

일으켰기 때문이다. 중론 邪見品에 이르기를 "내가 과거세에 있었는가 없었는가, 세간이 영원하다 등의 견해는 모두 과거세를 따른 것이다. 내가 미래세에 일어남이 있느냐 없느냐, 有의 측면 등 모든 견해는 모두 미래세를 따른 것이다."고 하며, 열반품에 이르기를 "여래가 열반한 후에 있다 없다 등은 열반에 의해 일으킴이다."고 하였다.

제4단락, 나와 중생이 있다 없다 등 4구는 현재로 말하였다.

既知起見之本인댄 次隨文別釋하야 即爲四段이라

第一 四句는 言有邊者는 即斷見外道 計我於後世에 更不復作이라 則與此身俱盡이라하고

無邊者는 謂我於後世에 更有所作이라하고

三 俱句者는 身盡故有邊이오 我不異故無邊이며

四 俱非句者는 亦以我存身盡으로 見上有過일세 故立此句니 謂身盡故로 非無邊이오 我存故로 非有邊이니 既皆邪見일세 故不答之니라

若欲破者인댄 初之二句는 墮無後世過니 謂有邊則與陰同盡이오 無邊則是今身일세 故皆無後世니 無後世者는 修道苦行이 爲何益耶아

第三句 亦有邊無邊者는 若身盡我存인댄 身我 爲一가 爲異아 一則不應有盡不盡이오 異則離蘊에 何相知有我耶아 若謂捨人生天에 人分猶在하야 天分更增이면 則半天半人일세 故皆不可니라

第四句 非有邊은 未免於無오 非無邊은 未免於有니 云何於此에 強分別耶리오

이미 견해를 일으키는 근본을 알았다면 다음에 경문에 따라 별

도로 해석하여 4단락으로 구분하고자 한다.

제1단락의 4구(謂世間有邊~世間非有邊非無邊) 가운데 제1구의 “세간이 끝이 있다.”는 것은 斷見의 외도가 잘못 생각하기를 “내가 후세에 또다시 태어나지 않는 터라 이 몸과 함께 모두 다한다.”고 함이며,

제2구의 “세간이 끝이 없다.”는 것은 “내가 후세에 다시 태어나는 바가 있다.”고 함이며,

제3구의 “세간이 또한 끝이 있고 또한 끝이 없다.”는 것은 몸이 다한 때문에 끝이 있음이니, 내가 다르지 않기 때문에 끝이 없다는 것이며,

제4구의 “세간이 끝이 있는 게 아니고 끝이 없는 게 아니다.”는 것은 또한 자아는 존재하지만 몸이 다한 것으로 위에서 말한 ‘有’의 잘못을 보았기에 이 구절을 들어 말한 것이다. 몸이 다한 까닭에 끝이 없는 것이 아니며, 자아가 존재한 까닭에 끝이 있는 것도 아님을 말하였다. 이 2가지는 벌써 모두 삿된 견해이기에 대답하지 않은 것이다.

만일 위에서 말한 잘못된 논지를 타파하고자 한다면 처음의 세간이 끝이 있다, 없다 2구는 미래의 후세가 없다는 잘못에 떨어진 것이다. 끝이 있다면 음계와 함께 다하고, 끝이 없다면 금생의 몸이기에 모두 미래의 후세가 없다. 후세가 없는 자는 수도고행이 무슨 도움이 되겠는가.

제3구에서 “세간이 또한 끝이 있고 또한 끝이 없다.”는 것은,

만일 몸은 다하지만 자아가 존재한다면 몸과 자아가 하나일까? 다른 것일까? 하나라면 당연히 다하거나 다하지 않음이 있지 않을 것이며, 다르다면 오온을 여읨에 어떻게 서로 자아가 있음을 알겠는가? 만일 인간계를 버려두고 천상계에 태어나면 그래도 인간의 분수가 남아 있는데, 천상계의 분수를 이에 다시 더하기에 이르면, 곧 절반은 천상계요 절반은 인간계이기에 모두 옳지 못하다.

제4구에서 "세간이 끝이 있는 게 아니다."는 것은 無를 면하지 못하였고, "세간이 끝이 없는 게 아니다."는 것은 有를 면하지 못하였다. 어떻게 이를 굳이 분별할 필요가 있겠는가.

二 常等四句는 約過去者인댄 過去世 我가 卽是今我를 名之爲常이라 若常인댄 卽有大過니 破壞因果涅槃等故니라

若謂我今始生인댄 名爲無常이니 若爾인댄 我是作法이라 亦墮無因이니 無因則亦無涅槃等이니라

第三은 見上二過하고 便謂我常身無常이라하니 離身이면 何處有我오 又成上二過니라

第四는 謂我不異故非無常이오 身有異故非常이라하니 破同第三句니라 又中論에 云一切法空故로 何有邊無邊과 及常等見가라하니라 餘義는 廣如彼論하다

제2단락의 '世間有常~世間非有常非無常' 4구는 과거로 말하였다는 것은 과거세의 자아가 곧 금생의 자아라는 것으로 영원하다고 이름 붙인 것이다. 만일 세간이 영원하다면 그것은 곧 큰 잘못을 범한 것이다. 인과와 열반 등을 파괴한 때문이다.

만일 내가 지금 처음 태어났다고 말한다면 영원함이 없다고 말할 것이다. 그렇다면 내가 처음으로 법을 만들어낸 것이다. 그것은 또한 이선의 원인이 없다는 잘못에 떨어진 것이다. 지난날의 원인이 없으면 또한 미래의 열반 등도 없다.

제3구의 "세간이 또한 영원함이 있고 또한 영원함이 없다."는 것은 위의 2가지 잘못을 보고서 곧 말을 바꾸어 "자아는 영원하고 몸은 無常하다."고 하니 몸을 여의면 그 어디에 자아가 있겠는가. 또한 위의 2가지 잘못을 다시 이룬 것이다.

제4구의 "세간이 영원함이 있는 게 아니며, 영원함이 없는 게 아니다."는 것은 자아가 다르지 않기 때문에 無常이 아니며, 몸은 차이가 있기 때문에 영원함이 아니라고 말한다. 이의 잘못을 타파하는 것은 위의 제3구와 같다. 또한 중론에 이르기를 "모든 법이 공한 까닭에 어떻게 끝이 있다 없다와 영원하다 무상하다 등의 견해가 있을 수 있겠는가."라고 하였다. 나머지 뜻은 중론에서 자세히 인급힌 비와 같다.

三如來滅後四句는 依中論 附涅槃起四句면 如來는 卽佛也니 順此經文이라 亦是外道 自立己師而爲如來니 有謂如來滅後 定有不變이라하고 或謂入無餘依하야 同於太虛이라하고 或謂法有應無라하고 或謂約應非有오 約法非無리히니 以其四句 皆成戲論이라 不見如來寂滅相故로 亦爲邪見이니 此則權小之徒 未能免也니라

瑜伽八十七에 云依二道理하야 如實隨觀이면 俱不可記如來滅後若有若無니 所以者 何오 且依勝義라도 彼不可得이온 況其滅後에 或有

或無아 若依世俗인댄 爲於諸行에 假立如來이며 爲於涅槃이어니와 若於諸行이면 如來滅後에 無有一行流轉可得이어니 爾時何處에 假立如來며 旣無如來인댄 何有無等가 若於涅槃인댄 涅槃은 唯是無行所顯이라 絶諸戲論이며 自內所證이라 絶戲論故니라 施設爲有不應道理하고 亦復不應施設非有니 勿當損毁施設妙有寂靜涅槃이니라 又此涅槃은 極難知故며 最微細故로 說名甚深이 種種非一이며 諸行煩惱斷所顯故로 說名廣大며 現量·比量과 及正教量 所不量故로 說名無量이니라'

제3단락의 '如來滅後有~如來滅後非有非無' 4구는, 만일 중론의 '附涅槃起' 4구에 의하면 여래는 곧 부처이다. 이 경문을 따른 것인데, 외도 또한 스스로 자기의 스승을 내세워 여래를 삼았다.

혹은 "여래가 열반하신 뒤에 결코 변하지 않는다."고 하며,

혹은 "無餘依 열반에 들어 太虛와 같다."고 하며,

혹은 "법신은 있고 응신은 없다."고 하며,

혹은 "응신으로 말하면 있는 것이 아니며, 법신으로 말하면 없는 것이 아니다."고 하였다.

이처럼 혹자의 4구가 모두 쓸모없는 말들이다.

여래의 적멸상을 보지 못한 까닭에 또한 삿된 견해라 한다. 이는 방편소승의 무리로서는 면할 수 없다.

유가론 87에서 말하였다.

"2가지 도리에 의하여 진여실상으로 따라 보면 모두 여래가 열반한 후에 있느니 없느니를 기록하지 못한다. 그 이유는 무엇일

까? 또한 절대 진리를 의지하여도 얻을 수 없는데, 하물며 열반 후에 혹 있기도 하고 없기도 할 수 있겠는가. 만일 세속을 따르면 모든 행에 여래를 임시 내세운 것이며, 열반이라 말하겠지만, 만일 모든 행으로 말하면 여래의 열반 후에 그 어느 한 행도 전변함을 말할 수 없다. 그때 어느 곳에 여래를 임시 내세우고 열반이 있지만, 만일 모든 行이라면 여래의 열반에 그 어느 한 행도 전변함을 말할 수 없다. 그때 어느 곳에 여래를 임시 내세운 것이며, 이미 여래가 없다면 어떻게 있느니 없느니 등을 말할 수 있겠는가.

만일 열반이라면 열반은 오직 행으로 밝힐 대상이 아니니다. 모든 쓸모없는 말들이 끊어진 자리이며, 내면으로 증득할 대상이라 쓸모없는 말들이 끊어진 자리이기에 有라 한다. 하는 일이 도리에 상응하지 못하는 것이 있고, 또한 있는 것이 아니어서 할 수도 없다. 하는 일의 妙有와 고요의 열반을 훼손하는 일이 없어야 한다.

또한 열반은 극히 알기 어려운 때문이며, 가장 미세한 때문에 '甚深'이라 말하는 것이 가지가지로 한 가지가 아니며, 모든 행의 번뇌가 끊어진 자리에서 나타나는 바이기에 '廣大'라 말하며, 現量과 比量 및 正教量으로 헤아릴 수 없기 때문에 '無量'이라 말한다."

四 我及衆生有無等 四句는 此並雙立이니 衆生은 卽是五蘊이오 非約總主니 有卽定有니 定有는 著常이오 無卽定無니 定無는 著斷이라 三은 遠上二過雙立有無니 卽墮相違오 四는 避此相違하야 立俱非句니 又成戲論이라

제4단락의 '我及衆生有~我及衆生非有非無' 4구는 아울러 쌍으

로 성립한 것이다.

제1구 "나와 중생이 있다[我及衆生有]."의 '중생'은 곧 오온이며, 총체의 주재로 말한 것이 아니다. 有는 곧 모든 존재가 과거나 미래에 상주 불변하여 존재한다[定有]는 것이다. 定有는 常見에 집착함이다.

제2구 "나와 중생이 없다[我及衆生無]."에서 '無'는 곧 모든 게 허망하고 무상한 것이어서 실존하지 않는다[定無]는 것이다. 定無는 斷見에 집착함이다.

제3구 "나와 중생이 또한 있고 또한 없다[我及衆生亦有亦無]."는 것은 위의 2가지 잘못을 멀리하고자 有와 無를 모두 성립한 것이다. 이는 곧 서로 어긋남에 떨어진 것이다.

제4구 "나와 중생이 있는 게 아니며 없는 게 아니다[我及衆生非有非無]."는 서로 어긋남에 떨어지는 잘못을 피하여, 모두가 아니라는 구절을 내세운 것이다. 이 또한 쓸모없는 말을 이룬 것이다.

---

第二門은 明三乘凡聖數之多少니라

② 삼승의 범인과 성인의 수효가 많고 적음을 밝혔다.

**經**

**過去**에 **有幾如來**의 **般涅槃**과 **幾聲聞辟支佛**의 **般涅槃**이며
**未來**에 **有幾如來**와 **幾聲聞辟支佛**과 **幾衆生**이며

**現在**에 **有幾佛住**와 **幾聲聞辟支佛住**와 **幾衆生住**니라

과거에 몇 분의 여래가 열반에 들었고, 몇 분의 성문 벽지불이 열반에 들었을까?

미래에 몇 분의 여래와 몇 분의 성문 벽지불과 몇 중생이 있을까?

현재에 몇 분의 부처님이 머물고 몇 분의 성문 벽지불이 머물고 몇 중생이 머물고 있는가?

◉ 疏 ◉

凡聖數之多少者는 以橫無邊故로 不可記也라

범인과 성인의 많고 적은 수효는 횡으로 끝이 없는 까닭에 기록하지 못한다.

---

第三門은 竪無際故로 不可記也라

③ 종으로 시간에 끝이 없기에 기록하지 못한다.

**經**

**何等如來**가 **最先出**이며 **何等聲聞辟支佛**이 **最先出**이며 **何等衆生**이 **最先出**이며

**何等如來**가 **最後出**이며 **何等聲聞辟支佛**이 **最後出**이며 **何等衆生**이 **最後出**이며

**何法**이 **最在初**며 **何法**이 **最在後**오

어떠한 여래가 가장 먼저 났으며, 어떠한 성문 벽지불이 가장 먼저 났으며, 어떠한 중생이 가장 먼저 났으며,

어떠한 여래가 가장 뒤에 나며, 어떠한 성문 벽지불이 가장 뒤에 나며, 어떠한 중생이 가장 뒤에 나며,

무슨 법이 가장 처음 있었으며, 무슨 법이 가장 뒤에 있는가?

◉ **疏** ◉

有人答問에 云'有初佛을 言自然悟라하고 引獺祭天하니 亦爲應機이로되 寧加置記리오 若有初佛을 如來應知인댄 則可說名이리라' 言何法者는 染淨等一切法也니라【鈔_ 第三門 豎明中에 言有人答問者는 卽水南善知識이 答燕國公張說이니 問云'法在前가 佛在前가' 答云'法在前이니 諸佛所師 所謂法故니라' 便被難云'若爾면 最初成佛에 前無佛說이어늘 何由悟法고' 答云'自然而悟니라 如月令中에 獺乃祭天이니 豈有人教아' 燕公大伏하다

'亦爲應機'者는 歎其善對오 '寧加置記'者는 爲順經文이라

'從若有初佛'下는 出不加置記所以니 旣有初佛이면 悉數難窮이로되 如來具足一切種智니 直擧初佛하야 則可示矣라 故雖善對나 未息難源이라

'言何法'者는 染淨一切法者는 卽如眞妄前後之難也니 初會略明이어니와 初地當廣호리라】

어떤 사람이 물음에 대답하면서, "최초의 부처님을 자연스러운

깨달음이라 말한다."고 하였고, 수달이 하늘에 제사 지내는 자연 현상을 인용하였다. 이 또한 그의 근기에 잘 부응하여 대답했지만, 어찌 기록으로 더할 수 있겠는가. 만일 최초의 부처를 여래께서 아셨다면 그 부처의 명호를 말하였을 것이다.

'무슨 법'이라 말한 것은 染淨 등 일체 모든 법을 말한다. 【초_③ 범인과 성인의 측면에서 시작과 끝을 종으로 밝힌 가운데, "어떤 사람이 물음에 대답하였다."는 것은 수남선지식이 燕國公 張說에게 대답한 부분이다. 장열이 물었다.

"법이 앞에 있었습니까? 부처님이 앞에 있었습니까?"

"법이 앞에 있었다. 모든 부처님이 스승으로 삼은 대상이 이른바 법이기 때문이다."

장열이 다시 따져 물었다.

"그렇다면 최초 성불하기 이전에 부처님의 말씀이 없었는데, 그 무엇으로 법을 깨쳤습니까?"

"자연히 깨달았다. 이는 예기 月令 편에서 말한 '수달이 하늘에 제사를 올리는 것'과 같다. 수달에게 어찌 사람의 가르침이 있었겠는가."

장열이 크게 감복하였다.

"이 또한 그의 근기에 잘 부응하여 대답했다."는 것은 수남선지식이 장열에게 잘 대답한 것을 찬탄함이며, "어찌 기록으로 더할 수 있겠는가."라는 것은 경문을 따른 것이다.

"만일 최초의 부처" 이하는 기록할 수 없는 이유를 말한 것이다. 이미 최초의 부처가 있었다면 그 부처를 모두 하나하나 셀 수 없을 터이지만, 여래는 一切種智가 구족하신 분이라 바로 최초의 부처를 들어 말해주었을 것이다. 이 때문에 수남선지식이 비록 대답을 잘했다고 하지만, 논란의 근본을 잠재우지는 못하였다.

"'무슨 법'이라 말한 것은 染淨 등 일체 모든 법을 말한다."는 것은 곧 眞妄 전후에 관한 논란과 같다. 첫 會에서 간단하게 밝혔지만, 初地에서 자세히 논술하고자 한다.】

第四門은 徵世間所從이라

④ 세간의 유래하는 바를 물었다.

經

**世間**이 **從何處來**며 **去至何所**며
**有幾世界成**이며 **有幾世界壞**며
**世界**가 **從何處來**며 **去至何所**오

세간은 어느 곳에서 왔으며, 어느 곳으로 가는가?
몇 세계가 이뤄지며, 몇 세계가 파괴되는가?
세계는 어느 곳에서 왔으며, 어느 곳으로 가는가?

◉ **疏** ◉

有六句하니 初二句는 問衆生 及蘊世間이오 次四句는 約器世間이니

以外道計衆生有最初生故며 或謂從冥諦中來로 還至冥故며 或謂世界皆微塵成이니 謂至妙之色은 常恒不變하야 聚則爲身器오 散則成微塵故라하나 此皆邪見之源일새 故不應答이니라

여기에는 6구가 있다.

첫 2구(世間 從何處來, 去至何所)는 중생세간 및 오온세간을 물음이며, 다음 4구(有幾世界成~去至何所)는 器世間으로 말하였다.

외도는 중생이 최초로 태어남이 있다고 생각하기 때문이다. 혹자는 "冥諦에서 왔다가 또다시 명제로 가기 때문이다." 하고, 혹자는 "세계는 모두 미세한 입자로 이뤄졌다. 지극히 미묘한 색은 영원불변하지만, 그것이 모이면 몸과 기구가 되고, 분산되면 다시 미세한 입자로 이뤄지기 때문이다."고 말한다. 이는 모두 삿된 견해의 근원이기에 대답하지 않은 것이다.

第五는 約生死初後際라

⑤ 생사의 최초와 최후로 말하였다.

經

**何者가 爲生死最初際며**
**何者가 爲生死最後際오**

무엇이 생사의 최초이며,
무엇이 생사의 최후일까?

◉ 疏 ◉

生死初後際는 唯有二句라 問호되 '初際無始는 聖教所明이어니와 生死有終은 豈非正理리오' 答호되 '略有三義니 一은 約一人이면 則可云終이로되 通望一切면 則無終極이오 二는 以彼定執으로 長邪見故로 亦不應答이니 謂若許有終이면 必有始故니 常法無始며 亦無終故니라 三은 約法性인댄 皆不可說이라 故中論에 云大聖之所說은 本際不可得이라 生死無有始며 亦復無有終이니 若無有始終이면 中當云何有리오 是故於此中에 先後共亦無라하니 旣言本際不可得인댄 亦不應定謂無始無終이온 況有始終之見耶아 又有偈云眞法及說者와 聽者難得故니 是故則生死 非有邊無邊이라'하니라

생사의 최초와 최후로 말했는데, 오직 2구가 있을 뿐이다.

"시작을 알 수 없는 최초는 성인의 가르침에서 밝힌 바이지만, 생사에 끝이 있다는 것은 어찌 바른 진리가 아니겠는가?"

이에 관한 대답은 간단하게 3가지의 뜻이 있다.

㉠ 한 사람으로 말하면 끝이라고 말할 수 있지만, 공통의 일체로 비춰보면 끝이 없다.

㉡ 그들이 고정된 집착으로 삿된 견해를 키워나가기 때문에 또한 당연히 대답할 필요가 없다. 만일 끝이 있다고 인정하면 반드시 시작이 있기 마련이기 때문이다. 영원한 법은 시작도 없고 또한 끝도 없기 때문이다.

㉢ 法性으로 말하면 모두 말할 수 없다. 따라서 중론에 이르기를 "부처님이 말씀하신 근본 자리를 알 수 없다. 생사는 시작도 없

으며, 또한 끝도 없다. 이처럼 시작도 끝도 없다면 중간인들 있을 수 있겠는가. 따라서 여기에는 선후 모두 또한 없다."고 하였다.

"근본 자리를 알 수 있다."고 말하였다면 또한 반드시 시작도 없고 끝도 없다고 말할 수 없는 것인데, 하물며 시작과 끝이라는 견해가 있을 수 있겠는가.

또한 게송에 이르기를 "진실한 법과 설법하는 자와 청법하는 자를 얻기 어려운 때문이다. 이 때문에 생사가 끝이 있는 것도, 끝이 없는 것도 아니다."고 하였다.

上諸邪見이 多是外道며 亦參小乘이니 菩薩 善知면 則問答無滯니라 便擧破者는 令自他造中故也일세니라【鈔_ '上諸邪見'下는 總結上意라 言'菩薩善知問答'者은 具四種答이니 一은 正是置答이오 二 如說生死 無有始終은 是一向答이오 三 如云衆生器界五種不同은 是分別答이오 四는 若有問云'世尊은 約何法說我며 何法說衆生고'하면 應答言호되 '約假名說我며 約因緣說衆生이라'함은 是名隨問答이라 若通前七이면 以辨多聞問答을 居然可知니라 餘可思準이라】

위에 모든 삿된 견해는 대부분 외도이며, 또한 소승에 함께하기도 한다. 보살이 이를 잘 알면 문답에 막힘이 없다. 문득 들어 타파한 자는 나와 남들을 그 속으로 나아가게 한 때문이다.【초_ "위에 모든 삿된 견해" 이하는 위에서 말한 뜻을 총체로 끝맺은 것이다.

"보살이 이를 잘 알면 문답에 막힘이 없다."는 것은 4가지의 대답을 가지고 있다.

① 바로 대답을 한 것이며,

② 생사가 시작도 끝도 없다고 말한 것은 하나같이 대답한 것이며,

③ 중생세계와 器世界가 5가지로 똑같지 않다고 말한 것은 개별로 대답한 것이며,

④ 어떤 사람이 "세존이 무슨 법으로 我라 말하고, 무슨 법으로 중생이라 말했는가?"를 물었을 경우, 이에 대해 "거짓 이름으로 我라 말하고, 인연으로 중생이라 말한다."고 답한 것과 같은 것은 물음에 따른 대답이다.

만약 앞의 7가지를 모두 살펴보면, 박학다문의 문답으로 논변하였음을 설명하지 않아도 쉽게 알 수 있다. 나머지는 이에 준하여 생각하면 된다.】

**經**

**是名無記法**이니라

이를 기록함이 없는 법이라 말한다.

◉ **疏** ◉

結名 可知니라

명제를 끝맺음임을 설명하지 않아도 알 수 있다.

大科第二는 顯多聞之意라

대과 2) 보고 들은 바가 많다는 뜻을 밝히다

**經**

**菩薩摩訶薩**이 **作如是念**호되 **一切衆生**이 **於生死中**에 **無有多聞**하야 **不能了知此一切法**하나니 **我當發意**하야 **持多聞藏**하야 **證阿耨多羅三藐三菩提**하고 **爲諸衆生**하야 **說眞實法**이라하나니 **是名菩薩摩訶薩**의 **第五多聞藏**이니라

보살 마하살이 이렇게 생각한다.

'일체중생이 생사 가운데 많이 보고 듣지 못하여 일체 모든 법을 잘 알지 못한다. 내가 마땅히 마음을 내어 많이 보고 들은 창고를 가지고서 아뇩다라삼먁삼보리를 증득하고 모든 중생들을 위해 진실한 법을 말해주리라.'

이를 보살마하살의 제5 많이 들음의 창고라고 말한다.

◉ 疏 ◉

謂悲物無聞하야 長淪生死라 故誓持聞藏하야 自證利他니라

보고 들은 게 없는 중생이 생사고해에 길이 빠져 있는 것을 가엾이 여기는 마음 때문에 보고 들은 게 많은 창고를 가지고서 스스로 증득하고 남들에게 증득의 이익을 주고자 맹세하고 원한 것이다.

# 화엄경소론찬요 제43권

# 華嚴經疏論纂要 卷第四十三

◉

## 십무진장품 제22-2

## 十無盡藏品 第二十二之二

## 第六 施藏

### 6. 보시의 창고

文三同前이라 釋相中二니 第一은 標列十章이라

경문의 3부분은 앞에서 말한 바와 같다.

보시의 양상을 해석한 부분은 다시 2부분으로 나뉜다.

먼저 10장으로 나열하여 밝혔다.

經

**佛子**여 **何等**이 **爲菩薩摩訶薩**의 **施藏**고

**此菩薩**이 **行十種施**하나니

**所謂分減施**와 **竭盡施**와 **內施**와 **外施**와 **內外施**와 **一切施**와

**過去施**와 **未來施**와 **現在施**와 **究竟施**니라

불자여, 무엇이 보살마하살의 보시의 창고인가?

이 보살이 열 가지 보시를 행하는 것이다.

부분으로의 보시[分減施], 모조리 다한 보시[竭盡施], 내면으로의 보시[內施], 겉으로 볼 수 있는 보시[外施], 안팎으로의 보시[內外施], 일체 모두의 보시[一切施], 과거의 보시[過去施], 미래의 보시[未來施], 현재의 보시[現在施], 구경의 보시[究竟施]이다.

第二는 依章牒釋이라 釋中十段이니 一一各三이니 謂標·釋·結이라 然此十施 前六은 事捨니 謂身·命·財오 次三은 心捨니 謂不取著이오 後一은 俱捨니 名爲究竟이라

다음은 10장에 의해 뒤이어 해석한 것이다. 해석 부분의 10단락에는 하나하나마다 각각 3부분이 있다. 標章, 해석, 명제의 끝맺음을 말한다.

그러나 10가지의 보시 가운데,

앞의 6가지는 사물의 보시이다. 몸·목숨·재물을 말한다.

다음 3가지는 마음의 보시이다. 집착하지 않음을 말한다.

맨 끝의 하나는 모두 보시하는 것이다. 그 이름을 究竟이라 한다.

第一 分減施

(1) 부분으로의 보시

**經**

**佛子**여 **云何爲菩薩**의 **分減施**오 **此菩薩**이 **稟性仁慈**하야 **好行惠施**라 **若得美味**하면 **不專自受**하고 **要與衆生然後**에 **方食**하며 **凡所受物**도 **悉亦如是**니라

**若自食時**엔 **作是念言**호되 **我身中**에 **有八萬戶蟲**이 **依於我住**하야 **我身充樂**하면 **彼亦充樂**하고 **我身飢苦**하면 **彼亦飢苦**하나니 **我今受此所有飮食**을 **願令衆生**으로 **普得充飽**하야

**爲施彼故**로 **而自食之**오 **不貪其味**라하며

**復作是念**호되 **我於長夜**에 **愛着其身**하야 **欲令充飽**하야 **而受飮食**일세 **今以此食**으로 **惠施衆生**하야 **願我於身**에 **永斷貪着**이라하나니 **是名分減施**니라

불자여, 무엇을 보살의 부분으로의 보시라 말하는가?

이 보살의 성품이 인자하여 보시하기를 좋아한다. 만약 맛있는 음식이 있으면 오로지 혼자서 먹지 않고 중생에게 주고서 그 뒤에 먹으며, 남에게 받은 물건도 모두 그와 같이 하였다.

예컨대 나 혼자 음식을 먹을 때에 이런 생각을 한다.

'나의 몸속에는 8만 마리의 벌레가 나의 몸에 의지하여 살고 있다. 나의 몸이 배불러서 좋으면 벌레들 또한 배불러 좋아하고, 나의 몸이 굶주리고 괴로우면 벌레들 또한 굶주리고 괴로워한다. 지금 내가 받은 이 음식을 중생으로 하여금 모두 배부르게 하고자 그들에게 보시하기를 원하는 것이다. 이 때문에 나는 허기를 달래기 위해 음식을 먹는 것이지 음식 맛을 탐착하는 게 아니다.'

또 이런 생각을 한다.

'내가 기나긴 어둠의 밤에 나의 몸을 애착한 나머지 나의 배를 불리고자 음식을 받아왔었다. 이제는 이런 음식을 중생들에게 베풀어 나의 몸에 길이 탐욕과 애착을 끊기를 원한다.'

이를 부분으로의 보시라고 말한다.

◉ 疏 ◉

釋中三이니 初는 明分減之相이오 二'若自食'下는 明施善巧니 外無施境이나 而不捨施心이오 三'復作'下는 對治施障이라

해석은 3부분으로 나뉜다.

① 부분으로의 보시 모습을 밝혔고,

② '若自食' 이하는 보시를 잘한 부분을 밝혔다. 밖으로 보시한 점은 없으나, 보시하고자 하는 마음을 버리지 않았다.

③ '復作' 이하는 보시의 자애를 다스리는 것이다.

第二 竭盡施

⑵ 모조리 다한 보시

經

**云何爲菩薩의 竭盡施오**

**佛子여 此菩薩이 得種種上味飮食과 香華衣服資生之具하야 若自以受用하면 則安樂延年이오 若輟己施人하면 則窮苦夭命이라도 時或有人이 來作是言호되 汝今所有를 悉當與我하라하면**

**菩薩이 自念호되 我無始已來로 以飢餓故로 喪身無數호되 未曾得有如毫末許도 饒益衆生하야 而獲善利니 今我亦當同於往昔하야 而捨其命이라 是故로 應爲饒益衆生하야 隨**

其所有하야 一切皆捨하며 乃至盡命하야도 亦無所悋이라하나니 是名竭盡施니라

무엇을 보살이 모조리 다한 보시라 말하는가?

불자여, 이 보살이 갖가지 가장 맛좋은 음식과 향이나 꽃이나 의복이나 살림살이 도구를 얻었을 때에, 만약 스스로 수용하면 안락하여 오래 살 것이요, 내가 쓰지 않고 남들에게 나누어주면 곤궁하고 고통스러워 빨리 죽는다 할지라도, 그때 혹시 어떤 사람이 찾아와 '지금 그대가 가진 것을 모두 나에게 달라.' 이렇게 말하면 보살이 스스로 생각한다.

'내가 시작도 없는 그 옛날부터 굶주린 때문에 수없이 목숨을 잃었으나, 일찍이 털끝만큼도 중생에게 이익을 주어 좋은 이익을 얻은 적이 없었다. 지금도 내가 지난 옛날처럼 목숨을 버리게 될 것이다. 그러므로 중생에게 널리 이익을 주기 위해 그 가진 것을 모조리 모두 줄 것이며, 나의 목숨이 다하더라도 아끼는 바가 없으리라.'

이를 모조리 다한 보시라 말한다.

◉ 疏 ◉

竭盡施者는 不顧活命하고 傾竭所有也라 然施心須成이오 施行須量이니 若彼爲成大利인댄 則身命無吝이어니와 若彼但爲貪求無厭이어나 或惡心欲行大害인댄 應以方便으로 勿成人惡이니 如月光王이 施頭與怨하야 奪萬姓之安하고 施二人之死하야 怨王喜死하고 乞者恨死하니 雖有賢行이나 未全可準이라

今言'竭盡'者는 以彰菩薩施心已成에 有應施境이어든 終無吝也니라 內施內外도 準此可知니라 若不爾者인댄 菩薩能雨七珍하야 充足一切니 何不施耶아 亦見衆生所不宜故일세니라【鈔_ '如月光王'等者는 卽賢愚經第五卷說이오 月光王施頭는 二十八經中에 因說如來受波旬請하고 却後三月에 當般涅槃한대 舍利弗 聞하고 便白世尊호되 不忍見佛涅槃이니 當先涅槃호리이다 佛 便許之하시다 涅槃 訖에 佛告阿難하사되 舍利弗이 非但今日不忍見我涅槃하야 先取滅度라 昔亦如是니라 阿難이 請說其事한대 佛便廣引이로되 經文浩博이라 今略意引호리라

佛 告阿難하사되 '過去久遠 無量無數不可思議阿僧祇劫에 此閻浮提에 有一國王하니 名栴陀婆羅脾니(晉言月光) 統閻浮提八萬四千國이러니 第一夫人은 名須摩檀오 (晉言花施) 一萬大臣에 其第一者는 名摩訶旃陀면(晉言大月) 有五百太子하니 大者曰 尸羅跋陀며(晉言戒賢) 王所住城은 名跋陀耆婆니(晉言賢壽) 廣說莊嚴이라 王 思善因하야 廣行大施하고 告令國內하야 悉令大捨러니 時 邊遠에 有一小國王하니 名曰毘摩斯那라 心生嫉妬하야 廣詔外人하야 乞取王頭호되 無肯從者어늘 後復廣詔하야 云得月光王頭면 分國半治하고 以女妻之호리라 有婆羅門하니 名勞度叉라 應詔乞頭러니 月光王國에 先有變怪하고 大月大臣이 復得惡夢하다 城神이 遮之하야 不令得入이러니 時에 首陀天이 託夢令知한대 月光 睡覺에 詔令見已에 大月大臣이 思以五百七寶로 贖頭換之不得하야 心裂七分하야 死於王前하다

王許하고 却後七日에 徧告國內하니 國內皆至하야 擗地請留어늘 王不受之하고 言'我計死호니 所經地獄에 一日之中 捨身無數호되 竟無所益이러

니 今日施頭는 持是功德하야 誓求佛道하야 當度汝等호리라' 言訖入園하야 以髮繫樹어늘 樹神이 以手搏婆羅門한대 王語樹神호되 '我於此樹下에 已捨九百九十九頭라 今當滿千이니 汝莫遮我無上大道하라' 樹神 依之하다 婆羅門이 斬下王頭하니 地六震動하고 施頭之聲이 聲偏天下하다 時에 毘摩羨王이 聞此語已에 喜踴驚愕하야 心擗裂死하다 時에 婆羅門은 嫌頭腥臭하야 擲地脚踏이어늘 人又訶之하고 廻來在道에 無施給者하야 饑餓萎悴하고 聞毘摩羨王이 已復命終하고 懊懊憒憒하야 心裂七分하야 吐血而死하다 王及婆羅門이 墮阿鼻地獄하고 其餘人民 感激死者는 皆得生天하다 月光王者는 我身 是也오 毘摩羨王은 波旬是也오 勞度叉者는 調達 是也오 其樹神者는 目連 是也오 大月大臣者는 舍利弗 是니라

釋曰 此卽世尊本行일세 故云賢行이라 此明世尊 無不能捨니 則合施心須成이나 恐無巧慧하야 不善籌量이라 故云未全可準이라하니라

奪萬姓之安하고 施二人之死는 向引已具리

若不爾下는 成上須量之義니 菩薩 能施而不施者는 明是不宜니 卽善量也니라】

모조리 다한 보시란 목숨을 돌아보지 않고 있는 것을 모조리 주는 것이다. 그러나 보시의 마음은 반드시 성취해야 하고, 보시의 행위는 반드시 헤아려야 한다. 만일 그를 위해 큰 이익을 성취하기 위하는 일이라면 목숨까지도 아껴서는 안 되지만, 만일 그가 끝없는 탐욕을 위하거나 혹은 악독한 마음으로 아주 나쁜 일을 행하고자 한다면 당연히 방편으로 남들이 악한 일을 저지르도록 도와서

는 안 된다. 예컨대 月光王이 자신의 머리를 보시하여 원수에게 줌으로써 모든 백성의 평안을 잃게 되었고, 두 사람의 죽음을 안겨주었고, 월광왕의 죽음의 희사를 원망하였고, 머리를 가지러 온 바라문은 한이 맺혀 죽었다. 하지만 아무리 훌륭하게 행한 일이라 할지라도 모두 이에 준해서는 안 된다.

여기에서 '모조리 다한 보시'라고 말한 것은 보살의 보시하려는 마음이 이미 이뤄졌으면 당연히 밖으로 보시하는 일이 마련되어, 마침내 아낌이 없어야 함을 나타낸 것이다. 내면으로의 보시, 겉으로 볼 수 있는 보시, 안팎으로의 보시도 이에 준하여 살펴보면 설명하지 않아도 알 수 있다.

만일 그렇지 않은 경우, 보살이 칠보를 비 내리듯 보시하여 일체 모든 이들을 충족시켜주어야 하니 어찌 보시하지 않을 수 있겠는가. 하지만 또한 중생에게 적절하지 않은 바를 보았기 때문이다.

【**초**_ "예컨대 月光王" 등이란 현우경 제5권에서 월광왕의 머리 보시를 말하였고, 28경에서 이 고사를 인용하여 말하였다.

여래가 파순의 부탁을 받고서 3개월 후에 열반을 들어가겠다고 허락하였다. 사리불이 그 말을 듣고서 세존에게 말씀드렸다.

"부처님이 열반하시는 것을 차마 볼 수 없습니다. 제가 먼저 열반하겠습니다."

부처님이 바로 허락하셨다.

사리불이 열반하자, 부처님이 아난에게 말씀하셨다.

"사리불이 단지 오늘만 나의 열반을 차마 보지 못하여 먼저 열반에 들었던 게 아니라, 옛날에도 이처럼 먼저 열반에 들었다."

아난이 사리불에 관한 일을 말씀해주기를 청하자, 부처님께서 자세히 말씀한 부분이 있지만, 이에 관한 경문이 너무 장황하기에 여기에서는 간단하게 그 뜻만을 인용하고자 한다.

부처님이 아난에게 말씀하셨다.

과거 아득한 한량없고 셀 수 없는 불가사의한 아승기겁에 염부제의 어느 나라에 한 국왕이 있었다. 그 이름은 '전타바라비'(중국 말로는 月光이라는 뜻)이다. 염부제의 8만 4천 개의 나라를 통치하였다. 제1부인의 이름은 '수마단'(중국 말로는 꽃보시)이며, 1만 명의 대신 가운데 제일인자의 이름은 '마하전타'(중국 말로는 大月)이며, 5백 명의 태자 가운데 장자는 '시라발타'(중국 말로는 戒賢)이며, 국왕이 사는 도성의 이름은 '발타기바'(중국 말로는 賢壽)이다. 그에 따른 장엄을 자세히 설명하고 있다.

월광왕이 좋은 인연을 생각하여 큰 보시를 널리 행하고 나라에 명을 내려 크게 보시하도록 하였다.

당시 머나먼 변방의 작은 나라에 한 국왕이 있었는데, 그 이름은 '비마사나'이다. 월광왕을 질투하는 마음에 사람들에게 조칙을 내려 월광왕의 머리를 가져오도록 하였지만, 기꺼이 명을 따르는 자가 없었다. 다시 널리 조칙을 내렸다.

"월광왕의 머리를 가져오면 나라를 절반으로 나눠주어 다스리도록 하고, 딸을 그의 아내로 삼아주겠노라."

한 바라문이 있었는데, 그 이름은 '노도차'이다. 왕의 조칙에 따라 월광왕의 머리를 가지러 갔다. 이런 일이 있기 이전에 월광왕국에서는 앞서 변괴가 일어나고, 대월국의 대신은 또한 악몽을 꾸었다.

월광국 도성의 신이 그 바라문을 가로막고서 성문 안으로 들어가지 못하도록 하였는데, 그때 首陀天이 월광왕의 꿈속에 이런 사실을 알려주었다. 월광왕이 잠에서 깨어나 조칙을 내려 그 바라문을 만났다. 마침내 大月大臣이 5백 알의 칠보로 월광왕의 머리를 대신하려고 생각했지만 도저히 바꿔지지 않자, 자신의 심장을 일곱 조각으로 잘라내어 왕 앞에서 목숨을 바쳤다.

왕이 머리를 내줄 것을 허락하고, 7일 후에 국내에 이런 사실을 널리 알렸다. 국내의 백성들이 모두 찾아와 땅을 치면서 만류했지만, 월광왕은 이를 받아들이지 않고 말하였다.

"내가 죽음을 생각해보니 지내온 세월 동안 지옥에서 하루 사이에 수없이 몸을 보시했지만, 결국 아무런 이익을 얻은 바가 없었다. 오늘날 머리의 보시는 이 공덕을 가지고서 맹세코 부처님의 도를 구하여 너희들을 제도할 것이다."

말을 마치고 후원으로 가서 자신의 머리칼을 나무에 묶자, 나무의 신이 손바닥으로 바라문을 후려쳤다. 왕이 나무의 신에게 말하였다.

"내가 이 나무 아래에서 벌써 999차례나 머리를 보시했다. 이번으로 1천 번을 채우고자 한다. 네가 나의 위없는 大道를 가로막지 마라."

나무의 신이 왕의 말을 따랐다.

바라문이 왕의 머리를 자르자, 땅은 6가지 종류로 진동하였고, 머리를 보시하는 소리는 천하에 울려 퍼졌다.

그때 비마사나왕이 그 소리를 듣고서 기뻐 날뛰면서 경악한 나머지 심장이 찢어져 죽었다. 당시 바라문은 머리의 악취를 너무 싫어하여 땅바닥에 던져놓고 발로 짓밟자, 많은 사람이 그를 꾸짖었다. 돌아가는 길에 음식을 주는 사람이 없어 굶주리고 초췌했으며, 비마사나왕이 이미 죽었다는 말을 듣고서 부끄럽고 울분에 차 심장이 일곱 조각으로 찢어져 피를 토하고 죽었다.

비마사나왕과 바라문은 아비지옥에 떨어졌고, 월광왕의 죽음에 복받쳐 죽은 사람들은 모두 천상계에 태어났다. 월광왕은 바로 나의 몸이며, 비마사나왕은 파순이며, 노도차는 조달이며, 그 나무의 신은 목련이며, 대월 대신은 사리불이다.

이에 대한 해석은 다음과 같다.

"이는 세존의 本行이기에 賢行이라고 말한다. 이는 세존이 희사하지 않은 보시가 없음을 밝힌 것이다. 이는 보시하려는 마음을 성취했다는 데 부합되는 일이지만, 훌륭한 지혜가 없어 잘못 생각할까 두려운 마음에 '모두 이에 준해서는 안 된다.'고 말한 것이다."

"모든 백성의 평안을 잃게 되었고 두 사람의 죽음을 안겨주었다."는 것은 위에서 인용한 부분에 이미 갖추어져 있다.

"만일 그렇지 않은 경우" 이하는 위에서 말한 "보시의 행위는 반드시 헤아려야 한다."는 부분을 성취한 것이다. 보살이 보시할 만함에도 보시하지 않는다는 것은 적절하지 못한 부분이 있음을 밝힌 것으로, 이것이 바로 잘 헤아려 보시하는 것이다.】

二釋相中三이니 初는 明難施之物이오 二或時下는 乞境現前이오 三

'菩薩自念'下는 正修施行이니 下之四施에 皆有此三이라

⑵ 모조리 다한 보시의 양상을 해석한 부분은 3가지로 나뉜다.

① 보시하기 어려운 물건을 밝혔고,

② '或時' 이하는 구하는 경계가 나타남이며,

③ '菩薩自念' 이하는 바로 보시의 행을 닦음이다.

아래의 4가지 보시에는 모두 이와 같은 3가지가 있다.

## 第三 內施

⑶ 내면으로의 보시

### 經

**云何爲菩薩**의 **內施**오

**佛子**여 **此菩薩**이 **年方少盛**에 **端正美好**하며 **香華衣服**으로 **以嚴其身**하고 **始受灌頂 轉輪王位**하야 **七寶具足**하야 **王四天下**어든 **時或有人**이 **來白王言**호되 **大王**아 **當知**하라 **我今衰老**하야 **身嬰重疾**하고 **煢獨羸頓**하야 **死將不久**어니와 **若得王身**의 **手足血肉**과 **頭目骨髓**인댄 **我之身命**이 **必冀存活**이로소니 **唯願大王**은 **莫更籌量**하야 **有所顧惜**하고 **但見慈念**하야 **以施於我**하라하면 **爾時菩薩**이 **作是念言**호되 **今我此身**이 **後必當死**라 **無一利益**이니 **宜時疾捨**하야 **以濟衆生**이라하고 **念已施之**하야 **心無所悔**하나니 **是名內施**니라

무엇이 보살의 내면으로의 보시인가?

불자여, 이 보살이 한창 젊은 나이에 단정하고 아름다우며 향과 꽃과 의복으로 그 몸을 장엄하고 처음으로 관정(灌頂)을 받고 전륜왕의 지위에 올라 칠보가 구족하고 사방 천하를 다스렸는데, 그때 어떤 사람이 찾아와 왕에게 말하였다.

'대왕이여, 아셔야 합니다. 나는 지금 노쇠하여 몸에는 아주 심한 병이 들었으며, 외롭고 야위고 지쳐 죽을 날이 얼마 남아 있지 않지만, 만약 대왕의 몸에서 손발과 피와 살과 머리와 눈과 골수를 얻는다면 나의 목숨은 반드시 다시 살아날 수 있습니다. 오직 원하건대 대왕은 다시 생각하거나 돌아보거나 아끼지 마시고, 다만 자비의 마음으로 나에게 보시하소서.'

그때 보살은 이런 생각을 한다.

'지금 나의 몸은 훗날 반드시 죽을 것이다. 하나도 이익이 없으니 적절할 때에 서둘러 보시하여 중생을 구제하리라.'

이런 생각을 하고서 그에게 보시하여 마음에 후회하는 바가 없다.

이를 내면으로의 보시라고 말한다.

◉ 疏 ◉

內施는 謂內身也라 煢者는 單也니 玉篇에 云'無兄曰煢이오 無子曰獨이라'하다 頓者는 損也오 冀者는 望也라

三'是名'下는 結名이라

내면으로의 보시는 내면의 신체를 말한다.

煢이란 고단함이다. 옥편에 이르기를 "형이 없는 이를 煢이라 하고, 아들이 없는 이를 獨이라 한다."고 하였다. 頓이란 손상이며, 冀란 희망이다.

셋째 단락의 '是名' 이하는 보시의 명제를 끝맺음이다.

第四外施

(4) 겉으로 볼 수 있는 보시

**經**

**云何爲菩薩**의 **外施**오

**佛子**여 **此菩薩**이 **年盛色美**하야 **衆相具足**하며 **名華上服**으로 **而以嚴身**하고 **始受灌頂 轉輪王位**하야 **七寶具足**하야 **王四天下**어든 **時或有人**이 **來白王言**호되 **我今貧窶**하야 **衆苦逼迫**이로소니 **惟願仁慈**는 **特垂矜念**하사 **捨此王位**하야 **以贍於我**하소서 **我當統領**하야 **受王福樂**이라하면

**爾時**에 **菩薩**이 **作是念言**호되 **一切榮盛**이 **必當衰歇**이라 **於衰歇時**엔 **不能復更饒益衆生**이니 **我今宜應隨彼所求**하야 **充滿其意**라하고 **作是念已**하고 **卽便施之**하야 **而無所悔**하나니 **是名外施**니라

무엇을 보살의 겉 보시라 하는가?

불자여, 이 보살이 한창 젊은 나이에 얼굴이 아름답고 모든 용

모가 부족한 데 없으며, 좋은 꽃과 최상의 의복으로 그 몸을 장엄하고 처음으로 관정을 받고 전륜왕의 지위에 올라 칠보가 구족하고 사방 천하를 다스렸는데, 그때 어떤 사람이 찾아와 왕에게 말하였다.

'나는 지금 가난하여 온갖 고통에 시달리고 있습니다. 바라건대 인자하신 분께서는 특별히 불쌍히 여기는 마음으로 왕의 자리를 보시하여 나에게 주시면, 내가 이 천하를 거느리고 임금의 복락을 누리겠습니다.'

그때 보살은 이런 생각을 한다.

'모든 영화는 반드시 쇠퇴하기 마련이다. 이미 쇠퇴해버리면 다시는 중생에게 이익을 줄 수 없다. 나는 지금 그의 요구를 따라 그의 마음을 만족케 하리라.'

이렇게 생각하고 곧 보시하여 후회하는 마음이 없다.

이를 겉 보시라고 말한다.

◉ 疏 ◉

外施는 卽王位也라 窶者는 無財備禮也니라

겉 보시는 곧 왕위를 넘겨주는 것이다. 窶란 예의를 갖출 재물이 없음을 말한다.

第五 內外施

(5) 안팎으로의 보시

**經**

云何爲菩薩의 內外施오

佛子여 此菩薩이 如上所說하야 處輪王位하야 七寶具足하야 王四天下어든 時或有人이 而來白言호되 此轉輪位에 王處已久나 我未曾得이로소니 唯願大王은 捨之與我하시며 并及王身이 爲我臣僕하라하면 爾時에 菩薩이 作是念言호되 我身財寶와 及以王位가 悉是無常敗壞之法이어늘 我今盛壯에 富有天下하니 乞者가 現前에 當以不堅으로 而求堅法이라하고 作是念已하고 卽便施之하며 乃至以身으로 恭勤作役호되 心無所悔하나니 是名內外施니라

무엇을 보살의 안팎으로의 보시라 말하는가?

불자여, 이 보살이 위에 말한 것처럼 전륜왕의 자리에 올라 칠보가 구족하고 사방 천하를 다스렸는데, 그때 어떤 사람이 찾아와 왕에게 말하였다.

'대왕은 오래전부터 전륜왕이 되었지만, 나는 한 번도 이 자리를 얻은 적이 없으니, 오직 원하건대 대왕께서 그 자리를 나에게 주시고, 아울러 왕의 몸으로 나의 신하가 되소서.'

그때 보살은 이런 생각을 한다.

'나의 몸, 나의 재물, 왕의 지위는 모두 무상한 것으로 결국 망그러지는 것들이다. 나는 지금 건장하고 천하를 소유하고 있다. 이런 것들을 달라는 이가 앞에 나타났는데, 당연히 견고하지 못한 무상한 것들을 버리고서 견고한 법을 구할 것이다.'

이렇게 생각하고서 곧 보시하여 주고, 내지 몸으로 공순하게 부지런히 섬기면서도 마음에 후회하는 바가 없다.

이를 안팎으로의 보시라고 말한다.

◉ 疏 ◉

內外施者는 王位爲外오 兼身作役이 爲內也라

안팎으로의 보시란 왕위는 겉 보시이고, 겸하여 몸소 신하가 되어 섬기는 것은 내면으로의 보시이다.

第六 一切施

(6) 일체의 보시

**經**

**云何爲菩薩**의 **一切施**오

**佛子**여 **此菩薩**도 **亦如上說**하야 **處輪王位**하야 **七寶具足**하야 **王四天下**어든 **時有無量貧窮之人**이 **來詣其前**하야 **而作是言**호되 **大王名稱**이 **周聞十方**하야 **我等**이 **欽風**일세 **故來至此**라 **吾曹**가 **今者**에 **各有所求**로소니 **願普垂慈**하사 **令得滿足**케하라하고 **時諸貧人**이 **從彼大王**하야 **或乞國土**하며 **或乞妻子**하며 **或乞手足**과 **血肉心肺**와 **頭目髓腦**하면 **菩薩**이 **是時**에 **心作是念**호되 **一切恩愛**가 **會當別離**하야 **而於衆生**

에 **無所饒益**이니 **我今爲欲永捨貪愛**하야 **以此一切必離散物**로 **滿衆生願**이라하고 **作是念已**하고 **悉皆施與**호되 **心無悔恨**하며 **亦不於衆生**에 **而生厭賤**하나니 **是名一切施**니라

무엇을 보살의 일체 보시라 말하는가?

불자여, 이 보살이 위에 말한 것처럼 전륜왕의 자리에 올라 칠보가 구족하고 사방 천하를 다스렸는데, 그때 한량없는 가난한 사람들이 찾아와 왕에게 이렇게 말하였다.

'대왕의 명성이 시방으로 알려져 저희들이 덕화를 우러러왔기에 여기까지 찾아온 것입니다. 저희들은 오늘날 제각기 바라는 바가 있사오니 바라건대 자비의 마음으로 저희의 원하는 바를 만족케 해주소서.'

그때 수많은 가난한 이들이 대왕에게 혹은 국토를 달라 하고, 혹은 처자를 달라 하고, 혹은 수족과 혈육과 염통, 허파, 머리, 눈, 골수와 뇌를 달라 하면, 그때 보살은 이런 생각을 한다.

'모든 은혜와 애정은 만나면 당연히 헤어지는 법이다. 중생에게 아무런 이익도 주지 못한다. 나는 이제 탐욕과 애정을 영원히 끊고서, 이처럼 반드시 이별을 고해야 하는 일체 모든 것으로 중생의 소원을 이루어주리.'

이런 생각을 하고서 모든 것을 베풀어주되 마음에 후회하는 바 없으며, 또한 중생에게 싫증을 내거나 천히 여기지도 않는다.

이를 일체 보시라고 말한다.

◉ 疏 ◉

一切施者는 凡所有物也라 此與竭盡과 及內外施로 異者는 竭盡은 揀異分減이니 但約資生이오 內外는 合前二門하야 共言作役工位어니와 今云一切는 通前諸門하고 又是事捨之終일새 故總該收하야 擧難攝易하야 略列數條나 廣則無邊이니 如第六迴向所辨이라

일체 보시란 모든 소유물을 보시하는 것이다. 일체 보시가 모조리 다 주는 보시와 안팎으로의 보시와 다른 것은, 모조리 다 주는 보시란 일부분을 주는 分減의 보시와의 차이점을 밝힌 것이다. 이는 단 살림살이의 도구를 보시하는 것으로 말할 뿐이다. 안팎으로의 보시는 앞서 말한 내면으로의 보시와 겉 보시 2가지 부분을 종합하여, 왕이었던 자신이 도리어 신하가 되어 섬기는 것과 왕위를 물려주는 것으로 말하였다. 하지만 여기에서 말한 일체 보시는 앞서 말한 부분을 전체 통합한 것이며, 또한 사물의 보시에 대한 끝부분이다. 따라서 이처럼 모두 총괄하여 어려운 부분으로 쉽게 할 수 있는 부분을 끌어들여 간단하게 몇 조목을 나열했지만, 자세히 말하고자 하면 끝이 없다. 이는 제6회향에서 논변한 바와 같다.

第七 過去施

(7) 과거의 보시

經

云何爲菩薩의 過去施오

此菩薩이 聞過去諸佛菩薩의 所有功德하고 聞已不着하야 了達非有하야 不起分別하며 不貪不味하며 亦不求取하며 無所依倚하나니 見法如夢하야 無有堅固하며 於諸善根에 不起有想하며 亦無所倚하고 但爲敎化取着衆生하야 成熟佛法하야 而爲演說이니라

又復觀察호되 過去諸法을 十方推求하야도 都不可得이라하야 作是念已하고 於過去法에 畢竟皆捨하나니 是名過去施니라

무엇을 보살의 과거 보시라 말하는가?

이 보살이 과거 모든 부처님과 보살들이 지닌 공덕을 듣고서도 집착하지 않고, 일체 공덕은 공하여 있지 않은 줄을 알고서, 분별심을 내지도 않고 공덕을 탐내지도 않고 공덕에 맛들이지도 않으며, 일체 공덕을 구하여 얻으려고 하지도 않고 의지하려고 하지도 않는다. 일체 모든 법은 꿈과 같아서 견고하지 못함을 보았으며, 모든 선근에 대해 있다는 생각을 내지도 않고 의지하는 바도 없다. 다만 집착하는 중생을 교화하여 불법으로 성숙시키고자 그들을 위해 연설할 뿐이다.

또 과거의 모든 법을 살펴보면 아무리 시방으로 찾으려 해도 찾을 수 없다고 생각하고서 과거의 모든 법을 모조리 다 버리는 것이다.

이를 과거의 보시라고 말한다.

◉ 疏 ◉

過去施者는 然三世之施 通相皆明不著이어니와 別則過去는 不生追戀이오 未來는 預止貪求오 現在는 心無染著이니 今은 過去라

釋中分二니 先은 明於佛法無著이오 後又復下는 於一切法無著이라

前中에 初二句는 總明이오

次不起分別下는 別顯이니

先은 顯不著之相이니 不分別者는 稱法性故오

次는 不貪染하고 不愛味하며 亦不方便求取하야 以爲己德하며 亦不依此而起修行이오 次見法下는 廣上了達하야 釋不著所由니라

次但爲下는 釋疑니 疑云旣俱無著인댄 云何而說가 釋云 爲化衆生하야 令無著故니라

二는 於一切法無著者는 以般若智로 求不可得이니 觸目現境도 尙了性空이온 過往法中에 寧當計有리오

과거의 보시란 삼세 보시의 공통된 모습은 모두 집착해서는 안 됨을 밝힌 것이지만, 개별로 말하면 과거의 보시는 추억에 연연하는 마음을 가지지 않음이며, 미래의 보시는 탐욕으로 추구하는 바를 미리 방지함이며, 현재의 보시는 마음에 집착이 없는 것이다.

이는 과거의 보시를 말하며, 해석은 2부분으로 나뉜다.

① 불법에 집착이 없어야 함을 밝혔고,

② '又復' 이하는 일체 모든 법에 집착이 없어야 함을 밝혔다.

① 불법에 집착이 없어야 한다는 부분의 첫 2구(聞已不着 了達非有)는 총체로 밝힘이며, 다음 '不起分別' 이하는 개별로 밝힌 것이다.

앞에서는 집착하지 않는 모습을 밝힌 것으로, 분별심을 내지 않는다[不起分別]는 것은 法性에 부합하기 때문이며, 다음 구절은 탐착하지 않고 맛들이지 않으며[不貪不味], 또한 방편으로 구하여 자신의 덕을 삼지도 않으며[亦不求取], 또한 이를 의지하여 수행을 일으키려고도 하지 않는다[無所依倚].

다음 '見法如夢' 이하는 위에서 말한 깨달음을 보다 자세히 말하여, 집착해서는 안 되는 이유를 해석하였다.

다음 '但爲敎化' 이하는 의문을 해석하였다. 의심하여 말하기를 "이처럼 모든 것에 집착이 없다면 무엇 때문에 설법을 하는가?"라고 하였다. 이에 대해 해석하였다.

"중생을 교화하여 그들의 집착을 없애주기 위한 때문이다."

② 일체 모든 법에 집착이 없다는 것은 반야지혜로 구하여도 구할 수 없는 자리이다. 눈에 보이는 모든 현상의 경계도 오히려 자성이 공함을 알고 있는데, 과거 지난날의 법에 대해 어떻게 있다고 생각할 수 있겠는가.

## 第八 未來施

(8) 미래의 보시

**云何爲菩薩**의 **未來施**오

此菩薩이 聞未來諸佛之所修行하고 了達非有하야 不取於相하며 不別樂往生諸佛國土하야 不味不着호되 亦不生厭이라 不以善根으로 迴向於彼하며 亦不於彼에 而退善根하야 常勤修行하야 未曾廢捨하고 但欲因彼境界하야 攝取衆生일세 爲說眞實하야 令成熟佛法이니라 然此法者는 非有處所며 非無處所며 非內非外며 非近非遠이니라 復作是念호되 若法非有인댄 不可不捨라하나니 是名未來施니라

무엇을 보살의 미래 보시라 하는가?

이 보살이 미래 모든 부처님의 수행해야 할 바를 듣고, 일체 수행은 공하여 있지 않은 줄을 알고서 모양을 취하지도 않고, 따로 부처님의 국토에 왕생하는 것을 좋아하지도 않으며, 맛들이지도 않고 집착하지도 않되 또한 싫증을 내지도 않는다. 선근으로 저기에 회향하지도 않고, 또한 저기에서 선근을 퇴전하지도 않으며, 항상 부지런히 수행하여 조금도 버리지 않고, 다만 저 경계로 인하여 중생들을 거두어줄 때 진실한 이치를 말하여 불법으로 성숙시키려는 것이다.

그러나 이 법은 처소가 있지도 않고 처소가 없지도 않으며, 안도 아니고 밖도 아니며, 가깝지도 않고 멀지도 않다.

다시 이런 생각을 한다.

'만일 법이 공하여 있는 게 아니라면 버리지 않을 수 없다.'

이를 미래의 보시라고 말한다.

◉疏◉

釋中分二니 先은 正顯이오 後는 釋疑라

前中에 不著修行之因하고 不願淨土之果하야 不味其好하고 不厭其事니라 不廻向者는 釋上不味니 不自安處 求勝樂故며 '不退'已下는 釋上不厭이니 修彼行故니라

二'但欲'下는 釋疑니 疑云'旣於淨不味인댄 修行何爲오' 釋有二意하니 一者는 約悲니 但爲攝物故오 二'然此'下는 約智니 智了非有故로 生卽非生이라 故不著이오 不礙事故로 非生之生이라 故修行이라

'非有處所'者는 與理冥故오 '非無處所'者는 事像形故니라

'非內'者는 相分境故오 '非外'者는 心所淨故오

'非近'者는 十萬等殊故오 '非遠'者는 我淨土不毁故니 此約淨國以說이어니와 若通論未來法者인댄 可以意知니라

'復作'已下는 更約性空하야 結成捨義니 又目擊도 尙捨은 況於未形가

【鈔_ '非有處所者與理冥故'者는 卽明淨土四句之義니 謂有質不成과 無質不成等이니 如世界成就品이라

'十萬等殊'者는 十萬은 卽阿彌陀經에 從此西方十萬佛土에 有世界하니 名曰極樂故니라 '等'者는 等於餘土遠近之數니라

'若約通論未來法 可以意知'者는 未來未至라 故非有處所오 緣會當成일세 聖智所知라 故非無處所며 未來故非內오 由心故非外며 未至어니 何有遠近가】

해석은 2부분으로 나뉜다.

① 바로 본지를 밝혔고,

② 의문을 해석하였다.

① 본지를 밝힌 가운데, 수행의 원인에도 집착하지 않고 정토의 결과도 원하지 않고서 그 좋아하는 것에 맛들이지 않으며, 그 일을 싫어하지도 않는다. "회향하지 않는다."는 것은 위에서 말한 '맛들이지 않음'을 해석한 것이다. 스스로 편안하게 처하여 아주 좋은 즐거움을 추구하지 않기 때문이며, '亦不於彼而退善根' 이하는 위에서 말한 '싫어하지 않음'을 해석한 것이다. 그 行을 닦기 때문이다.

② '但欲因彼境界' 이하는 의문을 해석하였다. 의심하여 말하기를 "이미 정토에 맛들이지 않는다면 수행하여 무엇하겠는가."라고 하였다. 이에 대한 해석으로는 2가지 뜻이 있다.

㉠ 大悲의 마음으로 말한다. 단 중생을 받아들이기 위한 때문이다.

㉡ '然此' 이하는 大智로 말한다. 큰 지혜로 일체 법이 공하여 있는 게 아님을 깨달은 까닭에, 생겨남이 곧 생겨남이 아니기에 집착하지 않으며, 어떤 일에도 장애가 없기 때문에 생겨나지 아니한 것이 곧 생겨남이다. 이 때문에 수행을 한다.

"처소가 있지도 않다."는 것은 진리와 하나가 되었기 때문이며, "처소가 없지도 않다."는 것은 사물의 현상이 나타났기 때문이다.

"안도 아니다."는 것은 현상 부분의 경계이기 때문이며, "밖도 아니다."는 것은 心所가 청정하기 때문이다.

"가깝지도 않다."는 것은 십만 등으로 다르기 때문이며, "멀지도 않다."는 것은 나의 淨土가 훼손되지 않기 때문이다.

이는 청정국토로 말하였지만, 만일 미래법의 전반에 걸쳐 말하면 그 뜻을 설명하지 않아도 알 수 있다.

'復作是念' 이하는 다시 법성이 공함을 가지고 보시의 뜻을 끝맺은 것이다. 또한 눈으로 볼 수 있는 것도 오히려 놓아버려야 하는데, 하물며 보이지 않는 존재야!【초_ "처소가 있지도 않다는 것은 진리와 하나가 되었기 때문이다."는 것은 곧 淨土 4구의 의미를 밝힌 것으로, 진리는 하나여서 형질이 있는 것으로도 이룰 수 없고 형질이 없는 것으로도 이룰 수 없다 등을 말한다. 이는 제4 세계성취품에서 말한 바와 같다.

"십만 등으로 다르다."는 것은, 십만이란 아미타경에 "여기로부터 서방으로 '십만'의 불국토 세계가 있다. 그 이름을 극락이라 한다."고 말한 때문이다. '等'이란 나머지 국토의 멀고 가까운 수효 등을 말한다.

"만일 미래법의 전반에 걸쳐 말하면 그 뜻을 설명하지 않아도 알 수 있다."는 것은, 미래란 아직 다가오지 않은 시점이기 때문에 처소가 있는 것도 아니며, 인연이 모이면 당연히 이뤄지는데, 성인의 큰 지혜만이 이를 알 수 있기에 처소가 없지도 않다. 미래이기 때문에 안도 아니며, 마음을 따르는 까닭에 밖도 아니다. 아직 다가온 것이 아닌데 어떻게 멀고 가까움이 있겠는가.】

## 第九 現在施

(9) 현재의 보시

云何爲菩薩의 現在施오

此菩薩이 聞四天王衆天과 三十三天과 夜摩天과 兜率陀天과 化樂天과 他化自在天과 梵天에 梵身天과 梵輔天과 梵衆天과 大梵天과 光天에 少光天과 無量光天과 光音天과 淨天에 少淨天과 無量淨天과 徧淨天과 廣天에 少廣天과 無量廣天과 廣果天과 無煩天과 無熱天과 善見天과 善現天과 色究竟天하며 乃至聞聲聞緣覺의 具足功德이라도 聞已에 其心이 不迷不沒하며 不聚不散하고 但觀諸行이 如夢不實하야 無有貪着이로대 爲令衆生으로 捨離惡趣하야 心無分別하며 修菩薩道하야 成就佛法하야 而爲開演하나니 是名現在施니라

무엇을 보살의 현재 보시라 말하는가?

이 보살이 사천왕중천, 삼십삼천, 야마천, 도솔타천, 화락천, 타화자재천,

범천, 범신천, 범보천, 범중천, 대범천,

광천, 소광천, 무량광천, 광음천,

정천, 소정천, 무량정천, 변정천,

광천, 소광천, 무량광천, 광과천,

무번천, 무열천, 선견천, 선현천, 색구경천을 듣고,

내지 성문과 연각의 구족한 공덕을 듣고서도, 그 마음이 미혹하지 않고 침몰하지 않으며, 모으지 않고 흩지도 않으며, 다만 모든

행이 꿈처럼 진실하지 않음을 관찰하여 탐하는 일이 없지만, 중생으로 하여금 삼악도 등을 버리고 마음에 분별이 없으며, 보살의 도를 닦아 불법을 성취하도록 하기 위하여 법문을 연설하는 것이다.

이를 현재의 보시라고 말한다.

◉ 疏 ◉

釋中有三이니 初는 明所捨之境이오 二'聞已'下는 正明捨心이오 三'爲令'下는 釋通外難이라

今初는 先列淨天하고 後列二乘功德이니 上二世中에 擧佛菩薩하고 今擧諸天二乘者는 文影略耳니라 言'乃至二乘功德'者는 中間에 越於四空等故니라

해석 가운데 3가지가 있다.

① 놓아버려야 할 대상의 경계를 밝혔고,

② '聞已其心' 이하는 바로 놓아버려야 할 마음을 밝혔으며,

③ '爲令衆生' 이하는 남들의 어려움을 전반적으로 해석하였다.

① 놓아버려야 할 대상의 경계는 먼저 모든 하늘을 열거하였고, 뒤에는 이승 공덕을 열거하였다. 위에서는 과거와 미래 세계의 부처님과 보살을 들어 말하였고, 여기에서는 모든 하늘과 이승을 들어 말한 것은 경문의 한 부분의 설명을 줄여 미루어 알 수 있도록 말한 것이다.

'내지 이승의 공덕'이라 말한 것은 중간에 四空 등을 건너뛰었기 때문이다.

二'聞已'下는 正明捨心中에 聞上世出世境已하고 不迷爲實이며 不沉沒於貪이며 不聚集其善因이며 不散動以分別이라 '但觀'下는 釋其所以니 可知니라

② '聞已其心' 이하는 바로 놓아버려야 할 마음을 밝힌 가운데, 위에서 말한 세간과 출세간의 경계를 듣고서, 미혹하여 실상으로 삼지도 않고 탐욕에 빠지지도 않으며, 그 선한 원인을 모으지도 않고 산란한 마음으로 분별하지도 않는다.

'但觀諸行' 이하는 그 이유를 해석한 것으로, 설명하지 않아도 알 수 있다.

三'爲令'下는 釋이니 難者疑云'既言不聚善因인댄 何以說五乘因果오' 釋云'拯三塗之劇苦하야 示人天以蘇息하고 止劣見之妄情하야 說二乘以引攝하나니 爲物然耳오 非自不捨也니라'

③ '爲令' 이하는 해석이다. 논란한 자가 의심하여 말하였다.

"이미 선한 원인을 모으지 않는다고 말했는데, 어찌하여 5乘의 인과를 말하는가?"

이에 대한 해석은 다음과 같다.

"삼악도의 큰 고통 속에서 구제하여 人天을 보여주어 다시 살아나게 하고, 용렬한 견해의 허튼 마음을 저지하고 이승을 말하여 인도하였나. 이는 중생을 위해 그리한 것이지 모두 내려놓지 못함이 아니다."

---

第十究竟施

⑽ 구경의 보시

經

云何爲菩薩의 究竟施오

佛子여 此菩薩이 假使有無量衆生이 或有無眼하며 或有無耳하며 或無鼻舌과 及以手足이라 來至其所하야 告菩薩言호되 我身이 薄祐하야 諸根殘缺이로소니 惟願仁慈는 以善方便으로 捨己所有하야 令我具足케하라하면

菩薩이 聞之하고 卽便施與호되 假使由此하야 經阿僧祇劫토록 諸根不具라도 亦不心生一念悔惜하고 但自觀身이 從初入胎로 不淨微形과 胞段諸根이 生老病死하며 又觀此身이 無有眞實하고 無有慚愧하야 非賢聖物이라 臭穢不潔이며 骨節相持요 血肉所塗며 九孔常流에 人所惡賤이라하야 作是觀已하고 不生一念愛着之心하며

復作是念호되 此身이 危脆하야 無有堅固하니 我今云何而生戀着이리오 應以施彼하야 充滿其願하고 如我所作하야 以此開導一切衆生하야 令於身心에 不生貪愛하야 悉得成就淸淨智身이라하나니

是名究竟施니 是爲菩薩摩訶薩의 第六施藏이니라

무엇을 보살의 구경의 보시라 말하는가?

불자여, 이 보살이 가령 어쩌다 눈이 없거나 귀가 없거나 코가 없거나 혀가 없거나 손발이 없는, 한량없는 중생들이 찾아와 '우리

의 몸이 박복하여 불구자가 되었습니다. 바라건대 인자하신 분이여, 좋은 방편으로 당신에게 있는 것을 우리에게 보시하여 우리를 제대로 갖추게 해주십시오.'라고 말하면, 보살은 그런 말을 듣고서 곧 보시하여 주되, 가령 이런 보시로 연유하여 아승기겁을 지내도록 몸의 여러 부분이 불구가 된다 할지라도, 또한 마음에 한 생각이라도 후회하는 생각을 내지 않는다.

단 자신을 살펴보면서 '이 몸이 처음 모태에 들어갈 때부터 부정하고 보잘 것 없는 형체와 부분 부분의 여러 기관은 나고 늙고 병들고 죽는다.'고 생각한다.

또한 '이 몸은 진실하지도 않고 부끄러워할 줄도 몰라 성현의 물건이 아니다. 더럽고 불결하며, 뼈의 관절이 서로 연결되어 있고 피와 살이 감싸고 있으며, 아홉 구멍에서는 사람들이 천히 여기는 것이 항상 흐르고 있다.'고 살펴보는 것이다.

이처럼 살펴보고서 한 생각도 애착하는 마음을 내지 않는다.

다시 이런 생각을 한다.

'이 몸은 연약하여 견고하지 못하다. 내가 어떻게 이런 몸을 연연할 수 있겠는가. 당연히 그들에게 보시하여 그들의 원하는 바를 이뤄줄 것이다. 내가 이렇게 하는 것으로 일체중생을 인도하여 몸과 마음에 애착을 내지 않도록 하고, 청정한 지혜의 몸을 얻게 하리라.'

이를 구경의 보시라 말한다.

이를 보살마하살의 제6 보시의 창고라고 말한다.

◉ 疏 ◉

文三同前이라

徵名者는 略有五義하야 得究竟名이라

一은 前六捨財命이오 次三은 捨著心이어니와 今則兼上二門故오

二는 又發大願하야 令物無著故오

三은 令物得究竟果故오

四는 不生一念愛著이면 則微細無著故오

五는 究竟能令物實益故니 如無眼等而施之者니라 如世凡人이 豈能將他之目하야 安之於己리오 今菩薩福力으로 令彼還得은 以慈善根力故니 如五百羣賊 平復如故니 故云究竟益이라하니라

경문 3부분은 앞에서 말한 바와 같다.

구경의 보시의 명제를 물음이란 간단하게 5가지의 의미로 구경의 보시라는 이름을 얻었다.

① 앞의 6가지는 재물과 목숨을 버림이며, 다음 3가지는 집착의 마음을 버린 것이지만, 여기에서는 2가지 부분을 겸한 때문이며,

② 또한 큰 원력을 일으켜 중생으로 하여금 집착이 없도록 하기 위한 때문이며,

③ 중생으로 하여금 구경의 과보를 얻도록 하기 위한 때문이며,

④ 한 생각의 애착을 내지 않으면 미세하게 집착이 없기 때문이며,

⑤ 구경에 중생으로 하여금 실제 이익을 얻도록 하기 위한 때문이다. 눈이 없는 등등의 사람에게 보시하는 것이다. 세상의 범인

으로서 어떻게 남의 눈을 가져다가 자기의 눈으로 삼을 수 있겠는가. 여기에서 보살 복덕의 힘으로 그들에게 이런 보시를 통하여 온전한 몸을 지닐 수 있게 만든 것은 자비 선근의 힘 때문이다. 5백 명 무리의 도적을 평정하여 예전처럼 되돌려놓은 것과 같기 때문에 '구경의 이익'이라 하였다.

釋相中三이니 初는 施境現前이오 二'菩薩聞'下는 正明施行이오 三'如我'下는 回向衆生이라

구경 보시의 양상을 해석한 경문은 3부분으로 나뉜다.

① 보시의 경계가 앞에 나타남이며,

② '菩薩聞' 이하는 바로 보시행을 밝힘이며,

③ '如我' 이하는 중생에게 회향함이다.

二中分二니 初는 正施無吝이오 二'但自'下는 釋成行之由니 由入觀故니 此觀은 卽是念處觀也라 皆言'身'者는 觀有通別하니

別觀五蘊에 一一名身이라 故淨名에 云'是身如泡하야 不得久立等'이라하니 通觀五陰皆無常等이라 故智論에 云'五陰卽無常이오 無常卽苦오 苦卽無我等'이라하니 今此不淨은 偏語色身이오 餘之三觀은 皆通五蘊이라

第一은 苦觀이니 謂始從入胎로 皆生苦攝이니 老等可知니라

二'又觀'下는 明無我觀이니 謂無眞實主宰故니라 '無有慚愧'者는 雖假以澡浴衣食이나 一旦背恩을 如小兒故니라 '非賢聖物'者는 是世間故라 故智論에 云'由無我故로 令捨世間'이라'하니라

三'臭穢'下는 明不淨觀이오

四'復作'下는 明無常觀이니 觀危脆故일세니라【鈔_ '一旦背恩如小兒

故'者는 卽智論文이니 '審諦觀此身컨대 終畢歸死處라 難御多反復하고 背恩如小兒이라' '故智論云由無我故'下도 亦同此卷이니 已前亦引이라】

② 보시행을 밝힌 부분은 2가지로 나뉜다.

㉠ 바로 보시하는 데에 인색함이 없음이며,

㉡ '但自' 이하는 보시행을 성취하게 된 이유를 해석하였다. 이는 觀에 들어갔기 때문이다. 觀은 곧 念處觀이다.

모두 '몸'이라 말한 것은 觀에 총체와 개별이 있기 때문이다. 五蘊을 개별로 관하면 하나하나를 몸이라고 말한다. 따라서 유마경에서 "이 몸이 물거품과 같아서 오래 존재하지 못한다." 등이라 하니, 五陰이 모두 무상하다 등을 전체로 살펴본 것이다. 따라서 지도론에 이르기를 "오음이 곧 무상이요, 무상이 곧 괴로움이요, 괴로움이 곧 無我이다." 등이라 하였다. 여기에서 말한 不淨은 오직 色身만을 들어 말하였고, 나머지 三觀은 모두 오온에 통하여 말하였다.

첫째는 苦觀이다. 처음 모태에 들어감으로부터 모든 태어남의 고통을 포괄하여 말하였다. 늙음, 질병, 죽음의 고통은 설명하지 않아도 알 수 있다.

둘째 '又觀' 이하는 無我觀을 밝혔다. 진실한 주재가 없기 때문이다. "부끄러워할 줄 모른다."는 것은 비록 목욕시켜주고 옷과 음식을 받아왔음에도 하루아침에 어린아이처럼 은혜를 저버리는 것과 같기 때문이다. "賢聖의 물건이 아니다."는 것은 세간에 있기 때문이다. 이 때문에 지도론에 이르기를 "無我 때문에 세간을 버리도록 하였다."고 하였다.

셋째 '臭穢' 이하는 不淨觀을 밝혔다.

넷째 '復作' 이하는 無常觀을 밝혔다. 위태롭고 연약함을 보았기 때문이다【초_"하루아침에 어린아이처럼 은혜를 저버렸다."는 것은 지도론의 문장으로 다음과 같다.

"자세히 이 몸을 살펴보면 결국 죽음으로 돌아간다. 이를 제어하기 어려워 반복이 없고 은혜를 저버림이 어린아이와 같다."

"이 때문에 지도론에 이르기를 無我 때문에" 이하는 또한 지도론에서 말한 바와 같다. 앞에서도 또한 인용하였다.】

三 回向者는 揀小乘故라 然菩薩修此觀時에 以無所得而爲方便故며 同法界故로 已不共小은 況回向耶아

③ 회향이란 소승과 다름을 말한 때문이다. 그러나 보살이 이러한 觀을 닦을 때에 얻은 바가 없는 것으로 방편을 삼기 때문이며, 법계와 같기 때문으로, 이처럼 소승과 같지 않은데 하물며 회향이야!

第七 慧藏中에 分四니 一은 徵名이오 二는 釋相이오 三은 結名이오 四는 歎益이라

7. 지혜의 창고

이는 4부분으로 나뉜다.

1) 지혜 창고의 명제를 물었으며,

2) 지혜 창고의 양상을 해석하였으며,

3) 지혜 창고의 명제를 끝맺었으며,

4) 이익을 찬탄하였다.

就釋相中二니 初는 明慧藏이오 後는 釋無盡이라

前中三이니 初는 明如實知境이오 次'云何'下는 釋如實知義라 三'菩薩成就'下는 總結多門하야 以彰善巧니 今은 初라

2) 지혜 창고의 양상을 해석한 부분은 2가지이다.

(1) 지혜 창고를 밝혔고,

(2) 지혜 창고의 그지없음을 해석하였다.

(1) 지혜 창고를 밝힌 경문은 3부분으로 나뉜다.

첫째는 실상대로 아는 지혜 경계를 밝혔고,

둘째 '云何' 이하는 실상대로 아는 지혜의 의미를 해석하였으며,

셋째 '菩薩成就' 이하는 여러 부분을 총체로 끝맺어 그 훌륭함을 밝혔다.

이는 첫째, 실상대로 아는 지혜 경계를 밝혔다.

經

**佛子**여 **何等**이 **爲菩薩摩訶薩**의 **慧藏**고

**此菩薩**이 **於色**에 **如實知**하고 **色集**에 **如實知**하고 **色滅**에 **如實知**하고 **色滅道**에 **如實知**하며

**於受想行識**에 **如實知**하고 **受想行識集**에 **如實知**하고 **受想行識滅**에 **如實知**하고 **受想行識滅道**에 **如實知**하며

**於無明**에 **如實知**하고 **無明集**에 **如實知**하고 **無明滅**에 **如實知**하고 **無明滅道**에 **如實知**하며

於愛에 如實知하고 愛集에 如實知하고 愛滅에 如實知하고 愛滅道에 如實知하며

於聲聞에 如實知하고 聲聞法에 如實知하고 聲聞集에 如實知하고 聲聞涅槃에 如實知하며

於獨覺에 如實知하고 獨覺法에 如實知하고 獨覺集에 如實知하고 獨覺涅槃에 如實知하며

於菩薩에 如實知하고 菩薩法에 如實知하고 菩薩集에 如實知하고 菩薩涅槃에 如實知하나니라

불자여, 어떤 것을 보살마하살의 지혜의 창고라 말하는가?

이 보살이 색을 실상대로 알고, 색의 집(集)을 실상대로 알고, 색이 멸(滅)함을 실상대로 알고, 색이 멸하는 도(道)를 실상대로 알며,

수·상·행·식을 실상대로 알고, 수·상·행·식의 집을 실상대로 알고, 수·상·행·식이 멸함을 실상대로 알고, 수·상·행·식이 멸하는 도를 실상대로 알며,

무명을 실상대로 알고, 무명의 집을 실상대로 알고, 무명이 멸함을 실상대로 알고, 무명이 멸하는 도를 실상대로 알며,

애욕을 실상대로 알고, 애욕의 집을 실상대로 알고, 애욕이 멸함을 실상대로 알고, 애욕이 멸하는 도를 실상대로 알며,

성문을 실상대로 알고, 성문의 법을 실상대로 알고, 성문의 집을 실상대로 알고, 성문의 열반을 실상대로 알며,

독각을 실상대로 알고, 독각의 법을 실상대로 알고, 독각의 집을 실상대로 알고, 독각의 열반을 실상대로 알며,

보살을 실상대로 알고, 보살의 법을 실상대로 알고, 보살의 집을 실상대로 알고, 보살의 열반을 실상대로 아는 것이다.

◉ 疏 ◉

以四諦慧로 照十種法호되 攝十爲五類니 前二는 五蘊이오 次二는 有支오 後三은 三乘故니라【鈔_ 以四諦慧等者는 卽無作四諦也라 故下四諦差別門中에 云若約菩薩能觀인댄 皆無作也라하니라】

사성제의 지혜로 10가지 종류의 법을 관조하되 10가지를 포괄하여 5가지의 유로 삼았다. 앞의 2가지는 오온이며, 다음 2가지는 12인연이며, 뒤의 3가지는 삼승이기 때문이다.【초_ "사성제의 지혜" 등이란 곧 '번뇌와 보리가 서로 하나가 되어, 끊을 번뇌도 증득할 證果도 없는' 無作四諦이다. 따라서 아래의 사성제 差別門 가운데, "만일 보살이 관조하는 주체로 말하면 모두 작위가 없다."고 하였다.】

收此五類인댄 不出二門이니 初二는 凡境이오 後三은 聖境이라 又若後三就果면 則初二는 有作四諦오 後一은 無作四諦니 界內·界外의 因果異故니라 此就所觀이어니와 若約菩薩能觀인댄 皆無作也라 又初二는 流轉이오 後三은 還滅이니 前有滅道는 是流轉始修之還滅이오 後有苦集은 是還滅未盡之流轉이며 又前은 是所知之法이오 後는 是能知之人이라 人中有法이 卽是前法이니 歷於四諦는 是聲聞法이오 所緣有支는 是緣覺法이오 五蘊은 卽是三乘共法이오 皆如實知는 是菩薩法이라

5가지의 유를 거둬들이면 2부분에서 벗어나지 않는다. 앞의 애욕과 무명 2가지는 범부의 경계이고, 뒤의 성문·독각·보살 3가

지는 성인의 경계이다.

또한 뒤의 성문·독각·보살 3가지 果位로 말하면, 앞의 성문·독각 2가지는 끊어야 하고 증득해야 할 수행이 남아 있는 有作四諦이고, 뒤의 보살은 끊을 번뇌도 증득할 證果도 없는 無作四諦이다. 법계 내와 법계 밖의 인과가 다르기 때문이다. 이는 살펴보아야 할 대상으로 말한 것이지만, 살펴보는 주체인 보살로 말하면 모두 끊을 번뇌도 증득할 증과도 없는 무작사제이다.

또한 앞의 애욕과 무명 2가지는 생사고해에 윤회하고, 뒤의 성문·독각·보살은 滅로 돌아감이다. 앞의 애욕과 무명 2가지에 滅·道가 있는 것은 생사윤회에서 처음 닦아 滅로 돌아간 것이고, 뒤의 성문·독각·보살에게 苦集이 있음은 滅로 돌아감이 미진하여 생사의 윤회가 남아 있는 것이며, 또한 앞의 애욕과 무명은 알아야 할 대상으로서의 법이고, 뒤의 성문·독각·보살은 이를 아는 주체의 사람이다. 주체의 사람에게 있는 법이 곧 앞에서 말한 애욕과 무명의 법이다. 사성제를 거쳐 가면 성문의 법이며, 반연에 따른 12연기는 연각의 법이며, 오온은 곧 성문·독각·보살의 공통된 법이며, 모두 실상대로 아는 것은 보살의 법이다.

十中前七은 當相是苦니 無明與愛 有漏性故며 行苦隨故며 行蘊攝故오 緣成是集이오 無性是滅이오 顯滅爲道니 從詮顯故니라 此則總說이며 及就理滅이어니와 若別說者인댄 不了無常不淨等 過而生愛著이 名爲色集이오 若滅癡愛면 名爲色滅이오 唯止與觀은 是色滅道니 由止離愛하고 由觀離癡라 若兼助道면 卽有戒學과 及道品等이니 受想

行識은 例此可知니라

無明集者는 由他言說하야 不如理引이오 由自妄想하야 不正思惟니 滅此名滅이라 言'愛集'者는 謂無明觸이 爲緣所生受故니 亦滅此名滅이라 癡愛之道는 皆同蘊說이라 十二支中에 唯擧二者는 發業·潤業이 唯此二故니 能引·能生에 各擧初故니라 從癡有愛 病之源故니 涅槃三十四에 云'從無明生愛는 當知하야 是愛 卽是無明이오 從愛生取는 當知하라 是取 卽無明愛等'이라하니 亦似斯義니라

又約三際인댄 無明爲本이오 愛取爲際니 此二中間에 有識等五와 及生老死라 令悟無明이 由迷過去하야 有識等五와 現在之愛가 卽是無明이니 若不斷者면 輪轉不息이어니와 今思斷之면 將來無復生死矣니라【鈔_ '無明與愛有漏性'下는 釋妨이니 謂有問言호되 '無明與愛는 此是煩惱어늘 云何而言七이 皆是苦오' 故爲此通이니 明三義是苦오 緣生是集이니 七皆緣生이라

'無性是滅'은 七皆無性이니 結是理滅이오 '顯滅爲道'者는 顯無性理라 言'從詮顯'者는 釋上顯滅爲道니 謂緣生之法이 是顯滅之詮이니 若不從緣이면 不知無性故니라 亦如修行止觀하야 顯得滅理라 故次結云'此則總說과 及就理滅'이라하니라

'若別說者'下는 歷色等하야 一一別明四諦之相이니 可以思準이라】

10가지 가운데 앞의 7가지는 해당 양상이 苦이다. 무명과 애욕은 有漏性이기 때문이며, 行苦가 따르기 때문이며, 行蘊이 포괄된 때문이다. 인연으로 이뤄진 것은 集이고, 자성이 없는 것은 滅이며, 滅이 나타난 것은 道이니 진리를 따라 나타났기 때문이다.

이는 총체로 설명한 것이며, 理滅의 자리에서 말한 것이지만, 만일 개별로 설명한다면 無常·不淨 등의 잘못을 깨닫지 못하여 애착을 내는 것을 色集이라 하고, 어리석음과 애착이 사라지면 이를 色滅이라 하고, 오직 止와 觀은 色滅의 道이다. 止에 의해 애욕을 여의고 觀에 의해 어리석음을 여의는 것이다. 만약 도에 도움 되는 부분을 겸하여 말한다면 戒學 및 道品 등이 있다. 受·想·行·識은 이에 준하여 살펴보면 설명하지 않아도 알 수 있다.

무명의 集이란 남들의 말을 따라 이치대로 인용하지 못하고, 자신의 망상에 따라 바른 생각을 하지 못한 것이다. 이러한 부분을 없애는 것을 滅이라고 말한다.

愛集이라 말한 것은 무명과 접촉한 일들이 서로 인연이 된 데서 발생하게 되는 느낌[受]을 말하기 때문이다. 또한 이러한 부분을 없애는 것을 滅이라고 말한다.

무명의 어리석음과 애욕의 道는 모두 오온에서 말한 바와 같다.

12연기 가운데 오직 2가지만 들어 말한 것은 發業과 潤業 오직 2가지이다. 이끌어주는 주체[能引]와 낳아주는 주체[能生]에 있어 각각 첫 부분만을 들어 말했기 때문이다. 어리석음에서 애욕이 일어나는 것은 병의 근원이기 때문이다. 열반경 34에서 이르기를 "무명으로부터 애욕이 생겨나는 것은 애욕이 곧 무명이고, 애욕으로부터 집착이 발생하는 것은 이러한 집착이 곧 무명의 애욕임을 알아야 한다."는 등이라 하니, 또한 이러한 의의와 같다.

또한 과거·현재·미래로 말하면, 무명이 근본이 되고 애욕과 집착이 끝이 된다. 이처럼 애욕과 집착 2가지 가운데 識 등의 5가지와 생로병사가 있다. 무명으로 과거에 혼미한 까닭에 識 등의 5가지와 현재의 애욕이 있음이 곧 무명임을 깨달아야 한다. 만일 이러한 무명과 애욕을 끊지 않으면 생사의 윤회는 그치지 않지만, 지금 이를 끊으려고 생각하면 미래에 다시는 생사가 없을 것이다.
【초_ "무명과 애욕은 有漏性" 이하는 논란을 해석한 부분이다. 어떤 사람이 물었다.

"무명과 애욕은 번뇌인데, 어찌하여 7가지 모두를 고통이라 말하는가?"

이런 의문 때문에 전체를 들어 말한 것이다. 3가지 의미는 苦이며, 인연으로 생겨남은 集이다. 7가지 모두 인연으로 생겨난 것임을 밝힌 것이다.

"자성이 없는 것은 滅이다."라는 것은 7가지가 모두 자성이 없음을 말한다. 이는 理滅을 끝맺음이다. "滅이 나타난 것은 道이다."라는 것은 자성이 없는 이치를 밝힌 것이다. "진리를 따라 나타났다."고 말한 것은 위의 "멸이 나타난 것은 도이다."를 해석한 말이다. 인연으로 생겨난 법이 멸로 나타난 진리임을 말한다. 만일 인연을 따르지 않으면 자성이 없음을 알지 못하기 때문이다. 또한 止觀을 수행하여 滅한 이치를 나타내는 것과 같기에 아래에서 "이는 총체로 설명한 것이며, 理滅의 자리에서 말한 것이다."고 끝맺었다.

"만약 개별로 설명한다면" 이하는 色 등을 거치면서 하나하나 四諦의 양상을 개별로 밝힌 것이다. 여기에 준하여 생각하면 알 수

있다.】

後三約淨이니 聲聞은 是人이오 四諦는 爲法이오 所行道品은 爲集이오 所成果는 爲涅槃이라 十二因緣은 是緣覺法이오 無邊法界는 是菩薩法이라 又知聲聞은 卽是知苦니 以聲聞苦는 是已知故로 但擧其位오 法은 卽是彼所行之法이니 卽是道諦오 集은 卽是彼惑集未盡이니 是爲集諦니 已有斷故로 法後說之오 涅槃은 卽是滅諦니 已證滅故로 改名涅槃이니 緣覺菩薩은 準思可見이라

뒤의 성문·독각·보살 3가지는 청정으로 말하였다. 성문은 주체의 사람이며, 四諦는 대상의 법이며, 행하는 바의 道品은 集이며, 성취한 바의 證果는 열반이다. 12인연은 연각의 법이며, 끝없는 법계는 보살의 법이다.

또한 성문의 앎은 苦를 안 것이다. 성문은 이미 고를 알았기에 다만 그 지위에 들었을 뿐이며, 법은 곧 그가 행해야 할 대상으로서의 법이기에 곧 道諦이다. 集은 그의 惑集이 모두 사라지지 않은 상태가 集諦이다. 그러나 이미 끊어졌기 때문에 법의 뒤에 말하였고, 열반은 滅諦이다. 이미 滅을 증명한 까닭에 이를 열반으로 바꿔 말한 것이다. 연각과 보살은 이에 준하여 생각하면 설명하지 않아도 알 수 있다.

## 第二 釋如實知義

둘째, 실상대로 아는 지혜의 의미를 해석하다

**經**

**云何知**오 **知從業報諸行因緣之所造作**은 **一切虛假**하야 **空無有實**하야 **非我非堅固**며 **無有少法可得成立**이니라

**欲令衆生**으로 **知其實性**하야 **廣爲宣說**하나니 **爲說何等**고 **說諸法不可壞**니라

**何等法**이 **不可壞**오 **色不可壞**며 **受想行識**이 **不可壞**며 **無明**이 **不可壞**며 **聲聞法獨覺法菩薩法**이 **不可壞**니라

**何以故**오 **一切法**이 **無作無作者**며 **無言說無處所**며 **不生不起**며 **不與不取**며 **無動轉無作用**이니라

어떻게 실상대로 아는 것일까?

업을 지어 과보 받는 일과 모든 행의 인연으로 만들어진 것은 일체 모두 허망한 것이어서 공하여 실상이 없으며, 자아가 아니고 견고한 것도 아니며, 조그만 법도 성립할 수 없음을 실상대로 아는 것이다.

중생으로 하여금 그 여실한 성품을 알도록 하기 위하여 자세히 말하고자 한다.

무엇을 말하는가? 모든 법을 무너뜨릴 수 없음을 말하고자 한다.

어떤 법을 무너뜨릴 수 없는가? 색을 무너뜨릴 수 없으며, 수·상·행·식을 무너뜨릴 수 없으며, 무명을 무너뜨릴 수 없으며, 성문의 법, 독각의 법, 보살의 법을 무너뜨릴 수 없다.

무슨 까닭인가? 일체 모든 법이란 만들어진 것도 없고 이를 만든 자도 없으며, 말할 수도 없고 있는 곳도 없으며, 생겨나지도 않

고 일어나지도 않으며, 함께하지도 않고 취하지도 않으며, 동하는 일도 없고 작용하는 일도 없기 때문이다.

◉ 疏 ◉

釋如實知義니 非唯能知行相이라 亦顯所知之相也니라

先徵後釋이니 徵意云 '爲隨相知아 爲無相知아 若隨相知인댄 寧異凡小아 若無相知인댄 無相無知일세 故言云何知라하니라 後釋意에 云知相知性하야 無有障礙 是菩薩所知니 無知之知 是菩薩知라 文分二別이니 先約自利하야 明知苦集이오 後約利他하야 彰知滅道니 二文影略일세 應各具四니라

又二段中에 含前五類하야 具顯三乘이니 今初段中에 知標業報는 是五蘊相이오 業集·報苦는 是二諦相이니 言諸行因緣之所造作은 十二支相이니 諸行因緣은 卽是集相이오 之所造作은 是苦諦相이니 上辨知相이라 '一切'已下는 顯知無相이니 通於苦集이라 初有二句하니 共三乘相이오 '非我'已下는 釋成上文하야 揀二別相이니 由非我故로 空無有實하야 但假五陰은 是聲聞相이오 以非堅固로 空無有實하야 但緣成假는 是緣覺相이오 若無少可得이며 空無有實하야 但虛假幻相은 是菩薩相이니 非安立諦에 無可成故일세니라

실상대로 아는 뜻을 해석하였다. 오직 行相을 알 뿐 아니라, 또한 알아야 할 대상의 양상을 밝힌 것이다.

앞은 물음이며, 뒤는 해석이다.

묻는 뜻은 "보이는 현상을 따라 아는 것일까? 형상이 없는 것

을 아는 것일까? 만일 보이는 현상을 따라 아는 것이라면 어찌 범부 소인과 다를 것이며, 형상이 없는 것을 아는 것이라면 형상이 없는 것은 알 수 없는 존재이기에 어떻게 실상대로 아는 것일까?" 라고 말하였다.

뒤의 해석 뜻은 다음과 같다.

"밖의 형상도 알고 내면의 성품도 알아서 안팎으로 장애가 없는 것이 보살이 알아야 할 대상이다. 앎이 없이 아는 것이 보살의 앎이다."

경문에서는 2가지로 구별하였다. 앞에서는 自利를 가지고 苦集을 알아야 함을 밝혔고, 뒤에서는 利他를 가지고 滅道를 알아야 함을 밝혔다. 이처럼 자리·이타 2부분에 관한 경문은 한 부분의 설명을 줄여 미루어 알 수 있도록 말하고 있기에, 당연히 각각 4부분을 갖추고 있다.

또한 2단락 가운데 앞의 5가지 유를 포함하여 삼승을 모두 밝히고 있다. 이의 첫 단락에서 알아야 할 부분을 업보로 내세운 것은 오온의 양상이며, 업의 集과 과보의 苦는 二諦의 양상이다.

"모든 행의 인연으로 만들어진 것"이라 말함은 12연기의 양상이다. 모든 행의 인연은 곧 集의 양상이며, '…으로 만들어진 것'은 苦諦의 양상이다. 위는 앎의 양상을 말하였다.

'一切法' 이하는 앎에 형상이 없음을 밝힌 것으로, 苦集에 통한다. 첫 2구절은 삼승의 공통된 양상이며, '非我' 이하는 경문을 해석하여 끝맺으면서 성문·연각·보살의 각기 다른 3가지 개별 양상의 차이점을 말해주고 있다.

'자아가 아님[非我]'에서 연유한 까닭에 공하여 실체가 없는, 단 假五陰인 것은 성문의 모습이며, '견고한 것도 아니기에[非堅固]' 공하여 실체가 없는, 단 인연으로 임시 이루고 있는 것은 이 緣覺의 모습이며, '어느 적은 법도 얻을 게 없으며[無有少法可得成立]' 공하여 실체가 없는, 단 虛假幻相은 보살의 모습이다. 내세울 수 있는 진리가 아니기에 성취할 게 없기 때문이다.

二'欲令'已下는 次約利他하야 彰知滅道니 能知實性은 是道諦相이오 法不可壞와 及所知性은 卽滅諦相이오 廣爲宣說은 唯菩薩相이라

文中二니 初는 標說意오 二'爲說'下는 展轉徵釋이라

總有三重하니 初 徵意云說何令知實性가 釋云說不可壞라하니 此略示其宗이라

次徵云'此不可壞 爲性가 爲相가' 此尋說處니라 釋云相卽性故로 五類等法이 皆不可壞니라 依般若中인댄 自色已上과 種智已還을 悉皆徧歷이리

後徵云'現見諸法컨대 猶如聚沫과 泡·焰·芭蕉와 幻·夢不實이어늘 那言不壞아' 下釋所由에 略由三義하니 一은 色等性空이라 無可壞故니 若壞方空이면 非本空故오 二는 由空卽眞이라 同法性故니 若壞方眞이면 事在理外故이며 三은 由卽空일세 不待壞故니 壞則斷滅이니라

文中에 十句五對니 初는 無我無造일세 故不可壞오 二는 離能所詮故오 三은 能生不生이며 所生不起故오 四는 因不取果며 果不與因故오 五는 體無動轉이며 用無作相故일세니라【鈔_ '自色已上 種智已還'者

는 大品에 略引八十餘科하고 大般若는 更廣이니 謂色爲首니 是五蘊初故며 次歷四蘊하고 次歷十二入·十八界하고 次眼等·觸等 所生諸受하고 次四念住·四諦·四禪·八解脫·陀羅尼·十地·五眼·十力 大慈·大悲 四等과 相好 無忘失法·一切種智·四果菩薩行·無上菩提라하니 釋曰 上卽所歷也라

'現見諸法 猶如聚沫等'者는 擧五蘊不實破壞之義하야 以難不壞니 釋意는 前已頻有니라】

둘째 단락의 '欲令' 이하는 다음으로 利他를 가지고 滅道를 알아야 함을 밝힌 것이다. 實性을 아는 것은 道諦의 양상이며, 법이란 무너뜨릴 수 없다는 것과 알아야 할 대상으로서의 성품은 滅諦의 양상이며, 자세히 중생을 위해 설법하는 것은 오직 보살의 모습이다.

경문은 2부분으로 나뉜다.

앞에서 설법해야 하는 뜻을 밝혔고,

뒤에서 '爲說何等' 이하는 전전하여 묻고 해석하였다.

이는 모두 삼중으로 구성되어 있다.

처음 물음의 뜻은 "무엇을 말해주어 중생으로 하여금 實性을 알게 할 것인가?"라고 하였다.

이에 대한 해석은 "무너뜨릴 수 없음을 말해준다."고 하였다. 이는 그 종지를 간단하게 보여준 것이다.

다음 물음은 "이와 같이 무너뜨릴 수 없음이란 내면의 성품일까? 현실의 모양일까?"라고 하였다. 이는 설법할 부분을 탐색한

것이다.

이에 대한 해석은 다음과 같다. "현실의 모양이 바로 내면의 성품이기에 5가지 유 등의 법은 모두 무너뜨릴 수 없다. 반야에 의하면 색으로부터 이상과 일체종지 이후를 모두 두루 거쳤다."

뒤의 물음은 "현재 나타난 모든 법을 살펴보면 마치 물거품, 거품, 불꽃, 파초, 허깨비, 꿈처럼 실체가 없는데, 어떻게 무너지지 않는다고 말하는가?"라고 하였다.

아래에 그 유래를 해석하면 간단하게 3가지 의미에서 연유한 때문이다.

① 色 등의 자성이 공한 터라 무너질 게 없기 때문이다. 만일 무너져야 바야흐로 공이라면 본래 공이 아니기 때문이다.

② 공으로 말미암음이 곧 진여라, 법성과 같기 때문이다. 만일 무너져야 바야흐로 진여라고 한다면 사법계가 이법계의 밖에 있기 때문이다.

③ 空과 하나이기에 무너짐은 필요로 하지 않기 때문이다. 무너지면 그것은 곧 斷滅이기 때문이다.

경문은 10구의 5對이다.

① 자아도 없고 조작하는 자도 없기 때문에 무너지지 않는다.

② 주체와 대상의 진리를 여읜 때문이다.

③ 生의 주체가 생이 아니고, 생의 대상이 일어나지 않기 때문이다.

④ 因이 果를 취하지 않고, 果가 因을 함께하지 않기 때문이다.

⑤ 본체가 움직임이 없고, 작용이 조작하는 현상이 없기 때문이다.【초_ "색으로부터 이상과 일체종지 이후"란 대품경에서 80여 과목을 간단하게 나열하였고, 대반야경에서는 다시 자세히 말하였다.

"색이 첫째이다. 이는 오온의 첫 부분이기 때문이다. 다음엔 四蘊을 차례로 들어 말하였고, 그다음엔 12入과 18界를 차례로 들어 말하였고, 그다음엔 眼 등과 觸 등이 발생하게 되는 모든 受를 들어 말하였고, 그다음엔 四念住, 四諦, 四禪, 八解脫, 다라니, 十地, 五眼, 十力, 대자대비의 四等, 相好를 잃지 않는 법, 일체종지, 四果菩薩行, 無上菩提를 들어 말하였다."

이에 대한 해석은 다음과 같다.

"위에서 말한 바는 곧 거쳐 온 바이다."

"현재 나타난 모든 법을 살펴보면 마치 물거품 등과 같다."는 것은 오온이 부실하여 파괴된다는 뜻을 들어 파괴되지 않는다는 부분을 논란한 것이다. 이에 대한 해석의 뜻은 앞에서 이미 자주 언급한 바 있다.】

第三은 總結多門하야 以彰善巧니라

셋째, 여러 부분을 총체로 끝맺어 그 훌륭함을 밝히다

**經**

**菩薩이 成就如是等無量慧藏하야 以少方便으로 了一切法**

호되 **自然明達**이오 **不由他悟**니라

보살이 이처럼 한량없는 지혜의 창고를 성취하고 조그만 방편으로 일체 법을 알되 자연히 분명하게 아는 것이지, 다른 이의 힘으로 인하여 깨닫는 게 아니다.

◉ **疏** ◉

更有多門이로되 皆以無所得等으로 爲少方便이니 則色空見盡하야 壞與不壞 兩亡하야 不隨境轉을 名不由他悟니라【鈔_ 皆以無得等爲少方便者는 疏以無得으로 釋少方便이라 下經에 云以無所得而爲方便이어니와 若準大般若인댄 亦以無生으로 爲方便하고 無住로 爲方便하고 無依로 爲方便이니 皆般若相也라 然爲方便이 略有二意하니 一은 以爲入有方便이니 令有無所得等이오 二는 爲入空方便이니 亦不住無得故어니와 今正取爲入有方便이라】

또한 여러 부분이 있으되 모두 얻은 바 없는 등으로 조그만 방편을 삼는다. 곧 色·空의 견해가 다하여 파괴되는 것과 파괴되지 않는 것을 모두 버리고 경계에 따라 전변하지 않는 것을 다른 이의 힘으로 인하여 깨닫는 게 아니라고 말한다.【초_ "모두 얻은 바 없는 등으로 조그만 방편을 삼는다."는 것은 청량소에서 얻음이 없는 것으로 조그만 방편을 해석하였다. 아래의 경문에서 "얻은 바 없는 것으로 방편을 삼는다."고 말했지만, 대반야경에 준하면 또한 無生으로 방편을 삼았고, 無住로 방편을 삼았고, 無依로 방편을 삼았다. 이는 모두 반야의 모습이다.

그러나 방편을 삼은 데에는 간단하게 2가지의 뜻이 있다. ① 有에 들어가는 방편이다. 有로 하여금 얻을 바 없게 한다는 등이며, ② 空에 들어가는 방편이다. 이 또한 얻을 바 없는 데에 머물지 않기 때문이지만, 여기에서는 有에 들어가는 방편을 취하였다.】

---

第二 釋無盡義

⑵ 그지없다는 뜻을 해석하다

**經**

**此慧無盡藏**이 **有十種不可盡**일세 **故說爲無盡**이니

**何等**이 **爲十**고

**所謂多聞善巧**가 **不可盡故**며

**親近善知識**이 **不可盡故**며

**善分別句義**가 **不可盡故**며

**入深法界**가 **不可盡故**며

**以一味智莊嚴**이 **不可盡故**며

**集一切福德**에 **心無疲倦**이 **不可盡故**며

**入一切陀羅尼門**이 **不可盡故**며

**能分別一切衆生語言音聲**이 **不可盡故**며

**能斷一切衆生疑惑**이 **不可盡故**며

**爲一切衆生**하야 **現一切佛神力**하야 **敎化調伏**하야 **令修行**

**不斷**이 **不可盡故**니 **是爲十**이니라

**是爲菩薩摩訶薩**의 **第七慧藏**이니 **住此藏者**는 **得無盡智慧**하야 **普能開悟一切衆生**이니라

이 지혜의 그지없는 창고에는 열 가지 다할 수 없는 게 있기에 '그지없는 창고'라고 말한다.

무엇이 열 가지 그지없는 창고인가?

이른바 박학다문으로 훌륭함이 그지없기 때문이며,

선지식을 친근함이 그지없기 때문이며,

글귀와 뜻을 잘 분별함이 그지없기 때문이며,

심오한 법계에 들어감이 그지없기 때문이며,

한결같은 지혜 장엄이 그지없기 때문이며,

일체 복덕을 모음에 고달픈 마음 없음이 그지없기 때문이며,

일체 다라니 법문에 들어감이 그지없기 때문이며,

일체중생의 언어와 음성을 분별함이 그지없기 때문이며,

일체중생의 의혹을 끊어줌이 그지없기 때문이며,

일체중생을 위하여 일체 부처님의 신통력을 나타내어 교화하고 조복하여 끊임없이 수행하도록 함이 그지없기 때문이다.

이것을 열 가지 그지없는 창고라고 말한다.

이는 보살마하살의 제7 지혜의 창고이다. 이와 같은 지혜의 창고에 안주한 이는 그지없는 지혜를 얻어 일체중생을 널리 깨우쳐 줄 수 있다.

◉ **疏** ◉

有標·徵·釋·結이니 釋亦十事五對니 一 因緣이오 二 教理오 三 福智오 四 持辯이오 五 智通이라 福智中에 云一味者는 百華異色이 共成一陰하며 萬法雖殊나 貫之一智니 亦如上酥 無不入也니라【鈔_ '亦如上蘇 無不入也'者는 解深密經에 歎眞實智無不入也니라】

표장, 물음, 해석, 끝맺음 4부분이다. 해석은 또한 10가지의 일에 5가지 상대이다. ① 因과 緣, ② 가르침과 진리, ③ 복덕과 지혜, ④ 몸가짐과 논변, ⑤ 지혜와 통달이다.

복덕과 지혜에서 '한결같다[一味]'고 말한 것은 수많은 꽃의 다른 색깔들이 모두 하나의 음기로 이뤄지는 것처럼, 모든 법이 각기 다르지만 관통하는 것은 하나의 지혜이기 때문이다. 또한 모든 음식에 최상의 연유가 들어가지 않은 게 없는 것과 같다.【초_ "또한 모든 음식에 최상의 연유가 들어가지 않은 게 없는 것과 같다."는 것은 해심밀경에서 "진실한 지혜가 들어가지 않음이 없는 것을 찬탄하였다."고 한다.】

'是爲菩薩下는 三結 四歎이니 文處 可知니라

'是爲菩薩' 이하에서 3)은 끝맺음이고, 4)는 찬탄이다. 경문의 부분은 설명하지 않아도 알 수 있다.

## 第八 念藏

8. 기억의 창고

釋相中에 有四하니 一은 總標念體오 二는 所念差別이오 三은 能念勝相이오 四는 明念益相이니 今은 初라

기억의 창고의 양상을 해석한 경문은 4부분으로 나뉜다.

(1) 기억의 본체를 총체로 밝혔고,

(2) 기억의 대상에 대한 차이이며,

(3) 기억의 주체에 대한 훌륭한 모습이며,

(4) 기억의 유익한 양상을 밝혔다.

이는 (1) 기억의 본체를 총체로 밝힘이다.

**經**

**佛子**여 **何等**이 **爲菩薩摩訶薩**의 **念藏**고

**此菩薩**이 **捨離癡惑**하고 **得具足念**하야

불자여, 어떤 것을 보살마하살의 기억의 창고라 말하는가?

이 보살이 어리석음을 여의고 구족한 기억을 얻고서

---

二 所念差別

(2) 기억의 대상에 대한 차이이다

**經**

**憶念過去**의 **一生二生**과 **乃至十生百生千生百千生無量百千生**과 **成劫**과 **壞劫**과 **成壞劫**과 **非一成劫**과 **非一壞劫**과 **非一**

成壞劫과 百劫과 千劫과 百千億那由他와 乃至無量無數無邊無等과 不可數不可稱不可思不可量不可說不可說劫하며

念一佛名號와 乃至不可說不可說佛名號하며

念一佛出世說授記와 乃至不可說不可說佛出世說授記하며

念一佛出世說修多羅와 乃至不可說不可說佛出世說修多羅하고 如修多羅하야 祇夜와 授記와 伽陀와 尼陀那와 優陀那와 本事와 本生과 方廣과 未曾有와 譬喻와 論議도 亦如是하며

念一衆會와 乃至不可說不可說衆會하며

念演一法과 乃至演不可說不可說法하며

念一根種種性과 乃至不可說不可說根種種性하며

念一根無量種種性과 乃至不可說不可說根無量種種性하며

念一煩惱種種性과 乃至不可說不可說煩惱種種性하며

念一三昧種種性과 乃至不可說不可說三昧種種性이니라

과거의 한 차례의 생(生), 두 차례의 생으로부터 내지 열 차례의 생, 백 차례의 생, 천 차례의 생, 백천 차례의 생, 한량없는 백천 차례의 생이며,

이뤄지는 겁[成劫], 무너지는 겁[壞劫], 이뤄지고 무너지는 겁[成壞劫]이며,

한 차례 이뤄지는 겁만이 아니고, 한 차례 무너지는 겁만이 아니고, 한 차례 이뤄지고 무너지는 겁만이 아니며,

백 겁, 천 겁, 백천억 나유타와 내지 한량없고, 수없고, 끝없고, 같을 이 없고, 셀 수 없고, 일컬을 수 없고, 생각할 수 없고, 헤

아릴 수 없고, 말할 수 없이 말할 수 없는 겁을 기억하며,

한 부처님 명호로부터 내지 말할 수 없이 말할 수 없는 부처님 명호를 기억하며,

한 부처님이 세간에 나오셔 수기(授記)를 말한 것으로부터 내지 말할 수 없이 말할 수 없는 부처님이 세간에 나오셔 수기를 말한 것을 기억하며,

한 부처님이 세간에 나오셔 수다라를 말한 것으로부터 내지 말할 수 없이 말할 수 없는 부처님이 세간에 나오셔 수다라를 말한 것을 기억하며,

수다라와 같이 기야, 수기, 가타, 니다나, 우다나, 본사, 본생, 방광, 미증유, 비유, 논의 또한 그와 같이 기억하며,

한 대중의 법회로부터 내지 말할 수 없이 말할 수 없는 대중의 법회를 기억하며,

하나의 법을 연설하신 말로부터 내지 말할 수 없이 말할 수 없는 법을 연설하신 말을 기억하며,

한 사람의 가지가지 근기의 성품으로부터 내지 말할 수 없이 말할 수 없는 가지가지 근기의 성품을 기억하며,

한 사람의 한량없는 가지가지 근기의 성품으로부터 내지 말할 수 없이 말할 수 없는 한량없는 가지가지 근기의 성품을 기억하며,

한 번뇌의 가지가지 성품으로부터 내지 말할 수 없이 말할 수 없는 번뇌의 가지가지 성품을 기억하며,

한 삼매의 가지가지 성품으로부터 내지 말할 수 없이 말할 수

없는 삼매의 가지가지 성품을 기억하는 것이다.

◉ 疏 ◉

唯依宿住하야 以辨明記니 略擧十事하야 以顯無盡이라 一 生. 二 劫. 三 佛名. 四 授記. 五 演教. 六 衆會. 七 說義. 八 根性. 九 所治. 十 能治니 文竝可知니라

오직 이 세상에 태어나기 이전의 세상[宿住]에 준하여 분명하게 기억하고 있음을 말한 것이다. 10가지 일을 간단하게 들어서 그지 없음을 밝힌 것이다.

① 生, ② 劫, ③ 부처님의 명호, ④ 授記, ⑤ 가르침의 연설, ⑥ 대중법회, ⑦ 설법의 내용, ⑧ 根性, ⑨ 다스려야 할 대상, ⑩ 다스림의 주체이다. 경문은 아울러 설명하지 않아도 알 수 있다.

三 明能念勝相

(3) 기억의 주체에 대한 훌륭한 모습이다

**經**

**此念**이 **有十種**하니 **所謂寂靜念**과 **清淨念**과 **不濁念**과 **明徹念**과 **離塵念**과 **離種種塵念**과 **離垢念**과 **光耀念**과 **可愛樂念**과 **無障礙念**이라

이러한 기억에는 열 가지가 있다.

이른바 고요한 기억, 청정한 기억, 흐리지 않은 기억, 분명한 기억, 티끌을 여읜 기억, 가지가지 티끌을 여읜 기억, 때를 여읜 기억, 광명이 빛나는 기억, 사랑스러운 기억, 걸림이 없는 기억이다.

◉ 疏 ◉

於中十句하니 一은 靜慮相應故오 二는 無漏俱轉故오 三은 淨信俱故오 四는 了了知故오 五는 不取相故오 六은 離分別故오 七은 離所知故오 八은 與慧俱故오 九는 具上諸德故오 十은 離上諸過故니라

경문에는 10구가 있다.

① [寂靜念] 靜慮로 상응하기 때문이며,

② [淸淨念] 無漏로 모두 전변하였기 때문이며,

③ [不濁念] 청정한 신심을 함께하였기 때문이며,

④ [明徹念] 분명히 알기 때문이며,

⑤ [離塵念] 현실의 모습을 취하지 않았기 때문이며,

⑥ [離種種塵念] 분별을 여읜 때문이며,

⑦ [離垢念] 아는 대상을 여읜 때문이며,

⑧ [光耀念] 지혜와 함께하였기 때문이며,

⑨ [可愛樂念] 위의 모든 공덕을 갖춘 때문이며,

⑩ [無障礙念] 위의 모든 잘못을 여읜 때문이다.

四 明念益相

(4) 기억의 유익한 양상을 밝히다

菩薩이 住是念時에 一切世間이 無能嬈亂하며 一切異論이 無能變動하며 往世善根이 悉得清淨하며 於諸世法에 無所染着하며 衆魔外道의 所不能壞며 轉身受生에 無所忘失하며 過現未來에 說法無盡하며 於一切世界中에 與衆生同住호되 曾無過咎하며 入一切諸佛衆會道場호되 無所障礙하며 一切佛所에 悉得親近하나니 是名菩薩摩訶薩의 第八念藏이니라

보살이 이런 기억에 머물 때에는
일체 세간의 그 어떤 것도 어지럽히지 못하고,
모든 외도의 의논이 흔들지 못하고,
지난 세상의 선근이 모두 청정해지고,
여러 세간의 법에 물들지 않고,
마군과 외도가 파괴하지 못하고,
다른 몸을 받아 태어나도 잊지 않고,
과거·현재·미래에 설법이 그지없고,
일체 세계에서 중생들과 함께 머물면서도 일찍이 허물이 없고,
모든 부처님의 대중법회의 도량에 들어가는 데 걸림이 없고,
일체 모든 부처님이 계신 데 모두 친근하나니,
이를 보살마하살의 제8 기억의 창고라고 말한다.

◉ 疏 ◉

亦有十句하니 旣世與出世皆念일세 故能離過成德이니 竝顯可知니라

또한 10구가 있다. 이미 세간과 출세간을 모두 기억하기 때문에 허물을 여의고 덕을 성취하는 것이다. 이 경문은 모두 그 뜻이 분명하기에 설명하지 않아도 알 수 있다.

## 第九 持藏

9. 지님의 창고

**經**

佛子여 何等이 爲菩薩摩訶薩의 持藏고

此菩薩이 持諸佛所說修多羅호되 文句義理를 無有忘失하야 一生持하고 乃至不可說不可說生持하며

持一佛名號와 乃至不可說不可說佛名號하며 持一劫數와 乃至不可說不可說劫數하며 持一佛授記와 乃至不可說不可說佛授記하며 持一修多羅와 乃至不可說不可說修多羅하며 持一衆會와 乃至不可說不可說衆會하며 持演一法과 乃至演不可說不可說法하며 持一根無量種種性과 乃至不可說不可說根無量種種性하며 持一煩惱種種性과 乃至不可說不可說煩惱種種性하며 持一三昧種種性과 乃至不可說不可說三昧種種性이니라

**佛子**여 **此持藏**이 **無邊難滿**하며 **難至其底**하며 **難得親近**하며 **無能制伏**하며 **無量無盡**하며 **具大威力**하야 **是佛境界**라 **唯佛能了**니 **是名菩薩摩訶薩**의 **第九持藏**이니라

불자여, 어떤 것을 보살마하살의 지님의 창고라 말하는가?

이 보살이 여러 부처님의 말씀하신 수다라를 지니되 문구와 뜻을 잊지 않고서 일생 지니며, 내지 말할 수 없이 말할 수 없는 생에 지니며,

한 부처님의 명호와 내지 말할 수 없이 말할 수 없는 부처님의 명호를 지니며,

한 겁의 수효와 내지 말할 수 없이 말할 수 없는 겁의 수효를 지니며,

한 부처님의 수기와 내지 말할 수 없이 말할 수 없는 부처님의 수기를 지니며,

한 수다라와 내지 말할 수 없이 말할 수 없는 수다라를 지니며,

한 대중의 법회와 내지 말할 수 없이 말할 수 없는 대중의 법회를 지니며,

하나의 법을 연설함과 내지 말할 수 없이 말할 수 없는 법을 연설함을 지니며,

한 근기의 한량없는 가지가지 성품과 내지 말할 수 없이 말할 수 없는 근기의 가지가지 성품을 지니며,

한 번뇌의 가지가지 성품과 내지 말할 수 없이 말할 수 없는 번뇌의 가지가지 성품을 지니며,

한 삼매의 가지가지 성품과 내지 말할 수 없이 말할 수 없는 삼매의 가지가지 성품을 지니는 것이다.

불자여, 이처럼 지니는 창고가 그지없어 가득 차기 어렵고, 그 밑바닥까지 이르기 어렵고, 친근하기 어렵고, 굴복시킬 수 없고, 한량없고 그지없으며, 큰 위신력을 갖추고 있다. 이는 부처님의 경계라, 부처님만이 알 수 있다.

이를 보살마하살의 제9 지님의 창고라고 말한다.

◉疏◉

釋相中三이니 初別擧文義하야 顯長時持니라

지님 창고의 양상을 해석한 경문은 3부분으로 나뉜다.

⑴ 경문의 의미를 개별로 열거하여 장시간 지님을 밝혔다.

二持一佛下는 徧擧諸法하야 顯能廣持니 所持는 卽前所念之法이라

⑵ '持一佛' 이하는 모든 법을 두루 열거하여 널리 지님을 밝힌 것이다. 지님의 대상은 곧 앞에서 말한 기억의 대상에 관한 법이다.

三佛子下는 辨能持德量이라 文有十句하니 一은 大之無外오 二는 廣能虛受오 三은 深難至底오 四는 四邊絕相이오 五는 外無能制오 六은 體無分量이오 七은 用無窮盡이오 八은 內含衆德이오 九는 因徹果源이오 十은 餘無能破니라

⑶ '佛子此持藏' 이하는 지님의 주체에 대한 공덕의 한량을 말한 것이다.

경문은 10구이다.

① [無邊] 크기로는 밖이 없으며,

② [難滿] 드넓어서 빈자리에 받아들이며,

③ [難至其底] 깊어서 밑바닥에 이르기 어려우며,

④ [難得親近] 사방을 형상이 끊어짐이며,

⑤ [無能制伏] 바깥사람으로서 그 누구도 굴복시킬 자가 없으며,

⑥ [無量] 본체가 分量이 없으며,

⑦ [無盡] 작용이 다함이 없으며,

⑧ [具大威力] 안으로는 수많은 공덕을 함축하며,

⑨ [是佛境界] 因이 證果의 본원에 사무치며,

⑩ [唯佛能了] 나머지 사람으로서는 타파할 수 없다.

第十辯藏

10. 말씀의 창고

經

**佛子**여 **何等**이 **爲菩薩摩訶薩**의 **辯藏**고
**此菩薩**이 **有深智慧**하야 **了知實相**하고 **廣爲衆生**하야 **演說諸法**호되 **不違一切諸佛經典**하고

불자여, 어떤 것을 보살마하살의 말씀의 창고라 말하는가?

이 보살이 깊은 지혜가 있어 실상을 분명히 알고, 널리 중생을 위하여 모든 법을 연설하되 일체 모든 부처님의 경전과 어긋남이 없다.

◉ 疏 ◉

文有四別이니 謂徵·釋·結·歎이라 釋相中四니 初는 總擧體用이라 雙照事理二種實相을 名深智慧라하니라

경문은 4가지로 구별된다. 1) 물음, 2) 해석, 3) 끝맺음, 4) 찬탄이다.

2) 말씀 창고의 양상을 해석한 경문은 다시 4부분으로 나뉜다.

(1) 본체와 작용을 모두 들어 말하였다.

사법계와 이법계 2가지 유의 실상을 모두 관조하는 것을 '깊은 지혜'라고 말한다.

**經**

說一品法과 乃至不可說不可說品法하며 說一佛名號와 乃至不可說不可說佛名號하며 如是說一世界하며 說一佛授記하며 說一修多羅하며 說一衆會하며 說演一法하며 說一根無量種種性하며 說一煩惱無量種種性하며 說一三昧無量種種性하며 乃至說不可說不可說三昧無量種種性하며 或一日說하며 或半月一月說하며 或百年千年百千年說하며 或一劫百劫千劫百千劫說하며 或百千億那由他劫說하며 或無數無量과 乃至不可說不可說劫說하야 劫數는 可盡이어니와 一文一句는 義理難盡이니 何以故오 此菩薩이 成就十種無盡藏故니라 成就此藏에 得攝一切法陀羅尼門이 現在前하야 百萬阿僧祇陀羅尼로 以爲眷屬하나니 得此陀

**羅尼已**에 **以法光明**으로 **廣爲衆生**하야 **演說於法**이니라
**其說法時**에 **以廣長舌**로 **出妙音聲**호되 **充滿十方一切世界**하야 **隨其根性**하야 **悉令滿足**하고 **心得歡喜**하야 **滅除一切煩惱纏垢**하며 **善入一切音聲言語文字辯才**하야 **令一切衆生**으로 **佛種不斷**하고 **淨心相續**하며 **亦以法光明**으로 **而演說法**호되 **無有窮盡**하야 **不生疲倦**하나니 **何以故**오 **此菩薩**이 **成就盡虛空徧法界無邊身故**라
**是爲菩薩摩訶薩**의 **第十辯藏**이니라
**此藏**이 **無窮盡**이며 **無分段**이며 **無間**이며 **無斷**이며 **無變異**며 **無隔礙**며 **無退轉**이며 **甚深無底**며 **難可得入**이며 **普入一切佛法之門**이니라

한 품의 법과 내지 말할 수 없이 말할 수 없는 품의 법을 말하며,

한 부처님의 명호와 내지 말할 수 없이 말할 수 없는 부처님의 명호를 말하며,

이와 같이 하나의 세계를 말하며, 한 부처님의 수기를 말하며, 한 수다라를 말하며, 한 대중의 법회를 말하며, 하나의 법을 말하며, 한 사람의 한량없는 가지가지 근기의 성품을 말하며, 한 번뇌의 한량없는 가지가지 성품을 말하며, 한 삼매의 한량없는 가지가지 성품을 말하며, 내지 말할 수 없이 말할 수 없는 삼매의 한량없는 가지가지 성품을 말하며,

혹 하루 동안 말하고, 혹 보름이나 한 달 동안 말하고, 혹 백 년, 천 년, 백천 년 동안 말하며, 혹 1겁, 백 겁, 천 겁, 백천 겁 동

안 말하며, 혹 백천억 나유타 겁 동안 말하며, 혹 셀 수 없고 한량없고 내지 말할 수 없이 말할 수 없는 겁 동안 말하여, 겁의 수효는 다할지라도 한 글자 한 구절의 이치는 다할 수 없다.

무엇 때문인가? 이 보살이 열 가지 그지없는 창고를 성취하였기 때문이다.

이처럼 그지없는 창고를 성취하였기에 일체 법의 다라니 법문을 모두 받아들여 앞에 나타나 백만 아승기 다라니로 권속을 삼았다. 이러한 다라니를 얻고서 법의 광명으로 널리 중생을 위하여 법을 연설하였다.

그가 설법할 때에 장광설로 미묘한 음성을 내시는데, 그 음성이 시방 일체 세계에 가득 울려 그들의 근성을 따라 모두 만족을 주고 마음에 기쁨을 얻어 일체 번뇌의 얽매임을 없애며, 일체의 음성, 언어, 문자, 변재에 들어가 일체중생으로 하여금 부처의 종성이 끊어지지 않도록 하고 청정한 마음이 이어가며, 또한 법의 광명으로 법을 연설하되 다함이 없는데도 힘들어하지 않는다.

무엇 때문인가? 이 보살이 허공법계에 가득한 그지없는 몸을 성취한 까닭이다.

이를 보살마하살의 제10 말씀의 창고라고 말한다.

이러한 창고는 다함이 없고, 단락으로 나눠짐이 없고, 사이가 없고, 끊임이 없고, 변함이 없고, 막힘이 없고, 물러섬이 없고, 아주 깊어 밑바닥이 없고, 들어갈 수 없고, 일체 불법의 문에 두루 들어가는 것이다.

◉疏◉

二'說一品'下는 顯能廣演이라

⑵ '說一品' 이하는 널리 연설함을 밝힌 것이다.

三'或一日'下는 明長時演이니 先은 正明이오 後는 徵釋이니 以是十藏之終일세 故說具前十藏이오 近接總持일세 復擧陁羅尼門이니라

⑶ '或一日' 이하는 장시간의 설법을 밝힌 것으로, 앞에서는 바로 밝혔고, 뒤에서는 묻고 해석하였다.

이는 10가지 무진장의 끝부분이기에 앞의 10가지 무진장을 모두 갖춰 말하였고, 가까이 總持를 이어 말한 까닭에 다시 다라니 법문을 들어 말하였다.

四'其說法'下는 彰辯之德이니 亦有正明이니 徵釋可知니라

⑷ '其說法' 이하는 논변의 공덕을 밝혔다. 또한 바로 밝히고 있으니, 묻고 해석함은 설명하지 않아도 알 수 있다.

三結 四歎이라 歎中十句하니 義該七辯이라

一은 無窮盡은 是豐義味辯이니 一一句中에 出多事理故오

二는 卽捷辯이니 欲言卽言하야 無分段故오

三은 無踈謬辯이니 不以邪錯間深理故오

四는 無斷辯이니 相續連環故오

五는 應辯이니 應時應機에 無變異故오

六은 迅辯이니 迅若懸河하야 無隔礙故니라

已下四句는 卽一切世間最上妙辯이니 此辯에 有五德이라

一은 甚深如雷니 卽第八句오

二는 淸徹遠聞일세 故不退轉이니 卽第七句오

三은 其聲哀雅 如迦陵頻伽라 故能普入一切佛法이니 卽第十句오

四는 能令衆生으로 人心敬愛오

五는 其有聞者 歡喜無厭이라 故難可得入이니 上二는 卽第九句니라

上來第三 依章別釋을 竟하다

3)은 끝맺음이며, 4)는 찬탄이다.

4) 이익의 찬탄 부분의 경문은 10구이다. 그 뜻은 7가지의 변재를 갖추고 있다.

제1구의 無窮盡은 의미가 풍부한 변재이다. 하나하나 구절 가운데 많은 사리가 담겨 있기 때문이며,

제2구는 민첩한 변재이다. 말하고자 하면 곧 말하여 끊어짐이 없기 때문이며,

제3구는 엉성하거나 오류가 없는 변재이다. 삿되거나 착오로 심오한 진리에서 벗어나지 않기 때문이며,

제4구는 단절이 없는 변재이다. 서로 고리처럼 이어지기 때문이며,

제5구는 임기응변의 변재이다. 시간과 근기에 상응하여 變異가 없기 때문이며,

제6구는 빠른 변재이다. 빠름이 폭포의 물과 같아서 막힘이 없기 때문이다.

이하 4구는 일체 세간에 가장 뛰어난 변재이다. 이러한 변재에는 5가지 공덕이 있다.

① 매우 심오함이 우레와 같음이니 곧 제8구 甚深無底이며,

② 맑게 사무친 음성이 멀리까지 들린 까닭에 뒤로 물러서지 않음이니, 이는 곧 제7구의 뜻이며,

③ 그 청아한 음성이 가릉빈가의 울음소리와 같기에 일체 불법에 널리 들어감이니, 이는 곧 제10구의 뜻이며,

④ 일체중생으로 하여금 마음속으로 공경하고 사랑하게 하고,

⑤ 그 음성을 들은 이들이 싫어하지 않고 기뻐하기에 들어가기 어려움이다. 위의 2가지는 곧 제9구의 뜻이다.

위는 제3 표장에 의한 개별의 해석을 끝마치다.

## 第四 總歎十藏勝能

제4. 10가지 무진장의 훌륭한 점을 총체로 찬탄하다

**經**

**佛子**여 **此十種無盡藏**이 **有十種無盡法**하야 **令諸菩薩**로 **究竟成就無上菩提**케하나니

**何等**이 **爲十**고

**饒益一切衆生故**며 **以本願**으로 **善迴向故**며 **一切劫**에 **無斷絕故**며 **盡虛空界悉開悟**하야 **心無限故**며 **迴向有爲**호되 **而不着故**며 **一念境界**에 **一切法**이 **無盡故**며 **大願心**이 **無變異故**며 **善攝取諸陀羅尼故**며 **一切諸佛**의 **所護念故**며 **了**

**一切法**이 **皆如幻故**라

**是爲十種無盡法**이니 **能令一切世間所作**으로 **悉得究竟無盡大藏**이니라

불자여, 이 열 가지 그지없는 창고에는 열 가지 그지없는 법이 있어 보살로 하여금 결국 위없는 보리를 성취케 한다.

무엇이 열 가지 그지없는 법인가?

일체중생에게 이익을 주기 때문이며,

본래의 서원을 잘 회향하기 때문이며,

일체 겁에 끊이지 않기 때문이며,

모든 허공계를 모두 깨달으되 한정하는 마음이 없기 때문이며,

유위의 세계로 회향하되 집착하지 않기 때문이며,

한 생각의 경계에 일체 법이 다함이 없기 때문이며,

큰 서원의 마음이 변동 없기 때문이며,

모든 다라니를 잘 받아들인 때문이며,

일체 모든 부처님이 보호하고 생각해주기 때문이며,

일체 법이 모두 허깨비와 같음을 잘 알기 때문이다.

이를 열 가지 그지없는 법이라고 말한다. 이는 일체 세간에 하는 일들을 모두 최상의 그지없이 큰 무진장을 얻게 해주는 것이다."

◉ **疏** ◉

分三 初는 標歎이오

이 경문은 3부분으로 나뉜다.

⑴ 찬탄을 밝혔다.

二는 徵釋이니 釋有十句하니 攝爲五對라 一은 下化上求오 二는 竪窮橫徧이오 三은 捨相契實이오 四는 無變善攝이오 五는 外護內明이라

⑵ 묻고 해석하였다. 해석에 10구가 있는데 5가지 상대로 포괄하고 있다.

제1對, 하화중생과 상구보리이며,

제2대, 종으로 다함과 횡으로 두루 함이며,

제3대, 모양을 버리는 것과 실상에 계합함이며,

제4대, 변함이 없음과 잘 섭수함이며,

제5대, 밖에서의 보호와 내면에서의 밝음이다.

三'是爲'下는 結·歎이라 此後에 應有偈等이어늘 或是略無니 多是經來未盡이라

第四 夜摩天宮會 竟하다

⑶ '是爲' 이하는 찬탄으로 끝맺었다. 이 뒷부분에 당연히 게송이 있어야 하는데, 혹 생략한 것인가 싶다. 많은 부분의 경문에 미진함이 있다.

제4 야마천궁 법회를 끝마치다.

십무진장품 제22-2 十無盡藏品 第二十二之二

화엄경소론찬요 제43권 華嚴經疏論纂要 卷第四十三

# 화엄경소론찬요 제44권
# 華嚴經疏論纂要 卷第四十四

◉

## 승도솔천궁품 제23-1
## 升兜率天宮品 第二十三之一

自下第五會는 明上賢十向이라 四門同前하니 初는 來意라

이하로 제5법회는 상수 보살의 십회향을 밝힌 것이다.

4분야(**來意·釋名·宗趣·釋文**)는 앞의 품에서 말한 바와 같다.

1. 유래한 뜻

◉ 疏 ◉

來意中에 先會來者는 正爲答前迴向問故로 迴前解行하야 以向眞證하야 廣益自他하야 令行彌綸하야 無不周故니라

菩薩大乘藏經에 云以少善根으로 引無量果者는 謂迴向心이라 以迴向心으로 爲大利故라하니 故行後明之니라

又前解行既著에 令悲願彌博이라

後品來者는 前會既終에 將陳後說할세 先明說處하야 表法故來니라

유래한 뜻을 말한 부분에는 2가지의 뜻이 있다.

(1) '법회의 유래'이다. 이는 앞의 회향에 관한 질문에 대답하기 위함으로, 앞서 말한 이해와 수행에서 되돌아 참된 깨달음에 향하여, 나와 남에게 모두 이익이 되어 수행이 모든 면에 두루 걸치지 않음이 없고자 한 때문이다.

보살대승장경에 이르기를 "조그마한 선근으로도 한량없는 결과를 이끌어낼 수 있는 것은 회향하는 마음을 말한다. 회향의 마음이 큰 이익이 되기 때문이다."고 하였다. 따라서 십행의 뒤에 이를 밝힌 것이다.

또한 앞에서는 이해와 수행이 이미 나타나, 이에 한 걸음 더 나아가 大悲와 誓願을 더욱 널리 지니도록 하였다.

⑵ '품의 유래'이다. 이는 이전의 법회가 이미 끝남에 따라 장차 뒤이어 설법하고자, 먼저 설법할 도량을 밝혀 설법할 내용을 밝힌 까닭에 이 품을 다음으로 쓰게 된 것이다.

二 釋名

2. 품명을 해석하다

◉ 疏 ◉

釋名者는 先會得名이오 亦有三義하니 同前二會하다【鈔_ 亦有三義者는 一은 約處니 名兜率天宮會오 二는 約人이니 名金剛幢菩薩會오 三은 約法이니 名十迴向會니라】

품명을 해석한다는 것 또한 2가지의 뜻이 있다.

⑴ 법회로 품명을 붙였다. 이는 또다시 3가지의 뜻이 있으니, 앞의 두 법회에서 말한 바와 같다.【초_ "또다시 3가지의 뜻이 있다."는 것은 다음과 같다.

① 도량으로 말하였다. 그 이름은 도솔천궁 법회이다.

② 사람으로 말하였다. 그 이름은 금강당보살 법회이다.

③ 법으로 말하였다. 그 이름은 십회향 법회이다.】

二釋品名이니 兜率은 是處니 佛以法界之身으로 不起而應일새 故名爲

升이라 處此說者는 表位超勝이니 是次第故니라 又上下放逸이어니와 此天은 知足이니 表世間行滿일세 故居喜足之天이라

又以彼有一生補處일세 表菩提之心 功行滿故니라 又積功累勳에 知階未足이라가 廻勳授子코사 乃知有餘니 菩薩도 亦爾니라 勤苦積行에 未見有餘라가 廻向衆生코사 乃知自足이니라

又欲界六天에 此居其中일세 表悲智均平하야 處於中故니라 又生此天而修三福하나니 謂施·戒·定이니 自餘不具오 偏多不均일세 故處此說也니라

(2) 품명을 해석하였다.

도솔천은 도량이다. 부처님이 법계의 몸으로 일어서지 않고 그 자리 그대로 있으면서도 도솔천에 감응한 까닭에 이를 '올라갔다[升]'고 말한다.

도솔천 도량에 계시면서 설법한 것은 뛰어난 지위임을 밝힌 것이다. 이는 지위의 차례를 따른 때문이다. 또한 위와 아래의 하늘은 방일한 세계이지만, 도솔천은 만족을 아는 하늘이다. 세간의 행이 원만한 까닭에 기쁨이 가득한 하늘에 머물게 되었음을 밝힌 것이다.

또한 도솔천은 보살 최고의 경지로, 이번 일생만 마치면 다음의 세계에는 부처님의 지위에 오를 수 있는 一生補處이기에, 보리심을 수행한 공덕이 원만함을 나타낸 때문이다.

또한 세간 사람들이 정작 업적과 공훈을 쌓아가면서도 아직은 만족하지 못할 단계임을 알면서 지내다가 쌓아놓은 공훈을 모두 자식에게 물려주고서야 이에 여유가 있음을 아는 것처럼, 보살도

또한 그러하다. 부지런히 수행을 쌓아갈 때에는 여유가 있지 못하다가 중생에게 회향하고서야 이에 자족함을 알게 된다.

또한 欲界의 여섯 하늘 가운데 도솔천은 제4의 하늘이다. 대비와 대지가 고루 평등하여 도솔천에 거처함을 나타낸 때문이다.

또한 도솔천에 태어나 3가지 복덕을 닦는다. 보시, 지계, 선정을 말한다. 그 나머지 부분은 아직 제대로 갖추지 못하였고, 한쪽에 치우쳐 고루 똑같지 못한 까닭에 도솔천에 머물면서 설법을 하는 것이다.

## 第三 宗趣

### 3. 종취

◉ **疏** ◉

宗趣者는 會는 以十向大願으로 爲宗하고 得地로 爲趣며 品은 以升天赴感으로 爲宗하고 說向으로 爲趣니라

종취는 법회로 말하면 십회향의 큰 서원으로 宗을 삼고, 십지를 얻으려는 것으로 趣를 삼으며,

품명으로 말하면 도솔천궁에 올라가 감응하는 것으로 종을 삼고, 십회향을 설법하는 것으로 취를 삼는다.

◉ **論** ◉

第五會 兜率天宮에 說十廻向法門이니 於此會中에 序分·正說·流

通者는 從此 初升兜率天宮이 是序分이오 已下 兩品은 是正說分이오 兩品中에 至下動地興供이 是流通分이라

於此位中에 有三品經하야 共成此位라 第一은 從初升兜率天宮品으로 三義如前하니

一釋品名目者는 以升天所至立名也니 兜率天者는 此云樂知足天也니라

제5법회가 열린 도솔천궁에서는 십회향 법문을 연설하였다.

이 법회에서 말한 序分, 正說, 流通이란 이로부터 처음 도솔천궁에 오르심은 서론 부분이며, 이하 제23 승도솔천궁품, 제24 도솔궁중게찬품은 정설 부분이며, 제23, 24품 가운데 아래의 땅이 진동하고 공양을 올리는 대목은 유통 부분이다.

이 지위에 있어 3품의 경문은 모두 똑같이 이 지위를 성취하는 것이다. 제1은 처음 승도솔천궁품으로부터 3가지의 뜻은 앞서 말한 바와 같다.

(1) 품의 명목을 해석한다는 것은 도솔천에 올라 계시는 것으로 품목을 세운 것이다. 도솔천이란 중국에서는 '즐거움으로 만족을 아는 하늘[樂知足天]'이라 한다.

二釋品來意者는 明前十住·十行 二位에 以彰出世하야 已成如來智慧之業이어니와 今於此天에 以明隨見道者하야 成如來大悲處世利生之業하야 會融世間出世間 不一不二法門이라 是故此品須來니라

(2) 품의 유래한 뜻을 해석한다는 것은 앞의 十住, 十行 2지위에서는 출세간으로 이미 여래의 지혜로 하는 일을 성취했다고 밝

혔지만, 여기에서 말한 하늘은 도를 깨달은 자를 따라 여래의 대비 마음으로 세간에 머물면서 중생에게 이익을 주는 일을 성취한다는 뜻을 나타내어, 세간과 출세간이 하나로 똑같은 것도 아니요, 둘로 각기 다른 것도 아님을 하나로 모아 원융한 법문임을 밝힌 까닭에 이 품을 여기에 쓰게 된 것이다.

問호되 '云何於此天處에 說迴向法고' 答曰 如須彌頂上에 說十住는 明初生佛家에 住佛智慧之頂而無退動이오 夜摩天上에 說十行法은 表行依法空하야 一切無著이오 至此兜率天宮하야 表雖不離欲界코 處大悲門이로되 而於欲境에 常行知足하야 無所染著이오 但爲饒益衆生하야 處於世間이라

又此天處於欲界하야 自須彌已上으로 五天之中에 以會智悲하야 令不偏故니 是故而於此天에 說十迴向하니 明和會眞俗하야 成大慈悲하야 長處生死而不廢涅槃을 名爲迴向이니라

從初發心住已來로 如是和會位終에 偏得其名이라 故名迴向이니 此爲以處로 表法升進이오 亦卽不曾身有上下去來오 智悲恒徧故며 無中邊故로 但明寄處하야 表一生菩薩이 處此天中에 果行滿故니 以明發心初始에 生如來智慧之家하야 以佛智慧로 行大悲門이 卽是圓滿如來果故니 果復常滿하고 行復常行하야 果行相嚴일세 故號佛華嚴也니라

十地·十一地도 依此十住·十行·十迴向하야 三法이 成其功用이오 更亦無別安立이니 以是他化天中에 說十地時에 更不別作法事興供이오 但長養此位大智·大慈·大悲하야 令深固圓滿故니라

"어찌하여 도솔천에 계시면서 십회향 법문을 연설한 것일까?"

수미산 정상에서 十住 법문을 연설한 것은 처음 부처님의 집안에 태어났으면 부처님 지혜의 정상에 머물면서 뿌리가 흔들리는 일이 없어야 함을 밝힌 것이며,

야마천에서 十行 법문을 연설한 것은 십행이 法空을 의지하여 일체에 집착이 없음을 나타낸 것이며,

도솔천궁에서 욕계를 여의지 않고 大悲의 문에 머물지만 욕계에서 언제나 만족을 알고서 더러움에 물든 바가 없고, 다만 중생에게 이익을 주기 위하여 세간에 머무는 것을 나타낸 것이다.

또한 도솔천이 욕계에 있는데, 수미정상 이상으로부터 5天의 한 중간에 있으면서 대지와 대비를 모두 지녀 어느 한쪽에 치우치지 않기 때문이다. 이 때문에 도솔천에서 십회향을 설법하였다. 이는 眞諦와 俗諦가 조화를 이뤄 대자비를 성취함으로써 생사에 길이 머물면서도 열반을 그만두지 않는 것을 회향이라고 말한다.

초발심주 이후로부터 이처럼 회통의 지위가 끝나면서 유독 한쪽만을 들어 이름을 붙인 까닭에 회향이라고 말한다. 이는 도솔천이라는 것으로 법이 한 단계 올라섬을 나타낼 뿐이지, 또한 일찍이 몸이 오르내리거나 오고 감이 있지 않다. 대지와 대비의 마음이 언제나 두루 하기 때문이며, 중간과 변두리가 없기 때문에 단 계시는 곳을 따라, 이번 일생만 마치면 다음 생에 부처가 될 수 있는 一生菩薩이 이 하늘에 거처하면서 果行이 원만함을 나타냄을 밝힌 때문이다. 발심초에 여래 지혜의 집안에 태어나 부처님 지혜로 대비법문을 행함이 곧 원만한 如來果임을 밝힌 때문이다. 여래과가 또

한 언제나 원만하고 여래행 또한 항상 행하여 여래과와 여래행이 서로 장엄한 까닭에 '부처님의 華嚴'이라고 부른다.

十地와 十一地도 십주·십행·십회향에 의하여 3가지 법이 그 功用을 성취한다는 것이지, 또한 별다른 것에 의해 세워지는 것이 아니다. 이 때문에 타화천에서 十地를 설명할 때 다시 별다른 법이나 공양을 일으키지 않고, 다만 이 지위의 大智, 大慈, 大悲를 함양하여 아주 견고하고 원만하게 하였을 뿐이다.

## 第四釋文

### 4. 경문의 해석

此會에 有三品經하니 初二는 當會由致오 後一은 正說이라

所以無勝進者는 由二義故니 一은 以此會 是三賢位終이라 攝前解行하야 總爲趣地方便이니 廻向當體 自是勝進일세 是故無也니라

二는 方欲入地인댄 必離進趣相이니 與無分別로 爲方便故니라

就初二品하야 前一化主赴機오 後品은 助化讚佛이라

이 법회에는 3품의 경문이 있다. 앞의 2품은 해당 법회가 열리게 된 이유이며, 뒤의 1품은 바로 설명하였다.

수승한 정진을 언급한 바 없는 것은 2가지 뜻에 의한 것이다.

(1) 이 법회는 三賢(十住, 十行, 十回向 爲賢) 지위의 마지막 부분이다. 앞서 말한 이해와 수행을 포괄하여 총체로 나아갈 터전의 방편

을 삼은 것이다. 회향 그 자체가 그 나름 수승한 정진이기에 이를 언급함이 없다.

⑵ 비야흐로 삼현 시위에 들어가고자 한다면 반드시 닦아나가는 모습을 벗어나야 한다. 분별심이 없는 것으로 방편을 삼기 때문이다.

앞의 2품 가운데, 앞의 품은 교화의 주체인 부처님이 중생의 근기에 따라 찾아감이며, 뒤의 품은 교화를 도와 부처님을 찬탄함이다.

今初品中에 大分十段이니 一은 本會齊現이오 二는 不離而升이오 三은 見佛嚴處오 四는 迎佛興供이오 五는 覩佛勝德이오 六은 請佛處殿이오 七은 如來受請이오 八은 天王獲益이오 九는 承力偈讚이오 十은 如來就座니라 今은 初라

이의 첫째 품은 크게 10단락으로 나뉜다.

제1. 본 법회에 일제히 나타남이며,

제2. 보리수 아래를 떠나지 않고 도솔천에 오름이며,

제3. 부처님의 장엄한 도량을 봄이며,

제4. 부처님을 맞이하여 공양을 올림이며,

제5. 부처님의 수승한 공덕을 봄이며,

제6. 부처님께 도솔궁전에 거처하시기를 청함이며,

제7. 여래께서 청을 받아들임이며,

제8. 천왕이 이익을 얻음이며,

제9. 부처님의 위신력을 받들어 게송으로 찬탄함이며,

제10. 여래께서 법좌에 오르심이다.

이는 제1. 본 법회에 일제히 나타남이다.

**爾時**에 **佛神力故**로 **十方一切世界一一四天下閻浮提中**에 **皆見如來**가 **坐於樹下**어시든 **各有菩薩**이 **承佛神力**하고 **而演說法**하야 **靡不自謂恒對於佛**이러니라

그때 부처님의 위신력으로 시방 모든 세계의 하나하나 사천하 염부제에서, 모두가 보리수 아래 앉아 계시는 여래를 보았다. 각각 보살이 부처님이 지닌 헤아릴 수 없는 영묘하고도 불가사의한 힘을 받들어 법을 연설하면서 저마다 '항상 부처님을 마주한다.'고 생각하였다.

◉ **疏** ◉

初言佛力은 卽是徧因이니 未必起神境通이오 但是修成心自在力이라 '十方'已下는 辨所現相이니 於中에 亦有化主助化라 望第四會컨대 旣加及須彌頂하니 此亦應云坐於樹下와 及須彌夜摩天宮이로되 文無者는 畧이니 以第二段中에 帶前升後어늘 旣全擧前四는 則影顯前四皆圓徧也오 而演說者도 亦通四會之所說也니라

처음에 신통력을 말한 것은 두루 몸을 나타내는 원인이다. 꼭 신통력을 일으켜 모든 경계에 통한 것이 아니라, 다만 마음의 자재한 힘을 닦아 이뤘을 뿐이다.

'十方一切' 이하는 현상의 대상을 말했지만, 그 가운데 교화의 주체와 교화의 보조자가 있다.

제4법회에 대조해보면, 이미 수미정상을 추가하여 언급하였으니, 여기에서도 당연히 "보리수 아래와 수미정상과 야마천궁에 앉

아 있다."고 말했어야 함에도 이 경문에서 생략한 것은 제2단계에서 앞의 지위를 수반하여 뒤의 지위로 올라가는 것인데, 이미 앞에서 4가지를 모두 들어 말하였다. 이는 앞의 4가지가 모두 원만하게 두루 함을 반영하여 나타낸 것이며, 이를 연설한 자 또한 제4법회에서 말한 바와 통한다.

---

第二 明不離而升

제2. 보리수 아래를 떠나지 않고 도솔천에 오르다

**經**

**爾時**에 **世尊**이 **復以神力**으로 **不離於此菩提樹下**와 **及須彌頂**과 **夜摩天宮**하시고 **而往詣於兜率陀天一切妙寶所莊嚴殿**하시니라

그때 세존께서 다시 신통력으로 보리수 아래와 수미산 정상과 야마천궁을 떠나지 않고서 도솔타천으로 가시어 일체의 미묘한 보배로 장엄한 궁전으로 향하셨다.

◉ **疏** ◉

謂前十方 一切處 四會 皆儼然不散이오 而升此說이니 意明橫徧十方하고 豎該九會니 佛法界身이 徧時處故니라 餘義는 具如第三會初하다

앞의 '시방 일체처'의 제4법회는 모두 엄연히 존재하는 것으로

아직 법회가 해산되지 않았음에도 도솔천에 올라 설법한 것이다. 그 뜻은 횡으로 시방세계에 두루 하고, 종으로 9차 법회를 모두 갖추고 있음을 밝힌 것이다. 이는 부처님의 法界身이 시간과 공간에 두루 존재하기 때문이다. 나머지 뜻은 구체적으로 제3법회의 첫 부분에서 말한 바와 같다.

◉ 論 ◉

云'不離菩提樹而升夜摩兜率天'者는 爲菩提智體는 性無依住하야 偏往十方하고 無去·來·今하야 性無可得이라 無有住處하고 無有遷變하고 不動不寂하고 無所造作이로되 而隨根普應하야 於十方世界 一切衆生前에 對現色身하야 如應化度니라

"보리수 아래를 떠나지 않고 도솔천에 올랐다."는 것은, 보리지혜의 본체는 그 자성이 의지하거나 머무는 자리가 없어 두루 시방세계에 나아가고, 과거·미래·현재가 없어 그 자성을 찾을 수 없다. 머무는 곳도 없고 변함도 없으며, 움직이지도 않고 고요하지도 않으며, 조작하는 바도 없지만, 중생의 근기에 따라 널리 응하여 시방세계 일체중생 앞에 몸을 나타내어 응신으로 교화하고 제도하는 것이다.

## 第三 見佛嚴處

제3. 부처님의 장엄한 도량을 보다

文二니 初는 明感應緣會오 二卽於已下는 正顯嚴處니 於中分二라 先은 明一方嚴處오 後는 結通十方이라

今은 初라 初雖標座나 下列樓帳等이 皆兼處嚴이니라

文分爲二니 初는 總顯體德이오 後有百萬下는 別明體用이니 今은 初라

경문은 2부분이다.

앞 구절(時 兜率天王 遙見佛來)은 감응의 인연으로 서로 만남을 밝혔고,

뒤의 '卽於殿上' 이하는 바로 장엄 도량을 밝힌 것이다.

'뒤의 장엄 도량' 부분은 다시 2부분으로 나뉜다.

1. 한 지방의 장엄 도량을 밝혔고,

2. 시방세계를 전체로 끝맺었다.

이는 1. 한 지방의 장엄 도량이다. 처음에는 비록 사자법좌를 밝혔지만, 아래에 나열한 누각, 휘장 등은 모두 도량의 장엄을 겸하여 말한 것이다.

1. 한 지방의 장엄 도량 부분은 다시 2부분으로 나뉜다.

1) 본체의 공덕을 총체로 밝혔고,

2) '百萬億層級' 이하는 본체와 작용을 개별로 밝혔다.

이는 1) 본체의 공덕을 총체로 밝힌 부분이다.

**經**

**時**에 **兜率天王**이 **遙見佛來**하고 **卽於殿上**에 **敷摩尼藏師子之座**하니

其師子座가 天諸妙寶之所集成이며

過去修行善根所得이며

一切如來神力所現이며

無量百千億那由他阿僧祇善根所生이며

一切如來淨法所起며

無邊福力之所嚴瑩이며

淸淨業報라 不可沮壞며

觀者欣樂하야 無有厭足이며

是出世法이라 非世所染이며

一切衆生이 咸來觀察호되 無有能得究其妙好러라

그때 도솔타천왕은 부처님께서 멀찌감치 오시는 것을 보고서, 궁전에 마니장으로 만든 사자좌를 펼쳐놓았다.

그 사자좌는 천상의 여러 가지 보배로 만들어졌고,

과거에 닦은 선근으로 얻은 것이며,

일체 여래의 신통력으로 나타난 것이며,

한량없는 백만억 나유타 아승기 선근으로 생겨난 것이며,

일체 여래의 청정한 법으로 만들어진 것이며,

그지없는 복덕의 힘으로 아름답게 장엄한 것이며,

청정한 업보로 만들어진 것이라 파괴할 수 없으며,

보는 이들마다 좋아하여 싫어하지 않으며,

이는 출세간의 법이라 세간에 물들지 않았으며,

일체중생이 모두 찾아와 보았지만, 그 미묘하고 아름다움을 모

두 아는 사람이 없었다.

◉疏◉

有十一句하니 初總餘別이라

總中에 無盡大願이 隨意出生호되 悲智必俱하야 生死無染을 名摩尼藏이오 展行彌布일세 故有敷言이라

別有十種圓滿勝相이니 以斯妙座로 實德成故니라 初一은 自體相이니 以寶成故오 次六은 因相이니 一 深遠相이오 二 勝妙相이오 三 廣大相이오 四 同體相이오 五 具德相이오 六 堅固相이며 後三은 總顯殊特니 即座之德用이니 一 端嚴故오 二 離染故오 三 無極故니라

11구이다. 첫 구절은 총체로, 나머지 구절은 개별로 말하였다.

총체의 구절(時兜率天王~敷摩尼藏師子之座) 가운데 그지없는 큰 서원이 마음을 따라 나오지만, 대비와 대지를 반드시 모두 갖추어 생사에 물들지 않는 것을 '摩尼藏'이라 하고, 펼쳐진 일들이 가득 차 있기에 '… 펼쳐놓았다[敷].'고 말하였다.

개별로 말한 10구에는 10가지의 원만하고 훌륭한 모습이 있다. 이는 미묘한 사자법좌가 보배의 공덕으로 만들어졌기 때문이다.

개별의 첫 구절은 사자법좌의 자체 모습이다. 보배로 만들어졌기 때문이다.

다음 6구(제2~7)는 과거 인연의 모습이다.

(1) (제2구: 過去修行善根所得) 과거의 인연이 깊고 원대한 모습이며,

(2) (제3구: 一切如來神力所現) 뛰어나고 미묘한 모습이며,

(3) (제4구: 無量百千億那由他阿僧祇善根所生) 넓고도 큰 모습이며,

(4) (제5구: 一切如來淨法所起) 본체가 똑같은 모습이며,

(5) (제6구: 無邊福力之所嚴瑩) 공덕을 갖춘 모습이며,

(6) (제7구: 淸淨業報 不可沮壞) 견고한 모습이다.

뒤의 3구(제8~10)는 사자법좌의 뛰어난 모습을 총체로 밝힌 것이다. 이는 사자법좌 공덕의 작용이다.

(1) (제8구: 觀者欣樂 無有厭足) 단정하고 엄숙하기 때문이며,

(2) (제9구: 是出世法 非世所染) 세간의 더러움을 여의었기 때문이며,

(3) (제10구: 一切衆生~無有能得究其妙好) 끝이 없기 때문이다.

◉ 論 ◉

時兜率天王遙見佛來者는 明從前十行位로 向十廻向이 爲遙見佛來也니라

"그때 도솔타천왕은 부처님께서 멀찌감치 오시는 것을 보고서"라는 것은 앞의 十行 지위로부터 십회향을 향하여 오는 것을 "부처님께서 멀찌감치 오시는 것을 보았다."고 밝힌 것이다.

▬

二別明體用中에 通有三百零有二種百萬億이라 廣上三段하야 卽爲三別이니 初는 廣自體오 次'有百萬億初發心'下는 廣前殊特오 三'百萬億善根'下는 廣前因相이라

初一은 多明器世間嚴이오 後二는 顯衆生世間嚴이니 皆智正覺世間

之力也니라

皆言百萬億者는 位增十行之百萬故니라

初中에 長分爲 卜이니 前九는 色相嚴이오 後一은 音聲嚴이오 其一一嚴事는 皆卽法門이니 可以意得이라

第一에 有十句하니 座體嚴이라

2) 본체와 작용을 개별로 밝히는 가운데 모두 302가지의 '백만억'이 있다. 위에서 말한 3단락의 뜻을 보다 자세히 말하여 3부분으로 구별하였다.

(1) 사자법좌 자체를 자세히 말하였고,

(2) '有百萬億初發心' 이하는 앞서 말한 '사자법좌의 훌륭한 점'을 자세히 말하였고,

(3) '百萬億善根' 이하는 앞서 말한 '과거의 인연'에 대해 자세히 말하였다.

'(1) 사자법좌 자체'는 器世間의 장엄을 밝힌 부분이 많고, 뒤의 '(2) 사자법좌의 뛰어난 모습'과 '(3) 과거의 인연' 2가지는 중생세간의 장엄을 밝힌 것이다. 이는 모두 지혜로 세간을 바르게 깨달은 힘이다.

모두 '백만억'이라 말한 것은 지위마다 '십행의 백만'을 더하였기 때문이다.

'(1) 사자법좌 자체' 부분은 크게 10부분으로 나뉜다. 앞의 9부분은 색상의 장엄이며, 뒤의 한 부분은 음성의 장엄이다. 그 하나하나 장엄은 모두가 곧 법문이다. 생각하면 이를 알 수 있다.

첫째, 10구는 사자법좌 자체의 장엄이다.

**經**

**有百萬億層級**이 **周匝圍遶**하며
**百萬億金網**과 **百萬億華帳**과 **百萬億寶帳**과 **百萬億鬘帳**과 **百萬億香帳**으로 **張施其上**하고 **華鬘垂下**하야 **香氣普熏**하며
**百萬億華蓋**와 **百萬億鬘蓋**와 **百萬億寶蓋**를 **諸天執持**하고 **四面行列**하며
**百萬億寶衣**로 **以敷其上**하니라

백만억 층계가 두루 둘러 있는데, 백만억 황금그물, 백만억 꽃휘장, 백만억 보배 휘장, 백만억 장식휘장, 백만억 향휘장을 그 위에 둘러치고 꽃장식을 드리워 향기가 널리 풍겼으며,

백만억 꽃일산, 백만억 꽃장식일산, 백만억 보배 일산을 여러 하늘이 받들어 사면으로 줄지어 섰으며, 백만억 보배 의복을 그 위에 펼쳤다.

◉ **疏** ◉

於中 初句는 辨座層級이오 後九는 覆座之嚴이니 雖四面行列이나 執蓋도 亦爲覆座니라

이의 첫 구절은 사자법좌의 계단을 말하였고, 뒤의 9구는 사자법좌를 덮고 있는 장엄이다. 여러 하늘에서 일산을 들고 사면으로 줄지어 섰지만 일산을 잡은 것 또한 사자법좌를 덮은 것이다.

第二는 十句니 復於殿內에 建立樓閣하야 繞座莊嚴이니 亦是嚴處니라

둘째, 10구는 다시 도솔천궁 내에 누각을 세워 빙 둘러 장엄한 것이다. 이 또한 도량의 장엄이다.

**經**

**百萬億樓閣**이 **綺煥莊嚴**하며
**百萬億摩尼網**과 **百萬億寶網**으로 **彌覆其上**하며
**百萬億寶瓔珞網**이 **四面垂下**하며
**百萬億莊嚴具網**과 **百萬億蓋網**과 **百萬億衣網**과 **百萬億寶帳網**으로 **以張其上**하며
**百萬億寶蓮華網**이 **開敷光榮**하며
**百萬億寶香網**에 **其香美妙**하야 **稱悅衆心**하니라

백만억 누각이 찬란하게 장엄하였다.

백만억 마니주 그물, 백만억 보배 그물이 그 위를 뒤덮고, 백만억 보배 영락그물이 사면에 드리워졌으며, 백만억 장엄거리그물, 백만억 일산그물, 백만억 옷그물, 백만억 보배 휘장그물로 그 위에 둘렀는데, 백만억 보배 연꽃그물은 찬란하게 꽃이 피었고, 백만억 보배 향그물은 그 향기가 아름다워 많은 사람의 마음을 기쁘게 하였다.

◉ **疏** ◉

於中 初句는 總이오 下九句는 別顯嚴閣이라

이의 첫 구절은 총체로, 아래 9구는 개별로 밝혔다.

第三은 十句니 辨帳嚴이라

셋째, 10구는 휘장의 장엄을 말하였다.

經

**百萬億寶鈴帳**에 **其鈴微動**하야 **出和雅音**하며
**百萬億栴檀寶帳**에 **香氣普熏**하며
**百萬億寶華帳**에 **其華敷榮**하며
**百萬億衆妙色衣帳**이 **世所希有**며
**百萬億菩薩帳**과 **百萬億雜色帳**과 **百萬億眞金帳**과 **百萬億瑠璃帳**과 **百萬億種種寶帳**을 **悉張其上**하며
**百萬億一切寶帳**을 **大摩尼寶**로 **以爲莊嚴**하니라

백만억 보배 풍경휘장에서는 풍경이 가만가만 흔들리면서 맑은 풍경소리가 울려나고,

백만억 전단 보배 휘장에서는 향기가 풍겨나고,

백만억 보배 꽃휘장에서는 꽃송이 피어나고,

백만억 미묘한 빛깔 옷휘장은 세상에 보기 드문 것이며,

백만억 보살휘장, 백만억 잡색휘장, 백만억 진금휘장, 백만억 유리휘장, 백만억 가지각색 휘장을 그 위에 둘렀으며,

백만억 일체 보배 휘장을 큰 마니보배로 장엄하였다.

◉ 疏 ◉

帳嚴도 亦是繞座니 前已辨覆故니라 若重辨者는 帳上建樓하고 樓上覆帳하야 重重無盡耳리

휘장의 장엄 또한 법좌를 두르고 있다. 앞에서 이미 법좌를 덮었다고 말한 때문이다. 이를 다시 말한다면 휘장의 위에 누각을 세우고, 누각의 위에 휘장을 덮어 거듭거듭 그지없기 때문이다.

第四 有十一句 辨嚴座身

넷째, 11구는 법좌 몸통의 장엄을 말하였다.

經

**百萬億妙寶華**가 **周匝瑩飾**하며
**百萬億頻婆帳**이 **殊妙間錯**하며
**百萬億寶鬘**과 **百萬億香鬘**이 **四面垂下**하며
**百萬億天堅固香**에 **其香普熏**하며
**百萬億天莊嚴具瓔珞**과 **百萬億寶華瓔珞**과 **百萬億勝藏寶瓔珞**과 **百萬億摩尼寶瓔珞**과 **百萬億海摩尼寶瓔珞**으로 **莊嚴座身**하며
**百萬億妙寶繒綵**로 **以爲垂帶**하니라

백만억 미묘한 보배 꽃이 두루 장식하고,

백만억 빈바휘장이 아주 미묘하게 사이사이 뒤섞이고,

백만억 보배 꽃장식, 백만억 향기 나는 꽃장식이 사면에 드리워지고,

백만억 하늘의 짙은 향에서는 그 향기가 널리 퍼지고,

백만억 하늘의 장엄거리 목걸이, 백만억 보배 꽃목걸이, 백만억 훌륭한 보배 창고 목걸이, 백만억 마니주 보배 목걸이, 백만억 바다의 마니주 보배 목걸이로 사자좌 몸통을 장엄하고,

백만억 미묘한 보배 비단으로 띠를 드리웠다.

◉ 疏 ◉

其頻婆帳은 應在寶華之前이라야 類例穩便이라 亦可二句辨帳이오 九句는 嚴座身이라

頻婆者는 此云身影質이니 謂帳莊嚴具中에 現外質之影故일세니라

여기에서 말한 '빈바휘장'은 당연히 '보배 꽃'의 앞부분에 있어야 그 유례가 온당하다.

또한 2구는 휘장을 말하였고, 9구는 법좌의 몸통을 장엄하였다.

'빈바'는 중국에서는 '몸의 그림자[身影質]'를 말한다. 휘장의 장엄도구 가운데 바깥 형질의 그림자가 나타나기 때문이다.

第五는 有十七句니 亦嚴座四周라

다섯째, 17구는 또한 법좌 사방 주위의 장엄이다.

百萬億因陀羅金剛寶와 百萬億自在摩尼寶와 百萬億妙色眞金藏으로 以爲間飾하며

百萬億毘盧遮那摩尼寶와 百萬億因陀羅摩尼寶가 光明照耀하며

百萬億天堅固摩尼寶로 以爲牕牖하며

百萬億淸淨功德摩尼寶가 彰施妙色하며

百萬億淸淨妙藏寶로 以爲門闥하며

百萬億世中最勝半月寶와 百萬億離垢藏摩尼寶와 百萬億師子面摩尼寶로 間錯莊嚴하며

百萬億心王摩尼寶가 所求如意하며

百萬億閻浮檀摩尼寶와 百萬億淸淨藏摩尼寶와 百萬億帝幢摩尼寶가 咸放光明하야 彌覆其上하며

百萬億白銀藏摩尼寶와 百萬億須彌幢摩尼寶로 莊嚴其藏하니라

백만억 인다라 금강 보배, 백만억 자재한 마니 보배, 백만억 미묘한 빛깔의 진금장(眞金藏)으로 사이사이 장식하고,

백만억 비로자나 마니 보배, 백만억 인다라 마니 보배에서는 광명이 찬란하게 빛나고,

백만억 하늘의 견고한 마니주 보배로 창문이 만들어지고,

백만억 청정한 공덕 마니주 보배가 미묘한 색채를 뿜어내고,

백만억 청정하고 미묘한 장의 보배로 문이 만들어지고,

백만억 세상 속에 가장 훌륭한 반달 모양의 보배, 백만억 더러운 때가 없는 마니주 보배, 백만억 사자 얼굴을 닮은 마니주 보배로 사이사이 장엄하고,

백만억 심장을 닮은 마니주 보배에서는 구하는 대로 마음에 따라 이뤄지고,

백만억 염부단 마니주 보배, 백만억 청정장 마니주 보배, 백만억 제당 마니주 보배에서 모두 광명이 쏟아져 그 위를 가득 뒤덮고,

백만억 백은장(白銀藏) 마니주 보배, 백만억 수미당(須彌幢) 마니주 보배로 그 속을 장엄하였다.

◉ 疏 ◉

嚴座四周니 皆明妙寶로 以爲窗門及覆하고 亦嚴座體니 以莊嚴其藏이 是蓮華藏故니라 標中表法이 有異住·行하니 不言蓮華로되 理實應有니라 或是座身之龕名藏이라

법좌의 사방 주위를 장엄하였다. 모두 미묘한 구슬로 창과 문, 그리고 덮개를 만들었고, 또한 법좌 몸통을 장엄하였음을 밝혔다. 이는 그 속을 장엄함이 蓮華藏이기 때문이다.

표장 중에 법을 밝힘이 십주, 십행과는 다르다. 연꽃을 말하지 않았지만, 이치로 보면 당연히 있다. 혹은 법좌 좌대의 龕室을 '藏'이라고 말한다.

第六은 十二句니 瓔珞周垂嚴이라

여섯째, 12구는 영락으로 사방 주위를 누른 장엄이다.

**經**

**百萬億眞珠瓔珞**과 **百萬億瑠璃瓔珞**과 **百萬億赤色寶瓔珞**과 **百萬億摩尼瓔珞**과 **百萬億寶光明瓔珞**과 **百萬億種種藏摩尼瓔珞**과 **百萬億甚可樂見赤眞珠瓔珞**과 **百萬億無邊色相摩尼寶瓔珞**과 **百萬億極淸淨無比寶瓔珞**과 **百萬億勝光明摩尼寶瓔珞**으로 **周匝垂布**하야 **以爲莊嚴**하며

**百萬億摩尼身**으로 **殊妙嚴飾**하며

**百萬億因陀羅妙色寶**하니라

백만억 진주목걸이, 백만억 유리목걸이, 백만억 붉은 구슬 목걸이, 백만억 마니주목걸이, 백만억 보배 광명목걸이, 백만억 가지가지를 지닌 마니주목걸이, 백만억 보기 좋은 적진주목걸이, 백만억 그지없는 빛깔의 마니주 보배 목걸이, 백만억 지극히 청정하여 비유할 수 없는 보배 목걸이, 백만억 수승한 광명 마니주 보배 목걸이로 두루 드리워 장엄하고,

백만억 마니주 몸으로 기묘하게 장식하고,

백만억 인다라 미묘한 빛의 보배가 있었다.

◉ 疏 ◉

其'摩尼身'下 二句는 文似闕畧이니 謂'因陀羅妙色寶'下에 無所結屬이라 又非下之香類니 不可別爲一段이라

그 '摩尼身' 이하 2구는 빠진 문장이나 생략된 문장이 있는 것 같다. '因陀羅妙色寶' 이하에 결속된 부분이 없기 때문이며, 또한 아래의 향기류도 아니다. 그렇다고 이를 별도의 한 단락으로 만들 수 없음을 말한다.

---

第七은 有十六句니 以香爲嚴이라

일곱째, 16구는 향기로 장엄하였다.

經

**百萬億黑栴檀香**과 **百萬億不思議境界香**과 **百萬億十方妙香**과 **百萬億最勝香**과 **百萬億甚可愛樂香**이 **咸發香氣**하야 **普熏十方**하며

**百萬億頻婆羅香**이 **普散十方**하며

**百萬億淨光香**이 **普熏衆生**하며

**百萬億無邊際種種色香**이 **普熏一切諸佛國土**하야 **永不歇滅**하며

**百萬億塗香**과 **百萬億熏香**과 **百萬億燒香**이 **香氣發越**하야 **普熏一切**하며

**百萬億蓮華藏沈水香**이 **出大音聲**하며
**百萬億遊戲香**이 **能轉衆心**하며
**百萬億阿樓那香**이 **香氣普熏**하야 **其味甘美**하며
**百萬億能開悟香**이 **普徧一切**하야 **令其聞者**로 **諸根寂靜**하며
**復有百萬億無比香王香**으로 **種種莊嚴**하니라

백만억 검은 전단향, 백만억 불가사의 경계의 향, 백만억 시방에 미묘한 향, 백만억 가장 좋은 향, 백만억 매우 사랑스러운 향 들이 모두 향기를 내뿜어 시방으로 널리 배어들고,

백만억 빈바라향이 시방으로 널리 퍼져가고,

백만억 청정광명의 향이 널리 중생에게 전해지고,

백만억 끝없는 가지가지 빛깔 향이 일체 부처님 국토에 풍기어 영원히 사라지지 아니하며,

백만억 바르는 향, 백만억 쏘이는 향, 백만억 사르는 향 들이 향기가 멀리 퍼져 널리 모든 것들에 젖어들고,

백만억 연화 침향은 큰 소리를 울려내고,

백만억 유희향이 중생의 마음을 바꿔주고,

백만억 아루나향은 향기가 멀리 퍼져 그 맛이 아름다우며,

백만억 깨달음을 주는 향이 일체에 두루 퍼져 향기를 맡는 이로 하여금 모든 근(根)이 고요하게 하고,

또 백만억 견줄 데 없는 향 중의 왕인 향으로 가지가지 장엄하였다.

◉ 疏 ◉

阿樓那者는 此云紅赤色이라

아루나란 중국에서는 홍적색을 말한다.

第八은 二十句니 雨雲爲嚴이라

여덟째, 20구는 구름을 내려 장엄하였다.

**經**

雨百萬億天華雲하며

雨百萬億天香雲하며

雨百萬億天末香雲하며

雨百萬億天拘蘇摩華雲하며

雨百萬億天波頭摩華雲하며

雨百萬億天優鉢羅華雲하며

雨百萬億天拘物頭華雲하며

雨百萬億天芬陀利華雲하며

雨百萬億天曼陀羅華雲하며

雨百萬億一切天華雲하며

雨百萬億天衣雲하며

雨百萬億摩尼寶雲하며

雨百萬億天蓋雲하며

雨百萬億天幡雲하며

雨百萬億天冠雲하며

雨百萬億天莊嚴具雲하며

雨百萬億天寶鬘雲하며

雨百萬億天寶瓔珞雲하며

雨百萬億天栴檀香雲하며

雨百萬億天沈水香雲하니라

백만억 하늘 꽃 구름을 내려주고,

백만억 하늘 향 구름을 내려주고,

백만억 하늘 가루향 구름을 내려주고,

백만억 하늘 구소마꽃 구름을 내려주고,

백만억 하늘 바두마꽃 구름을 내려주고,

백만억 하늘 우담바라꽃 구름을 내려주고,

백만억 하늘 구물두꽃 구름을 내려주고,

백만억 하늘 분다리꽃 구름을 내려주고,

백만억 하늘 만다라꽃 구름을 내려주고,

백만억 일체 하늘 꽃 구름을 내려주고,

백만억 하늘 옷 구름을 내려주고,

백만억 마니주 보배 구름을 내려주고,

백만억 하늘 일산 구름을 내려주고,

백만억 하늘 깃발 구름을 내려주고,

백만억 하늘 관 구름을 내려주고,

백만억 하늘 장엄거리 구름을 내려주고,

백만억 하늘 보배 꽃장식 구름을 내려주고,

백만억 하늘 보배 목걸이 구름을 내려주고,

백만억 하늘 전단향 구름을 내려주고,

백만억 하늘 침향 구름을 내려주었다.

第九는 四十八句니 座外四面嚴이라

아홉째, 48구는 법좌 밖, 사방 주위를 장엄하였다.

經

建百萬億寶幢하며

懸百萬億寶幡하며

垂百萬億寶繒帶하며

然百萬億香爐하며

布百萬億寶鬘하며

持百萬億寶扇하며

執百萬億寶拂하며

懸百萬億寶鈴網하야 微風吹動에 出妙音聲하며

百萬億寶欄楯이 周匝圍遶하며

百萬億寶多羅樹가 次第行列하며

百萬億妙寶牕牖가 綺麗莊嚴하며

百萬億寶樹가 周匝垂陰하며
百萬億樓閣이 延袤綺飾하며
百萬億寶門에 垂布瓔珞하며
百萬億金鈴이 出妙音聲하며
百萬億吉祥相瓔珞이 嚴淨垂下하며
百萬億寶悉底迦가 能除衆惡하며
百萬億金藏이 金縷織成하며
百萬億寶蓋가 衆寶爲竿하야 執持行列하며
百萬億一切寶莊嚴具網이 間錯莊嚴하니라
百萬億光明寶가 放種種光하며
百萬億光明이 周徧照耀하며
百萬億日藏輪과 百萬億月藏輪이 并無量色寶之所集成이며
百萬億香焰이 光明暎徹하며
百萬億蓮華藏이 開敷鮮榮하며
百萬億寶網과 百萬億華網과 百萬億香網이 彌覆其上하니라
百萬億天寶衣와 百萬億天青色衣와 百萬億天黃色衣와
百萬億天赤色衣와 百萬億天奇妙色衣와 百萬億天種種
寶奇妙衣와 百萬億種種香熏衣와 百萬億一切寶所成衣와
百萬億鮮白衣가 悉善敷布하야 見者歡喜하니라
百萬億天鈴幢과 百萬億金網幢이 出微妙音하며
百萬億天繒幢이 衆彩具足하며
百萬億香幢에 垂布香網하며

**百萬億華幢**이 **雨一切華**하며

**百萬億天衣幢**에 **懸布妙衣**하며

**百萬億天摩尼寶幢**이 **衆寶莊嚴**하며

**百萬億天莊嚴具幢**이 **衆具校飾**하며

**百萬億天鬘幢**에 **種種華鬘**이 **四面行布**하며

**百萬億天蓋幢**에 **寶鈴和鳴**하야 **聞皆歡喜**하니라

백만억 보배 깃대를 세우고,

백만억 보배 깃발을 달고,

백만억 보배 비단 띠를 드리우고,

백만억 향로에 향을 사르고,

백만억 보배 꽃장식을 펼쳐놓고,

백만억 보배 부채를 들고,

백만억 보배 불자를 잡고,

백만억 보배 풍경을 달아 솔솔 부는 바람에 흔들리면서 미묘한 소리 울려나고,

백만억 보배 난간이 두루 둘러 있고,

백만억 보배 다라나무가 차례로 줄지어 서고,

백만억 보배 창문이 화려하게 장엄되고,

백만억 보배 나무가 빙 둘러 그늘을 드리우고,

백만억 보배 누각이 가로세로 아름답게 장식하고,

백만억 보배 문에 구슬목걸이 드리우고,

백만억 금방울이 미묘한 소리를 울려내고,

백만억 길상의 구슬목걸이 장엄, 청정하게 드리우고,

백만억 보배 실저가는 수많은 나쁜 것 없애주고,

백만억 황금칭고는 금실로 싸서 만늘고,

백만억 보배 일산은 수많은 보배로 자루 만들어 이를 들고 줄지어 있으며,

백만억 모든 보배 장엄도구 그물들이 사이사이 장엄하였다.

백만억 광명보배에서 가지가지 광명 쏟아지고,

백만억 광명이 두루 비치고,

백만억 일상륜(日藏輪) 백만억 월장륜(月藏輪)은 모두 한량없는 빛깔 보배를 한데 모아 이뤄지고,

백만억 향기 불꽃은 광명이 밝게 사무치고,

백만억 연화장이 아름답게 꽃피고,

백만억 보배 그물, 백만억 꽃그물, 백만억 향그물이 그 위를 덮었다.

백만억 하늘 보배 옷, 백만억 하늘 청색 옷, 백난억 하늘 황색 옷, 백만억 하늘 적색 옷, 백만억 하늘 기묘한 빛깔 옷, 백만억 하늘 가지가지 보배의 기묘한 옷, 백만억 가지가지 향기가 풍긴 옷, 백만억 일체 보배로 만든 옷, 백만억 깨끗한 흰옷 들이 모두 곱게 펼쳐져 있어 보는 이들이 기뻐하였나.

백만억 하늘 풍경 깃대, 백만억 황금그물 깃대에서는 미묘한 소리 울려나고,

백만억 하늘 비단 깃대는 모든 채색이 모두 있고,

백만억 향 깃대에 향기그물 드리우고,

백만억 꽃 깃대에서는 모든 꽃이 쏟아지고,

백만억 하늘 옷 깃대에는 미묘한 옷을 달고,

백만억 하늘 마니주 보배 깃대에는 수많은 보배로 장엄하고,

백만억 하늘 장엄도구 깃대에 수많은 도구로 장식하고,

백만억 하늘 꽃장식 깃대에 가지가지 꽃장식들이 사면으로 줄지었고,

백만억 하늘 일산 깃대에 보배 방울소리 울리어 듣는 이 모두 기뻐하였다.

◉ 疏 ◉

於中 有四하니 初 二十句는 雜綵莊嚴이 羅列座側이라

言'樓閣延袤'者는 靜法이 云'梵云蒱莫迦는 此云帳轝니 若是樓閣인댄 應云微麼囊이오 卽不爾者인댄 譯之誤也'라하니 此或應爾니라 前文에 已有樓閣故어니와 若重辨者인댄 亦無大失이라

'寶悉底迦'者는 具云塞縛悉底迦니 此云有樂이니 若見此相이면 必獲安樂이니 其形如萬字하니 具於音義하니 今寶形似此니라

二'光明寶'下 九句는 光明嚴이라 言'網覆'者는 若世之燈 以護夕蟲하야 成隱暎故니라

三'天寶衣'下 九句는 寶衣敷布嚴이오

四'天鈴幢'下 十句는 寶幢行列嚴이라

경문은 4부분으로 나뉜다.

① 20구는 온갖 잡동사니 장엄을 법좌 곁에 나열한 것이다.

'樓閣延袤'라 말한 것은 정법 스님이 말하기를 "범어의 '보막가'는 중국에서는 '수레 휘장[帳輦]'을 말한다. 만일 누각을 말한 것이라면 당연히 '微麼囊'으로 말했어야 한다. 그렇지 않다면 이는 번역의 오류이다."고 하였다. 이는 혹 그럴 수도 있는 말이다. 그것은 이미 앞의 경문에서 누각을 언급한 바 있기 때문이다. 그러나 중복하여 말한 것이라 할지라도 또한 큰 잘못은 아니다.

'寶悉底迦'란 구체적으로 말하면 '塞縛悉底迦'이다. 중국에서는 '즐거움이 있다[有樂].'는 뜻이다. 이러한 장엄의 모습을 보면 반드시 마음이 편안하고 즐거움을 얻을 수 있기 때문이다. 그 모양은 '卍' 자와 같다. 이에 대해 音義에서 구체적으로 말하고 있다. 지금 보배의 모습이 이와 같음을 말한다.

② '光明寶' 이하 9구는 광명보배의 장엄이다. 網覆라 말한 것은 세간의 등불에 저녁에 몰려드는 벌레들을 막기 위해 불빛을 감추는 도구와 같기 때문이다.

③ '天寶衣' 이하 9구는 보배 옷을 펼쳐놓은 장엄이다.

④ '天鈴幢' 이하 10구는 보배 깃대가 줄지어 있는 장엄이다.

---

第十은 辨音聲嚴이라

열째, 음성장엄을 말하였다.

經

百萬億天螺가 出妙音聲하며

百萬億天鼓가 出大音聲하며

百萬億天箜篌가 出微妙音하며

百萬億天牟陀羅가 出大妙音하며

百萬億天諸雜樂이 同時俱奏하며

百萬億天自在樂이 出妙音聲호되 其聲이 普徧一切佛刹하며

百萬億天變化樂이 其聲如響하야 普應一切하며

百萬億天鼓가 因於撫擊하야 而出妙音하며

百萬億天如意樂이 自然出聲하야 音節相和하며

百萬億天諸雜樂이 出妙音聲하야 滅諸煩惱하니라

百萬億悅意音이 讚歎供養하며

百萬億廣大音이 讚歎承事하며

百萬億甚深音이 讚歎修行하며

百萬億衆妙音이 歎佛業果하며

百萬億微細音이 歎如實理하며

百萬億無障礙眞實音이 歎佛本行하며

百萬億淸淨音이 讚歎過去供養諸佛하며

百萬億法門音이 讚歎諸佛最勝無畏하며

百萬億無量音이 歎諸菩薩功德無盡하며

百萬億菩薩地音이 讚歎開示一切菩薩地相應行하며

百萬億無斷絕音이 歎佛功德無有斷絕하니라

百萬億隨順音이 讚歎稱揚見佛之行하며
百萬億甚深法音이 讚歎一切法無礙智相應理하며
百萬億廣大音이 其音이 充滿一切佛刹하며
百萬億無礙淸淨音이 隨其心樂하야 悉令歡喜하며
百萬億不住三界音이 令其聞者로 深入法性하며
百萬億歡喜音이 令其聞者로 心無障礙하야 深信恭敬하며
百萬億佛境界音이 隨所出聲하야 悉能開示一切法義하며
百萬億陀羅尼音이 善宣一切法句差別하야 決了如來秘密之藏하며
百萬億一切法音이 其音和暢하야 克諧衆樂이러라

백만억 하늘 소라에서 미묘한 소리 울려나고,

백만억 하늘 북에서 큰 소리 울려나고,

백만억 하늘 공후에서 미묘한 소리 울려나고,

백만억 하늘 모다라는 우렁차고 미묘한 소리 울려내고,

백만억 하늘이 여러 가지 음악을 한꺼번에 연주하며,

백만억 하늘의 자재한 음악이 미묘한 소리를 울려내되 그 소리가 일체 부처님 세계에 두루 울리고,

백만억 하늘의 변화하는 음악이 그 소리 메아리 같아 널리 일체에 응하며,

백만억 하늘 북이 두드리는 데 따라 미묘한 소리 울려나고,

백만억 하늘의 뜻대로 되는 음악이 절로 소리가 울려 음절이 서로 조화를 이루며,

백만억 하늘의 여러 가지 음악이 미묘한 소리를 내어 모든 번뇌를 없애주었다.

백만억 마음을 기쁘게 하는 음성이 공양을 찬탄하고,

백만억 광대한 음성이 받들어 섬김을 찬탄하고,

백만억 매우 깊은 음성이 수행을 찬탄하고,

백만억 여러 미묘한 음성이 부처님의 업과를 찬탄하고,

백만억 미세한 음성이 진여실상의 이치를 찬탄하고,

백만억 장애 없고 진실한 음성이 부처님의 본행을 찬탄하고,

백만억 청정한 음성이 과거에 부처님께 공양한 것을 찬탄하고,

백만억 법문 음성이 부처님의 가장 수승하고 두려움 없음을 찬탄하고,

백만억 한량없는 음성이 보살의 공덕이 그지없음을 찬탄하고,

백만억 보살 지위의 음성이 일체 보살 지위에 상응한 행을 열어 보임을 찬탄하고,

백만억 끊임없는 음성이 부처님의 공덕이 끊이지 않음을 찬탄하였다.

백만억 따라주는 음성이 부처님 친견한 행 일컬음을 찬탄하고,

백만억 깊은 법 음성이 일체 법에 걸림 없는 지혜와 상응하는 이치를 찬탄하고,

백만억 우렁찬 음성 그 소리가 모든 부처님 세계에 가득하고,

백만억 걸림 없는 청정한 음성이 그들의 좋아하는 마음을 따라 모두 기쁘게 해주고,

백만억 삼계에 머물지 않는 음성이 듣는 이로 하여금 법성에 깊이 들게 하고,

백만억 환희의 음성이 듣는 이로 하여금 마음에 걸림 없어 믿고 공경하게 하며,

백만억 부처님 경계 음성이 내는 소리를 따라 일체 법과 뜻을 열어 보여주고,

백만억 다라니 음성이 일체 법과 글귀의 차별을 잘 말하여 여래의 비밀장을 반드시 알려주고,

백만억 일체 법 음성의 소리가 화창하여 여러 음악과 조화를 이뤘다.

◉ 疏 ◉

於中二니 初 十句는 樂音嚴이오

後悅意音下 二十句는 法音嚴이라

前中云牟陀羅者는 此云鋒鼓니 謂天樂初奏에 此鼓先作故니라

後法音嚴中에 初 十一句는 讚歎三寶오 後隨順音下 九句는 說法益物이라

別明體用中에 初廣自體 竟하다

경문은 2부분이다.

앞의 10구는 음악의 장엄이고,

뒤의 '悅意音' 이하 20구는 법음의 장엄이다.

앞부분에서 말한 '牟陀羅'는 중국에서는 '鋒鼓'라는 뜻이다. 하

늘 음악의 연주를 처음 시작할 때 이 북을 먼저 치기 때문이다.

뒤의 '법음장엄' 가운데, 앞의 10구는 삼보를 찬탄하였고, 뒤의 '隨順音' 이하 9구는 설법으로 중생에게 이익을 주는 것이다.

본체와 작용을 개별로 밝힌 가운데, 첫 부분의 사자법좌 자체에 대한 자세한 설명을 끝마치다.

◉ 論 ◉.

大要言컨대 凡隨智 隨行 隨慈 隨悲 隨波羅密 隨觀照 隨助道法 隨大願의 所有報境이 因果相似하니 今將此業果하야 將法表之인댄 網은 表理·智·行·敎오 樓閣은 表觀智오 殿은 表正智利生이오 宮은 表含育無限이오 座는 表普印法空 悲智萬行이오 帳은 表隨根含攝衆生이오 鈴은 表法音和悅이오 華는 表道眼開敷며 亦表行華資果오 十百千萬億은 都該大數無限이니 但隨法하야 準而知之면 可見일세 不煩更釋하노라

큰 요지로 말하면, 지혜를 따르고, 행을 따르고, 사랑하는 마음을 따르고, 가엾이 여기는 마음을 따르고, 바라밀을 따르고, 관조를 따르고, 도를 보조하는 법을 따르고, 큰 서원을 따라 업보로 받은 경계는 인과와 똑같다. 여기에서는 지난 업의 과보를 들어 법을 밝히고자 한다.

그물은 理·智·行·敎를 나타내고,

누각은 觀智를 나타내고,

殿은 바른 지혜로 중생의 이익이 됨을 나타내고,

궁은 중생을 길러줌이 한량없음을 나타내고,

법좌는 법이 공함을 널리 인증한 悲智의 모든 행을 나타내고,

휘장은 근기를 따라 중생을 받아들임을 나타내고,

풍경은 기쁨을 주는 법음을 나타내고,

꽃은 道眼을 따라 피어남을 나타내고, 또한 行의 꽃이 과보의 바탕이 됨을 나타내고,

십백천만억은 한량없는 큰 수효를 모두 갖추고 있다.

단 법을 따라 준하여 살펴보면 그 뜻을 알 수 있기에 번거롭게 다시 해석하지 않는다.

---

大文 第二 廣前殊特者는 前文에 畧云見者無厭이라하니 亦已畧明益相일세 今廣顯之니 卽座之德用이오 恭敬供養은 復顯爲嚴이라

文分爲二니 初는 明獲益이오 後는 申供養라

前中有三十九句하니 曲分爲四니

初 十은 約位辨益이라

⑵ 앞서 말한 사자법좌의 훌륭한 점을 자세히 말하였다는 것은, 앞의 경문에서 간단히 말하기를 "보는 사람마다 싫어하지 않는다."고 하여 이 또한 이미 이익이 되는 양상을 간단히 밝힌 것이기에, 여기에서 자세히 밝힌 것이다.

그것은 법좌의 공덕 작용이며, 부처님을 공경하고 공양 올리는 것이 또한 장엄이 된다는 사실을 밝힌 것이다.

경문은 2부분으로 나뉜다.

앞에서는 이익을 얻음에 대해 밝혔고,

뒤에서는 공양의 뜻을 말하였다.

앞의 이익 부분에는 39구가 있다. 이를 자세히 구분하면 4부분이다.

첫째, 10구는 지위로 이익을 분별하였다.

經

**有百萬億初發心菩薩**이 **纔見此座**하고 **倍更增長一切智心**하며
**百萬億治地菩薩**이 **心淨歡喜**하며
**百萬億修行菩薩**이 **悟解淸淨**하며
**百萬億生貴菩薩**이 **住勝志樂**하며
**百萬億方便具足菩薩**이 **起大乘行**하며
**百萬億正心住菩薩**이 **勤修一切菩薩道**하며
**百萬億不退菩薩**이 **淨修一切菩薩地**하며
**百萬億童眞菩薩**이 **得一切菩薩三昧光明**하며
**百萬億法王子菩薩**이 **入不思議諸佛境界**하며
**百萬億灌頂菩薩**이 **能現無量如來十力**하니라

백만억 초발심주 보살이 사자법좌를 보자마자 일체 지혜의 마음을 곱으로 키웠으며,

백만억 치지주 보살이 마음이 청정하여 기뻐하며,

백만억 수행주 보살이 깨달음과 이해가 청정하며,

백만억 생귀주 보살이 수승한 마음의 즐거움에 머물며,

백만억 방편구족주 보살이 대승의 행을 일으키며,

백만억 정심주 보살이 일체 보살의 도를 부지런히 닦으며,

백만억 불퇴주 보살이 일체 보살의 지위를 청정하게 닦으며,

백만억 동진주 보살이 일체 보살의 삼매 광명을 얻으며,

백만억 법왕자주 보살이 불가사의한 부처님의 경계에 들었으며,

백만억 관정주 보살이 한량없는 여래의 십력을 나타내었다.

二는 有十二句니 雜辨得益이라

둘째, 12구는 이익을 얻음에 대해 여러 가지로 말하였다.

經

百萬億菩薩이 得自在神通하며

百萬億菩薩이 生淸淨解하며

百萬億菩薩이 心生愛樂하며

百萬億菩薩이 深信不壞하며

百萬億菩薩이 勢力廣大하며

百萬億菩薩이 名稱增長하며

百萬億菩薩이 演說法義하야 令智決定하며

百萬億菩薩이 正念不亂하며

百萬億菩薩이 生決定智하며

百萬億菩薩이 得聞持力하야 持一切佛法하며

百萬億菩薩이 出生無量廣大覺解하며
百萬億菩薩이 安住信根하니라

백만억 보살이 자재한 신통력을 얻고,

백만억 보살이 청정한 이해를 내고,

백만억 보살이 좋아하는 마음을 내고,

백만억 보살이 깊은 신심으로 무너지지 않고,

백만억 보살이 엄청난 세력이 있고,

백만억 보살이 더욱 명성이 커나가고,

백만억 보살이 법과 이치를 연설하여 지혜를 결정케 하고,

백만억 보살이 바른 생각 산란하지 않고,

백만억 보살이 결정한 지혜를 내고,

백만억 보살이 듣고 행하는 힘을 얻어 일체 불법을 받아 지니고,

백만억 보살이 한량없이 광대한 깨달음을 내고,

백만억 보살이 신심의 근본에 편안히 머물렀다.

---

三은 十句니 約行辨益이라

셋째, 10구는 행으로 이익을 말하였다.

經

百萬億菩薩이 得檀波羅密하야 能一切施하며
百萬億菩薩이 得尸波羅密하야 具持衆戒하며

百萬億菩薩이 得忍波羅密하야 心不妄動하야 悉能忍受一切佛法하며
百萬億菩薩이 得精進波羅密하야 能行無量出離精進하며
百萬億菩薩이 得禪波羅密하야 具足無量禪定光明하며
百萬億菩薩이 得般若波羅密하야 智慧光明이 能普照耀하며
百萬億菩薩이 成就大願하야 悉皆淸淨하며
百萬億菩薩이 得智慧燈하야 明照法門하며
百萬億菩薩이 爲十方諸佛法光所照하며
百萬億菩薩이 周徧十方하야 演離癡法하니라

백만억 보살이 보시바라밀을 얻어 일체 모든 것을 보시하고,

백만억 보살이 지계바라밀을 얻어 수많은 계율을 모두 지키고,

백만억 보살이 인욕바라밀을 얻어 마음이 망동하지 않으며 일체 불법을 능히 받고,

백만억 보살이 정진바라밀을 얻어 한량없이 삼계육도에서 벗어나는 정진을 행하고,

백만억 보살이 선정바라밀을 얻어 한량없는 선정의 광명이 구족하고,

백만억 보살이 반야바라밀을 얻어 지혜 광명이 널리 비치고,

백만억 보살이 큰 서원을 성취하여 모두 청정하고,

백만억 보살이 지혜 등불을 얻어 법문을 밝게 비추고,

백만억 보살이 시방 부처님의 법의 광명으로 비춰주는 대상이 되고,

백만억 보살이 두루 시방을 다니면서 어리석음을 여의는 법을 연설하였다.

---

四는 七句니 約大用辨益이라

넷째, 7구는 큰 작용으로 이익을 말하였다.

經

**百萬億菩薩**이 **普入一切諸佛刹土**하며
**百萬億菩薩**이 **法身隨到一切佛國**하며
**百萬億菩薩**이 **得佛音聲**하야 **能廣開悟**하며
**百萬億菩薩**이 **得出生一切智方便**하며
**百萬億菩薩**이 **得成就一切法門**하며
**百萬億菩薩**이 **成就法智**를 **猶如寶幢**하야 **能普顯示一切佛法**하며
**百萬億菩薩**이 **能悉示現如來境界**하니라

백만억 보살이 일체 부처님의 세계에 널리 들어가고,
백만억 보살이 법신으로 일체 모든 부처님 국토에 이르고,
백만억 보살이 부처님의 음성을 얻어 널리 깨우쳐주고,
백만억 보살이 일체 지혜를 내는 방편을 얻고,
백만억 보살이 일체 법문을 성취하고,
백만억 보살이 법 지혜를 성취하여 보배 깃대처럼 일체 불법을

널리 나타내고,

백만억 보살이 여래의 경계를 모두 나타내어 보여주었다.

◉ 疏 ◉

後三은 竝通諸位니라 或可第二段은 明廻向이오 第三段은 明十行이오 第四段은 明十地오 或唯約十住니 通別無礙니라【鈔_ 或可第二明廻向者는 以初約位是十住오 三 明十度는 全同十行故오 二는 配廻向하고 四는 配十地니 則竪位具足이니 以第二段中 神通不壞等이 亦有廻向意오 第四段 普入佛刹 等도 亦有十地體勢일세 故爲此配어니와 由二三前却하고 二四不顯일세 故前正釋이오 後三通諸位니라 廣殊特中에 初明獲益에 曲分爲四 竟하다】

뒤의 3부분은 모든 지위에 모두 통한다. 혹자는 "둘째는 십회향을, 셋째는 십행을, 넷째는 십지를 밝혔다."고 하며, 혹자는 오직 십주만을 들어 말하였다. 전반적으로나 개별로 말하는 데에 걸림이 없다.【초_ "혹자는 둘째는 십회향을"이란 첫째에서 말한 지위는 十住이며, 셋째에서 十度를 밝힌 것은 十行과 전체 똑같기 때문이며, 둘째는 십회향에 짝하고 넷째는 十地에 짝하면, 종으로 지위가 넉넉하다.

둘째에서 말한 '신통력'과 '무너지시 않는다.' 등 또한 회향의 뜻이 있고, 넷째에서 말한 '부처님의 세계에 널리 들어간다.' 등 또한 십지의 규모가 있기에 이처럼 짝할 수 있지만, 둘째, 셋째 부분은 전후가 있고 둘째, 넷째 부분은 뚜렷하지 않은 까닭에 첫째 부분은 바로 해석하였고, 뒤의 3부분은 모든 지위에 통한다고 하였다.

훌륭한 점을 자세히 설명한 가운데, 앞에서 이익을 얻음에 대해 밝히고자 자세히 4부분으로 나눈 대목을 끝마치다.】

二는 明供義니 文分爲五라 初 十七句는 雜明八部人天菩薩三業設敬이라

뒤에서는 공양의 뜻을 밝혔다.

이 경문은 5부분으로 나뉜다.

첫 17구는 八部와 人天 보살이 삼업으로 경건히 받듦을 밝히고 있다.

**經**

百萬億諸天王이 恭敬禮拜하며
百萬億龍王이 諦觀無厭하며
百萬億夜叉王이 頂上合掌하며
百萬億乾闥婆王이 起淨信心하며
百萬億阿修羅王이 斷憍慢意하며
百萬億迦樓羅王이 口銜繒帶하며
百萬億緊那羅王이 歡喜踊躍하며
百萬億摩睺羅伽王이 歡喜瞻仰하며
百萬億世主가 稽首作禮하며

百萬億忉利天王이 瞻仰不瞬하며
百萬億夜摩天王이 歡喜讚歎하며
百萬億兜率天王이 布身作禮하며
百萬億化樂天王이 頭頂禮敬하며
百萬億他化天王이 恭敬合掌하며
百萬億梵天王이 一心觀察하며
百萬億摩醯首羅天王이 恭敬供養하며
百萬億菩薩이 發聲讚歎하니라

백만억 천왕이 공경하여 예배하고,
백만억 용왕이 자세히 살펴보며 싫어함이 없고,
백만억 야차왕이 이마 위에 합장하고,
백만억 건달바왕이 청정한 신심을 일으키고,
백만억 아수라왕이 교만한 마음을 끊고,
백만억 가루라왕이 입에 비단 끈을 물었고,
백만억 긴나라왕이 기뻐 날뛰고,
백만억 마후라가왕이 환희하여 우러러보고,
백만억 세간의 임금들이 머리를 조아려 예배하고,
백만억 도리천왕이 우러러보면서 눈을 깜박이지 않고,
백만억 야마천왕이 환희하여 찬탄하고,
백만억 도솔천왕이 몸을 엎드려 절하고,
백만억 화락천왕이 머리를 조아려 경례하고,
백만억 타화자재천왕이 공경하며 합장하고,

백만억 범천왕이 일심으로 관찰하고,

백만억 마혜수라천왕이 공경하여 공양하고,

백만억 보살이 소리 내어 찬탄하였다.

◉ 疏 ◉

其中所作은 各隨類所宜니라

그 가운데 하는 일들은 각기 유로서의 적절한 바를 따랐다.

二 二十六句는 唯明諸天三業敬養이라

둘째, 26구는 오직 諸天이 삼업으로 경건히 공양함을 밝혔다.

經

**百萬億天女가 專心供養하며**

**百萬億同願天이 踊躍歡喜하며**

**百萬億往昔同住天이 妙聲稱讚하며**

**百萬億梵身天이 布身敬禮하며**

**百萬億梵輔天이 合掌於頂하며**

**百萬億梵衆天이 圍遶侍衛하며**

**百萬億大梵天이 讚歎稱揚無量功德하며**

**百萬億光天이 五體投地하며**

**百萬億少光天이 宣揚讚歎佛世難値하며**

百萬億無量光天이 遙向佛禮하며
百萬億光音天이 讚歎如來甚難得見하며
百萬億淨天이 與宮殿俱하야 而來詣此하며
百萬億少淨天이 以淸淨心으로 稽首作禮하며
百萬億無量淨天이 願欲見佛하야 投身而下하며
百萬億徧淨天이 恭敬尊重하고 親近供養하며
百萬億廣天이 念昔善根하며
百萬億少廣天이 於如來所에 生希有想하며
百萬億無量廣天이 決定尊重하야 生諸善業하며
百萬億廣果天이 曲躬恭敬하며
百萬億無煩天이 信根堅固하야 恭敬禮拜하며
百萬億無熱天이 合掌念佛하야 情無厭足하며
百萬億善見天이 頭面作禮하며
百萬億善現天이 念供養佛하야 心無懈歇하며
百萬億阿迦尼吒天이 恭敬頂禮하며
百萬億種種天이 皆大歡喜하야 發聲讚歎하며
百萬億諸天이 各善思惟하야 而爲莊嚴하니라

백만억 천계 여인이 오롯한 마음으로 공양하고,
백만억 소원이 같은 하늘들이 날뛰며 기뻐하고,
백만억 옛적에 함께 머물렀던 하늘이 미묘한 소리로 칭찬하고,
백만억 범신천이 몸을 엎드려 경례하고,
백만억 범보천이 정수리에 합장하고,

백만억 범중천이 둘러서서 호위하고,

백만억 대범천이 무량공덕을 일컬어 찬탄하고,

백만억 광천이 오체투지하고,

백만억 소광천이 부처님 세상을 만나기 어렵다 찬탄하고,

백만억 무량광천이 멀리 부처님을 향하여 예배하고,

백만억 광음천이 여래를 뵈옵기 어렵다 찬탄하고,

백만억 정천이 궁전과 함께 이곳으로 찾아오고,

백만억 소정천이 청정한 마음으로 머리 숙여 예배하고,

백만억 한량없는 정천이 부처님을 뵈옵고자 몸을 던져 내려오고,

백만억 변정천이 공경하고 존중하며 친근하여 공양하고,

백만억 광천이 옛적의 선근을 생각하고,

백만억 소광천이 여래 계신 도량에서 보기 드문 분이라 생각하고,

백만억 한량없는 광천이 반드시 존중하여 모든 선업을 짓고,

백만억 광과천이 허리 굽혀 공경하고,

백만억 무번천이 믿음이 견고하여 공경 예배하고,

백만억 무열천이 합장하고 염불하며 마음에 싫어할 줄 모르고,

백만억 선견천이 머리 조아려 예배하고,

백만억 선현천이 부처님께 공양할 생각으로 게으른 마음이 없고,

백만억 아가니타천이 공경하여 정례하고,

백만억 가지가지 하늘이 모두 아주 기뻐하면서 소리 높여 찬탄하고,

백만억 모든 하늘이 각각 잘 생각하여 장엄하였다.

◉ 疏 ◉

初之三句는 卽欲界天과 色究竟이오 後에 復言種種天者는 或通無色하고 或總上諸類니 善思惟도 亦通諸類니라

처음 3구는 욕계천과 색구경천인데, 뒤에서 다시 가지가지 하늘을 말한 것은 혹은 무색천에 통하고, 혹은 위로 모든 유의 하늘을 총괄한 때문이다. 선사유천 또한 모든 유의 하늘에 통한다.

—

三은 有十二句니 明菩薩事供養이라

셋째, 12구는 보살이 올리는 공양을 밝혔다.

經

百萬億菩薩天이 護持佛座하야 莊嚴不絕하며
百萬億華手菩薩이 雨一切華하며
百萬億香手菩薩이 雨一切香하며
百萬億鬘手菩薩이 雨一切鬘하며
百萬億末香手菩薩이 雨一切末香하며
百萬億塗香手菩薩이 雨一切塗香하며
百萬億衣手菩薩이 雨一切衣하며
百萬億蓋手菩薩이 雨一切蓋하며
百萬億幢手菩薩이 雨一切幢하며
百萬億幡手菩薩이 雨一切幡하며

**百萬億寶手菩薩**이 **雨一切寶**하며

**百萬億莊嚴手菩薩**이 **雨一切莊嚴具**하니라

백만억 보살 하늘이 부처님 법좌를 호위하여 끊임없이 장엄하였고,

백만억 화수보살이 온갖 꽃을 내려주고,

백만억 향수보살이 온갖 향을 내려주고,

백만억 만수보살이 온갖 꽃장식을 내려주고,

백만억 말향수보살이 온갖 가루향을 내려주고,

백만억 도향수보살이 온갖 바르는 향을 내려주고,

백만억 의수보살이 온갖 옷을 내려주고,

백만억 개수보살이 온갖 일산을 내려주고,

백만억 당수보살이 온갖 깃대를 내려주고,

백만억 번수보살이 온갖 깃발을 내려주고,

백만억 보수보살이 온갖 보배를 내려주고,

백만억 장엄수보살이 온갖 장엄도구를 내려주었다.

---

四는 四句니 諸天身供養이라

넷째, 4구는 모든 하늘이 몸으로 공양하였다.

**百萬億諸天子**가 **從天宮出**하야 **至於座所**하며

百萬億諸天子가 以淨信心으로 并宮殿俱하며
百萬億生貴天子가 以身持座하며
百萬億灌頂天子가 擧身持座하니라

백만억 모든 천자가 하늘 궁전에서 나와 부처님의 사자법좌에 이르고,

백만억 여러 천자가 청정한 신심으로 궁전과 함께 오고,

백만억 생귀천자가 몸으로 사자법좌를 붙들고,

백만억 관정천자가 온몸으로 사자법좌를 붙들었다.

五는 菩薩이 修法供養이니 亦明得益이라

다섯째, 보살이 법공양을 올린 것이다. 또한 얻은 이익을 밝혔다.

經

百萬億思惟菩薩이 恭敬思惟하며
百萬億生貴菩薩이 發淸淨心하며
百萬億菩薩이 諸根悅樂하며
百萬億菩薩이 深心淸淨하며
百萬億菩薩이 信解淸淨하며
百萬億菩薩이 諸業淸淨하며
百萬億菩薩이 受生自在하며
百萬億菩薩이 法光照耀하며

**百萬億菩薩**이 **成就於地**하며

**百萬億菩薩**이 **善能教化一切衆生**이러라

백만억 사유보살이 공경하여 생각하고,

백만억 생귀보살이 청정한 마음을 내고,

백만억 보살이 모든 감각기관이 즐겁고,

백만억 보살이 깊은 마음이 청정하고,

백만억 보살이 믿고 이해함이 청정하고,

백만억 보살이 모든 업이 청정하고,

백만억 보살이 태어남이 자재하고,

백만억 보살이 법의 광명이 빛나고,

백만억 보살이 지위를 성취하고,

백만억 보살이 일체중생을 잘 교화하였다.

◉ **疏** ◉

菩薩은 多明得益하고 諸天은 但說供養者는 諸天供養이 是益因故며 諸天得益은 卽菩薩故니라

上申供과 合前獲益하야 大文 廣前殊特을 竟하다

보살은 이익을 얻음에 대해 밝힌 부분이 많고, 모든 하늘에 대해 공양만을 말한 것은 모든 하늘의 공양이 이익을 얻는 원인이기 때문이며, 모든 하늘의 이익을 얻는 자가 보살이기 때문이다.

위에서 말한 공양과 앞서 말한 이익을 얻은 부분을 종합하여, '앞서 말한 훌륭한 점에 대한 자세한 설명'의 큰 문단을 끝마치다.

第三 廣前因深

(3) 앞서 말한 깊은 인연에 대해 자세히 말하나

**經**

百萬億善根所生이며
百萬億諸佛護持며
百萬億福德所圓滿이며
百萬億殊勝心所清淨이며
百萬億大願所嚴潔이며
百萬億善行所生起며
百萬億善法所堅固며
百萬億神力所示現이며
百萬億功德所成就며
百萬億讚歎法으로 而以讚歎이러라

백만억 선근으로 태어난 바이며,
백만억 부처님이 수호하심이며,
백만억 복덕으로 원만한 바이며,
백만억 수승한 마음으로 청정한 바이며,
백만억 대원으로 장엄, 고결한 바이며,
백만억 선행으로 생겨난 바이며,
백만억 선법으로 견고한 바이며,

백만억 신통력으로 나타낸 바이며,

백만억 공덕으로 성취한 바이며,

백만억 찬탄하는 법으로 찬탄하였다.

◉ 疏 ◉

十句는 可知라 所以此會嚴事偏多者는 一은 此天 多以補處爲王故오 二는 賢位已極이라 大悲普周故니 所以十住 無菩薩嚴은 表凡入位故오 夜摩即有는 已入位故일세니라 然亦未廣而此勝相은 皆是如來海印所現인 法界差別 自在實德이라 人法無礙하고 依正渾融之嚴事也니라 上廣因相에 合前先一方嚴處하야 竟하다

10구는 설명하지 않아도 알 수 있다.

이 법회에서 유독 장엄에 관한 일이 많은 것은 첫째, 이 하늘은 대부분 一生補處의 보살로 왕을 삼기 때문이며, 둘째는 賢位가 이미 다한 터라 大悲의 마음이 널리 두루 하기 때문이다.

이런 이유로 십주 지위에 보살의 장엄이 없는 것은 범부가 지위에 들어감을 밝힌 때문이며, 야마천에서야 처음으로 영접의 장엄이 있는 것은 이미 지위에 들어간 때문이다. 그러나 이 또한 자세한 설명은 아니다. 이처럼 훌륭한 장엄의 모습은 모두 여래의 海印에 의해 나타난 것으로, 법계 차별에 자재한 진실공덕이다. 사람과 법이 서로 걸림이 없고, 의보와 정보가 하나로 원융한 장엄의 일이다.

위에 깊은 인연의 양상에 대해 자세히 말하면서, 앞서 말한 '한 지방의 장엄 도량' 부분까지 종합하여 끝마치다.

第二 結通十方

2. 시방세계를 전체로 끝맺다

**經**

**如此世界兜率天王**이 **奉爲如來敷置高座**하야 **一切世界兜率天王**도 **悉爲於佛**하야 **如是敷座**하며 **如是莊嚴**하며 **如是儀則**하며 **如是信樂**하며 **如是心淨**하며 **如是欣樂**하며 **如是喜悅**하며 **如是尊重**하며 **如是而生希有之想**하며 **如是踊躍**하며 **如是渴仰**하야 **悉皆同等**이러라

이 세계의 도솔천왕이 여래를 위하여 우람한 사자법좌를 마련해놓은 것처럼, 일체 세계의 도솔천왕도 모두 부처님을 위하여 이처럼 사자법좌를 마련하고, 이처럼 장엄하고, 이처럼 위의를 갖추고, 이처럼 믿고 좋아하고, 이처럼 마음이 청정하고, 이처럼 좋아하고, 이처럼 기뻐하고, 이처럼 존중하고, 이처럼 보기 드문 일이라는 생각을 내고, 이처럼 날뛰고, 이처럼 우러름이 모두 다 똑같았다.

◉ **疏** ◉

可知라

見佛嚴處를 竟하다

설명하지 않아도 알 수 있다.

부처님의 장엄한 도량을 밝힌 부분을 끝마치다.

◉ 論 ◉

'如此世界'已下로 至'悉皆同等'히 有五行經은 明都結十方同然分이라 已上徒衆이 有一百十八種百萬億衆이오 已上莊嚴이 有一百八十四種百萬億莊嚴이어늘 菩薩神天天女 色類間襍하야 或次或不次者는 意表此十廻向位 是以智從悲하야 成大悲海하야 於人天六道中에 以無限徧周法界行門으로 一時等化하야 逐根與法에 或次或超하고 或住或信하고 或位階十地하고 或人天善根하야 無有一向次第安立일세 以此莊嚴과 及菩薩神天이 表法間襍하야 不依次第하야 或菩薩衆에 有諸天하고 或諸天衆中에 有龍神하나니 如是準義思之면 可見經意니라

'如此世界' 이하로부터 '悉皆同等'까지 5항의 경문은 시방세계가 모두 똑같음을 전체로 끝맺음을 밝힌 부분이다.

위에서 말한 무리는 118종의 백만억 대중이 있고, 위에서 말한 장엄은 184종의 백만억 장엄이 있는데, 보살·신·하늘·천상계 여인 등 여러 부류가 사이사이 뒤섞여 서술하여, 간혹 차례가 있기도 하고, 차례가 없기도 하다.

이처럼 서술한 뜻은 십회향의 지위에서는 大智로 大悲를 따라서 대비의 바다를 성취하여 사람과 하늘의 六道 가운데, 한량없이 법계에 널리 행하는 법문으로써 한꺼번에 똑같이 교화하되, 그들의 근기에 따라 법을 줄 때 혹은 차례를 따르기도 하고 차례를 뛰어넘기도 하고, 십주 또는 십신, 또는 十地의 단계로 말하거나, 혹은 사람과 하늘의 선근을 한결같은 차례로 정할 수 없기에, 장엄 및 보살·신·하늘의 법을 밝힘에 있어 사이사이 뒤섞여 일정한 차

례를 따를 수 없다. 따라서 보살대중 속에 諸天이 있기도 하고, 혹은 諸天의 대중 속에 용·신 등이 있기도 하다. 이와 같은 의의에 준하여 생각하면 경문의 뜻을 알 수 있다.

問曰 十住는 但有諸天衆이 來迎世尊하고 十行徒衆은 卽有諸天及菩薩衆이어늘 此會는 何故로 八部王衆 大衆이 廣博莊嚴하야 色類甚多하고 十地中에 不敘致天王及衆이 來迎入殿莊嚴高座等事하니 何意其位高升에 不陳廣供고

다음과 같이 물었다.

"십주에서는 모든 하늘의 대중만이 세존을 영접하였고, 십행지위의 대중에는 諸天 및 보살대중이 있는데, 이 법회에서는 무엇 때문에 八部王 대중과 그 밖의 대중이 널리 장엄하여 부류가 매우 많은 것일까?

또한 십지에서는 천왕 및 대중이 세존을 영접하여 궁전으로 모시고, 높다란 사자법좌를 장엄한 등등의 일을 서술하지 않았다. 무슨 뜻으로 그 지위가 높이 올라갔음에도 광대한 공양을 베풀지 않았는가?"

答曰 十住有天이오 無菩薩來迎如來所施供養者는 爲十住位에 且明其初生佛智慧家에 未有先見道者일세 但列諸天이오 未有菩薩이라 爲初始從信位凡夫 未得入聖位故니라 以此로 初升須彌頂品에 不列菩薩之衆이오 但有諸天 奉迎如來故니 明從此位라야 方入聖流오 如升夜摩天宮品에 卽有諸天及菩薩衆稱揚讚歎者는 卽明十住位에 已有見道入位故로 十行位升進中에 卽有諸菩薩衆而迎佛하야 會入十行法門이니 以十住十行은 設行衆行이라도 出世心多하야 處世

大悲 猶未自在故라 所以衆不圓滿이어니와 如此兜率天宮에 諸天菩薩과 及莊嚴色類多者는 明此廻向之門에 會融悲智하야 出世與世間이 一體라 成就大悲하야 普育含識하고 徧周利物하야 不棄微生이라 是故天王 龍王 八部諸王과 菩薩法王이 其衆無量하고 莊嚴境界 色相無邊이니 表明悲位含弘하야 濟生無限하고 利物廣大하야 獲益無窮이라 是故로 此天에 莊嚴廣大니라 如十地之位는 但約此十廻向大悲之際에 智育遐周之門으로 長養大悲하야 使令堅厚오 更無餘法 別有進求오 設復智有奇途라도 只是此位之中微細일세 是故로 佛升他化에 更不別有徒衆承迎座體오 進修에 不論別加層級이니 可知니라

다음과 같이 대답하였다.

"십주에 하늘대중만 있을 뿐이며 보살이 여래를 영접하여 베푸는 공양이 없는 것은, 십주 지위는 보살이 처음 부처님 지혜의 집안에 태어났지만 아직은 도를 깨달은 자가 없음을 밝히기 위한 까닭에 모든 하늘만을 열거했을 뿐 보살을 말하지 않았다. 처음 십신의 지위에서 범부가 성인의 지위에 들어가지 못한 때문이다.

이런 이유로 처음 제13 승수미정품에서는 보살의 대중을 열거하지 않았고, 단 모든 하늘대중이 여래를 받들어 영접했을 뿐이다. 이는 이 지위로부터 바야흐로 성인의 무리 속으로 들어갈 수 있음을 밝힌 것이다. 제19 승야마천궁품에 모든 하늘대중 및 보살대중이 칭찬하고 찬탄함이 있는 것은 십주 지위에 이미 도를 깨달아 성인의 지위에 들어갔기 때문에 십행 지위로 올라가는 가운데, 모든 보살대중이 부처님을 영접하여 십행 법문에 들어갔음을 밝힌 것이다.

십주와 십행은 설령 수많은 행을 행했을지라도 출세간의 마음이 많아 세간 중생에 대해 大悲 마음이 아직은 자재하지 못한 까닭에 모든 행이 원만하지 못하지만, 이처럼 노솔천궁에 제천·보살 및 장엄의 무리가 많은 것은 십회향의 법문에 대비와 대지가 하나로 원융하여 출세간 및 세간이 하나이다. 따라서 대비를 성취하여 중생을 널리 길러주고 두루 이익을 주어 미생물까지도 버리지 않은 까닭에 천왕·용왕의 八部諸王과 보살법왕의 대중을 헤아릴 수 없으며, 장엄 경계의 색상이 그지없음을 밝혀주었다.

大悲 지위가 넓고 커서 중생의 제도가 한량없고 중생의 이익이 광대하여 얻은 바의 이익이 끝이 없기에, 따라서 이 하늘의 장엄이 광대함을 밝힌 것이다.

십지의 지위는 단 십회향 大悲의 자리에서 지혜로 멀리 두루 길러주는 법문으로 大悲를 키워 견고하고 후하게 하는 것이지 또 다른 법을 별개로 찾아나가지 않으며, 설령 지혜에 남다른 길이 있을지라도 그것은 다만 이 지위의 미세한 부분일 뿐이다. 이 때문에 부처님이 他化天으로 올라갈 때 다시는 별도로 사자법좌에 맞이하는 대중이 있지 않고, 닦아나가는 데에 별도의 단계로 한 걸음 더 나아가야 한다는 부분을 논하지 않았다. 이는 설명하지 않아도 알 수 있다."

---

第四는 迎佛興供이라 於中二니 先은 將迎興供이오 二는 見佛興供이니

今은 初라

제4. 부처님을 맞이하여 공양을 올리다

이의 경문은 2부분으로 나뉜다.

1. 장차 맞이하고자 공양을 올림이며,

2. 부처님을 친견하고 공양을 올린 것이다.

이는 1. 장차 맞이하고자 공양을 올림이다.

**經**

爾時에 兜率天王이 爲如來敷置座已하고 心生尊重하야 與十萬億阿僧祇兜率天子로 奉迎如來호대 以淸淨心으로

雨阿僧祇色華雲하며

雨不思議色香雲하며

雨種種色鬘雲하며

雨廣大淸淨栴檀雲하며

雨無量種種蓋雲하며

雨細妙天衣雲하며

雨無邊衆妙寶雲하며

雨天莊嚴具雲하며

雨無量種種燒香雲하며

雨一切栴檀沈水堅固末香雲하야 諸天子衆이 各從其身하야 出此諸雲하니

時에 百千億阿僧祇兜率天子와 及餘在會諸天子衆이 心

大歡喜하야 恭敬頂禮하며 阿僧祇天女가 踊躍欣慕하야 諦觀如來하니라

兜率宮中不可說諸菩薩衆이 住虛空中하야 精勤一心하야 以出過諸天諸供養具로 供養於佛하야 恭敬作禮하고 阿僧祇音樂을 一時同奏러라

그때 도솔천왕이 여래를 위하여 사자법좌를 마련하고서, 존중하는 마음을 내어 십만억 아승기 도솔천 천자와 여래를 받들어 영접할 때

청정한 마음으로 아승기 색상의 꽃구름을 내려주고,

불가사의 색상의 향 구름을 내려주고,

가지가지 색상의 꽃장식 구름을 내려주고,

넓고 크고 청정한 전단 구름을 내려주고,

한량없는 가지가지 일산 구름을 내려주고,

가늘고 미묘한 하늘 옷 구름을 내려주고,

그지없이 여러 가지 미묘한 보배 구름을 내려주고,

하늘 장엄도구 구름을 내려주고,

무량한 가지가지 사르는 향 구름을 내려주고,

일체 전단향, 침수향, 견고향, 가루향 구름을 내려주고,

여러 천자들은 제각기 그의 몸에서 이처럼 여러 가지 구름을 내려주었다,

그때 백천억 아승기 도솔천 천자와 법회에 있던 다른 천자들도 몹시 좋아하는 마음으로 공경하여 정례하고, 아승기 천상 여인들

은 날뛰며 사모하여 여래를 자세히 살펴보았다.

도솔천궁의 말할 수 없는 보살대중이 허공에 머물면서 한결같이 정근하는 마음으로 여러 하늘보다 더 나은 공양도구로 부처님께 공양하고 공경하여 예배하니, 아승기 음악이 일시에 모두 울려 나왔다.

◉ 疏 ◉

前中二니 初는 奉迎이오 二'以淸淨'下는 興供이라 於中에 先은 諸天興供이 皆從身出者는 非唯顯諸天福力이라 亦表身爲供具오 供自心生이며 後'兜率宮'下는 菩薩興供이니 可知니라

앞부분은 다시 2부분으로 나뉜다.

(1) 부처님을 받들어 맞이함이며,

(2) '以淸淨' 이하는 공양을 올림이다.

'(1) 부처님을 받들어 맞이한 부분'의 앞은 여러 하늘이 공양을 올릴 때 모두 그들의 몸에서 나온 것은 모든 하늘의 복덕의 힘임을 나타냈을 뿐 아니라, 또한 몸은 공양의 도구이고, 공양은 마음에서 나왔음을 밝힌 것이며,

뒤의 '兜率宮中' 이하는 보살이 올린 공양이다. 이는 설명하지 않아도 알 수 있다.

◉ 論 ◉

'爾時兜率天王'已下로 至'音樂一時同奏'一段經은 明兜率天王이 爲佛敷座已하고 與諸天衆으로 以淨心興供養雲과 及諸菩薩奉迎如來

分이라

釋義에 云與十萬億阿僧祇兜率天子奉迎如來에 有二義하니 一은 請佛入宮殿이오 二는 表法이니 以解脫無依住之大智로 處一切生死하야 饒益衆生이오 卽迎佛義니라' 又一釋에 '如創入聖位인댄 以方便三昧而入眞門이어니와 如此十迴向은 以取十住十行中 無垢正智하야 入大悲方便이 爲迎佛入宮殿이라하니 如三乘中엔 地前三十心으로 爲方便하야 十地見道어니와 如此經은 十信心으로 爲方便資糧하고 十住初心으로 爲見道成佛하고 十行·十迴向·十地·十一地로 爲資糧이니라 資糧十住初 正見心成하야 令慣習自在故니라 爲三乘教는 於三僧祇劫에 方成佛故로 設十地菩薩이라도 得三種意生身이오 非是得佛智生身故니라 以是十地向前三賢菩薩이 是資糧位오 十地見道 爲加行位오 十一地等覺位中에 普賢行方終하고 十二地 是妙覺佛果어니와 此佛華嚴은 其義先佛而後行이라 以先覺佛果라야 方以悲願之行으로 用資覺體하야 使悲智齊均일세 以此義故로 號佛華嚴也니라 是故로 今此兜率天王이 以將大悲之方便으로 用資十住ㅣ行之中大智佛果이 爲迎佛義故니라

'爾時兜率天王' 이하로부터 '音樂一時同奏'까지의 단락은 도솔천왕이 부처님을 위하여 법좌를 마련한 후에 모든 하늘의 대중과 함께 청정한 마음으로 공양구름을 일으킴과 모든 보살이 여래를 받들어 맞이함을 밝힌 부분이다.

이에 대한 해석은 다음과 같다.

"'십만억 아승기 도솔천 천자와 여래를 받들어 영접하였다.'는

데에 2가지 뜻이 있다.

⑴ 부처님을 초청하여 궁전에 드시도록 함이며,

⑵ 법을 나타냄이다. 의지하거나 집착이 없는 해탈의 큰 지혜로 일체 생사에 머물면서 중생에게 도움을 주는 것이 곧 부처님을 맞이한 뜻이다."

또 다른 해석은 다음과 같다.

"처음 성인의 지위에 들어간다면 방편삼매로 진리에 들어가는 문을 삼지만, 이와 같은 십회향에서는 십주와 십행 가운데 때가 없는 바른 지혜만을 취하여 大悲의 방편에 들어가는 것이 부처님을 맞이하여 궁전으로 들어가는 일이 된다."

三乘에서는 地前의 30가지 마음으로 방편을 삼아 십지에서 도를 볼 수 있지만, 이 경에서는 십신의 마음이 방편의 살림살이가 되고, 십주의 초발심주가 도를 보고서 부처를 성취함이 되고, 십행·십회향·십지·십일지가 살림살이가 된다. 십주 초에 正見으로 마음이 성취되는 살림살이를 삼아 이를 익혀 자재하도록 하기 때문이다.

삼승의 가르침은 3아승기겁을 거쳐야 비로소 성불할 수 있기 때문에 설령 십지 보살이라 할지라도 3가지 意生身만을 얻을 수 있는 것이지, 부처님의 智生身을 얻을 수 있는 게 아니기 때문이다. 이 때문에 십지·십회향 이전의 삼현 보살은 資糧位이며, 십지의 見道가 加行位이며, 十一地 等覺位 가운데 보현행을 마치고서야 十二地가 妙覺佛果라 할 수 있지만, 여기에서 말한 佛華嚴의 뜻은 부처가 앞이고 행하는 것이 뒤에 있다.

먼저 佛果를 깨달아야만 비로소 大悲와 서원의 행으로 인하여 覺體의 살림살이가 되어 대비와 대지를 고루 똑같이 얻을 수 있다. 이런 뜻을 따라 이를 '佛華嚴'이라고 부른다. 이 때문에 여기에서 도솔천왕이 대비의 방편으로 십주·십행 가운데 大智佛果를 살림살이로 삼는 것이 부처님을 맞이하는 뜻이다.

夫法無始終이라 一念齊等하야 萬行悲智 當體圓終이로되 設教名言이 不可竝立일세 名詮敘致에 似有前後義生이니 體名者는 名無始末이오 達教者는 境智不移라 此教 意明混今古之爲一際하야 破情塵於當卽也이니 終不可作延促解始終見이어다 總不出無時之理로 和會一多差別之門也니 凡以前位向後位로 爲遙見하고 正契 爲佛來入宮니라 '以淸淨心雨阿僧祇色華雲'에 有二義하니 一은 供佛이오 二는 表法이니 明大悲萬行偏周니라 其雲具十種은 明法行圓滿이라 '皆從天身出'者는 明智身興萬行也오 大衆天子天女歡喜頂禮者는 明以軌度法則利生令得樂故니 明菩薩이 大悲로 令衆生得樂이 是菩薩樂故니라 如世人母 其子樂者는 其母樂也니라 兜率宮中에 不可說諸菩薩이 住虛空中하야 精勤一心供養出過天者는 明以法空成行하야 出勝世間有爲行也니라

법이란 시작도 끝도 없다. 한 생각에 모두 평등하여 모든 行의 대비대지가 그 자리에서 원만하게 끝났지만, 가르침을 베푼 명제와 언어들이 함께하지 못한 까닭에 명제와 진리를 서술함에 있어 전후의 의의가 있는 것처럼 보이는 것이다. 명제를 체득하여 통달한 자는 명제에 시작과 끝이 없고, 가르침을 통달한 자는 경계

의 지혜가 전변하지 않는다. 이 가르침에서 말한 뜻은 고금을 혼융하여 하나의 자리를 삼아 情識의 번뇌를 그 자리에서 타파함을 밝힌 것이다. 끝까지 늦다느니 빠르다느니 처음이니 끝이니 하는 견해를 일으켜서는 안 된다. 모두 시간의 차별이 없는 이치로 하나와 많음이라는 차별의 문을 하나로 화합한 데에서 벗어나지 않는다. 대체로 앞의 지위에서 뒤의 지위로 향하는 것을 '遙見'이라 하고, 바른 깨달음이 '부처님이 오시어 궁전으로 들어감'이 된다.

"청정한 마음으로 아승기 색상의 꽃구름을 내린" 데에는 2가지 뜻이 있다.

⑴ 부처님에게 공양을 올리는 것이며,

⑵ 법을 나타냄이다. 大悲의 萬行이 두루 함을 밝힌 것이다.

구름에 10가지가 있는 것은 모든 행이 원만함을 밝힘이며, 모두 하늘의 몸으로부터 나오는 것은 지혜의 몸이 모든 행을 일으킴을 밝힌 것이다.

대중과 천자와 천상 여인이 기뻐하고 頂禮한 것은 법도와 준칙으로 중생에게 이익을 주어 그들로 하여금 즐거움을 얻도록 함을 밝힌 때문이다. 보살이 대비의 마음으로 중생의 즐거움이 곧 보살의 즐거움임을 밝힌 때문이다. 이는 마치 세간의 어머니가 그 자식이 즐거워하는 것을 그 부모가 즐거워하는 것과 같다.

도솔궁중에 말할 수 없는 모든 보살들이 허공에 머물면서 부지런히 한결같은 마음으로 올리는 공양이 하늘에서 나오는 것은 法空으로 행을 이뤄 세간의 有爲行보다 뛰어나고 훌륭함을 밝힌 것이다.

第二는 見佛興供이라 中二니 先은 諸天이오 後'百千億那由他先住'下는 明菩薩이라

前中三이니 初는 明承力見佛이라

2. 부처님을 친견하고 공양을 올리다

경문은 2부분으로 나뉜다.

1) 앞에서는 모든 하늘을,

2) 뒤의 '百千億那由他先住' 이하는 보살을 밝혔다.

1) 모든 하늘 부분은 다시 3부분으로 나뉜다.

이는 (1) 부처님의 위신력을 받들어 부처님을 친견함이다.

經

**爾時에 如來威神力故며 往昔善根之所流故며 不可思議自在力故로 兜率宮中에 一切諸天과 及諸天女가 皆遙見佛을 如對目前하니라**

그때 여래의 위신력 때문에, 옛날 선근에서 흐르기 때문에, 불가사의의 자재한 힘 때문에 도솔천궁의 모든 하늘과 천상계 여인들이 멀리서 부처님을 친견하되 눈앞에 마주한 듯하였다.

◉ 疏 ◉

一은 現佛神力이오 二는 宿善力이오 三은 法門力이라

① 부처님의 위신력이며, ② 숙세 선근의 힘이며, ③ 법문의 힘

이다.

二 慶遇奉迎

(2) 만남을 경하하고 받들어 맞이하다

經

**同興念言**호되 **如來出世**를 **難可值遇**어늘 **我今得見具一切智**하사 **於法無礙**한 **正等覺者**라하고 **如是思惟**하며 **如是觀察**하야 **與諸衆會**로 **悉共同時**에 **奉迎如來**하니라

모두가 똑같이 생각하였다.

"여래께서 세간에 나오심을 만나기 어려운데, 우리가 오늘날, '일체 지혜를 갖추시고 법에 걸림이 없는 정등각 부처님'을 만났다."

이처럼 생각하고 이처럼 살펴보면서 모든 대중과 함께 모두 찾아와 여래를 맞이하였다.

三 正明興供

於中三이니 初 十句는 衣盛供以散佛이라

(3) 바로 공양 올림을 밝히다

경문은 3부분이다.

첫 10구는 옷에 공양거리를 담아 부처님께 펼쳐놓았다.

**各以天衣**로 **盛一切華**하며 **盛一切香**하며 **盛一切寶**하며 **盛一切莊嚴具**하며 **盛一切天栴檀末香**하며 **盛一切天沈水末香**하며 **盛一切天妙寶末香**하며 **盛一切天香華**하며 **盛一切天曼陀羅華**하야 **悉以奉散**하야 **供養於佛**하니라

제각기 하늘 옷에 온갖 꽃, 온갖 향, 온갖 보배, 온갖 장엄도구, 온갖 하늘의 가루 전단향, 온갖 하늘의 가루 침수향, 온갖 하늘의 보배 가루향, 온갖 하늘의 향기로운 꽃, 온갖 하늘의 만다라꽃을 담아 모두 펼쳐 부처님께 공양하였다.

◉ 疏 ◉

表修寂滅하야 以趣果故일세니라

적멸을 닦아 佛果에 나아감을 나타낸 때문이다.

---

二 十句는 明起心雨供嚴空이라

둘째, 10구는 마음을 일으켜 공양을 내려 허공을 장엄함을 밝혔다.

經

**百千億那由他阿僧祇兜率陀天子**가 **住虛空中**하야 **咸於佛所**에 **起智慧境界心**하야 **燒一切香**하니 **香氣成雲**하야 **莊嚴**

虛空하며

又於佛所에 起歡喜心하야 雨一切天華雲하야 莊嚴虛空하며

又於佛所에 起尊重心하야 雨一切天蓋雲하야 莊嚴虛空하며

又於佛所에 起供養心하야 散一切天鬘雲하야 莊嚴虛空하며

又於佛所에 生信解心하야 布阿僧祇金網하야 彌覆虛空하고 一切寶鈴에 常出妙音하야

又於佛所에 生最勝福田心하야 以阿僧祇帳으로 莊嚴虛空하고 雨一切瓔珞雲하야 無有斷絕하며

又於佛所에 生深信心하야 以阿僧祇諸天宮殿으로 莊嚴虛空하야 一切天樂이 出微妙音하며

又於佛所에 生最勝難遇心하야 以阿僧祇種種色天衣雲으로 莊嚴虛空하야 雨於無比種種妙衣하며

又於佛所에 生無量歡喜踊躍心하야 以阿僧祇諸天寶冠으로 莊嚴虛空하고 雨無量天冠하야 廣大成雲하며

又於佛所에 起歡喜心하야 以阿僧祇種種色寶로 莊嚴虛空하고 雨一切瓔珞雲하야 無有斷絕하니라

백천억 나유타 아승기 도솔타천자가 허공에 머물면서, 모두 부처님 계신 곳이 지혜의 경계라는 마음으로 온갖 향을 사르니, 향기가 구름이 되어 허공을 장엄하였고,

또 부처님 계신 곳에 환희의 마음으로 온갖 하늘 꽃 구름을 내려 허공을 장엄하였고,

또 부처님 계신 곳에 존중한 마음으로 온갖 하늘 일산 구름을

내려 허공을 장엄하였고,

또 부처님 계신 곳에 공양하려는 마음으로 온갖 하늘 꽃장식 구름으로 덮어 허공을 장엄하였고,

또 부처님 계신 곳에 믿고 이해하는 마음으로 아승기 금그물을 펼쳐 허공 가득 덮으니, 온갖 보배 풍경에서는 미묘한 소리가 항상 울려 나왔고,

또 부처님 계신 곳에 가장 훌륭한 복전이라는 마음 내어 아승기 휘장으로 허공을 장엄하였고, 모든 영락 구름을 끊임없이 내렸으며,

또 부처님 계신 곳에 깊은 신심을 내어 아승기 하늘의 궁전으로 허공을 장엄하여, 모든 하늘 음악에서 미묘한 소리가 울려 나왔고,

또 부처님 계신 곳에 가장 훌륭하여 만나기 어려운 마음을 내어 아승기 가지각색 하늘 옷 구름으로 허공을 장엄하여 비길 데 없는 가지가지 미묘한 옷을 내렸고,

또 부처님 계신 곳에 한량없이 환희하고 날뛰는 마음을 내어 아승기 여러 하늘의 보배 관으로 허공을 장엄하고, 한량없는 하늘 관을 내려 광대하게 구름을 이루었고,

또 부처님 계신 곳에 환희하는 마음을 일으켜 아승기 가지각색 보배로 허공을 장엄하고, 일체 영락 구름을 끊임없이 내려주었다.

◉ **疏** ◉

雨供嚴空은 顯所修萬行이 稱法性空이니 空有無礙 是嚴空義니라

공양도구를 내려 허공을 장엄하는 것은 닦아온 모든 행이 법성

의 공한 데에 계합함을 밝힌 것이다. 空과 有에 걸림 없는 것이 허공 장엄의 의의이다.

三九句는 雜申供養이라

셋째, 9구는 여러 가지의 공양을 올렸다.

經

百千億那由他阿僧祇天子가 咸於佛所에 生淨信心하야 散無數種種色天華하고 然無數種種色天香하야 供養如來하며

又於佛所에 起大莊嚴變化心하야 持無數種種色天栴檀末香하야 奉散如來하며

又於佛所에 起歡喜踊躍心하야 持無數種種色蓋하야 隨逐如來하며

又於佛所에 起增上心하야 持無數種種色天寶衣하고 敷布道路하야 供養如來하며

又於佛所에 起淸淨心하야 持無數種種色天寶幢하야 奉迎如來하며

又於佛所에 起增上歡喜心하야 持無數種種色天莊嚴具하야 供養如來하며

又於佛所에 生不壞信心하야 持無數天寶鬘하야 供養如來하며

又於佛所에 生無比歡喜心하야 持無數種種色天寶幡하야 供養如來하며 百千億那由他阿僧祇諸天子가 以調順寂靜無放逸心으로 持無數種種色天樂하야 出妙音聲하야 供養如來하니라

백천억 나유타 아승기 천자가 모두 부처님 계신 곳에 청정한 신심으로 무수한 가지각색 하늘 꽃을 흩뿌리고, 무수한 가지각색 하늘 향을 불살라 여래께 공양하고,

또 부처님 계신 곳에 큰 장엄 변화의 마음으로 무수한 가지각색 하늘 가루 전단향을 가져와 여래께 흩뿌리고,

또 부처님 계신 곳에 환희와 날뛰는 마음으로 무수한 가지각색 일산을 들고 여래를 뒤따랐으며,

또 부처님 계신 곳에 더 나은 마음으로 무수한 가지각색 하늘 옷을 길에 펼쳐 여래께 공양하고,

또 부처님 계신 곳에 청정한 마음으로 무수한 가지각색 하늘 보배 깃대를 받들어 여래를 맞이하고,

또 부처님 계신 곳에 더 나은 환희심으로 무수한 가지각색 하늘 장엄거리를 들고서 여래께 공양하고,

또 부처님 계신 곳에 무너지지 않는 신심으로 무수한 하늘 보배 꽃장식을 여래께 공양하고,

또 부처님 계신 곳에 비길 데 없는 환희심으로 무수한 가지각색 하늘 보배 깃발을 들고 여래께 공양하였으며, 백천억 나유타 아승기 천자가 화순하고 고요하며 방일하지 않은 마음을 내어 무수한

가지각색 하늘 음악으로 미묘한 소리를 내어 여래께 공양하였다.

◉ 疏 ◉

雜申供養은 表萬行雜修故니라 調順寂靜과 無放逸心은 應分爲二니 則有十句니라

여러 가지 공양을 올린 것은 모든 행을 두루 닦아야 함을 밝힌 때문이다.

'화순하고 고요함[調順寂靜]'과 '방일의 마음이 없다[無放逸心].'는 것은 2가지로 나눠보아야 한다.

이는 10구이다.

---

第二 菩薩興供

中二니 先은 明行成依報供이오 後其諸菩薩下는 身出正報供이라 前中 二十七句는 文分爲三이니 初 十句는 多因成多果之供이오 次 八句는 一因成一果供이오 後 九句는 一因成多果供이니 今은 初라

2) 보살이 공양을 올리다

경문은 2부분이다.

(1) 앞에서는 행이 성취된 依報의 공양을 밝혔고,

(2) 뒤의 '其諸菩薩' 이하는 몸에서 나오는 正報의 공양이다.

(1) 의보에 관한 27구의 경문은 다시 3부분으로 나뉜다.

첫째, 10구는 많은 원인이 많은 결과를 성취한 공양이며,

둘째, 8구는 하나의 원인이 하나의 결과를 성취한 공양이며,

셋째, 9구는 하나의 원인이 많은 결과를 성취한 공양이다.

이는 첫 10구이다.

**經**

**百千億那由他不可說先住兜率宮諸菩薩衆**이 **以從超過三界法所生**과 **離諸煩惱行所生**과 **周徧無礙心所生**과 **甚深方便法所生**과 **無量廣大智所生**과 **堅固淸淨信所增長**과 **不思議善根所生起**와 **阿僧祇善巧變化所成就**와 **供養佛心之所現**과 **無作法門之所印**인 **出過諸天諸供養具**로 **供養於佛**하니라

백천억 나유타 말할 수 없는 과거에 도솔타천궁에서 안주했던 보살대중이

삼계를 초월한 법으로부터 태어난 것이며,

번뇌를 여읜 행으로부터 태어난 것이며,

두루 가득하여 걸림이 없는 마음에서 태어난 것이며,

매우 깊은 방편의 법에서 태어난 것이며,

한량없이 광대한 지혜로 태어난 것이며,

견고하고 청정한 믿음을 키워나간 바이며,

불가사의한 선근으로 태어난 것이며,

아승기 훌륭한 변화로 성취한 바이며,

부처님께 공양하는 마음으로 나타난 바이며,

조작이 없는 법문으로 인가한 바, 여러 하늘보다 나은 공양도구로 부처님께 공양하였다.

◉疏◉

應有四句하니 由多因成一果은 攝在初段이니 以多因能一一成故니라

又初段은 卽一切中有一과 及一切中有一切오 次段은 卽一中一이오

後段은 卽一中一切也라

今初十句는 一時併擧多因이오 後는 通成諸供이라

'出過諸天'者는 勝故오 多故니라 餘可知라

당연히 4구가 있다. 많은 원인에 의하여 하나의 결과를 성취함은 첫 단락에 들어 있다. 많은 원인으로 하나하나를 성취한 때문이다.

또한 첫 단락은 일체의 원인 가운데 하나의 결과가 있는 것과 일체의 원인 가운데 일체의 결과가 있는 것이며,

다음 단락은 곧 하나의 원인 가운데 하나의 결과이고,

뒤의 단락은 곧 하나의 원인 가운데 일체의 결과이다.

첫 단락의 10구는 일시에 많은 원인을 모두 열거하였고, 뒤는 여러 가지의 공양을 전반적으로 끝맺었다.

"여러 하늘보다 나은 공양도구"란 훌륭하기 때문이며, 많기 때문이다.

나머지는 설명하지 않아도 알 수 있다.

第二 一因一果

둘째, 하나의 원인이 하나의 결과를 성취한 공양

**經**

以從波羅蜜所生一切寶蓋와

於一切佛境界淸淨解所生一切華帳과

無生法忍所生一切衣와

入金剛法無礙心所生一切鈴網과

解一切法如幻心所生一切堅固香과

周徧一切佛境界如來座心所生一切佛衆寶妙座와

供養佛不懈心所生一切寶幢과

解諸法如夢歡喜心所生佛所住一切寶宮殿과

바라밀다로부터 생겨난 모든 보배 일산,

일체 부처님 경계를 청정하게 이해한 데서 생겨난 모든 꽃 휘장,

무생법인에서 생겨난 모든 옷,

금강법에 들어가 걸림 없는 마음으로 생겨난 모든 풍경그물,

일체 법을 아는 환술 같은 마음으로 생겨난 모든 견고한 향,

일체 부처님 경계와 여래의 법좌에 두루 하는 마음에서 생겨난 모든 부처님의 여러 가지 보배의 묘한 자리,

부처님께 공양하고 게으르지 않은 마음에서 생겨난 모든 보배 깃대,

모든 법이 꿈과 같은 줄 아는 환희한 마음에서 생겨난 부처님이 머무시는 모든 보배 궁전,

◉疏◉

一因一果中에 皆因果相似라

一은 蓋以障塵이 若度能除蔽오

二는 帳以庇蔭이 若悲爲佛境이며 華以開敷 如覺解淸淨이오

三은 法忍和悅로 用嚴法身이오

四는 演教網이면 則震金剛之妙音하고 觀教網이면 則不礙文而見理오

五는 香氣聞而不可見하고 見而不可攬이 猶幻法見而不可取오 取而不可得이니 知幻無堅하야 以成堅法이오

六은 周徧法空이 是佛智身所依之境이니 座之義也오

七은 摧懈慢幢하고 樹法勝幢故오

八은 諸法如夢이 是佛棲託之所也니라

하나의 원인에 하나의 결과를 말한 부분은 모두 인과가 똑같기 때문이다.

① 일산으로 먼지를 가리는 것은 6바라밀이 6가지 가림[六蔽: 慳貪, 破戒, 瞋恚, 懈怠, 散乱, 愚痴]을 없애주는 것과 같으며,

② 휘장으로 가려주고 덮어주는 것은 대비의 마음이 부처의 경계인 것과 같고, 꽃이 피는 것은 깨달음의 이해가 청정함과 같으며,

③ 法忍의 화기로 법신을 장엄하며,

④ 가르침의 그물을 펼치면 금강의 미묘한 음성이 진동하고,

가르침의 그물을 보면 문장에 막히지 않고서 이치를 보며,

⑤ 향기는 맡을 수 있으나 보지 못하고, 볼 수는 있으나 붙잡을 수 없는 것처럼, 요술은 볼 수는 있지만 취할 수 없고, 취할 수는 있으나 얻을 수 없는 것과 같다. 요술의 견고하지 못함을 알았기에 견고한 법을 성취함이며,

⑥ 법의 공한 자리에 두루 하는 것이 佛智身의 의지한 바의 경계이니 법좌의 뜻이며,

⑦ 게으름의 깃대를 꺾고 법으로 승리하는 깃대를 세웠기 때문이며,

⑧ 모든 법이 꿈과 같음이 부처가 임시 머무는 곳이다.

---

### 第三 一因多果供

셋째, 하나의 원인이 많은 결과를 성취한 공양

**經**

**無著善根無生善根所生 一切寶蓮華雲**과 **一切堅固香雲**과 **一切無邊色華雲**과 **一切種種色妙衣雲**과 **一切無邊淸淨栴檀香雲**과 **一切妙莊嚴寶蓋雲**과 **一切燒香雲**과 **一切妙鬘雲**과 **一切淸淨莊嚴具雲**이 **皆徧法界**하야 **出過諸天供養之具**로 **供養於佛**하니라

집착이 없는 선근과 나는 일이 없는 선근으로 생겨난

일체 보배 연꽃 구름,

일체 견고향 구름,

일체 그지없는 빛깔 꽃 구름,

일체 가지각색 미묘한 옷 구름,

일체 그지없이 청정한 전단향 구름,

일체 미묘하게 장엄한 보배 일산 구름,

일체 사르는 향 구름,

일체 미묘한 꽃장식 구름,

일체 청정한 장엄도구 구름들이 모두 법계에 가득하여 하늘보다 더 좋은 공양거리로 부처님께 공양하였다.

◉ 疏 ◉

無著無生은 但是一義니 無生은 約理오 無著은 約智니 此二契合이라야 方成一因이니라

文中九句는 可知니라

'집착이 없는' 것과 '나는 일이 없는' 것은 단 하나의 뜻일 뿐이다. '나는 일이 없는' 것은 이치로, '집착이 없는' 것은 지혜로 말한 것이다. 이 2가지의 뜻이 하나로 합해져야 비로소 하나의 원인을 이룬다.

경문의 9구는 설명하지 않아도 알 수 있다.

第二 身出正報供

(2) 몸에서 나오는 정보의 공양

經

其諸菩薩의 一一身에 各出不可說百千億那由他菩薩하야

皆充滿法界虛空界하며

其心이 等於三世諸佛하며

以從無顚倒法所起와 無量如來力所加로

開示衆生安穩之道하며

具足不可說名味句하며

普入無量法一切陀羅尼種中하며

生不可窮盡辯才之藏하며

心無所畏하야 生大歡喜하며

以不可說無量無盡如實讚歎法으로 讚歎如來하야 無有厭足이러라

그 모든 보살들의 하나하나 몸에서 말할 수 없는 백천억 나유타 보살이 나와

모두 법계와 허공계에 충만하며,

그 마음은 삼세 부처님과 평등하며,

전도망상이 없는 법에서 일어난 바와 한량없는 여래 힘의 가피로

중생에게 편안한 도를 보여주며,

말할 수 없는 낱말과 구절과 뜻이 구족하며,

한량없는 법, 일체 다라니 가운데 널리 들어가며,

다할 수 없는 변재의 창고를 내며,

마음에 두려운 바 없어 큰 기쁨이 넘치며,

말할 수 없이 한량없고 그지없는 진여실상의 찬탄법문으로 여래를 찬탄하여 싫어하는 마음이 없었다.

◉ 疏 ◉

正報供中에 文有十句하니 初二는 明現身德量이니 謂一一量周法界하고 德齊佛故니라 次'以從'下 三句는 明勝辨之因이오 次'具足'下 四句는 顯勝辨所依오 後'以不可'下 一句는 正申辨讚이니 皆從總持辨藏之所流故니라 情動於中일세 故形於言이니 言猶不足이 敬之至也니라

정보의 공양을 말한 부분의 경문은 10구이다.

첫 2구는 몸을 나타내는 공덕과 한량을 밝힌 것이다. 이는 하나하나 보살의 몸에서 나오는 것을 헤아려보면 법계에 가득하여 공덕이 부처님과 똑같기 때문이다.

다음 '以從無顚倒法' 이하 3구는 뛰어난 변재의 원인을 밝혔고,

다음 '具足不可說' 이하 4구는 뛰어난 변재의 의지 대상을 밝혔고,

뒤의 '以不可說' 이하 1구는 바로 변재의 찬탄을 말한 것으로, 이는 모두 다라니의 辨藏에서 나온 것이기 때문이다. 마음의 감정에 따라서 언어로 나타나게 되는데, 아무리 말하려고 해도 도무지

다할 수 없음은 공경의 지극함이다.

上菩薩興供과 合前諸天迎佛興供科를 竟하다

위에서 말한 '보살이 올린 공양'과 앞에서 말한 '모든 하늘이 부처님을 맞이하여 올린 공양' 부분을 합하여 단락을 끝마치다.

## 第五 覩佛勝德

分二니 先은 明覩佛身雲勝德이오 後'爾時如來大悲'下는 明現勝德之意라

前中分二니 初는 覩勝德이오 後'時彼大衆咸見'下는 見佛光用이니 前은 通十眼所見이오 後는 約天眼所見이니 今은 初也라 然此經文次第로 具顯如來二十一種殊勝功德이로되 以文言浩汗으로 致古釋同迷니라 然離世間品에 雖具二十一句나 而此文義兼廣일세 故隨便引於諸論이라

文分爲三이니 初는 總觀如來오 次는 別觀德相이오 三은 結成觀解니라

【鈔_ '而此文義兼廣'者는 以離世間品初歎佛은 有名無釋이어니와 今文에 有釋無名이니 四紙餘經에 次第具釋二十一德이라 故云'文義兼廣'이라하니 四紙餘經은 文廣이오 其中句義 該收諸論異釋無遺라 故云'義廣'이라 由此故로 於此中에 引於諸論하야 將論釋經하고 將經證論이라 故云'隨便'이라

古人이 亦引諸論은 在離世間이니 旣無經文이라 論無憑據일세 由此無名이니라 故古德同迷는 '賢首'以下에 總結十句하야 分爲十段이오 刊定에 以十六三業으로 配之하니 竝如下引이어니와 今竝不用이라

離世間品歎佛有名者는 謂妙悟皆滿하시며 二行永絕하시며 達無相法하시며 住於佛住하시며 得佛平等하시며 到無障處하시며 不可轉法하시며 所行無礙하시며 立不思議하시며 普見三世하시며 身恒充徧一切國土하시며 智恒明達一切諸法하시며 了一切行하시며 盡一切疑하시며 無能測身이시며 一切菩薩等所求智시며 到佛無二究竟彼岸하시며 具足如來平等解脫하시며 證無中邊佛平等地하시며 盡於法界하시며 等虛空界'니라】

제5. 부처님의 수승한 공덕을 보다

경문은 2부분으로 나뉜다.

1. 부처님의 몸이 구름처럼 수승한 공덕을 지닌 모습을 봄을 밝혔고,

2. 뒤의 '爾時如來大悲' 이하는 수승한 공덕을 나타낸 뜻을 밝힌 것이다.

앞부분은 다시 2부분으로 나뉜다.

1) 앞은 수승한 공덕을 본 것이며,

2) 뒤의 '時彼大衆咸見' 이하는 부처님의 방광 작용을 봄이다.

앞의 수승한 공덕을 본 것은 十眼을 통하여 볼 수 있으며,

뒤의 부처님의 방광 작용을 보는 것은 天眼으로 볼 수 있다.

이는 1) 수승한 공덕을 봄이다. 그러나 경문은 차례대로 여래의 21가지 훌륭한 공덕을 갖추고 있음을 밝히고 있지만, 이에 관한 문장이 너무 복잡하여 옛사람의 해석은 도무지 이해할 수 없는 지경에 이르렀다. 그러나 이세간품에서 21구로 밝히고 있지만, 이는 문

장과 뜻이 모두 광범하기에 편의에 따라 여러 논지에서 인용하였다.

경문은 3부분으로 나뉜다.

(1) 여래를 총체로 보는 것이며,

(2) 공덕의 양상을 개별로 살펴보는 것이며,

(3) 觀의 이해를 끝맺음이다. 【초_ "이는 문장과 뜻이 모두 광범하다."는 것은 제38 이세간품의 첫 부분에서는 찬탄한 부처의 이름만을 말했을 뿐 해석이 없다. 그러나 이 경문에는 해석만 있을 뿐 이름이 없다. 四紙餘經에 21가지 공덕을 차례로 해석하였다. 이 때문에 "문장과 뜻이 모두 광범하다."고 말한 것이다. 사지여경은 문장이 광대하고, 그 가운데 문구와 뜻에 여러 논지의 다른 해석들을 남김없이 모두 수합하였다. 이 때문에 그 뜻이 광대하다. 이 때문에 여기에서 여러 논지를 인용하여 경문을 해석하거나 경문을 들어 논지를 증명한 까닭에 "편의에 따랐다."고 말한 것이다.

옛사람이 또한 많은 논지를 인용한 것은 제38 이세간품에 있다. 이미 경문이 없는 터라 논의 근거가 없기에 이 때문에 이름이 없다. "옛 해석은 도무지 이해할 수 없다."는 것은 賢首 이하에서는 10구를 총체로 끝맺어 10단락으로 구분하였고, 刊定記에서는 16가지의 三業에 짝하였다. 아울러 아래에 인용한 바와 같지만, 여기에서는 아울러 쓰지 않았다.

제38 이세간품에서 부처님의 명성을 찬탄한 부분은 다음과 같다.

"미묘한 깨달음이 모두 원만하여 2가지 행(번뇌장·소지장, 또는 생사와 열반)을 영원히 끊었고 모양 없는 법에 통달하였으며, 부처님이 머문 자리에 머물고 부처님과 평등함을 얻었으며, 장애가 없는 곳에 이르렀으며, 법을 굴리지 않았고 행하는 바에 걸림이 없으며, 불가사의함을 세웠고 삼세를 두루 보았으며, 몸은 언제나 일체 국토에 충만하고 지혜는 언제나 일체 모든 법을 밝게 통달하였으며, 일체의 수행을 알고 일체의 의혹이 다하였으며, 헤아릴 수 없는 몸이며, 모든 보살이 구하는 지혜이며, 부처의 둘 없는 구경의 피안에 이르렀으며, 여래의 평등한 해탈이 구족하고 중앙도 변두리도 없는 부처의 평등한 자리를 증득하였으며, 법계를 다하여 허공계와 같았다."】

經

**爾時**에 **一切諸天**과 **及諸菩薩衆**이 **見於如來·應·正等覺不可思議 人中之雄**하니라

그때 모든 하늘과 보살대중이 여래·응공·정등각의 불가사의한 사람 가운데 영웅이신 분을 친견하였다.

◉ **疏** ◉

今初畧擧三德以顯一雄이니 一者는 如來오 二言'應'者는 卽是應供이오 三'正等覺'은 卽正徧知라 此一應字는 亦通屬下니 隨應覺故니라 此卽總句니 離世間品에 名妙悟皆滿이라하고 佛地·攝論에 皆名最淸淨覺이어늘 親光이 釋云 '謂佛世尊이 普於一切有爲無爲 所應覺境

에 正開覺故라하니 此釋正義니 揀異邪覺이오 又於一切所應覺境에 淨妙圓滿하야 正開覺故니라 此釋最淸淨義며 亦明覺滿이니 揀異菩薩이오 又於一切에 如所有性이오 盡所有性하야 正開覺故니라 此釋은 符今等字하니 謂雙照二諦하야 平等覺故며 亦是徧義일세 故云正徧知라하니라【鈔_ 攝論本論은 卽無著所造오 世親·無性이 二俱有釋이며 唐三藏이 俱譯하야 皆有十卷이라 其盡所有는 唯是世諦오 其如所有는 通於二諦니 則顯如來自相共相이어니와 若教所說과 若法本性을 無不證知하야 如實覺故로 疏中에 但云雙照二諦 平等覺故라하나 然二諦平等하니 則二性無碍하야 無所不收어늘 旣無不知하니 卽是徧義니라】

(1) 여래를 총체로 봄이다. 여래·응공·정등각 3가지 공덕을 간단하게 들어 제일가는 영웅을 나타냈다.

① 여래이며, ② 應이라 말한 것은 곧 應供이며, ③ 정등각은 곧 正徧知이다.

이 하나의 '應' 자는 또한 전반적으로 아래까지 속한다. 응함을 따라 깨닫기 때문이다. 이는 총체로 말한 구절이다. 제38 이세간품에서는 "미묘한 깨달음이 모두 원만하다."고 말하였고, 불지론과 섭론에서는 모두 "가장 청정한 깨달음"이라 말했는데, 親光이 해석하기를 "세존이 널리 일체 유위와 무위의 당연히 깨달아야 할 경계를 바르게 깨달았기 때문이다."고 하였다.

이는 바른 의의로 해석한 것으로, 삿된 깨달음과는 다름을 구별한 것이다.

또한 당연히 깨달아야 할 경계를 청정 미묘하고 원만하게 깨달았기 때문이며, 또한 깨달음이 원만함을 밝힌 것으로, 보살과 다름을 구별한 것이다. 또한 일체에 소유한 자성과 같으며, 소유한 자성을 다하여 바르게 깨달았기 때문이다. 이러한 해석은 여기에서 말한 '等' 자에 부합하니, 眞諦와 俗諦를 모두 관조하여 평등하게 깨달았기 때문이며, 또한 이는 두루 하다의 뜻이기에 '正徧知'라고 말한다.【초_ 攝論의 본론은 無著보살이 지은 것이며, 世親·無性 두 보살이 모두 이를 해석하였고, 唐 삼장법사가 모조리 이를 번역하여 모두 10권이다.

그 소유한 바를 다한다는 것은 오직 世諦이며, 그 소유한 바와 같다[其如所有]는 것은 眞諦와 俗諦에 모두 통한다. 여래의 自相과 共相을 밝힌 것이지만, 가르침에서 말한 바와 법의 본성을 증득하여 여실하게 깨달았기 때문에 청량소에서는 "진제와 속제를 모두 관조하여 평등하게 깨달았다."고 말했을 뿐이다. 그러나 진제와 속제는 평등하다. 2가지 자성에 걸림이 없어 모두 수습하여 이미 모르는 게 없다. 이것이 두루 하다는 뜻이다.】

第二 別觀德相

二十一德은 分二十段이니 後二 合故니라 然攝論中에 二十一德이 通有三節이니 一은 先列經二十一句이오 二 無著菩薩은 立功德名하야 以爲解釋이오 三 無性等은 但釋論名하야 以符經旨이라 今各句句配屬인댄 其佛地論釋은 有同攝論하고 有異攝論하니 異者引之니라

今初에 明不二現行은 經也오 即觀察如來一向無障轉功德은 此是無著立名이니 他皆倣此니라【鈔_'今各句句配屬'者는 以論中三節을 各一時倂擧니 謂第一은 列經二十一句오 第二는 本論에 一時立二十一德之名이오 第三은 釋論次第하야 一時牒釋이라 故今各配에 摘成二十段이라

疏中에 文各有二니 先釋名義하고 後釋經文이라

今初는 不二現行이니 先釋名義中에 具指經論及釋三段은 可知로되 但無性釋論中에 先牒本論功德之名하고 後方指經이니 如此段云謂於所知에 一向無障轉功德'者는 此即開示不二現行이니 下皆準此니라 世親은 則先牒經일세 今疏에 皆先牒經하고 後引本論立名이라 故釋名義中에 且分爲二니 一은 牒經立名이오 二는 引釋論釋이라 初中에 其'即觀察如來'五字는 是疏義加니 順於此經觀佛德故니라 餘皆是彼論文이라】

⑵ 공덕의 양상을 개별로 살펴보다

21가지 공덕은 20단락으로 나뉜다. 맨 끝의 2가지가 하나로 합해진 때문이다. 그러나 섭론에서는 21가지 공덕을 모두 3부분으로 나누었다.

첫째, 경문의 21구를 먼저 나열하였고,

둘째, 무착보살은 공덕의 이름을 세워 해석하였으며,

셋째, 무성보살 등은 단 논의 명목만을 해석하여 경문의 뜻에 부합시켰다.

여기에서 각각 구절들을 짝지어 보면, 불지론의 해석은 섭론과

같은 부분도 있고 섭론과 다른 부분도 있는데, 섭론과 다른 부분을 인용하였다.

이의 첫 부분에서 둘이 아닌 現行을 밝힌 것은 경문이고, "여래의 하나같이 장애와 전변이 없는 공덕을 관찰한다."는 것은 무착보살이 세운 명제이다. 다른 부분은 모두 이와 같다. 【초_ "여기에서 각각 구절들을 짝지어 본다."는 것은 섭론의 3부분을 각각 일시에 모두 들어 말한 것이다.

첫째, 경문의 21구를 나열하였고,

둘째, 본론에 21가지 공덕의 이름을 일시에 지었으며,

셋째, 논의 차례를 해석하여 일시에 뒤이어 해석하였다.

따라서 여기에서는 각각 짝지어 20단락을 뽑아 이루었다.

청량소의 문장은 각각 2가지씩 있다. 앞에서는 명제의 뜻을 해석하였고, 뒤에서는 경문을 해석하였다.

이의 첫 부분은 둘이 아닌 現行이다. 앞에서 명제의 뜻을 해석한 가운데 經論 및 해석을 구체적으로 가리키는 3단락은 설명하지 않아도 알 수 있다. 단 무성보살의 섭론 해석 부분은 먼저 본론의 공덕 이름을 뒤이어 썼고, 뒤에서 바야흐로 경문을 가리키고 있다.

이 단락에 이르기를 "아는 바에 하나같이 장애와 전변이 없는 공덕"이라 말한 것은 곧 둘이 아닌 現行을 보여준 것이다. 아래는 모두 이에 準한다.

세친보살은 먼저 경문을 이어 썼기에, 이의 청량소에서는 모두 먼저 경문을 뒤이어 썼고, 뒤에 본론을 인용하여 명제를 세운

것이다. 이 때문에 名義를 해석한 가운데, 또한 이를 2가지로 구분하였다.

① 경문을 이어서 명제를 세움이며,

② 논석을 인용하여 해석하였다.

'① 경문을 이어서 명제를 세운 부분'에서 말한 '卽觀察如來' 5자는 청량소에서 그 뜻을 더한 것이다. 이의 경문에서 부처님의 공덕을 살펴보는 것을 따랐기 때문이다. 나머지는 모두 섭론의 지문이다.】

**經**

**其身**이 **無量**하사 **不可稱數**라 **現不思議種種神變**하사 **令無數衆生**으로 **心大歡喜**하며

**普徧一切虛空界一切法界**하사 **以佛莊嚴**으로 **而爲莊嚴**하사 **令一切衆生**으로 **安住善根**하며

**示現無量諸佛神力**하사 **超過一切諸語言道**하야 **諸大菩薩**의 **所共欽敬**이라 **隨所應化**하야 **皆令歡喜**하며

**住於諸佛廣大之身**하사 **功德善根**이 **悉已淸淨**하고 **色相**이 **第一**이라 **無能暎奪**이시니라

그 몸이 한량없어 헤아릴 수 없다. 불가사의한 가지가지 신통변화를 나타내어 수없는 중생의 마음을 기쁘게 하며,

일체 허공계와 일체 법계에 가득하게 부처님의 장엄으로써 장엄하여, 모든 중생으로 하여금 선근에 편안히 머물게 하며,

한량없는 부처님의 신통력을 나타내어 일체 언어를 초월하였기에 모든 대보살의 공경하는 바라, 당연히 교화할 대상에 따라 모두 기쁨을 주었으며,

여러 부처님의 광대한 몸에 머물러 공덕과 선근이 이미 청정하였고, 몸매가 제일이어서 그 누구도 그를 가릴 수 없었다.

◉ 疏 ◉

今初不二現行은 先牒經立名이라

제1단락의 둘이 아닌 現行은 먼저 경문을 이어서 명제를 세운 것이다.

文中分二니 初는 廣顯利樂이니 明離所知故로 不同二乘이오 二'住於'下는 結成所住니 彰離煩惱하야 不同凡夫니라

前中三이니 初는 明應廣이니 順機令喜오 二'普偏'下는 明其徧應이니 定慧莊嚴하야 生物善根이오 三'示現'下는 彰應用深廣이니 雖超諸言而無遺曲濟니라

경문은 2부분으로 나뉜다.

① 이익과 즐거움을 자세히 밝혔다. 所知障을 여읜 까닭에 이승과 같지 않음을 밝혔고,

② '住於' 이하는 안주한 바를 끝맺었다. 煩惱障을 여의어 범부와 같지 않음을 나타낸 것이다.

①은 다시 3부분으로 나뉜다.

㉠ 감응의 교화가 광대함을 밝혔다. 중생의 근기에 따라 기쁘

게 함이다.

㉡ '普徧' 이하는 두루 응함을 밝혔다. 定慧로 장엄하여 중생이 선근을 내는 것이다.

㉢ '示現' 이하는 응용이 심오하고 광대함을 나타낸 것이다. 비록 언어를 초월하였지만 남김없이 모두 제도함이다.

二結成所住者는 初句는 明智住法身이니 能住·所住 二俱廣大오 下句는 心無煩惱하야 善根淸淨하고 色相超倫하야 具上二義를 名淸淨覺이니 他皆倣此하다【鈔_ '能住所住 俱廣大'者는 所住는 卽法界니 法身徧一切處故니라 廣大는 智稱法身하야 等彼眞性이 如日光含空이라 '具上二義'下는 結歸總句하고 兼例下文이라】

'② 안주한 바를 끝맺는다.'는 것은, 제1구는 지혜가 법신에 안주함을 밝혔다. 법신에 안주의 주체와 안주의 대상이 모두 광대함을 말하였다. 아래 구절은 마음에 번뇌가 없어 선근이 청정하고 색상이 여느 사람과 달라 위에서 말한 2가지 뜻을 갖추는 것을 淸淨覺이라 한다. 나머지는 모두 이와 같다.【초_ "안주의 주체와 안주의 대상이 모두 광대하다."에서 안주의 대상은 법계이다. 법신이 일체 모든 곳에 두루 존재하기 때문이다. 廣大는 지혜가 법신에 하나 되어 眞性과 같음이 마치 태양의 광명이 허공을 함유하는 것과 같다.

"위에서 말한 2가지 뜻을 갖추었다." 이하는 총체로 말한 구절로 귀결 짓고, 아래 문장의 예를 겸하였다.】

第二는 明趣無相法이니 卽觀察如來 於有無에 無二相眞如로 最勝淸淨하야 能入功德이라

無性이 云'爲明斷德이라 故次說之니 不住生死涅槃相故로 卽無住涅槃이라'하니라

然無相法은 卽是淸淨眞如오 趣는 謂趣入이니 謂此眞如 諸法無性으로 以爲相故로 非是有相이며 體卽圓成이라 自相有故로 非是無相이니 此二不相離 名無二相이오 諸法中勝일세 故名最勝이오 遠離客塵일세 故名淸淨이오 旣自能入하고 亦令他入이 爲最淸淨이니 自入은 則不住生死오 他入은 則不住涅槃이니라

제2단락, '智慧' 이하는 형상이 없는 법으로 들어감을 밝히고 있다. 여래가 유와 무 2가지 형상이 없는 진여로 가장 훌륭한 청정에 들어간 공덕을 살펴보았다.

무성보살이 말하기를 "斷德을 밝히기 위한 까닭에 다음으로 이를 말한 것이다. 생사와 열반상에 머물지 않기 때문에 이를 無住涅槃이라 말한다."고 하였다.

그러나 형상이 없는 법은 곧 청정진여이며, '趣'란 달려 들어감을 말한다. 이 진여가 모든 법의 자성이 없는 것으로 형상을 삼는 까닭에 형상이 있는 게 아니며, 본체가 원만하게 성취된 터라 自相이 있기 때문에 형상이 없는 것도 아니다. 이 2가지가 서로 분리되지 않은 것을 '두 형상이 없다[無二相].' 하고, 모든 법 가운데 뛰어나기 때문에 '最勝'이라 하고, 번뇌를 영원히 버린 까닭에 '淸淨'이라

하고, 이미 자신이 그 자리에 잘 들어갔고 또한 남들로 하여금 들어가도록 함을 '最淸淨'이라 한다. 자신이 들어감은 곧 생사에 집착하지 않음이며, 남들이 들어감은 곧 열반에 집착하지 않음이다.

**經**

**智慧境界**가 **不可窮盡**이라 **無比三昧之所出生**이며 **其身**이 **無際**하야 **偏住一切衆生身中**하사 **令無量衆生**으로 **皆大歡喜**하고 **令一切智**로 **種性不斷**케하시니라

지혜와 경계가 다함이 없기에 비길 데 없는 삼매가 나오는 바이며,

그 몸이 끝이 없어 일체중생의 몸에 두루 안주하여 한량없는 중생을 모두 기쁘게 하고 일체 지혜의 종성이 끊어지지 않도록 하였다.

◉ **疏** ◉

文中에 先明自入하고 後明他入이라

今初에 先明不住生死니 智稱如境하야 皆不可盡이니 無比三昧 令智出生하고 又令眞如出二障故며 二'其身'下는 明不住涅槃이니 同體大悲로 偏住物身이니 心眞如性이 物物偏故니라

二'令無量'下는 辨令他入이니 一은 則大悲冥熏이오 二는 則大智爲說이니 令於身中에 見如來性하야 成一切智故로 種性不斷이 是入義也니 此用常寂이 名爲涅槃이라【鈔_ '偏住物身'者는 如有偈云'我今解了如來性호니 如來今在我身中이라 我與如來無差別이어니 如來卽是我

眞如로다'하니라】

경문은 2부분으로 나뉜다.

① 자신이 들어감을 밝혔고,

② 중생이 들어감을 밝혔다.

'① 자신이 들어감을 밝힌 부분'에서는 ㉠ 먼저 생사에 집착하지 않음을 밝혔다. 지혜가 경계와 하나 되어 끝이 없기에 비길 데 없는 삼매가 지혜를 내어주고, 또한 진여로 하여금 2가지 장애에서 벗어나도록 하기 때문이다.

㉡ '其身' 이하는 열반에 집착하지 않음을 밝혔다. 同體大悲로 중생의 몸에 두루 안주함이다. 마음의 진여 자성이 모든 중생에 두루 존재하기 때문이다.

② '令無量衆生' 이하는 중생을 들어가도록 함을 말하였다.

㉠ 大悲로 보이지 않게 중생을 훈습해주는 것이며,

㉡ 大智로 중생을 위해 설법하는 것이다. 중생으로 하여금 그들의 몸속에 존재하는 불성을 보고서 일체 지혜를 이뤄주기 때문에 종성이 끊이지 않음이 들어간다는 뜻이다. 이러한 작용이 항상 고요함을 '열반'이라고 말한다. 【초_ "중생의 몸에 두루 안주한다."는 것은 게송에 이르기를 "나는 이제 如來性을 알았다. 여래는 지금 나의 몸속에 있다. 나의 몸이 여래와 차별이 없기에 여래가 곧 나의 진여이다."고 하였다.】

第三은 明住於佛住니 卽觀察如來 無功用佛事와 不休息功德이니 爲欲得上無住涅槃인새 故次明之니라

제3단락, 부처님이 머문 자리에 머무는 것을 밝혔다. 여래의 작위가 없는 佛事와 끊임없는 공덕을 살펴보는 것이다. 위에서 말한 無住涅槃을 얻고자 한 까닭에 이를 다음으로 밝힌 것이다.

經

住於諸佛究竟所住하사 生於三世諸佛之家하야
令不可數衆生으로 信解淸淨하며
令一切菩薩로 智慧成就하야 諸根悅豫하며
法雲이 普覆虛空法界하야 敎化調伏을 無有遺餘하사 隨衆生心하야 悉令滿足하고
令其安住無分別智하야 出過一切衆生之上케하시니라

모든 부처님이 최후에 머무는 자리에 머물면서 삼세 부처님 집안에 태어나

셀 수 없는 중생으로 하여금 믿음과 이해가 청정하도록 하며,

모든 보살로 하여금 지혜를 성취하여 몸의 모든 감각을 기쁘게 하며,

법 구름이 허공과 법계에 널리 덮이어 남김없이 교화하고 조복하며,

중생의 마음을 따라 모두 만족을 주었으며,

그들로 하여금 분별없는 지혜에 머물러 일체중생보다 뛰어나게 하였다.

◉ 疏 ◉

文中에 初明所住오 後彰住益이라

今初에 言'佛住'者는 謂聖·天·梵等이 皆佛所住니 而於性空大悲에 偏善安住하야 大悲性空이 卽是佛家라 故能不住生死涅槃이 爲究竟住니 此卽恩德이라 是以로 親光이 亦名爲觀所化功德이라하니 常住大悲하야 晝夜六時에 觀世間故니라

後'令不可'下는 彰住家益이니 初는 明由住大悲일세 故能益物無遺니 是不休息義오 由住性空自無功用일세 故能令物 住無分別하야 出過衆生이니 總顯勝也니라【鈔_ '文中'下는 釋文爲二니 從多而言이면 前段은 卽釋經이오 後段은 卽釋論이니 在文 易了로되 而取論意니 若具引釋論者인댄 無性論에 云'謂不作功用으로 於諸佛事와 有情等中에 能無間斷하야 隨其所應하야 恒正安住聖天梵住니 非如聲聞이 要作功用이라야 方能成辨利有情事며 非如外道 雖有所住나 而非殊勝이라'하니라

天住는 謂四種靜慮오 梵住는 卽是悲等無量이오 聖住는 卽是空無相等이라 世親이 云'謂住佛所住는 無所住處니(性空也) 謂此住中에 常作佛事하야 無有休息이라(大悲故也)'하니 今用二論하야 以釋經文이라

'大悲性空'者는 大悲는 是利他家오 性空은 是自利家라 故法華經에 明大悲爲室하고 淨名에 云'畢竟空寂舍'라하야늘 況二相導 眞實家也아

故雙安位니라
故能不住下는 卽上大悲般若로 所輔翼故일세니라】

경문의 앞부분은 머문 자리를 밝혔고, 뒷부분은 머문 자리의 이익을 밝힌 것이다.

이의 첫 부분에서 "모든 부처님이 최후에 머무는 자리"라 말한 것은 聖住·天住·梵住 등이 모두 '부처님이 머무는 자리'임을 말한다. 유독 性空大悲에 잘 안주하여 대비의 性空이 곧 부처님의 집안이다. 따라서 생사와 열반에 집착하지 않음이 '최후에 머무는 자리'이다. 이는 곧 은덕이다. 이 때문에 親光은 또한 "교화할 대상을 살펴보는 공덕이라 한다."고 하였다. 대비에 항상 머물면서 밤낮 6시로 세간을 살펴보기 때문이다.

뒤의 '令不可數衆生' 이하는 부처님의 집안에 머무는 이익을 나타낸 것이다.

이의 첫 부분은 대비에 머문 까닭에 빠짐없이 중생에게 이익됨을 밝혔다. 이것이 끊임없다는 뜻이며, 性空에 머물러 스스로 하는 일이 없는 까닭에 중생으로 하여금 분별이 없는 자리에 머물러 중생보다 뛰어난 것이다. 이는 총체로 훌륭함을 밝힌 것이다. 【초_"경문의 앞부분은 머문 자리를 밝혔다." 이하의 해석은 2가지이다. 많은 부분을 따라 말하면, 앞 단락은 경문을 해석하였고, 뒤 단락은 논을 해석하였다. 경문을 이해하기 쉽지만 논의 뜻을 취한 것이다. 만일 논의 해석을 구체적으로 인용하면 무성보살의 논에 이르기를 "하는 일이 없는 것으로 모든 불사와 중생 등에게 끊임이 없어 그 응할 바를 따라 언제나 聖住·天住·梵住에 안주하는 것이다. 성문이 하는 일이 있어야 바야흐로 중생에게 이익 되는 일을 성취하는 것과는 다르며, 외도가 비록 안주하는 바는 있지만 뛰어나지 못한 것과는 같지 않다."고 하였다.

天住는 4가지 靜慮를 말하고, 梵住는 대비 등이 한량없고, 聖住는 空하여 형상이 없는 등이다. 세친보살이 말하기를 "부처님이 머무는 자리에 머문다는 것은 머문 자리가 없음을 말한다(性空이기 때문이다). 이처럼 머문 자리에서 언제나 불사를 일으켜 멈춤이 없다(大悲이기 때문이다)."고 하였다.

여기에서는 두 보살의 논을 인용하여 경문을 해석하였다.

'大悲性空'의 大悲는 利他의 집안이고, 性空은 自利의 집안이다. 따라서 법화경에서는 '대비'를 '집'이라 밝혔고, 유마경에서는 '최후 空寂한 집'이라 말하였다. 하물며 대비와 성공이 서로 이끄는 진실한 집안이야! 이 때문에 이 2가지에 안주하는 것이다.

'故能不住生死涅槃' 이하는 위에서 말한 大悲般若로 돕는 바이기 때문이다.】

---

第四는 明逮得一切佛平等性이라

下云'得佛平等'이라하니 卽觀察如來 於法身中에 所依·意樂·作事에 無差別功德이라

如上佛住로 爲共不共일세 故次明之니라 此는 一切諸佛이 展轉和雜

而同住故로 一切諸佛이 三事無差니 非如聲聞 但有所依니라

제4단락, 일체 부처님과 평등한 성품을 얻었음을 밝혔다.

아래에서 "부처님과 평등함을 얻었다."고 하니 이는 여래의 법신 가운데 의지하는 바와 좋아하는 바와 하는 일에 차별이 없는 공덕을 살펴보는 것이다.

위에서 말한, 부처님이 머문 자리와 똑같기도 하고 똑같지 않기도 한 까닭에 다음으로 이를 밝힌 것이다. 이는 일체 제불이 전전하여 뒤섞여 함께 머문 까닭에 일체 제불이 3가지 일이 어긋남이 없다. 단 의지의 대상이 있는 성문과는 똑같지 않다.

**經**

**獲一切智**하사 **放大光明**하야 **宿世善根**을 **皆令顯現**하사

**普使一切**로 **發廣大心**하야 **令一切衆生**으로 **安住普賢不可壞智**하며

**徧住一切衆生國土**하사 **從於不退正法中生**하야 **住於一切平等法界**하며 **明了衆生心之所宜**하사 **現不可說不可說種種差別如來之身**하시니 **非世言詞**로 **而歎可盡**이라 **能令一切**로 **常思念佛**하야 **充滿法界**하사 **廣度群生**하사대 **隨初發心**의 **所欲利益**하야 **以法惠施**하사 **令其調伏**하야 **信解淸淨**하고 **示現色身**의 **不可思議**케하시니라

일체 지혜를 얻어 큰 광명을 놓아 지난 세상의 선근을 모두 나타나게 하여, 널리 모든 이들로 하여금 광대한 마음을 내어 일체중

생으로 보현보살의 깨뜨릴 수 없는 지혜에 안주하도록 하였으며,

일체중생의 국토에 두루 안주하여 물러서지 않는 바른 법 가운데에서 태어나 일체가 평등한 법계에 머물고,

중생의 마음에 마땅한 바를 알고서 말할 수 없이 말할 수 없는 가지가지로 다른 여래의 몸을 나타내시니, 세상의 말로는 이루 다 찬탄할 수 없다. 모든 이들로 하여금 부처님이 법계에 충만하여 중생을 널리 제도하심을 항상 생각하게 하시되, 처음 발심할 때 원했던 이익을 따라 법으로 보시하여 그들로 하여금 조복하여 신심과 이해가 청정하도록 하였고, 색신을 나타내는 일이 불가사의하였다.

◉ **疏** ◉

文卽分三이니 初는 明所依無差別이니 謂一切智는 以一切諸佛이 皆依眞如淸淨智故니 '放大光'下는 顯智之用이오 二'普使'已下는 明意樂無差니 謂同有利樂勝意樂故니 '普使'之言은 卽意樂也니라 '不可壞智'는 卽如來藏이니 普賢菩薩 自體徧故니라 染而不染을 名不可壞오 反源照極일세 故名安住니라

三'徧住'下는 作業無差니 一切皆作受用變化利他事故니 於中에 先明作業周徧이라 次'從於中'은 作業所依니 卽自受用身이라 一受不失을 名爲不退니 謂得法性이 卽念不退오 此後에 親生佛智니 此智生已에 還住法界니라 次'明了'已下는 正顯作業이니 初는 觀機오 後'現不可說'下는 作業이니 受用變化 各有多類를 名不可說差別之身이라 '能令'已下는 彰業之益이니 一은 能益他오 二'隨初'下는 滿本所願이며 亦令於

物에 能現色身이라 此上四段은 明其自利오 後十七段은 明其利他니라

경문은 3부분으로 나뉜다.

① 의지한 바의 대상에 차별이 없음을 밝힌 것이다. 일체 지혜는 일체 제불이 모두 진여 청정한 지혜를 의지한 때문이다. '放大光明' 이하는 지혜의 작용을 밝힌 것이다.

② '普使一切 發廣大心' 이하는 좋아하는 마음에 차별이 없음을 밝힌 것이다. 똑같이 이익과 즐거움을 둠이 수승한 마음의 즐거움이기 때문이다. '널리 모든 이들로 하여금[普使]'이란 곧 마음의 즐거움이다.

'깨뜨릴 수 없는 지혜[不可壞智]'는 곧 여래장이다. 보현보살 자체가 두루 존재한 때문이다. 물들여도 물들지 않는 것을 '깨뜨릴 수 없다.' 말하고, 본원으로 돌아가 지극한 곳을 관조한 까닭에 '安住'라 말한다.

③ '徧住一切衆生國土' 이하는 하는 일에 차별이 없는 것이다. 일체가 모두 수용변화의 利他에 관한 일이기 때문이다. 그 가운데 첫째는 하는 일이 두루두루 빠뜨림이 없음을 밝혔다.

다음 '從於不退正法中'은 하는 일의 의지한 바이니 곧 자수용신이다. 한 번 받아 잃지 않은 것을 '물러서지 않음[不退]'이라 하는데, 법성을 얻음이 곧 '念不退'이며, 이후에 몸소 부처님의 지혜를 내는 것이다. 이 지혜가 나온 후에는 다시 법계에 머무는 것이다.

다음 '明了衆生心之所宜' 이하는 바로 하는 일을 밝히는 것이다. 처음에는 중생의 근기를 살펴보는 것이며, 뒤의 '現不可說' 이

하는 하는 일이다. 수용변화의 몸이 각기 달리 많은 유가 있는 것을 '말할 수 없는 차별의 몸'이라 한다.

'能令一切 常思念佛' 이하는 하는 일에서 얻어진 이익을 밝히고 있다. ㉠ 남들에게 이익을 주는 것이며, ㉡ '隨初' 이하는 본래의 소원이 충만하고, 또한 중생들에게 몸을 보여준 것이다.

위의 4단락은 自利를 밝혔고, 뒤의 17단락은 利他를 밝혔다.

第五는 明到無障處니 卽觀察如來修一切障對治功德이라

利他之中에 先明化障對治일세 故次明之니 謂已慣習一切煩惱와 及所知障對治聖道가 卽一切智와 及定自在性이라 故論名爲修治며 又已到永離一切習氣所依趣處오 經名到無障處하니 二文互顯이니 以有治必無障이니 無障이 由有治故일세니라

제5단락, 장애가 없는 곳에 이르렀음을 밝혔다. 이는 여래께서 닦으셨던 일체 장애를 다스리는 공덕을 관찰함이다.

利他 가운데 먼저 교화하는 데에 장애가 되는 것을 다스리는 부분을 밝혔기에 이를 다음으로 밝힌 것이다. 이미 익혀온 모든 번뇌 및 所知障을 다스리는 성인의 도가 곧 일체종지 및 定自在性이다. 때문에 논에서는 이를 "닦아 다스린다[修治]." 말하였고, 또한 이미 일체 습기가 의지한 곳을 영원히 여의었으며, 경문에서는 "장애가 없는 곳에 이르렀다."고 말하였다. 2부분의 경문이 서로 그 뜻을 밝혀주고 있으니, 닦아 다스림이 있으면 반드시 장애가 없다.

장애가 없음은 닦아 다스림에 의한 때문이다.

**經**

**等觀衆生**하사대 **心無所着 住無礙住**하사 **得佛十力**하야 **無所障礙**하며 **心常寂定**하사 **未曾散亂**하야 **住一切智**하시니라

중생을 평등하게 관찰하되 마음이 집착한 바 없고 걸림 없이 머무는 자리에 머물러 부처님의 열 가지 힘을 얻어 장애된 바 없으며, 마음이 항상 고요하여 산란하지 않고 일체 지혜에 머물렀다.

◉ 疏 ◉

文中에 心無所著은 是無煩惱障이오 住無礙住는 明無所知障며 得佛十力은 即是種智니 是所知障治오 心常寂定하야 住一切智는 即煩惱障治니라

경문에서 말한 "마음이 집착한 바 없다."는 것은 번뇌장이 없음이며, "걸림 없이 머무는 자리에 머문다."는 것은 소지장이 없음을 밝혔고, "부처님의 열 가지 힘을 얻었다."는 것은 곧 일체 종지이니, 이는 소지장을 다스림이며, "마음이 항상 고요하여 일체 지혜에 머물렀다."는 것은 곧 번뇌장을 다스림이다.

# 화엄경소론찬요 제45권

## 華嚴經疏論纂要 卷第四十五

◉

## 승도솔천궁품 제23-2

### 升兜率天宮品 第二十三之二

第六은 明不可轉法이니 卽觀察如來降伏一切外道功德이라 由有上能治故로 他不能轉利有情事일세 故次明之니 謂教·證 二法이 皆不爲他所動轉故로 無有餘法勝過此故일세니라

제6단락, 법을 굴리지 않음을 밝혔다. 이는 여래께서 일체 외도를 항복시키는 공덕을 살펴보는 것이다.

위에서 이를 다스렸기 때문으로, 그들이 중생에게 이롭게 하는 일을 흔들지 못한 까닭에 이를 다음으로 밝힌 것이다. 이는 教道와 證道 2가지 법이 모두 그들에 의해 흔들리지 않기 때문으로, 나머지 법이 이보다 더 훌륭함이 없기 때문이다.

**經**

**善能開演種種文句眞實之義**하고 **能悉深入無邊智海**하사 **出生無量功德慧藏**하시니라

가지가지 글과 구절의 진실한 뜻을 잘 연설하고, 끝없는 지혜 바다에 깊이 들어가 한량없는 공덕과 지혜의 창고를 내는 것이다.

◉ **疏** ◉

文中에 初明教道오 '能悉'已下는 證道오 '出生'已下는 二道之益이라

경문 가운데 첫 부분은 教道를, '能悉' 이하는 證道를, '出生' 이하는 二道의 이익을 밝혔다.

第七은 明所行無礙니 觀察如來生在世間호되 不爲世法所礙功德이라 顯示如來所化之中에 無高下礙일세 故次明之니 謂世八風이 不能拘礙라 故親光이 名降魔功德이라하니 謂色等境이 不能亂故일세니라

제7단락, 행하는 바 걸림이 없음을 밝혔다. 여래가 세간에 생존하되 세간의 법에 걸린 바가 되지 않는 공덕을 살펴보는 것이다.

여래의 교화 대상 가운데 높낮이에 걸림이 없음을 밝힌 까닭에 이를 다음으로 밝힌 것이다. 이는 세간의 八風(利, 衰, 譽, 毁, 稱, 譏, 樂, 苦)이 구속하거나 장애가 되지 못함을 말한다. 따라서 親光이 이를 '마군을 항복시킨 공덕[降魔功德]'이라 말하였다. 색 등의 경계가 이를 어지럽히지 못하기 때문이다.

經

**恒以佛日**로 **普照法界**하며 **隨本願力**하사 **常現不沒**하며 **恒住法界**하사 **住佛所住**하며 **無有變異**하사 **於我我所**에 **俱無所着**하고 **住出世法**하사 **世法無染**하시니라

항상 부처님 태양으로 널리 법계에 비치고 본래의 원력을 따라 항상 나타나 사라지지 않으며, 법계에 항상 머물면서 부처님이 머문 자리에 머물며, 변함이 없어 나와 나의 것에 모두 집착한 바 없고, 출세간의 법에 머물면서도 세간의 법에 물들지 않는다.

◉ 疏 ◉

文中에 以佛身日로 普照法界는 則橫無礙오 常現不沒은 則竪無礙니 不以無信·生盲等而不現故니 正顯八風不礙니라

'恆住'已下는 顯無礙因이오 '無有變異'는 示無礙相이니 如摩尼珠 不隨物變이라

不著我所는 於內無礙오 世法不染은 於外無礙니 由住出世 如蓮華故니라 如有頌云諸佛常游於世間하사 利樂一切有情類하사되 八法勢風邪分別이 不能傾動不拘礙라하니라【鈔_ '不以無信等而不現'者는 卽第一迴向中意라 如有頌云은 卽無性論이라】

경문에서 말한 "부처님 태양으로 널리 법계에 비친다."는 것은 횡으로 걸림이 없음이며, "항상 나타나 사라지지 않는다."는 것은 종으로 걸림이 없는 것으로, 신심이 없든, 눈이 먼 사람이든 등의 이유로 몸을 나타내지 않음이 없기 때문이다. 이것이 바로 八風에 걸림이 없음을 밝힌 것이다.

"법계에 항상 머물면서" 이하는 걸림이 없는 원인을 밝힘이며, "변함이 없다."는 것은 걸림이 없는 모양을 보여준 것으로, 마니주가 물건을 따라 비춰주되 변하지 않음과 같다.

"나와 나의 것에 모두 집착한 바 없다."는 것은 안으로 걸림이 없고, "세간의 법에 물들지 않는다."는 것은 밖으로 걸림이 없다. 이는 출세간의 법에 안주함으로 말미암아 연꽃과 같기 때문이다. 게송(無性의 논)에 이르기를 "모든 부처님이 언제나 세간에 다니면서 일체중생들에게 이익과 즐거움을 주시되 八風의 삿된 분별이 그를

흔들지 못하고 구속하지 못한다."고 하였다.【초_ "신심이 없든 등의 이유로 몸을 나타내지 않음이 없다."는 것은 제1회향에서 말한 뜻이다. "게송에 이르기를"이란 곧 無性의 논에서 말한 게송이다.】

第八은 明其所安立不可思議니 卽觀察如來安立正法功德이라 由依前方便하야 能作饒益之事일세 故次明之니 謂十二分教 名所安立이니 由深廣故로 不可思議니라

제8단락, 그 몸을 안주하여 세운 바가 불가사의함을 밝혔다. 이는 여래께서 바른 법에 안주한 공덕을 살펴보는 것이다.

앞서 말한 방편을 따라 중생에게 이익이 되는 일을 짓는 까닭에 이를 다음으로 밝힌 것이다. 부처님의 12分教는 명제로 정립된 것이다. 심오하고 광대한 까닭에 불가사의하다.

經

**於一切世間**에 **建智慧幢**하시니 **其智**가 **廣大**하야 **超過世間**하사 **無所染着**하며 **拔諸衆生**하사 **令出淤泥**하야 **置於最上智慧之地**하며 **所有福德**으로 **饒益衆生**호되 **而無有盡**하고 **了知一切菩薩智慧**가 **信向決定**하야 **當成正覺**하며 **以大慈悲**로 **現不可說無量佛身**하사 **種種莊嚴**하고 **以妙音聲**으로 **演無量法**하사 **隨衆生意**하야 **悉令滿足**케하시니라

일체 세간에 지혜의 깃대를 세우니, 그 지혜가 광대하여 세간

을 초월하여 물든 바가 없으며, 중생을 구제하여 깊은 수렁에서 빼내어 가장 높은 지혜의 언덕에 두었으며, 소유한 복덕으로 중생에게 이익을 주되 다함이 없고, 모든 보살의 지혜를 분명히 알아서 믿고 나아감이 결정되어 반드시 정각을 이룰 것이며,

큰 자비의 마음으로 말할 수 없고 한량없는 부처의 몸을 나타내어 가지가지로 장엄하고, 미묘한 음성으로 한량없는 법문을 연설하여 중생의 뜻을 따라 모두 만족케 하셨다.

◉疏◉

文中分二니 初는 約所詮하야 以辨深廣이오 後는 約能詮하야 以明深廣이라

今初에 初句는 總顯이니 建은 卽安立이라 '其智'下는 釋이니 超世廣大는 卽是幢義오 拔置智地는 卽是建義니라 '所有'已下는 福智相對하야 明高廣義니라

경문은 2부분으로 나뉜다.

앞에서는 진리의 대상을 가지고 심오함과 광대함을 말하였고,

뒤에서는 진리의 주체를 들어 심오함과 광대함을 밝혔다.

앞부분의 첫 구절은 총체로 밝힌 것으로, '建'이란 곧 安立이다. "그 지혜가 광대하다." 이하는 해석 부분이다. 세간을 초월하여 광대하다는 것은 '깃대'의 뜻이며, 제도하여 지혜의 언덕으로 옮겨줬다는 것은 '세우다'의 뜻이다. '소유한 복덕' 이하는 복덕과 지혜를 상대로 하여 높고 광대하다의 뜻을 밝힌 것이다.

二'以大慈'下는 現身說法이니 約能詮教하야 以明安立이라

뒤의 '以大慈悲' 이하는 몸을 나타내어 설법한 것이다. 진리의 주체가 되는 가르침으로 '安立'의 뜻을 밝힌 것이다.

第九는 明游於三世平等法性이니 卽觀察如來授記功德이라

以上加行으로 利有情事 三世諸佛 皆悉平等이라 故次明之니 謂於三世平等性中에 能隨解了 過去·未來에 曾·當 轉事를 皆如現在而授記故니라 故下經에 云'普見三世'라하니라

제9단락, 삼세가 평등한 법성에 소요함을 밝혔다. 이는 여래의 授記 공덕을 살펴보는 것이다.

위에서는 加行으로 중생에게 이익을 베푸는 일이 삼세제불이 모두 평등한 까닭에 이를 다음으로 밝힌 것이다. 삼세제불의 평등한 법성에 따라 과거에 일찍이 있었던 일, 미래에 당연히 있을 일들을 모두 현재와 같이 授記하였음을 알았기 때문이다. 따라서 아래의 경문에서 "널리 삼세에 나타난다."고 말하였다.

經

**於去來今**에 **心常清淨**하사 **令諸衆生**으로 **不着境界**하며 **恒與一切諸菩薩記**하사 **令其皆入佛之種性**하야 **生在佛家**하야 **得佛灌頂**케하시니라

과거, 미래, 현재에 마음이 항상 청정하여 모든 중생으로 하여

금 경계에 집착하지 않도록 하며, 일체 모든 보살에게 항상 수기를 주어 모두 부처님의 종성에 들어가고 부처님의 가문에 태어나 부처님의 관정을 얻도록 하였다.

◉ 疏 ◉

文中에 初는 明三世平等之義일세 故云心常淸淨이니 自得平等하야 令物不著하야 使他平等이라

'恒與'以下는 正明授記니 授記未來하야 令同過去種性이며 亦名平等이라

경문의 첫 구절은 삼세가 평등하다는 뜻을 밝힌 까닭에 "마음이 항상 청정하다."고 말한 것이다. 스스로 평등을 얻어 중생으로 하여금 집착하지 않도록 하여, 그들로 하여금 삼세제불과 평등함을 얻도록 마련해주는 것이다.

'恒與一切' 이하는 바로 授記를 밝힌 것이다. 미래에 수기하여 과거 부처의 종성과 같도록 함이며, 또한 '평등'이라고 말한다.

第十은 明其身流布一切世間이니 卽觀察如來 於一切世界에 示現受用 變化身功德이라

顯上利益이 一時頓徧이라 非次第作일세 故次明之니라

제10단락, 그 몸이 일체 세간에 널리 존재함을 밝혔다. 이는 여래께서 모든 세간에 몸을 나타내어 수용하는 變化身 공덕을 살

펴보는 것이다.

위에서 말한 이익이 일시에 모두 단번에 이뤄지는 것이지 차례로 이뤄지는 일이 아님을 밝힌 까닭에 이를 다음으로 밝힌 것이다.

經

**常遊十方**하사 **未曾休息**하사대 **而於一切**에 **無所樂着**하고 **法界佛刹**에 **悉能徧住**하며 **諸衆生心**을 **靡不了知**하사 **所有福德**으로 **離世清淨**하사 **不住生死**하고 **而於世間**에 **如影普現**하시니라

시방에 항상 다니면서 쉬지 않으시되 일체 모든 것에 좋아하는 집착이 없고, 법계의 부처님 세계에 두루 안주하며, 모든 중생의 마음을 모두 알고, 소유한 복덕으로 세간을 벗어나 청정하여 생사에 머물지 않으면서도 모든 세간에 그림자처럼 널리 그 몸을 나타내셨다.

◉ 疏 ◉

文中에 初는 通辨二身이니 常約豎窮하고 徧約橫廣이라 十方·法界는 綺互其文이라 後'諸衆生心'下는 總顯現相이니 德無不淨일세 故不住生死오 機無不鑒일세 故普現世間이라

경문의 첫 부분에서는 2가지 몸을 모두 말하였다. '항상 시방 모든 곳을 찾아다니는 몸[常]'은 시간의 무궁함으로, '모든 법계에 두루 안주하는 몸[徧]'은 공간의 광대함으로 말하였다. 시방과 법계

는 서로 그 뜻을 밝혀주는 互文이다.

뒤의 '諸衆生心' 이하는 몸을 나타낸 모습을 총체로 밝혀주고 있다. 공덕이 청정하지 않음이 없기 때문에 생사에 머물지도 않고, 중생의 근기를 살펴보지 않음이 없기 때문에 세간에 널리 몸을 나타내는 것이다.

第十一은 明於一切法智無疑滯니 卽觀察如來斷疑功德이라 以於上十方彼彼之處에 作斷疑事일새 故次明之니 謂於諸境善決定故니라 故下經에 云智恒明達一切諸法이라하니라

제11단락, 모든 법으로 아는 지혜로 의심과 막힘이 없음을 밝혔다. 이는 의심이 없는 여래의 공덕을 살펴보는 것이다.

위에서 말한 시방이니 법계이니 하는 곳에서 의심이 없는 일을 하기에 다음으로 이를 밝힌 것이다. 이는 모든 경계에 잘 결정하기 때문이다. 따라서 아래의 경문에 이르기를 "지혜로 언제나 일체 모든 법을 밝게 안다."고 하였다.

經

**以智慧月**로 **普照法界**하사 **了達一切**가 **悉無所得**하고 **恒以智慧**로 **知諸世間**이 **如幻如影**하며 **如夢如化**하야 **一切**가 **皆以心爲自性**하사 **如是而住**하시니라

**隨諸衆生**의 **業報不同**과 **心樂差別**과 **諸根各異**하사 **而現佛**

身하며 如來가 恒以無數衆生으로 而爲所緣하사 爲說世間이 皆從緣起하사 知諸法相이 皆悉無相이라 唯是一相 智慧之本하시고

欲令衆生으로 離諸相着하야 示現一切世間性相하사 而行於世하야 爲其開示無上菩提하시니라

지혜의 달로 법계를 널리 비추어 일체 모든 것을 분명하게 알지만 하나도 얻은 바가 없으며, 항상 지혜로써 세간이 요술 같고 그림자 같고 꿈과 같고 변화와 같은 줄을 알고서, 모든 것이 다 마음으로 자성을 삼아 이처럼 안주하는 것이다.

모든 중생의 업보가 똑같지 않고 마음에 좋아하는 것이 다르고 모든 근성이 각각 다름을 따라 부처님의 몸을 나타내며,

여래는 항상 무수한 중생으로 인연을 삼아 세간이 모두 인연으로부터 일어남을 말하여, 모든 법의 모양이 모두 형상이 없고 오직 하나의 자리가 지혜의 근본임을 알려주고,

중생으로 하여금 모든 현상의 모양에 집착을 버리게 하고자, 일체 세간의 성품과 모양을 보여 세간에 다니면서 그들에게 가장 높은 보리를 열어 보여주었다.

◉ 疏 ◉

文中에 初自斷疑니 非不自決이오 能斷他疑故니라 智月普照는 總明了境이오 了達無得은 是了眞境이니 非不證眞코 能了俗故니라

'恒以智'下는 明了俗境이오 '一切皆以心爲自性'은 義通二境이니 攝境

爲心은 是世俗勝義오 心之自性은 卽是眞如니 是勝義勝義니라 '如是而住'는 以無所得而爲方便하야 雙照眞俗하야 無住住故니 菩薩智光月이 法界以爲輪하야 游於畢竟空호되 世間靡不現이라 亦可屬上現受用身이라

경문의 첫 부분은 스스로 의심을 끊음이다. 스스로 의심을 끊지 못하고서는 남들의 의심을 끊어줄 수 없기 때문이다. 지혜의 달을 널리 비추는 것은 총체로 일체 경계를 앎에 대해 밝힌 것이며, 아무리 알아도 얻은 바가 없다는 것은 참 경계를 깨달은 것이다. 진리의 자리를 증득하지 못하고서는 세간의 일을 알 수 있는 일이 아니기 때문이다.

'恒以智慧' 이하는 세속의 경계를 앎에 대해 밝힌 것이다.

"모든 것이 다 마음으로 자성을 삼는다."는 뜻은 두 경계에 통하니, 모든 경계를 받아들여 마음으로 삼은 것은 세속의 절대적 진리이며, 마음의 자성은 곧 진여로서 절대적 진리 중에 절대적 진리이다.

"이처럼 안주한다."는 것은 얻은 바 없는 것으로 방편을 삼아 眞諦와 俗諦를 모두 관조하여 안주한 바 없는 것으로 안주를 삼기 때문이다. 보살의 지혜 광명 달이 법계를 선회하는 곳으로 삼아 결국 허공에서 돌고 돌지만 세간에 나타나지 않음이 없다. 이 또한 現受用身에 속한다.

二'隨諸'已下는 能斷他疑라 初明隨機現身이오 '如來'已下는 所斷疑境이라 爲說緣起는 是斷疑法이니 深入緣起면 疑見亡故니라 知緣起無性故로 知法無相하고 無相無異일새 故名一相이오 智體理成일새 故爲

其本이니라【鈔_ '深入緣起'者는 淨名에 云深入緣起하야 斷諸邪見이면 有無二邊에 無復餘習이라하며 寶積偈에 云說法不有亦不無로되 以因緣故로 諸法生故로 由見因緣하야 能斷疑故니라】

둘째, '隨諸衆生' 이하는 남들의 의심을 끊어주는 것이다. 첫 부분은 중생의 근기를 따라 몸을 나타냄을 밝혔고, "여래는 항상 무수한 중생으로 인연을 삼는다." 이하는 의심을 끊을 대상에 해당되는 의심의 경계이다. 중생을 위해 인연으로 일어남을 말해주는 것은 의심을 끊어주는 법이다. 緣起法에 깊이 들어가면 의심의 견해가 사라지기 때문이다. 모든 것이 인연으로 생겨나 자성이 없음을 알기에 형상이 없는 법을 알고, 형상이 없는 자리는 차이가 없는 것이기에 그 이름을 '一相'이라 하고, 지혜의 본체는 이치로 이뤄져 있기에 근본이 된다.【초_ "연기법에 깊이 들어간다."는 것은 유마경에 이르기를 "연기법에 깊이 들어가 모든 삿된 견해를 끊으면 有와 無 2가지 면에 다시는 남은 업습이 없다."고 하며, 보적보살의 게송에 이르기를 "설법은 有도 아니요, 또한 無도 아니지만, 인연 때문에 모든 법이 일어난다."고 하였다. 따라서 인연의 관조에 따라 의심을 끊을 수 있기 때문이다.】

後'欲令'下는 正明斷疑이니 若離相著이면 開示菩提라야 疑方斷故니라

셋째, '欲令衆生' 이하는 바로 의심을 끊어줌에 대해 밝히고 있다. 만일 형상의 집착을 버렸으면 뒤이어 보리지혜가 열려야 비로소 의심을 끊을 수 있기 때문이다.

第十二은 明於一切行에 成就大覺이니 卽觀察如來令入種種行功德이라

由所化生이 性有差別일새 故次明之니 謂入種種行하야 皆成大覺이니 下經에 但云了一切行이라하니라

제12단락, 모든 행동에 대각의 성취를 밝혔다. 이는 가지가지 행으로 들어가게 하는 여래의 공덕을 살펴보는 것이다.

교화 대상의 중생은 그 자성이 각기 다른 까닭에 이를 다음으로 밝힌 것이다. 가지가지 행에 들어가 모두 대각을 성취하도록 함을 말한다. 아래의 경에서는 "일체 모든 행을 안다[了一切行]."고 말했을 뿐이다.

經

**爲欲救護一切衆生**하사 **出現世間**하야 **開示佛道**하며 **令其得見如來身相**하고 **攀緣憶念**하야 **勤加修習**하야 **除滅世間煩惱之相**하고 **修菩提行**호되 **心不散動**하야 **於大乘門**에 **皆得圓滿**하야 **成就一切諸佛義利**케하시니라

모든 중생을 구제하고 보호하고자 세간에 출현하여 부처님의 도를 보여주었으며, 그들로 하여금 여래의 몸을 보고서 반연하고 생각하여 부지런히 닦도록 하여 세간의 번뇌를 없애주었고, 보리를 수행하되 마음이 산란하지 않고 대승의 법문에 모두 원만하여 모든 부처님의 진리를 성취하도록 하였다.

◉疏◉

文中에 初는 約說法令入이니 '開示佛道'者는 令悟入故니라 後'令其'下는 約現身令入이니 '攀緣'·'修習'은 是進善行이오 '除滅'已下는 是離惡行이오 '修菩提行'은 總擧萬行이오 '心不散動'은 卽是入義니 旣萬行齊修면 則因無不滿이오 果無不成이니라

경문의 첫 부분은 설법으로 불법을 깨닫도록 하였다. "부처님의 도를 보여주었다."는 것은 중생으로 하여금 깨달음을 얻도록 하기 위한 때문이다.

뒤의 '令其得見' 이하는 몸을 출현하여 불법을 깨닫도록 하였다. '攀緣'·'修習'은 선으로 정진하는 수행이며, '除滅世間煩惱' 이하는 악을 버리는 수행이며, "보리를 수행함"은 모든 행을 총체로 열거함이며, "마음이 산란하지 않음"은 곧 깨달음을 얻었다는 뜻이다. 이처럼 모든 행을 모두 닦으면 원인이 원만하고 결과가 성취되지 않음이 없다.

第十三은 明於諸法智無有疑惑이니 卽觀察如來當來法生妙智功德이라

由卽於前所化에 有能·無能을 善巧別知라 故次明之니 謂聖聲聞言호되 此人이 全無少分善根이어늘 如來 知彼善法으로 當生現證이니 過去微少善根種子所隨故일세니라

제13단락, 모든 법을 아는 지혜에 의혹이 없음을 밝혔다. 이는

현재와 미래의 법에 미묘한 지혜를 낳는 여래의 공덕을 살펴보는 것이다.

앞서 말한 교화의 대상인 중생이 유능한가 무능한가를 잘 분별하는 지혜로 말미암아 이를 다음으로 밝힌 것이다. 聖聲聞이 말하였다.

"이 사람이 전혀 자그마한 선근도 없는데, 여래께서 그들에게 알맞은 善法으로 현재 몸을 나타내어 증득하도록 하심을 알고 있다. 이는 그들의 과거세에 심어놓은 자그마한 선근 종자를 따른 때문이다."

**經**

**悉能觀察衆生善根**하사대 **而不壞滅淸淨業報**하고 **智慧明了**하사 **普入三世**하시니라

중생의 선근을 모조리 관찰하여 청정한 업보를 파괴하지 않고 지혜가 분명하여 삼세에 널리 들어가셨다.

◉ **疏** ◉

故文云悉能觀察은 下經에 云'盡一切疑'라하니라 如求度者 遠劫採薪이라가 興一善念이어늘 佛便知故로 觀已便化라 故不壞其淸淨業報라하니라 '智慧'已下는 釋其所以니 以智普入하사 無不知故니라 故親光이 名爲能隨所應하야 恒正敎誨功德이라하니 謂於諸法에 懷疑惑者는 無有堪能隨應敎誨오 唯佛能故로 名智慧明了라하니 則第十一은 是自斷

疑오 此는 斷他疑니라【鈔_ '如求度者 遠劫採薪'者는 卽大莊嚴論 第九에 因說'供養聲聞이라도 得無量福이온 何況如來아'하야 便引此緣이라 昔有一人이 因緣力故로 發心出家하야 往至僧坊이라가 値佛不在하고 詣身子所한대 身子 觀其無少善根이라 詣諸比丘러니 比丘 先問호되 '誰不度汝오' 云'舍利弗이니다' 如是展轉호되 皆不度之어늘 如來 大慈로 至僧坊門하사 爲說偈하사되 云'一切種智身이 大悲以爲體라 佛於三界中에 見諸受化子호되 猶如牛求犢하야 愛念無休息이라'하고 以手摩頂하신대 其人이 悲泣하고 具說不度因緣한대 佛 說偈하사되 云'身子舍利弗者는 彼非一切智며 亦不解體性이라 不盡知中下라 彼識有齊限하야 不能深解了라 無有智能知 微細之業報라'하고 遂牽入僧坊하야 與度得道어늘 身子問云'我觀此人컨대 無少善因이어늘 云何與度하사 便得道耶잇가' 佛言하사되 '汝智微淺이여 此人이 過去無量劫前에 爲一貧人으로 入阿蘭若山林取薪이라가 爲虎所逼하야 以怖畏故로 稱南無佛이라 種子今熟일세 故吾度之得羅漢耳니라' 故上云'微少善根種子所隨'라하다

'則第十一'者는 若準無性·世親인댄 皆十一에 斷他疑어니와 今順親光일세 故爲此說이니라】

이 때문에 경문에서 "모조리 관찰하였다."는 것은 아래의 경문에 이르기를 "모든 의심을 다 없앴다."고 하였다. 예를 들면, 계를 받으려는 어떤 사람이 먼 옛날 땔감나무를 하다가 하나의 선한 생각을 일으켰는데, 부처님이 그 사실을 바로 아신 까닭에 그를 보자마자 교화하셨다. 이처럼 청정한 업보는 오랜 세월 후에도 무너지

지 않은 것이다.

'智慧明了' 이하는 그 이유를 해석한 것이다. 지혜로 널리 들어가 모르는 것이 없기 때문이다. 이 때문에 親光이 '감응할 대상에 따라 언제나 바르게 가르치는 공덕'이라고 말하였다. 이는 모든 법에 의심을 품은 자는 감응에 따른 부처님의 가르침을 감당하여 받아들일 사람이 없고, 오직 부처님만이 가능한 까닭에 이를 '智慧明了'라 말한 것이다. 이는 제11단락은 자신의 의심을 끊고, 그다음은 남들의 의심을 끊어줌이다. 【초_ "계를 받으려는 어떤 사람이 먼 옛날 땔감나무를 하다가"라는 고사는 대장엄론 제9에서 말한 "성문에게 공양해도 한량없는 복을 얻는데, 하물며 여래에게 올린 공양이야!"라는 부분을 인용하여, 여기에서 말한 인연을 인증하였다.

옛날, 어떤 사람이 인연이 있었기에 발심, 출가하여 가람을 찾아갔지만 때마침 부처님이 계시지 않았다. 사리불이 계신 곳으로 찾아갔지만, 사리불은 그에게 자그마한 선근도 없음을 보고서 받아주지 않았다. 다른 비구에게 찾아가자, 그 비구가 대뜸 물었다.

"누가 너를 받아주지 않았느냐?"

"사리불입니다."

이처럼 전전하며 여러 비구를 찾아다녔지만 계를 받지 못하였다. 여래께서 대자비의 마음으로 가람의 문에 이르시어 그를 위해 게송을 말씀하셨다.

"일체종지의 몸은 大悲로 체성을 삼는다. 부처가 삼계에 교화를 받아야 할 자녀 보기를, 마치 암소가 송아지를 부르듯이 사랑의 마음이 멈추지 않는다."

부처님이 손으로 그의 이마를 쓰다듬어 주시자, 그는 슬피 울면서 계를 받지 못한 인연을 모두 말씀드렸다.

이에 부처님이 다시 게송으로 말씀하셨다.

"身子 사리불은 모든 법을 다 아는 지혜가 아니며, 또한 체성을 알지도 못하였다. 모두 알지 못하는 가운데 하등이다. 그의 앎은 한계가 있어 깊이 이해하지 못한 까닭에 그의 지혜가 미세한 업보를 알 수 없었다."

마침내 그를 데리고 가람으로 들어가 계를 내려주고 도를 얻게 하자, 사리불이 여쭈었다.

"제가 그를 보건대 자그마한 선근의 인연도 없는데, 어떻게 그에게 계를 내려 도를 얻게 했습니까?"

"너의 지혜가 미세하고 얕다. 이 사람이 과거 한량없는 그 옛날, 가난한 사람으로 아란야산 숲에 들어가 땔감나무를 하다가 범과 승냥이에게 쫓겨 두려운 마음에 '나무불!' 하고 염불하였다. 그 염불한 종자가 이제 성숙한 까닭에 내가 그를 제도하여 나한이 되게 하였다."

이 때문에 위에서 "자그마한 선근 종자를 따른 것이다."고 말하였다.

"제11단락은 자신의 의심을 끊었다."는 것은 무성과 세친 보살의 말에 준해보면, 제11단락에서 남들의 의심을 끊어준 것이지만, 여기에서는 親光의 말을 따른 까닭에 이처럼 말한 것이다.】

第十四는 明凡所現身 不可分別이니 下經에 但云無能測身이라하니 卽觀察如來 如其勝解 示現功德이니 由上云善巧別知일세 故此次云於前所化邪正과 及俱行中에 無有分別이라하니라

제14단락, 모든 현신한 몸을 분별하지 못함을 밝혔다. 아래의 경문에서는 '헤아릴 수 없는 몸[無能測身]'이라 말했을 뿐이다. 이는 여래의 勝解처럼 보여주는 공덕을 살펴보는 것이다. 위에서는 '잘 분별하는 지혜[善巧別知]'라 말하였기 때문에 다음으로 여기에서는 "교화의 대상이 삿되든 바르든, 그리고 모든 수행에 분별심을 두지 않았다."고 말하였다.

經

**永離一切世間分別**하고 **放光明網**하사 **普照十方一切世界**하사 **無不充滿**하며 **色身妙好**하사 **見者無厭**하며 **以大功德智慧神通**으로 **出生種種菩薩諸行**하사대 **諸根境界**가 **自在圓滿**하사 **作諸佛事**하고 **作已便沒**하시니라

일체 세간의 분별을 영원히 여의었고, 광명그물을 펼쳐 시방의 모든 세계를 두루 비추어 충만하지 않은 데가 없으며, 몸이 아름다워 보는 이가 싫어하지 않으며, 큰 공덕과 지혜와 신통력으로 가지가지 보살의 여러 가지 행을 내며, 모든 몸의 경계가 자재하고 원만하며, 불사를 짓고 곧 사라졌다.

◉ 疏 ◉

文中에 初二句는 明無分別義라 世虛妄解와 種·現 俱亡일세 故云永離니 由自無分別故로 餘不可以分別知니라 故親光이 名爲能正攝受無染自體殊勝功德이라하니 謂佛身功德은 非是雜染分別所起라 無煩惱業生之雜染일세 故不可分別이라 而無性이 云隨機現身이 如摩尼珠하야 無分別者는 則順今文佛無分別이오 不順彼經不可之言이라

경문 가운데 첫 2구는 분별심이 없다는 뜻을 밝힘이다. 세간의 허망한 견해와 종자·현행이 모두 사라진 까닭에 "영원히 여의었다[永離]."고 말한 것이다. 자신의 분별심이 없는 까닭에 나머지도 분별심으로 아는 것이 아니다. 이 때문에 親光이 '바르게 받아들이는, 오염이 없는 자체의 수승한 공덕'이라고 말하였다. 이는 佛身功德은 잡염과 분별에 의해 일어나는 바가 아니기에, 번뇌의 업으로 일어나는 잡염이 없다. 이 때문에 "분별로 하지 않는다."고 말하였다. 그러나 無性이 말한 "중생의 근기에 따른 現身이 마니주와 같아서 분별이 없다."는 것은 이 경문에서 말한 "부처님은 분별심이 없다."는 말을 따랐을 뿐, 저 경문에서 "분별로 하지 않는다."는 말을 따르지 않았다.

次'放光明'下는 彰所示現皆無分別이라 '見無厭足'은 則顯衆生不能分別이니 如瞿波觀佛毛孔하고 念念無厭하야 不能窮究故일세니라【鈔_如彼瞿波觀佛毛孔은 卽七十五經이라】

다음 '放光明' 이하는 보여주는 바가 모두 분별이 없음을 밝힌 것이다. "보는 이가 싫어하지 않는다."는 것은 중생이 분별하지 않

음을 밝힌 것이다. 마치 瞿波가 부처님의 모공을 보면서 모든 생각마다 싫어함이 없어 다하지 못한 때문이다.【초_ "瞿波가 부처님의 모공을 보고서"의 고사는 제75경에서 인용한 부분이다.】

'以大功德'下는 辨能現德이오 '出生'已下는 明所現益이오 '諸根'以下는 辨所現相이니 謂諸根圓滿하야 境界自在니라 '作諸佛事'는 總彰現意오 '作已便沒'은 明現時分이니 旣隨勝解現이면 則感謝應移니라

'以大功德' 이하는 현신한 주체의 공덕을 말하였고, '出生' 이하는 현신의 대상이 얻은 이익을 밝혔고, '諸根' 이하는 현신한 바의 형상을 말하였다. 모든 몸이 원만하여 경계에 자재함을 말한다. 모든 불사를 짓는다는 것은 현신한 뜻을 총체로 밝힘이며, "불사를 짓고 곧 사라졌다."는 것은 현신의 시간 부분을 밝힌 것이다. 이미 수승한 견해를 따라 나타난 몸인즉 부르는 것이 다하면 응하는 것도 변하기 마련이다.

第十五는 明一切菩薩等所求智니 卽觀察如來 無量所依로 調伏有情 加行功德이니 爲欲引發任持不定種性 聲聞菩薩하사 唯讚大乘일세 故次明之니라 言'等所求'者는 無不求故니 佛地에 名爲正所求智니 謂唯菩薩이라아 正能求故일세니라【鈔_ '言等所求'下는 是疏釋經이니 義在釋文이라】

제15단락, 일체 보살이 똑같이 추구하는 지혜를 밝힌 것으로, 곧 여래의 한량없는 의지 대상의 중생을 조복하는 加行 공덕을 살

펴보는 것이다. 일정하지 않은 종성[不定種性]인 성문보살을 이끌어 맡기고자 오직 대승만 찬탄한 까닭에 다음으로 이를 밝힌 것이다.

'똑같이 추구하는 지혜[等所求智]'라 말한 것은 구하지 않음이 없기 때문이다. 부처님의 지위에서는 '바르게 추구하는 지혜[正所求智]'라 한다. 이는 오직 보살만이 추구할 수 있기 때문이다.【초_ "똑같이 추구하는 지혜라 말한다." 이하는 청량소로 경문을 해석한 것이다. 이 의미는 경문 해석에 있다.】

**經**

**善能開示過·現·未來 一切智道**하사 **爲諸菩薩**하야 **普雨無量陀羅尼雨**하시고 **令其發起廣大欲樂**하야 **受持修習**케하시니라

과거·현재·미래의 일체 지혜의 도를 잘 열어 보이며, 모든 보살들을 위하여 한량없는 다라니 비를 널리 내려, 그들로 하여금 광대한 욕망을 일으켜 받아 지니고 닦아 익히게 하였다.

◉ **疏** ◉

文中에 初는 明所求니 卽一切智니 此所求智는 卽是無量菩薩所依니라 而言'道'者는 通因果也라 '爲諸'已下는 卽成所依義니 謂由無量菩薩이 爲欲調伏諸有情故로 發起加行에 要以佛增上力故로 聞法爲先하야 獲得妙智而爲所依니라 '令其發起廣大欲樂'者는 卽是調伏有情加行이오 '受持修習'者는 卽成智之因이라

경문 가운데 첫 부분은 추구하는 바를 밝힌 것으로, 곧 一切智

이다. 이처럼 추구하는 바의 지혜가 곧 한량없는 보살이 의지하는 바이다. '道'라 말한 것은 인과에 모두 통한다.

'爲諸菩薩' 이하는 곧 의지한 바를 성취하였다는 뜻이다. 이는 한량없는 보살이 모든 중생을 조복하고자 한 까닭에 加行을 일으키고자 함에 있어 부처님의 增上力을 필요로 한다. 이 때문에 법문을 듣는 것으로 급선무를 삼아 미묘한 지혜를 얻는 것으로 의지한 바를 삼음을 말한다.

"그들로 하여금 광대한 욕망을 일으킨다."는 것은 중생을 조복하는 加行이며, "받아 지니고 닦아 익힌다."는 것은 지혜 성취의 원인이다.

第十六은 明得佛無二하야 住勝彼岸이니 卽觀察如來平等法身에 波羅蜜多 成滿功德이니 爲遮所化 於大師所에 疑一切智非一切智일세 故次明之니 由滿諸度하야 是一切智니라

言'無二'者는 卽平等也라 平等有二하니 一은 法身平等이니 於法身中에 滿諸度故오 二는 果位諸度 無增減故로 名爲平等이라 親光은則以住於法身으로 卽是彼岸이라하야 不說諸度일세 故云法身無差別相이 名爲無二오 緣彼勝定하야 常住其中일세 故名爲住니 卽無二住 名勝彼岸이오 佛已窮到일세 故名爲得이니라

제16단락, 부처님의 둘이 없음을 얻어 훌륭한 피안에 안주함을 밝힌 것으로, 곧 여래의 평등한 법신에 바라밀다의 원만한 공덕

의 성취를 살펴보는 것이다. 이는 교화의 대상이 큰 스승이 계신 곳에 일체 지혜인가 아닌가에 대한 의심을 차단하기 위한 까닭에 이를 다음으로 밝힌 것이다. 모든 바라밀이 원만함으로 말미암아 이는 일체 지혜이다.

'둘이 없다[無二].'고 말한 것은 곧 평등이다. 평등에는 2가지의 뜻이 있다.

① 법신의 평등이다. 법신에는 모든 바라밀이 원만하기 때문이다.

② 果位의 모든 바라밀에 더하거나 덜함이 없기 때문에 그 이름을 평등이라 한다.

親光은 곧 법신에 머무는 것이 피안이라 하여, 모든 바라밀을 말하지 않은 까닭에 차별의 모양이 없는 법신을 '無二'라 하고, 훌륭한 선정을 인연하여 그 가운데 常住한 까닭에 그 이름을 '住'라 한다. 곧 無二의 住를 '훌륭한 피안[勝彼岸]'이라 하고, 부처님이 이미 다한 자리이기에 이를 '얻었다[得]'고 말한다.

**經**

**成就一切諸佛功德**하사 **圓滿熾盛**하야 **無邊妙色**으로 **莊嚴其身**하시니 **一切世間**이 **靡不現覩**라 **永離一切障礙之法**하사 **於一切法眞實之義**에 **已得淸淨**하고 **於功德法**에 **而得自在**하시니라

일체 모든 부처님의 공덕을 성취하여 원만하고 성대하여 그지

없는 미묘한 빛으로 몸을 장엄하시니, 일체 세간에 나타내어 보여주지 않은 모습이 없었다. 모든 장애가 되는 법을 영원히 여의고서 일체 법의 진실한 이치에 이미 청정함을 얻었고, 공덕의 법에 자재함을 얻었다.

◉ 疏 ◉

文中에 初는 滿諸度일세 故云熾盛이라

次'無邊'下는 以度滿故로 莊嚴法身이니 故法華에 云'微妙淨法身이 具相三十二하사 以八十種好로 用莊嚴法身이라'하니 以十身圓融하야 不相離故니라

言'一切世間'者는 不隔凡聖이오 '靡不現覩'는 雙現受用變化之身이라

'永離'已下는 無二礙故니 和合識破하고 相續心滅故니라

'於一切'下는 顯現法身하야 智純淨故니라

'於功德'下는 諸度滿故일세니라【鈔_ 和合識破는 卽起信意니 前文已有오 下復重明호리라】

경문의 첫 부분은 모든 바라밀이 원만한 까닭에 성대하다고 말하였다.

다음 '無邊妙色' 이하는 모든 바라밀이 원만한 까닭에 법신을 장엄한 것이다. 따라서 법화경에 이르기를 "미묘 청정한 법신이 32가지의 모습을 갖추어 80가지의 잘생긴 모습으로 인하여 법신을 장엄하였다."고 한다. 이는 十身이 원융하여 서로 분리되지 않았기 때문이다.

'一切世間'이라 말한 것은 범부와 성인이 서로 간격이 없음이며, "나타내어 보여주지 않은 모습이 없었다."는 것은 受用身과 變化身을 모두 나타낸 것이다.

'永離一切障礙' 이하는 煩惱障·所知障이 없기 때문이다. 和合識이 부서지고 相續心이 사라진 때문이다.

'於一切法眞實' 이하는 법신을 나타내어 지혜가 순수 청정한 때문이다.

'於功德法' 이하는 모든 바라밀이 원만한 때문이다.【초_ "和合識이 부서졌다."는 것은 기신론에서 말한 뜻이다. 앞의 경문에서 이미 언급한 바 있고, 아래에서 다시 밝히고자 한다.】

---

第十七은 明不相間雜 如來解脫 妙智究竟이니 卽觀察如來隨其勝解하야 示現差別佛土功德이라 以外人 聞上平等하고 謂同一性이라 故次說에 言不相間雜이니 謂一切如來 十身體用이 各各別故로 猶如冥室千光이니라

제17단락, 서로 혼잡 되지 않은 여래 해탈의 미묘한 최고의 지혜를 밝힌 것으로, 곧 여래께서 훌륭한 이해를 따라 각기 다른 국토에 몸을 나타내는 공덕을 관찰하였다.

외도들이 위에서 말한 평등하다는 말을 듣고서, "하나의 자성과 같다."고 말한 까닭에 다음으로 서로 혼잡 되지 않은 점을 말한 것이다. 일체 여래의 十身 체용이 각기 다른 까닭에 마치 캄캄한

실내에 수많은 등불이 함께 있는 것과 같음을 말한다.

**經**

爲大法王하사 如日普照하며 爲世福田하사 具大威德하며 於一切世間에 普現化身하며 放智慧光하사 悉令開悟하고 欲令衆生으로 知佛具足無邊功德하며 以無礙繒으로 繫頂受位하며 隨順世間하야 方便開導하며 以智慧手로 安慰衆生하며

爲大醫王하사 善療衆病하며 一切世間無量國土에 悉能徧往하사 未曾休息하며 淸淨慧眼이 離諸障翳하사 悉能明見하며 於作不善惡業衆生에 種種調伏하사 令其入道호대 善取時宜하사 無有休息하며

若諸衆生이 起平等心이어든 卽爲化現平等業報하며 隨其心樂하고 隨其業果하야 爲現佛身하사 種種神變으로 而爲說法하사 令其悟解하야 得法智慧하며 心大歡喜하야 諸根踊躍하며 見無量佛하고 起深重信하야 生諸善根하야 永不退轉케하시니라

큰 법왕이 되어 태양처럼 두루 비추며, 세상의 복전이 되어 큰 위덕을 갖추며, 모든 세간에 화신을 나타내며, 지혜 광명을 쏟아내어 모두 깨닫도록 하고, 중생으로 하여금 부처님의 끝없는 공덕을 구족한 줄 알게 하려는 것이며, 걸림 없는 비단으로 정수리에 묶고 지위를 받으며, 세간을 따라 방편으로 지도하며, 지혜의 손으로 중

생을 위로하며,

큰 의왕이 되어 모든 병을 잘 치료하며, 일체 세간의 한량없는 국토에 두루 나아가 쉬지 아니하며, 청정한 지혜의 눈이 모든 장애를 여의어 모두 밝게 보며, 착하지 않은 나쁜 업을 지은 중생을 가지가지로 조복하여 도에 들어가게 하되 시기를 잘 맞추어 쉬는 일이 없으며,

만일 중생들이 평등한 마음을 일으키면 곧 평등한 업보를 변화하여 나타내며, 그 마음에 좋아하는 바를 따르고 그 업보를 따라서 부처의 몸을 나타내어 가지가지의 신통변화로 법을 연설하여, 그들로 하여금 깨달아 법의 지혜를 얻도록 하며, 마음에 크게 환희하여 모든 몸이 날뛰며, 한량없는 부처님을 친견하고 깊고 중한 신심을 일으켜 모든 선근을 내어 영원히 물러서지 않도록 하였다.

◉疏◉

在文分二니 初는 明變化身土不雜이오 二는 明受用身土不雜이라 無著은 但云'差別佛土'라하니 略擧一邊이어니와 親光은 則雙明身土하니 合今文意라

今初變化中에 先身 後土니 初中에 先은 總顯化身超勝이오 次'普現者'는 通十法界身이오 '放智慧光'은 合如日義이오 '欲令'已下는 彰所化意니 能爲多化라야 方顯佛德無邊이라 所以名不間雜者는 以於一切世間普化니 一佛旣爾인댄 餘何所化아 故知所屬不同하야 重重皆徧이 是不間雜義니라【鈔_ '所以名不間雜'下는 隨難別釋이니 卽是釋

經이라 於中에 先問이오 後故知所屬不同'下는 釋所屬不同이니 卽無雜義니 如千燈各異오 '重重皆偏'은 是無間義니 如光光涉入이라 故上總言如冥室千光이라하니라】

경문은 2부분으로 나뉜다.

① 變化身土가 혼잡하지 않음을 밝혔고,

② 受用身土가 혼잡하지 않음을 밝혔다.

무착은 이를 差別佛土만을 말하여, 한 부분만을 간단하게 들어 말했지만, 親光은 몸과 국토를 모두 밝혔으니, 이 경문의 뜻에 부합한다.

① '변화신토' 가운데, 앞에서는 몸을, 뒤에서는 국토를 말하였다.

앞의 몸 가운데 먼저 화신의 뛰어남을 총체로 밝혔고, 다음 '普現化身'이란 十法界身을 전체로 말하였고, "지혜 광명을 쏟아냄"은 태양과 같다는 뜻에 부합하고, '欲令衆生' 이하는 교화할 바의 뜻을 밝힌 것이다. 수많은 교화가 있어야 비로소 그지없는 부처님의 공덕을 밝힐 수 있다. 이 때문에 "서로 혼잡 되지 않는다."고 말한 것은 모든 세간에 널리 교화함을 말한다. 하나의 부처님이 이미 그러하다면 나머지는 어떻게 교화하랴! 따라서 소속이 똑같지 않아 거듭거듭 모두 두루 존재함이 "서로 혼잡 되지 않는다."는 뜻임을 알아야 한다.【초_ "이 때문에 서로 혼잡 되지 않는다고 말한다." 이하는 물음과 논란에 따라 개별로 해석하였다. 이는 곧 경문의 해석이다. 그 가운데 앞은 물음이고, 뒤의 "따라서 소속이 똑같지 않다." 이하는 소속이 똑같지 않음을 해석하였다. 이는 곧 혼잡이 없다는 뜻으로 수많은 등불이 각기 다른 것과 같다. “거듭거듭 모두 두루 존재한다.”는 것은 간단이 없다는 뜻으로 빛과 빛이 서로 받아들이는 것과 같다. 때문에 위에서 총체로 “캄캄한 실내에 수많은 등불이 함께 있는 것과 같다.”고 말하였다.】

後'以無礙'下는 別化因圓果滿之身이니 初明因圓이오 '爲大醫'下는 現果滿身이라 二'一切世'下는 明現化土니 初는 明非唯能化라 亦能徧往이오 '淸淨慧'下는 明佛觀機니 卽是如來勝解現前이라 '於作不善'下는 隨機現土等이니 隨諸衆生應以何國으로 起調伏心하야 入佛智慧而取佛土일세 故云善取時宜라하고 無適淨穢일세 故云種種이니 欲該餘化니라 略無土言이나 義必含有며 又對後平等하야 但言不善이나 亦應合有有漏之善이라

二'若諸衆生'下는 現受用身土不雜이니 先土後身이라 已證眞如일세 名平等心이오 覩受用土 是平等報니 上則心有高下어니와 此則依於佛慧니라【鈔_ '上則心有高下'는 卽淨名經意니 螺髻 語舍利弗호되 '仁者 心有高下하야 不依佛慧일세 故見此土爲不淨耳라'하니 今指上化土는 是隨心高下오 今見受用은 是依佛慧니라】

뒤의 '以無礙' 이하는 인과가 원만한 몸을 개별로 밝힌 것이다. 앞에서는 因의 원만함을, '爲大醫' 이하는 果가 원만한 몸을 밝혔다.

뒤의 '一切世' 이하는 現化土를 밝힌 것이다. 앞에서는 오직 교화의 주체뿐 아니라, 또한 두루 찾아감을 밝혔고, '淸淨慧' 이하는 부처님이 중생의 근기를 살펴봄에 대해 밝힌 것으로, 이는 곧 여래의 훌륭한 이해가 앞에 나타난 것이다.

'於作不善' 이하는 중생의 근기를 따라 국토에 나타난다 등을 말한다. 모든 중생을 따라 어떤 나라에 감응하여 조복심을 일으켜 부처님의 지혜에 들어가 부처님의 국토를 취한 까닭에 "시기를 잘 맞춘다." 말하고, 정토와 예토를 하나같이 주장함이 없기 때문에 '種種'이라 말하니 나머지 교화를 갖추고자 함이다. '土'라는 말은 생략하여 언급하지 않았지만, 그 의미는 반드시 포함되어 있으며, 또한 뒤의 평등을 상대로 하여 "착하지 않다."고 말했을 뿐, 또한 당연히 有漏의 선이 있다.

② '若諸衆生' 이하는 受用身土를 밝힌 것으로, 앞에서는 국토를, 뒤에서는 몸을 말하였다. 이미 진여를 증명하였기에 그 이름을 평등한 마음이라 하고, 受用土를 보는 것을 평등한 과보라 한다. 위에서는 마음에 높낮이가 있지만, 여기에서는 부처님의 지혜를 따른 것이다.【초_ "위에서는 마음에 높낮이가 있다."는 것은 유마경에서 말한 뜻이다. 螺髻가 사리불에게 말하기를 "어지신 분이 마음에 높낮이가 있어 부처님의 지혜를 따르지 않기에 국토가 청정하지 못하게 되었다."고 하였다. 여기에서 위의 化土를 말한 것은 마음의 높낮이를 따른 것이며, 여기에서 受用土를 볼 수 있는 것은 부처님의 지혜를 따른 것임을 가리키고 있다.】

後'隨其心樂'下는 現受用身이라 故親光이 云'於淨佛土에 現受用身이나 亦不相雜'이라'하니라 '令其'已下는 明現之益이니 親光이 云'大集會中에 現種種身하야 與諸菩薩로 受用法樂호되 亦不相雜'이라'하니 得智·心喜等이 皆法樂也니라 又心大歡喜는 卽是初地에 見諸佛故로 生歡喜

等이니 以證生信일세 故名深重이오 以證不退일세 故得永言이라

뒤의 '隨其心樂' 이하는 수용신을 나타냄이다. 따라서 친광보살이 말하기를 "청정 불국토에 수용신을 나타내지만 또한 서로 뒤섞이지 않는다."고 하였다.

'令其悟解' 이하는 現身의 이익을 밝힌 것이다. 친광보살이 말하기를 "크게 모인 법회 가운데 가지가지의 몸을 나타내어 모든 보살들과 법의 즐거움을 수용하시되 또한 서로 뒤섞이지 않는다."고 하였다. 지혜를 얻음과 마음의 기쁨 등이 모두 법의 즐거움이다.

또한 "마음에 크게 환희하여"는 初地에서 모든 부처님을 친견하였기 때문에 환희심을 낸다는 등이다. 증명으로 신심을 일으킨 까닭에 그 이름을 '深重'이라 하고, 증명으로 물러서지 않기 때문에 '영원하다'고 말한 것이다.

第十八은 明證無中邊 佛平等地니 卽觀察如來三種佛身의 方處無分限功德이니 由疑上如來妙智究竟에 非一非異면 其相云何오 故次明此無中邊等이니라 常無常等은 皆二邊相이라

言'方處'者는 謂諸世界오 '無分限'者는 釋無中邊이니 此無中邊에 略有四義하니 一은 世界無中邊이니 佛德如彼하야 無有分限이오 二는 世界無邊이니 諸佛十身이 卽於其中에 稱世界量하야 平等偏滿이오 三은 此法身等이 於佛地中에 平等偏滿하사 無中無邊하며 無有分限이오 四는 此法身等이 偏一切處하사 爲諸衆生하야 現作饒益이라 然非自性일

세 無中無邊이니라

親光에 復名此爲眞如相殊勝功德이라하니 謂眞如相이 無有中邊이니 如此眞如 卽是佛地平等法性이라 證此性故로 徧知一切호되 於中不染이니 今此文中에 總顯十身이 皆無分限이니라

제18단락, 중앙도 가장자리도 없는 것을 증명한 부처님의 평등한 땅을 밝혔다. 이는 여래의 3가지 佛身의 '처하신 곳[方處]'에 구분과 한계가 없는 공덕을 살펴보는 것이다. 위에서 "여래의 미묘한 지혜가 결국 하나도 아니고 다른 것도 아니라면 그 모습이 어떤 것일까?"를 의심한 까닭에 다음으로 중앙도 가장자리도 없다는 등을 밝힌 것이다. 영원하다느니 무상하다느니 등은 모두 두 가장자리의 모습이다.

'方處'라 말한 것은 모든 세계를 말하고, '구분과 한계가 없다.'는 것은 중앙도 가장자리도 없음을 해석한 것이다.

'중앙도 가장자리도 없다.'는 것은 간단하게 4가지 뜻이 있다.

① 세계에 중앙도 가장자리도 없다. 부처님의 공덕이 그와 같이 구분과 한계가 없다.

② 세계는 끝이 없다. 모든 부처님의 十身이 곧 그 가운데 세계의 크기와 똑같이 하나가 되어 평등하게 두루 원만하다.

③ 법신 등이 佛地의 가운데 평등하게 두루 원만하여 중앙도 가장자리도 없고 구분과 한계도 없다.

④ 법신 등이 일체 모든 곳에 두루 존재하면서 모든 중생을 위하여 이익을 만들어주지만, 그러나 자성이 아니기에 중앙도 가장

자리도 없다.

친광은 다시 이를 '眞如相의 훌륭한 공덕'이라고 말하였다. 진여상이 중앙도 가장자리도 없음을 말한다. 이와 같은 진여가 곧 佛地에 평등한 법성이다. 이러한 법성을 증명한 까닭에 일체를 두루 알면서도 그 가운데 물들지 않는다. 이 경문에 십신이 모두 구분과 한계가 없음을 총체로 밝혔다.

**經**

**一切衆生**이 **隨業所繫**하야 **長眠生死**일세 **如來出世**하사 **能覺悟之**하야 **安慰其心**하사 **使無憂怖**하고

**若得見者**면 **悉令證入無依義智**하며 **智慧善巧**로 **了達境界**하며 **莊嚴妙好**가 **無能暎奪**하며 **智山法芽**가 **悉已淸淨**하며 **或現菩薩**하고 **或現佛身**하사 **令諸衆生**으로 **至無患地**하며 **無數功德之所莊嚴**과 **業行所成**으로 **現於世間**하시니 **一切諸佛**의 **莊嚴淸淨**이 **莫不皆以一切智業之所成就**하시니라

일체중생이 업의 얽매인 바에 따라 생사윤회의 깊은 잠에서 깨어나지 못하였다. 여래께서 세상에 나오시어 중생을 깨우쳐 그들의 마음을 위로하여 근심과 두려움이 없도록 하였으며,

만일 부처님을 친견하는 이가 있으면 모두 의지함이 없는 이치의 지혜를 증득하도록 해주었으며, 지혜가 교묘하여 경계를 잘 알며, 장엄이 아름답고 미묘하여 그 누구도 부처님을 가릴 이가 없으며, 지혜의 산과 법의 싹이 모두 청정하며, 혹은 보살의 몸으로 나

타나고, 혹은 부처의 몸으로 나타나 모든 중생으로 하여금 근심이 없는 자리에 이르게 하였으며, 수없는 공덕으로 장엄한 바와 업과 행으로 성취한 바로 세간에 나타나셨다. 모든 부처님의 장엄과 청정이 모두 일체 지혜의 업으로 성취하지 않은 바가 없다.

◉ 疏 ◉

文中分二니 先은 別顯四智十身이오 後'無數'下는 總結因果니 今은 初라 先就覺他하야 翻明自覺하야 成就法身니 於中에 先明覺他는 卽妙觀察智와 及成所作智之所利樂이니라 '若得見'下는 彰其所益이라 '無依義智'는 卽大圓鏡이니 是無中邊佛平等地라 以無礙智身이 無所依故로 則證眞如하야 爲佛地性하며 轉昔染依하야 爲智所依일세 卽是如如와 及如如智니 旣令他證인댄 顯自已證也니라

次'智慧'下 二句는 卽妙觀察智라 '莊嚴無奪'은 顯圓鏡智 所現之影이라 智山淸淨은 卽平等性智니 平等高出일세 所以名山이오 四惑已亡일세 故云淸淨이니 因惑爲種인댄 生必待時어니와 今能生自在일세 故種受芽稱이라

'或現'已下는 卽平等性所現之影이니 兼顯十身이오 不唯此二일세 故復言'或'이니라 '令諸衆生至無患地'者는 卽成佛地니 以遠離微細念故로 名爲無患이니라

경문은 2부분으로 나뉜다.

앞에서는 四智와 十身을 개별로 밝혔고,

뒤의 '無數功德' 이하는 인과를 총체로 끝맺었다.

이는 앞부분이다.

먼저 남들을 깨우쳐주는 측면에서 거꾸로 그 자신이 깨달음을 얻어 법신을 성취하였음을 밝힌 것이다. 여기에서 먼저 남들을 깨우쳐주는 측면을 밝힌 것은 '사물을 미묘하게 관찰하는 지혜[妙觀察智]'와 '중생 제도에 걸림이 없이 성취하는 지혜[成所作智]'로 중생에게 이익과 즐거움을 주었던 바이기 때문이다.

'若得見者' 이하는 그 이익이 되는 바를 밝히고 있다. '의지함이 없는 진리의 지혜[無依義智]'는 '법을 통달하여 원만하게 비추어 보는 지혜[大圓鏡智]'이다. 이는 중앙도 가장자리도 없는 부처님의 평등한 곳이다. 걸림 없는 지혜의 몸이 의지한 바 없기 때문에 곧 진여를 증명하여 佛地의 자성이 되며, 옛적의 오염과 의지한 바를 전변하여 지혜의 의지하는 바가 되기에 곧 如如 및 如如智이다. 이미 남들을 깨닫도록 마련해주었다면 그것은 곧 그 자신이 이미 증명하였음을 밝힌 것이다.

다음 '智慧善巧' 이하 2구는 곧 '사물을 미묘하게 관찰하는 지혜'이다. "장엄이 아름답고 미묘하여 그 누구도 부처님을 가릴 이가 없다[莊嚴無奪]."는 것은 '법을 통달하여 원만하게 비추어 보는 지혜'에서 나타난 그림자임을 밝힌 것이다.

"지혜의 산과 법의 싹이 모두 청정하다."는 것은 평등한 법성의 지혜이다. 평등하게 높이 솟은 까닭에 바로 '산'이라 말하고, 4가지 번뇌[四惑: 我癡·我見·我慢·我愛]가 이미 사라졌기에 '청정'이라 말한다. 번뇌[惑]로 인하여 종자가 이뤄지면 몸을 받아 태어나는 데에 반드시 시간을 기다려야 하지만, 여기에서는 태어남을 자유자재로 하기에 그 종자를 '싹[芽]'이라 말한다.

'或現菩薩' 이하는 평등한 법성에 의해 나타나는 그림자로, 十身을 모두 밝힌 것이다. 오직 보살과 부처 2가지의 몸에 그치지 않기 때문에 또한 '或'이라 말한다.

"모든 중생으로 하여금 근심이 없는 자리에 이르게 하였다."는 것은 곧 성불한 지위이다. '미세한 생각[微細念]'마저 영원히 버린 까닭에 이를 '근심이 없다.'고 말한다.

後總結中에 初는 總明이니 謂十力四智等으로 莊嚴法身이라 業行所成은 卽是報佛이오 現於世間은 結他受用과 及變化身이니 總上諸義면 則有十身이라【鈔_ 總上諸義者는 一은 就覺他하야 翻明自覺是菩提身이오 二는 成就法身과 及顯如如 卽法身이오 三은 四智 卽智身이오 四는 莊嚴妙好 卽相好莊嚴身이오 五는 無能暎奪이 卽威勢身이오 六은 無數功德이 卽福德身이오 七은 或現菩薩等이 卽意生身이오 八은 令生離惑이 卽是願身과 及九變化身이오 十은 業行所成으로 現於世間이 卽力持身이라 故云具十이라하니라】

뒤의 총체로 끝맺은 부분 가운데, 첫 부분은 총체로 밝히고 있다. 十力과 四智 등으로 법신장엄을 말한다. '업과 행으로 성취한 바'는 곧 부처님 은혜에 보답하는 것이며, '세간에 몸을 나타냄'은 타수용신 및 변화신을 끝맺음이다. 위의 모든 의미를 총괄하면 곧 十身에 있다.【초_ "위의 모든 의미를 총괄한다."는 것은 10가지이다.

① 남들을 깨우쳐준 측면에서 그 자신의 깨달음이 '보리신'임을

거꾸로 밝혔고,

② 법신의 성취 및 如如를 나타냄은 곧 '법신'이며,

③ 4가지 지혜는 곧 '智身'이며,

④ 장엄이 미묘하고 아름다움은 곧 '상호장엄신'이며,

⑤ 그 누구도 부처님을 가릴 이가 없다는 것은 곧 '위세신'이며,

⑥ 수없는 공덕은 곧 '복덕신'이며,

⑦ 혹은 보살의 몸으로 나타난다 등은 곧 '意生身'이며,

⑧ 중생으로 하여금 번뇌를 영원히 여의도록 하는 것은 곧 '願身'이자,

⑨ '변화신'이며,

⑩ 업과 행으로 성취한 바로 세간에 나타난다는 것은 곧 '力持身'이다. 이 때문에 十身을 갖추었다고 말한 것이다.】

'一切'已下는 總結異因 同歸一智니 謂智導萬行일세 故能證此佛平等地니 若報若化 無不淸淨이라

'一切' 이하는 각기 다른 원인들이 하나의 지혜에 귀결됨을 총체로 끝맺은 것이다. 이는 지혜로 모든 행을 이끌어나간 까닭에 이러한 부처님의 평등한 지위를 증명할 수 있다. 보신과 화신이 청정하지 않음이 없음을 말한다.

第十九는 明極於法界니 卽觀察如來窮生死際토록 常現利益安樂一切有情功德이라

以上에 言無中邊相하니 云何無相고 故次云極於法界라하니 謂此法界 最淸淨故로 離諸戲論이 是法界相이니 能起等流利益之事 極此法界하야 無有盡期니라 親光도 亦名此德하야 爲證得果相 殊勝功德하니 謂此窮於淸淨法界니 如是法界를 修道得故니라 以斯則極法界言에 有於二義하니 一은 同法界常故오 二는 同法界淸淨故니라

제19단락, 법계에 다함을 밝혔다. 이는 곧 생사의 즈음이 다하도록 언제나 몸을 나타내어 일체중생에게 이익과 안락을 주는 여래의 공덕을 살펴보는 것이다.

위에서 '중앙도 가장자리도 없는 모습'을 말했는데, 어찌하여 중앙도 가장자리도 없는 모습일까? 이 때문에 다음으로 '법계에 다한다[極於法界].'고 말하였다. 법계는 가장 청정하기 때문에 부질없는 모든 말들을 여읜 것이 법계의 모습이다. 이는 '원인과 같은 유의 과보[等流果]'에 관한 이익의 일들을 일으켜주는데, 법계의 끝까지 다함이 없다.

친광은 또한 이 덕을 '과보의 모습을 증득하여 수승한 공덕[證得果相殊勝功德]'이라 말하였다. 이는 청정한 법계에 다함을 말한다. 이와 같은 법계를 도를 닦아 얻은 때문이다.

따라서 '법계에 다한다.'는 말에는 2가지 뜻이 있다.

① 법계의 영원함과 같기 때문이며,

② 법계의 청정함과 같기 때문이다.

**常守本願**하사 **不捨世間**하야 **作諸衆生**의 **堅固善友**하며
**淸淨第一**인 **離垢光明**을 **令一切衆生**으로 **皆得現見**하며
**六趣衆生**의 **無量無邊**을 **佛以神力**으로 **常隨不捨**하며
**若有往昔**에 **同種善根**이면 **皆令淸淨**하며
**而於六趣一切衆生**에 **不捨本願**하사 **無所欺誑**하며
**悉以善法**으로 **方便攝取**하사 **令其修習淸淨之業**하야 **摧破一切諸魔鬪諍**케하시니라

언제나 본래의 서원을 지켜 세간을 버리지 않고 모든 중생의 견고한 선지식이 되어주며,

청정하기 으뜸인, 때를 떠난 광명을 일체중생이 다 보도록 해주며,

여섯 가지 세계의 중생이 한량없지만 부처님의 위신력으로 항상 버리지 않고 따르도록 해주며,

만일 옛적에 선근을 함께 심었으면 모두 청정하도록 해주며,

여섯 가지 세계의 일체중생에게 본래의 서원을 버리지 않고 속이는 일이 없으며,

모두 선한 법과 방편으로 거두어 청정한 업을 닦아 모든 마군의 싸움을 꺾도록 마련해주었다.

◉ **疏** ◉

文中에 先은 明常利樂이오 二는 廣利樂이니 今初 常守本願者는 謂本

發心에 法界·生界 若有盡인댄 我願乃盡이어니와 今生界未窮일세 故常現利樂이니라

作善友者는 世之善友 略有七事하니 一은 遭苦不捨오 二는 貧賤不輕이오 三은 密事相告오 四는 遞相覆藏이오 五는 難作能作이오 六은 難與能與오 七은 難忍能忍이니 如來亦爾하사 爲物隨於六趣하사 苦而不捨하고 貧無法財로되 而不見輕하고 本性客塵을 無不相告하고 善根未熟이면 則以權覆實하고 堪眞實化면 則以實覆虛하고 著弊垢衣하고 執除糞器는 爲難作能作이오 解髻明珠는 爲難與能與오 生違佛化라도 乃至多劫에 心無退動은 爲難忍能忍이니 無不究竟이라야 方明堅固니라

경문의 앞부분은 영원한 이익과 즐거움을, 뒷부분은 광대한 이익과 즐거움을 밝혔다.

앞부분에서 언제나 본래의 서원을 지킨다는 것은 본래 발심할 때에 법계와 중생계가 만일 다한다면 나의 서원은 이에 다하겠지만, 지금 중생세계가 다하지 않았기 때문에 언제나 몸을 나타내어 이익과 즐거움을 주는 것이다.

좋은 선지식이 되어준다[作善友]는 것은 세간의 좋은 벗에는 간단하게 말하면 7가지의 일이 있다.

① 고통을 겪으면서도 버리지 않음이며,

② 가난하고 미천한 벗을 가벼이 여기지 않음이며,

③ 비밀스러운 일을 서로 이야기함이며,

④ 서로가 서로의 잘못을 덮어주는 것이며,

⑤ 행하기 어려운 일을 해주는 것이며,

⑥ 주기 어려운 물건을 주는 것이며,

⑦ 참기 어려운 일을 참는 것이다.

여래 또한 그와 같다.

① 중생을 위해 여섯 가지 세계를 두루 다니는 일이 힘들지만 버리지 않으며,

② 가난하여 법의 재물이 없으나 가벼이 여기지 않으며,

③ 본성의 객진번뇌를 서로 말하지 않음이 없으며,

④ 선근이 미숙하면 방편으로 실체를 덮어주다가, 진실한 교화를 감당할 만하면 곧 진실로써 공허한 것을 덮어주며,

⑤ 떨어지고 헤진 옷을 입고 변기를 드는 것은 행하기 어려운 일을 해주는 것이며,

⑥ 머리 위에 올려놓은 밝은 구슬[髻明珠]을 풀어 건네주는 것은 주기 어려운 물건을 주는 것이며,

⑦ 중생이 부처님의 교화를 어길지라도 多劫에 이르도록 흔들리는 마음이 없는 것은 참기 어려운 일을 참는 것이다.

끝까지 하였을 때에 비로소 '견고'하다고 말한다.

次'清淨'已下는 明同法界清淨이니 雖復常化나 離能所相일세 故名第一이니라

二'六趣'下는 廣多不捨오 次'若有'已下는 不捨昔緣이오 次'而於'下는 通顯不捨니 若暫不隨면 則捨本願이오 如願能作을 名不欺誑이니라 次'悉以'下는 彰攝巧益이니 令同法界清淨하야 摧魔惑故일세니라

다음 '清淨第一' 이하는 법계의 청정함과 같음을 밝힌 것이다.

비록 언제나 교화하지만 주체와 대상이라는 생각마저 버린 까닭에 '제일'이라 말한다.

나음 '六趣衆生' 이하는 광대한 곳, 수많은 중생을 버리지 않음이며,

다음 '若有往昔' 이하는 옛 인연을 버리지 않음이며,

다음 '而於六趣' 이하는 버리지 않음을 전반적으로 밝힌 것이다. 만일 잠시라도 따르지 않으면 본원을 저버림이며, 본래 서원을 세웠던 것처럼 행하는 것을 '속이지 않음'이라고 말한다.

다음 '悉以善法' 이하는 중생을 잘 받아들인 이익을 밝힌 것이다. 법계처럼 청정하게 하여 마군의 유혹을 꺾기 때문이다.

---

第二十은 顯於二句니 謂盡虛空性과 窮未來際니 卽觀察如來無盡等功德이니 謂上利樂이 皆無盡故니라 深密佛地에 具斯二句로되 開則別中에 自有二十一句라 下離世間에 但云等虛空界오 而無窮未來際는 欲顯圓數故니라 親光 亦云次後二句는 顯示世尊無盡功德이니 初句는 自利오 後句는 利他라 故云謂如虛空이 經成壞劫이라도 性常無盡인달하야 如來 一切眞實功德도 亦復如是오 如未來際 無有盡期인날하야 利他功德도 亦復如是니라하고 而無著이 釋에 但云無盡功德等이라하고 不言開合이어늘 世親·無性이 開此等字하야 爲究竟功德일세 故皆云等이라하니 言等取究竟功德이니 則以無盡功德으로 釋初句하고 究竟功德으로 釋後句로되 而無性意는 後句 是究竟無盡이니 與前無盡

異者는 前則橫論無盡일세 故云盡一切界하야 徧作有情諸饒益事오 後句는 則竪顯無盡일세 故云顯佛功德이 永無窮盡이라하니 所化有情이 永無盡故니라 同顯無盡일세 故二句合이오 自他等異일세 二句則開어니와 今文意合은 欲顯二利 不相離故로 窮未來際토록 通在極於法界와 及盡虛空故일세니라

제20단락, 2구의 뜻을 밝힌 것으로, '허공의 법성을 다함'과 '미래의 즈음을 다함'을 말한다. 이는 여래의 그지없는 공덕 등을 살펴보는 것이다. 위에서 말한 이익과 즐거움이 모두 그지없기 때문이다.

해심밀경과 불지론에서는 이 2구를 함께 쓰고 있지만, 이를 분리하면 개별의 가운데 그 나름 21구가 있다.

아래의 제38 이세간품에서는 단 '허공계와 똑같다[等虛空界].'고 말했을 뿐, '미래의 즈음이 다하도록[窮未來際]' 구절은 언급한 바 없다. 이는 원만한 수효를 밝히고자 한 때문이다. 친광보살은 또한 다음과 같이 말하였다.

"뒤의 2구는 세존의 그지없는 공덕을 밝힌 것이다. 첫 구절은 자리를, 뒤 구절은 이타를 말하였다. 따라서 허공이 이뤄지고 무너지는 영겁을 지낼지라도 그 자성은 영원히 그지없는 것처럼, 여래의 일체 진실한 공덕 또한 이와 같다. 미래의 즈음이 끝이 없는 것처럼 이타의 공덕 또한 이와 같다."

무착보살의 해석에서는 단 '그지없는 공덕' 등을 말했을 뿐, 분리와 종합에 대해서는 언급하지 않았다. 그러나 세친과 무성 보살

은 이와 같은 '等' 자를 분리하여 최고의 공덕을 삼은 까닭에 모두 '等'이라 말한 것이다. 이는 최고의 공덕을 똑같이 취함을 말한다. 그지없는 공덕으로 첫 구절을 해석하고, 최고의 공덕으로 뒤의 구절을 해석하였다.

그러나 무성보살의 뜻은 뒤의 구절이 최고의 그지없는 공덕이다. 앞에서 말한 '無盡'과 차이점이라면, 앞에서는 공간의 횡으로 그지없음을 논한 까닭에 "일체 세계의 끝까지 중생에게 모든 유익한 일을 두루 짓는다." 하였고, 뒤의 구절은 시간의 종으로 그지없음을 논한 까닭에 "부처님이 공덕을 나타냄이 영원히 끝이 없다."고 하였다. 이는 교화 대상의 중생이 영원히 끝이 없기 때문이다. 그지없음을 똑같이 밝힌 까닭에 2구절을 하나로 합하였고, 자리와 이타 등은 다른 까닭에 2구절을 나눠 말한 것이다.

그러나 이의 경문에서 이를 종합하여 말한 것은 자리와 이타가 서로 분리될 수 없기 때문에 미래의 즈음이 다하도록 법계에 다하고 허공계에 다함이 서로 통함을 밝히고자 한 때문이다.

**經**

**從無礙際**하사 **出廣大力**하고 **最勝日藏**이 **無有障礙**하사 **於淨心界**에 **而現影像**하시니 **一切世間**이 **無不覩見**이라 **以種種法**으로 **廣施衆生**하며

**佛是無邊光明之藏**이라 **諸力智慧**가 **皆悉圓滿**하사 **恒以大光**으로 **普照衆生**하사 **隨其所願**하사 **皆令滿足**하야 **離諸怨**

**敵**하며

**爲上福田**하사 **一切衆生**의 **共所依怙**라 **凡有所施**에 **悉令清淨**하고 **修少善行**에 **受無量福**하야 **悉令得入無盡智地**하며

**爲一切衆生**의 **種植善根淨心之主**하고 **爲一切衆生**의 **發生福德最上良田**하사 **智慧甚深**한 **方便善巧**로 **能救一切三惡道苦**하시니라

걸림이 없는 경계에서 광대한 힘을 내고, 가장 훌륭한 태양이 장애가 없듯이 청정한 마음의 경계에 영상을 나타내니, 일체 세간 중생이 이를 보지 않은 이가 없는 터라 가지가지 법으로 널리 중생에게 보시하였으며,

부처님은 그지없는 광명의 창고라 모든 힘과 지혜가 모두 원만하여, 항상 큰 광명으로 중생을 두루 비춰주어, 그들이 원하는 대로 모두 만족케 하여 모든 원수와 적을 여의게 해주었으며,

최상의 복전이 되어 일체중생의 모두 의지하는 곳이라 모든 베푸는 일들을 모두 청정하게 하고, 자그마한 선행을 닦을지라도 한량없는 복을 받아 모두 그지없는 지혜에 들어가게 하였으며,

일체중생의 선근을 심는 청정한 마음의 주인이 되고, 일체중생의 복덕을 내주는 최상의 좋은 밭이 되어, 지혜가 깊고 방편이 뛰어나 일체 삼악도의 고통을 구제해주었다.

◉ **疏** ◉

爲順二論하야 文分爲兩이니 初는 唯橫論無盡이니 正明盡虛空性이오

二'爲上福田'下는 雙約橫竪하야 以顯無盡하고 兼明窮未來際니라

今初에 先二句는 總이니 言無礙際者는 卽法身·智身이 如彼虛空 無有障礙하고 無邊無際하고 無盡無減하고 無生無滅하고 無有變易일세 名無礙際오 而能現前하야 作諸利樂이 如彼虛空 容受質礙일세 故云出廣大力이니라

次'最勝日'下 別顯依空無礙之用이니 略擧一日이로되 而有四德하니 一은 蘊藏千光이오 二는 百川現影이오 三은 有目皆覩오 四는 生成萬差 名種種施니 上一段文은 言含法喻어니와 '佛是'已下는 唯就法說이라 初 光明藏은 卽上日藏이니 身智光明이 含攝出生故니라 '諸力'已下는 如日無缺이오 '恒以大'下는 如日舒光이오 離諸魔敵하고 降老死冤은 如日大明에 衆景奪耀어니와 不獨合上일세 故名有影略이니라【鈔_ 降老死怨者는 淨名에 云'譬如勝怨이라야 乃可爲勇이라 如是兼除老病死者는 菩薩之謂也라하니 今借用之니라】

2가지의 논지를 따르기 위하여 경문을 2부분으로 나눈다.

① 오직 공간의 횡으로 그지없음을 논하였다. 바로 허공의 법성을 다함을 밝혔다.

② '爲上福田' 이하는 종횡으로 모두 들어 그지없음을 밝혔고, 겸하여 미래의 즈음까지 다함을 밝혔다.

①의 앞 2구는 총체이다. 장애가 없는 경계라 말한 것은 법신과 智身이 허공처럼 장애가 없고 가장자리와 끝이 없으며, 다함도 없고 덜함도 없으며, 생겨나지도 않고 사라지지도 않으며, 변함도 없기에 이를 '걸림이 없는 경계'라 말하고, 중생의 앞에 나타나 모

든 이익과 즐거움을 만들어줌이 마치 허공에 장애의 형질을 수용하는 것과 같기에 '광대한 힘을 낸다.'고 말하였다.

다음 '最勝日藏' 이하는 허공에 의지하여 걸림 없는 작용을 개별로 밝히고 있다. 간단하게 하나의 태양을 들어 말했지만, 여기에는 4가지 공덕이 있다.

㉠ 수많은 광명을 간직하였으며,

㉡ 수많은 하천에 태양의 그림자가 나타나며,

㉢ 눈 있는 사람이라면 모두 볼 수 있으며,

㉣ 햇살을 받아 갖가지로 달리 생겨나고 성장하는 것을 '가지가지 보시'라고 말한다.

위에서 말한 문장에는 법과 비유를 함축하고 있지만, '佛是無邊光明之藏' 이하는 오직 법으로 말했을 뿐이다.

첫 부분에서 말한 '光明藏'은 위에서 말한 '日藏'이다. 법신과 지혜의 광명이 함유되어 나오기 때문이다.

'諸力智慧' 이하는 일그러짐이 없는 태양과 같고,

'恒以大光' 이하는 햇살이 펼쳐지는 태양과 같고,

모든 마군과 적을 여의어 늙음과 죽음의 원수에게서 항복 받음은 마치 태양의 찬란한 광채가 수많은 빛을 압도하는 것과 같지만, 유독 위 문장에서 말한 바와 부합하지 않기 때문에 경문에서 이를 생략한 것이다. 【초_ "늙음과 죽음의 원수에게서 항복 받음"이란, 유마경에서 "비유하면 원수와 적을 무찔러야 용맹하다고 말한 것처럼, 늙음과 질병과 죽음을 모두 없앤 자만이 보살이라고 부른

다.”고 하였다. 여기에서 이 부분을 빌려 쓴 것이다.】

二雙約橫竪論無盡者는 但云一切에 通於十方과 及來際故니라 文中에 先은 明爲生福智之田이니 ‘上福田’者는 具前德故니라 ‘凡所有’下는 釋上田義라 三義名上이니 一은 令淸淨이니 如無荒穢오 二는 因少果多니 如涅槃에 說純陀施福이오 三은 入無盡智니 如田 隨種隨生이며 如穀 展轉無盡하야 成金剛種하야 終不銷故니 具斯三義일세 稱曰上田이니라

次‘爲一切’下는 顯爲田主오 次‘爲一切衆生發生’下는 明體卽是田이오 後‘智慧’下는 明能爲田義니 具悲智故니라 初는 權實無二하야 總爲一智니 對下能救 悲智無礙하야 合爲一心이면 則是如來最淸淨覺이라【鈔_ ‘則是如來最淸淨覺’者는 以在最後일세 故復結之니 句句 亦皆合結也라 ‘如涅槃說’者는 經云‘我今所供이 雖復微少로되 佛令汝具足檀波羅蜜’이 爲果多也니라】

‘② 종횡으로 모두 들어 그지없음을 밝혔다.’는 것은 단 ‘一切’라 말한 데에 공간의 시방 및 시간의 미래 즈음을 통하여 말한 때문이다. 경문에서는 먼저 복덕과 지혜를 내어주는 밭임을 밝힌 것으로, ‘최상의 복전’이란 앞의 공덕을 갖췄기 때문이다.

‘凡所有’ 이하는 위에서 말한 ‘밭’의 의미를 해석한 것으로, 3가지 의미에 의해 ‘최상’이라고 말한다.

㉠ 청정하게 함이다. 황무지가 없는 것과 같다.

㉡ 원인은 적지만 결과는 많음이다. 열반경에서 ‘쿠시나가라성에 사는 장인 純陀의 보시에 관한 복’을 말한 바와 같다.

㉢ 그지없는 지혜에 들어감이다. 밭이란 뿌리는 종자에 따라 싹이 돋아나고 곡식이 전전하여 그지없는 것처럼, 금강종자를 이루어 마침내 소멸하지 않기 때문이다.

이러한 3가지 뜻을 갖추고 있기에 이를 최상의 밭이라 하였다.

다음 '爲一切衆生' 이하는 밭의 주인을 밝힌 것이며,

다음 '爲一切衆生發生' 이하는 체성이 곧 밭임을 밝힌 것이며,

뒤의 '智慧' 이하는 밭을 가꾸는 의미를 밝힌 것으로, 大悲大智를 갖추었기 때문이다. 첫째는 방편과 실체가 둘이 없어 모두 하나의 지혜이다. 아래에서 말한 "잘 구제하여 대비와 대지에 걸림이 없는" 것을 상대로 이를 종합하여 하나의 마음을 삼으면 이는 여래의 '가장 청정한 깨달음[最淸淨覺]'이다. 【초_ "이는 여래의 가장 청정한 깨달음이다."는 것은 최후의 지위이기에 다시 끝맺은 것이다. 구절구절 또한 모두 종합하여 끝맺었다.

"열반경에서 말한 바와 같다."는 것은 경문에 이르기를 "내가 지금 공양한 바가 아무리 하찮은 것이라 하지만 부처님은 너로 하여금 보시바라밀을 구족하게 한다."는 것이 얻어진 결과가 많음이다.】

上所引功德之名은 全依無著이오 其所解釋은 多依無性이니 有不同者는 亦已對決이오 與離世間品으로 小有同異로되 大旨無違하니 至下品中하야 當更顯示호리라 依上所釋컨대 文旨有據하야 德相可分이 若列宿羅空호되 粲然不雜이니 豈得寬文으로 廣申辭句리오 於佛勝德에 蔑然略陳하노니 幸諸後學은 不咎其繁而不要也어다

別觀德相 二十段을 竟하다

위에서 인용한 공덕의 이름은 모두 무착보살의 말을 따른 것이며, 그에 관한 해석은 대부분 무성보살의 말을 따른 것이다. 서로 똑같지 않은 부분은 또한 이미 대조하여 결정했으며, 제38 이세간품과는 다소 차이가 있으나 큰 뜻은 어김이 없다. 아래의 품에서 다시 이를 밝히고자 한다.

위의 해석에 준해보면, 경문의 뜻에 근거를 두고 공덕의 양상을 구분함이 마치 수많은 별들이 허공에 나열되어 있지만 뒤섞이지 않고 빛나는 것과 같다. 어떻게 느슨한 문장으로 너절하게 말할 수 있겠는가. 부처님의 수승한 공덕을 간단하게 말한 것이다. 바라건대 모든 후학은 요긴하지 못하고 너절하다 허물하지 마라.

개별로 공덕의 양상을 살펴본 20단락을 끝마치다.

第三은 結成觀解라

(3) 관의 이해를 끝맺다

**經**

**如是信解**하며
**如是觀察**하며
**如是入於智慧之淵**하며
**如是遊於功德之海**하며
**如是普至虛空智慧**하며

如是而知衆生福田하며

如是正念現前觀察하며

如是觀佛諸業相好하며

如是觀佛普現世間하며

如是觀佛神通自在러라

이와 같이 믿고 이해하며,

이와 같이 관찰하며,

이와 같이 지혜의 연못에 들어가며,

이와 같이 공덕의 바다에 노닐며,

이와 같이 허공 같은 지혜에 두루 이르며,

이와 같이 중생의 복전을 알며,

이와 같이 바른 생각으로 눈앞에서 보듯이 관찰하며,

이와 같이 부처님의 업과 상호를 관찰하며,

이와 같이 부처님이 세간에 나타남을 관찰하며,

이와 같이 부처님의 신통이 자재하심을 관찰하는 것이다.

◉ 疏 ◉

謂前諸德이 不出內德及與外相이라

今初 二句는 總明能觀이니 信·解는 約於仰推오 觀察은 通於諸眼이라

後之八句는 就所觀德以辨能觀이니 前四는 內德이오 後四는 外相이라

前中에 謂佛內德無量이로되 不出福智니 前二는 福智之體니 智慧之淵은 略語其深이오 功德之海는 義兼深廣이니 淵宜趣入이오 海宜游涉

이니라 次二句는 福智之用이니 智廣虛空하고 福無不益이니 稱此而了名普至知니라

後四 外相中에 初 句는 重擧能觀하야 揀內外故니라 言正念者는 明非散心이니 了佛德相이 唯心無性이오 靜而能鑒일세 復云觀察이라 後三句는 亦就所觀하야 以辨能觀이니 初一句는 總이오 後二句는 別이라 '身雲普現'은 卽是相好오 '神通自在'는 卽前業用이라

前二十一德中에 或一句之內에 言兼福智하고 一德之內에 體用雙明이어니와 若別配屬이면 義成偏近이니라【鈔_ '若別配屬'者는 正彈古德以後十結句로 科上二十一德之經이니 彼云'然此所現佛法界身이 豈有限量이리오 今且依下結文하야 分爲十門호리라 於中二니 先은 顯十門之德이오 後如是下는 正結十門之名이라 前中에 卽爲十段이라 然按後結컨대 少不次第니 從初로 至清淨善根已來는 超明第十見佛示現不可思議自在神力門이니 彼約晉經이라 與今小異니 恐尋不曉하야 會取今經호리라

今經은 卽至功德善根悉已清淨히 爲第一段神通自在니라

第二已去는 全依今經이니 謂第二 從色相第一下는 却明第一如是信解門이오

第三 獲一切智放大光下는 第二 觀察正覺門이오

第四 示現色身不思議下는 明入智慧淵門이오

第五 恒佛日普照法下는 第四 入功德海門이오

第六 以大慈悲現不可說無量佛身下는 明第七正念現前觀察門이오

第七 以智慧月下는 明第五普至虛空智慧門이오

第八 放光明網普照十方下는 卽第八觀察如來諸業相好門이오 第九 爲大法王如日普照下는 却明第六如是而知衆生福田門이오 第十 淸淨第一離垢光明下는 却明第九如是觀佛普現世間門이라하니 釋曰 此卽賢首解爲十門이니 以其總名으로 收其別義로되 皆不盡理일세 故云偏近이라하니라 況結中에 不出內德外相이니 內德은 不出福智어니 如何攝得前文이리오 又刊定記에 科爲十六三業이로되 而段段之中에 三業多闕하고 亦消文不盡일세 故皆偏近이라 依今之釋이면 一句無遺矣리라】

앞서 말한 모든 공덕이란 내면의 공덕 및 밖의 형상에서 벗어나지 않음을 말한다.

이의 첫 2구는 살펴보는 주체에 대해 총체로 밝힌 것이다. 신심과 이해는 추앙하는 것으로 말하였고, 살펴본다는 것은 모든 눈으로 통한 것이다.

뒤의 8구는 살펴보아야 할 대상의 공덕 면에서 살펴보는 주체를 말하였다. 앞의 4구는 내면의 공덕이며, 뒤의 4구는 밖의 형상이다.

앞의 4구에서 부처님의 내면 공덕이 한량없음을 말했지만, 그것은 복덕과 지혜에서 벗어나지 않는다. 앞의 2구는 복덕과 지혜의 본체이다. 지혜의 연못을 간단하게 말하면 깊음을 뜻하고, 공덕의 바다는 깊고 광대하다의 뜻을 겸하고 있다. 연못은 달려 들어가기에 적합하고, 바다는 노닐고 건너기에 적합하다. 다음 2구는 복덕과 지혜의 작용이다. 지혜는 허공처럼 넓고, 복덕은 이익이 되어

주지 않은 바가 없다. 이에 걸맞게 이해하는 것을 “허공 같은 지혜에 두루 이르렀다.”고 말한다.

뒤의 4구는 밖의 형상을 말한 부분으로, 첫 구절은 살펴보는 주체를 거듭 들어 안팎을 구분한 때문이다. ‘正念’이라 말한 것은 산란한 마음이 아님을 밝힌다. 부처님의 공덕의 모습은 오직 마음일 뿐 체성이 없음을 알 수 있고, 고요하면서 비춰보기에 다시 ‘관찰’을 말하였다. 뒤의 3구는 또한 살펴보아야 할 대상의 측면에서 살펴보는 주체를 말한 것이다. 첫 구절은 총체이며, 뒤의 2구는 개별로 말하였다. ‘몸의 구름이 널리 나타남’은 훌륭한 용모와 형상이며, ‘신통이 자재함’은 앞서 말한 작용의 일이다.

앞에서 열거한 21가지 공덕에는 한 구절에 복덕과 지혜를 겸하여 말하기도 하고, 하나의 공덕 속에 본체와 작용을 모두 밝히기도 했지만, 만일 개별로 배속하면 그 의미가 편협하고 천근하게 된다. 【초_ “만일 개별로 배속하면”이란 옛 스님이 뒤의 10가지 結句로 위의 경문에서 말한 21가지 공덕으로 과목 지어 나눈 잘못을 탄핵한 것이다.

옛 스님의 결구 과목은 다음과 같다.

“법계와 같이 이 세간에 두루 몸을 나타내신 부처님의 몸이 어찌 한량이 있겠는가. 하지만 여기에서는 또한 아래의 결구에 준하여 10부분으로 나누고자 한다.

이 가운데 앞부분에서는 10부분의 공덕을 밝혔고, 뒤의 ‘如是信解’ 이하는 10부분의 명제를 끝맺은 것이다.

앞서 말한 10부분의 공덕은 10단락이다. 그러나 뒤의 끝 구절로 살펴보면 다소 차례가 맞지 않는다. 처음부터 '淸淨善根' 이후까지는 제10의 '부처님이 보여주신 불가사의한 자재 신통력을 볼 수 있는 법문'으로 건너뛰어 밝힌 것이다. 그것은 晉經에 준하여 말한 부분이기에, 이 경문과는 다소 차이가 있다.

따라서 이를 살펴보려고 해도 이해하지 못할까 염려하는 마음에 경문을 들어 말하고자 한다.

이 경문의 '功德善根悉已淸淨'까지는 제1단락으로 신통자재를 밝혔다.

제2단락 이하는 모두 이 경문을 따른 것이다. 제2단락에 '色相第一' 이하는 도리어 제1의 '이와 같은 신심과 이해의 법문'을 밝혔으며,

제3단락의 '獲一切智放大光' 이하는 제2의 '바른 깨달음을 관찰하는 법문'을 밝혔으며,

제4단락의 '示現色身不思議' 이하는 '지혜의 연못으로 들어가는 법문'을 밝혔으며,

제5단락의 '恒佛日普照法' 이하는 제4의 '공덕의 바다에 들어가는 법문'을 밝혔으며,

제6단락의 '以大慈悲現不可說無量佛身' 이하는 제7의 '바른 생각으로 눈앞에서 밝게 관찰하는 법문'을 밝혔으며,

제7단락의 '以智慧月' 이하는 제5의 '널리 허공의 지혜에 이르는 법문'을 밝혔으며,

제8단락의 '放光明網普照十方' 이하는 제8의 '여래의 모든 업이 아름다움을 관찰하는 법문'을 밝혔으며,

제9단락의 '爲大法王如日普照' 이하는 도리어 제6의 '이와 같이 중생의 복전을 아는 법문'을 밝혔으며,

제10단락의 '淸淨第一離垢光明' 이하는 도리어 제9의 '이와 같이 세간에 널리 나타내는 부처님을 관찰하는 법문'을 밝힌 것이다."

위의 10단락에 대한 해석은 아래와 같다.

이는 10법문에 대한 현수보살의 해석이다. 그 총체의 명제로 개별의 의의를 수합하였지만, 모든 이치를 포괄하지 못한 까닭에 '편협하고 천근하다.'고 말한다. 더욱이 끝맺는 부분은 내면의 공덕과 밖의 형상에서 벗어나지 않는다. 내면의 공덕이란 복덕과 지혜에서 벗어나지 않는데, 어떻게 전체 경문을 포괄하였다고 말할 수 있겠는가. 또한 刊定記에서는 16가지의 삼업으로 과목을 나눴지만, 단락마다 삼업을 누락한 바 많고, 또 경문을 해석한 부분도 더없이 잘한 것은 아니다. 이런 이유로 모두 '편협하고 천근하다.'고 말하였다. 그러나 여기에서 말한 해석을 따르면 한 구절도 누락된 부분이 없을 것이다.】

第二는 明見佛光用이니 前雖有用이나 乃觀如來常所具德이어니와 今現目覩일세 故不同也니라

文中三이니 初는 覩常光이오 二는 覩放光이오 三은 顯光意니 今은 初라

2) 부처님의 방광 작용을 봄에 대해 밝혔다. 앞서 방광의 작용을 언급한 바 있으나, 그것은 여래께서 항상 갖추고 계신 내면의 공덕에 대해 살펴봤을 뿐이다.

그러나 여기에서는 방광하는 모습을 뚜렷이 볼 수 있기에, 앞서 말한 바와는 같지 않다.

경문은 3부분으로 나뉜다.

(1) 언제나 방광을 볼 수 있고,

(2) 방광을 직접 본 것이며,

(3) 방광의 의미를 밝혔다.

이는 (1) 언제나 방광을 볼 수 있는 부분이다.

經

**時彼大衆**이 **見如來身一一毛孔**에 **出百千億那由他阿僧祇光明**하사 **一一光明**이 **有阿僧祇色**과 **阿僧祇淸淨**과 **阿僧祇照明**하야 **令阿僧祇衆觀察**하며 **阿僧祇衆歡喜**하며 **阿僧祇衆快樂**하며 **阿僧祇衆深信增長**하며 **阿僧祇衆志樂淸淨**하며 **阿僧祇衆諸根淸凉**하며 **阿僧祇衆恭敬尊重**이러라

그때 대중들이 살펴보니 여래의 몸, 하나하나 모공에서 백천억 나유타 아승기 광명이 쏟아져 나오는데, 하나하나의 광명마다 아승기 빛깔, 아승기 청정, 아승기 조명이 있어 아승기 대중이 보게 하고, 아승기 대중이 환희케 하고, 아승기 대중이 즐겁게 하고, 아승기 대중의 신심을 키워주고, 아승기 대중의 뜻을 청정케 하고,

아승기 대중의 모든 몸을 청량케 하고, 아승기 대중이 공경하고 존중하도록 하였다.

◉ 疏 ◉

雖云毛出이나 意取常出이니 有十一句니 初總餘別이니 前三은 光相이오 後七은 光益이라

비록 모공에서 광명이 쏟아져 나왔다고 말하지만, 그 뜻은 언제나 방광하였음을 나타낸 것이다.

이는 11구이다. 첫 구절은 총체로, 나머지 구절은 개별로 말했는데, 앞의 3구(有阿僧祇色, 淸淨, 照明)는 광명의 모습이고, 뒤의 7구(令阿僧祇衆觀察~恭敬尊重)는 방광에 의한 이익이다.

二 覩放光中

(2) 방광 속에 보여주는 것을 말하다

經

爾時에 大衆이 咸見佛身에 放百千億那由他不思議大光明하신대 一一光明이 皆有不思議色과 不思議光하야 照不思議無邊法界러니

以佛神力으로 出大妙音하사 其音이 演暢百千億那由他不思議讚頌하사대 超諸世間의 所有言詞하시니 出世善根之

所成就시며

復現百千億那由他不思議微妙莊嚴이 於百千億那由他不思議劫에 歎不可盡하시니 皆是如來無盡自在之所出生이시며

又現不可說諸佛如來가 出興於世하사 令諸衆生으로 入智慧門하야 解甚深義하며 又現不可說諸佛如來의 所有變化가 盡法界虛空界하야 令一切世間으로 平等淸淨하시니 如是가 皆從如來所住無障礙一切智生이오 亦從如來所修行不思議勝德生이시며

復現百千億那由他不思議妙寶光焰하시니 從昔大願善根所起라 以曾供養無量如來하사 修淸淨行하야 無放逸故며 薩婆若心이 無有障礙하야 生善根故시니라

그때 대중이 모두 보았다.

부처님의 몸에서 백천억 나유타 불가사의한 큰 광명이 쏟아져 나오는데, 하나하나의 광명마다 불가사의한 색, 불가사의한 빛이 불가사의한 끝없는 세계를 비추었다.

부처님의 신통력으로 우렁차고 미묘한 음성이 울려 나와 그 음성이 백천억 나유타 불가사의한 찬탄과 칭송을 연설하되 세간에 존재하는 언어를 초월한 것으로, 출세간의 선근 성취에서 나온 것이며,

또 백천억 나유타의 불가사의한 아름다운 장엄을 나타내는데, 백천억 나유타 불가사의 겁 동안 아무리 찬탄하여도 다할 수 없다.

이는 여래의 그지없는 자재에서 나온 것이며,

또 말할 수 없는 부처님 여래께서 세상에 나오시어 중생으로 하여금 지혜의 문에 들어가 깊은 이치를 알게 하며, 또 말할 수 없는 부처님 여래께서 지닌 변화를 나타냄이 온 법계와 허공계에 다하여 일체 세간이 평등하고 청정하게 하였다. 이런 것은 모두 여래께서 머무신 바가 장애 없는 일체 지혜에서 나왔고, 또한 여래께서 수행하신 불가사의의 훌륭한 공덕에서 나온 것이며,

또 백천억 나유타 불가사의의 미묘한 보배 광명 불꽃을 나타내니, 옛 큰 소원과 선근에서 나온 것이다. 일찍이 한량없는 여래께 공양하면서 청정한 행을 닦아 방일하지 않은 때문이며, 일체 지혜의 마음이 걸림 없이 선근을 내기 때문이다.

◉ 疏 ◉

先은 擧體相이오 後以佛下는 辨光業用이라

文有五現하니 一은 說法이오 二는 現嚴이니 此二는 皆先現後因이오 三은 現佛이니 則先現後意니 令成教證二甚深故오 四는 現神變이오 五는 現寶餤光이니 皆先現後因이라

앞에서는 방광하는 모습을 말하였고, 뒤의 '以佛神力' 이하는 광명의 작용을 말하였다.

경문에는 5가지를 나타내고 있다.

① 설법을, ② 장엄을 나타냈다. 이 2가지는 모두 현상을 먼저 말하고, 그 원인을 뒤에 말하였다.

③ 수많은 부처님을 나타냈다. 현상을 먼저 말하고, 그 의의를 뒤에 말하였다. 이는 중생으로 하여금 지극히 심오한 가르침과 증득을 성취하도록 하기 위한 때문이다.

④ 신통변화를 나타내고, ⑤ 보배 광명 불꽃을 나타냈다. 모두 현상을 먼저 말하고, 그 원인을 뒤에 말하였다.

## 第三 現光意

### ⑶ 방광의 의미를 밝히다

**經**

**爲顯如來力廣徧故**며
**爲斷一切衆生疑故**며
**爲令咸得見如來故**며
**令無量衆生**으로 **住善根故**며
**顯示如來神通之力**이 **無暎奪故**며
**欲令衆生**으로 **普得入於究竟海故**며
**爲令一切諸佛國土菩薩大衆**으로 **皆來集故**며
**爲欲開示不可思議佛法門故**니라

여래의 힘이 넓고 두루 존재함을 밝히기 위함이며,
일체중생의 의심을 끊어주기 위함이며,
모두가 여래를 친견하도록 하기 위함이며,

한량없는 중생을 선근에 머물도록 하기 위함이며,

여래의 신통한 힘을 그 누구도 압도할 수 없음을 보여주기 위함이며,

중생으로 하여금 널리 구경 지혜의 바다에 들어가도록 하기 위함이며,

모든 부처님 국토의 보살대중이 모두 법회에 모이도록 하기 위함이며,

불가사의한 부처님의 법문을 열어 보이기 위한 때문이다.

◉ 疏 ◉

竝顯可知니라

이는 모두 그 의미가 분명하여 설명하지 않아도 알 수 있다.

第二大科는 明現勝德之意라

文分二別이니 先은 牒前現德이라

2. 수승한 공덕을 나타낸 뜻을 밝히다

경문은 2부분으로 나뉜다.

1) 앞서 말한 '수승한 공덕을 나타낸 뜻'을 이어 말하였다.

**經**

**爾時**에 **如來**가 **大悲普覆**하사 **示一切智所有莊嚴**하사

그때 여래께서 대비로 널리 덮어 일체 지혜로 소유한 장엄을 보여주어

◉ 疏 ◉

悲爲能現이오 智爲所現者는 影畧其文이니 應以依二嚴體하야 現二嚴德이라

大悲는 수승한 공덕을 보여주는 주체이고, 大智는 수승한 공덕을 보여주는 대상인데, 그에 해당하는 경문 일부를 생략하였다. 공덕과 지혜 장엄의 본체에 의지하여 두 장엄의 공덕을 나타낸 것이다.

二는 正明現意라

分二니 先은 明下益衆生이오 二開示如來下는 明上弘佛道니 今은 初라

2) 수승한 공덕을 나타낸 뜻을 밝혔다.

이는 2부분으로 나뉜다.

(1) 아래로 중생에게 이익이 됨을 밝혔고,

(2) '開示如來' 이하는 위로 부처님의 도를 넓혀감을 밝혔다.

이는 (1) 아래로 중생에게 이익이 됨을 밝혔다.

經

**欲令不可說百千億那由他阿僧祇世界中衆生의 未信者로 信하고 已信者로 增長하고 已增長者는 令其淸淨**

하고 已清淨者는 令其成熟하고 已成熟者는 令心調伏하며

觀甚深法하야 具足無量智慧光明하고 發生無量廣大之心하야 薩婆若心에 無有退轉하며 不違法性하고 不怖實際하야 證眞實理하며

滿足一切波羅密行하야 出世善根이 皆悉淸淨호미 猶如普賢하야 得佛自在하며

離魔境界하고 入諸佛境하야 了知深法하고 獲難思智하야 大乘誓願에 永不退轉하며

常見諸佛하야 未曾捨離하고 成就證智하야 證無量法하고 具足無邊한 福德藏力하고 發歡喜心하야 入無疑地하며 離惡淸淨하고 依一切智하야 見法不動하며 得入一切菩薩衆會하야 常生三世諸如來家케하시니

世尊의 所現如是莊嚴이 皆是過去에 先所積集한 善根所成이라 爲欲調伏諸衆生故니라

말할 수 없는 백천억 나유타 아승기 세계의 중생으로 하여금 믿지 않은 이는 믿게 하고, 이미 믿는 이는 더욱 믿음을 키워나가고, 이미 키워나간 이는 믿음을 청정케 하고, 이미 청정한 이는 성숙케 하고, 이미 성숙한 이는 마음을 조복케 하며,

매우 깊은 법을 관찰하여 한량없는 지혜의 광명을 구족하고, 한량없이 광대한 마음과 일체 지혜의 마음을 일으켜 뒤로 물러서지 않으며, 법성을 어기지 않고 실제를 두려워하지 않고서 진실한 이치를 증득하며,

일체 바라밀다의 행을 만족하여 출세간의 선근이 모두 청정하여 마치 보현보살이 부처님의 자재를 얻은 듯하며,

마군의 경계를 떠나 부처님의 경계에 들어가 심오한 법을 분명히 알고 불가사의한 지혜를 얻어 대승의 서원이 길이 물러나지 아니하며,

항상 모든 부처님을 친견하여 잠깐도 여의지 아니하고, 증득하는 지혜를 성취하여 한량없는 법을 증득하고, 그지없는 복덕장의 힘을 구족하고, 환희의 마음을 내어 의심 없는 지위에 들어가며, 악을 떠나 청정하고, 일체 지혜를 의지하여 법을 보고서 흔들리지 않으며, 일체 보살이 모인 가운데 들어가 항상 삼세 여래의 집에 태어나게 하시니,

세존께서 나타내시는 이러한 장엄이 모두 과거세에 모아 쌓아 놓은 선근으로 성취한 것이라, 모든 중생을 조복하고자 하는 까닭이다.

◉疏◉

分二니 先은 彰現益이오 今初는 擧所益이오 後'未信'下는 辨益不同이라 然此益中에 文含多勢이어니와 且依一判하야 先約行布호리라

初五句는 十信이니 始自初信으로 令心調伏은 信位滿故오

次七句는 皆十住益이니 謂初二句는 是住中觀慧오 次二句는 下化上求之心이오 後三句는 住中證入이니 知心自性일세 故曰不違오 不退二乘일세 故不怖實際오 不由他悟일세 是證實理니 圓教十住에 許入證

故니라

三滿足下 三句는 十行益이니 初句는 位中之行이오 後二句는 位中之德이라

四離魔下 三句는 十向益이니 初句는 起行이니 一向利他하야 離二乘等魔하고 迴向菩提라 故入佛境이오 次句는 得法이니 隨相·離相 無礙難思오 後句는 行成이라

五'常見諸佛'下는 盡明十地니 初四句는 皆歡喜地니 一은 見受用身故로 稱曰常이오 二는 根本證眞하고 後得證無量法이며 又證徧行眞如를 亦名無量이오 三은 則僧祇積福하고 證理出生을 名福藏力이오 四'發歡喜心'은 是此位名이니 入見道故로 名無疑地라 '離惡淸淨'은 是第二地오 '依一切智 見法不動'은 是三·四地오 '得入一切菩薩衆會'는 是五·六·七地오 '常生佛家'는 八地已上에 念無有間일세 故曰常生이어니와 若約圓融인댄 初之五句에 信中攝位는 句各一位니 如理思之니라

【鈔_ '句各一位'者는 初는 信位오 二'增長'은 是住位오 三'淸淨'은 是行位오 四'成熟'은 是向位오 五'調伏'은 是地位니라】

이 경문은 크게 2부분으로 나뉜다.

① 몸을 나타내신 이익을 밝혔다. 이의 첫 부분은 이익이 되는 바를, 뒤의 '未信' 이하는 이익이 똑같지 않음을 말하였다. 그러나 이익에 대한 경문에는 많은 문맥을 함축하고 있지만, 여기에서는 하나의 과목을 따라 먼저 차례로 말하고자 한다.

제1단락의 5구는 십신이다. 처음 신심으로부터 마음을 조복하도록 하는 것은 십신의 지위가 원만하기 때문이다.

제2단락의 7구는 모두 십주의 이익이다. 처음 2구는 십주 가운데 지혜를 살펴보는 것이고, 다음 2구는 하화중생과 상구보리의 뜻이며, 뒤의 3구는 십주를 깨달아 들어감이다. 마음의 자성을 알기에 "법성을 어기지 않는" 것이고, 이승으로 물러나지 않기에 "실제를 두려워하지 않는" 것이며, 남의 힘에 의해 깨달음을 얻음이 아니기에 "진실한 이치를 증득하는" 것이다. 圓教의 십주 자리에 증득하여 들어갔음을 인증한 때문이다.

제3단락 '滿足' 이하 3구는 십행의 이익이다. 첫 구절은 십행 지위에서의 수행이며, 뒤의 2구절은 십행 지위에서의 공덕이다.

제4단락 '離魔' 이하 3구는 십회향의 이익이다. 첫 구절은 십회향의 수행을 일으킨 것으로, 하나같이 중생을 구제하는 이익을 향하여 이승 등의 魔障을 버리고 보리로 회향한 까닭에 부처님의 경계에 들어감을 말하였고, 다음 구절은 법을 얻은 것으로, 相을 따르고 상을 여읨이 걸림 없어 불가사의함을 말하였으며, 끝 구절은 십회향의 수행이 성취된 것이다.

제5단락 '常見諸佛' 이하는 모두 십지를 밝힌 것이다. 첫 4구는 모두 歡喜地로, 제1구는 受用身을 보았기에 이를 '常(常見諸佛)'이라 말하고, 제2구는 根本智로 진리를 증득하고 後得智로 한량없는 법을 증득하였으며, 또한 徧行眞如를 증득함 또한 '한량없다' 말하고, 제3구는 아승기겁에 복덕을 쌓고 진리를 증득하여 세상에 나온 것을 '福德藏力'이라 말하고, 제4구 '發歡喜心'은 제1 歡喜地의 명칭이고, 見道의 지위에 들어갔기에 그 이름을 '無疑地'라 한다. 離惡

淸淨은 이 제2 離垢地이며, '依一切智 見法不動'은 제3 發光地, 제4 焰慧地이며, '得入一切菩薩衆會'는 제5 難勝地, 제6 現前地, 제7 遠行地이고, '常生佛家'는 제8 不動地 이상으로 생각에 間斷이 없기 때문에 "항상 삼세 여래의 집에 태어난다."고 말하였지만, 만일 원융으로 말하면 첫 5구절의 십신 지위는 구절마다 각기 하나의 지위를 지니고 있다. 이런 이치에 따라 생각해야 한다.【초_ "구절마다 각기 하나의 지위를 지니고 있다."에서 제1구는 십신의 지위이며, 제2구의 '增長'은 십주의 지위이며, 제3구의 '淸淨'은 십행의 지위이며, 제4구의 '成熟'은 십회향의 지위이며, 제5구의 '調伏'은 십지의 지위이다.】

從觀甚深下는 義通諸位니 以圓教中에 位位攝德故니라

'觀甚深法' 이하의 의미는 모든 지위에 통한다. 원교에서는 모든 지위마다 그에 따른 공덕을 지니고 있기 때문이다.

二'世尊'下는 辨現因이니 旣積善所成일세 故爲益深大니라 '爲欲調伏諸衆生故'一句는 文含二勢니 一은 結前이니 謂結因所屬이오 二는 生後니 生後開示라 亦是爲生이라

② '世尊' 이하는 몸을 나타내게 된 원인을 말하였다. 이미 선을 쌓은 데에서 이뤄진 것이기에 그 이익 된 바가 매우 크다.

'爲欲調伏諸衆生故' 1구는 2가지 문맥을 가지고 있다.

첫째, 앞의 문장을 끝맺었다. 원인의 속한 바를 끝맺었고,

둘째, 뒤의 문장을 일으키고 있다. 뒤의 문장을 열어준 것으로 이 또한 중생을 위한 것이다.

第二 明上弘佛道

⑵ 위로 부처님의 도를 넓혀감을 밝히다

**經**

開示如來大威德故며 照明無礙智慧藏故며 示現如來無邊勝德이 極熾然故며 顯示如來不可思議大神變故며 以神通力으로 於一切趣에 現佛身故며 示現如來神通變化가 無邊際故며 本所志願이 悉成滿故며 顯示如來勇猛智慧가 能徧往故며 於法에 自在하야 成法王故며 出生一切智慧門故며 示現如來身淸淨故며 又現其身이 最殊妙故며 顯示證得三世諸佛平等法故며 開示善根淸淨藏故며 顯示世間無能爲喩上妙色故며 顯示具足十力之相하사 令其見者로 無厭足故며 爲世間日하야 照三世故니

自在法王의 一切功德이 皆從往昔善根所現이라 一切菩薩이 於一切劫에 稱揚讚說하야도 不可窮盡이러라

여래의 위대한 위신력의 공덕을 보여주기 위한 때문이며,

걸림 없는 지혜의 창고를 비춰주기 위한 때문이며,

여래의 그지없는 훌륭한 덕이 지극히 성대함을 나타내기 위한 때문이며,

여래의 불가사의한 큰 신통변화를 보여주기 위한 때문이며,

신통한 힘으로 모든 악도에 부처님의 몸을 나타내기 위한 때문

이며,

여래의 신통변화가 그지없음을 보여주기 위한 때문이며,

본래의 원하던 뜻을 모두 성취하기 위한 때문이며,

여래의 용맹한 지혜로 어느 곳이든 두루 가는 것을 나타내기 위한 때문이며,

법에 자재하여 법왕을 이루기 위한 때문이며,

일체 지혜의 법문을 내주기 위한 때문이며,

여래의 몸이 청정함을 보여주기 위한 때문이며,

또한 그 몸이 가장 남달리 미묘함을 나타내기 위한 때문이며,

삼세 부처님의 평등한 법을 증득하였음을 나타내 보여주기 위한 때문이며,

선근의 청정한 창고를 열어 보여주기 위한 때문이며,

세간에 비유할 수 없는 가장 미묘한 빛을 보여주기 위한 때문이며,

열 가지 힘이 구족한 모습을 나타내어 보는 이로 하여금 싫어함이 없도록 하기 위한 때문이며,

세간의 태양이 되어 삼세를 비춰주고자 한 때문이다.

자재하신 법왕의 일체 공덕이 모두 지난 옛날 쌓아놓은 선근에 의해 나타난 것이다. 따라서 일체 보살이 일체 겁 동안 아무리 칭찬하고 찬탄하여도 이를 모두 말할 수 없다.

◉疏◉

文中分二니 先은 別彰所爲니 有十七句하니 爲欲顯前二十一種殊勝功德이니 初句는 爲總이오 餘皆是別이라 於中前五는 各攝二德이오 餘句各一이라

第一은 照明無礙智慧藏句 顯二德者는 一은 顯不二現行이라 故云無礙니 無二礙故오 二는 顯趣無相法일세 故云照智慧藏니 慧爲能照오 藏卽所照니 無相眞如 照明·趣達에 眼目殊稱이라

第二句에 一은 顯住於佛住니 謂住空大悲로 任運利樂할세 無休息時를 名日熾然이오 二는 顯逮得一切佛平等住니 謂依淸淨智와 起利樂意과 作二身業이 皆熾然故니라

第三句에 一은 顯到無障處오 二는 顯不可轉法이니 謂此二 是降魔伏外功德이니 前由有對治라 則不爲他動이어니와 今由有神變하야 乃能轉他니라

第四句에 一은 爲顯所行無礙니 今徧趣現身이 卽是所行이니 有漏盡通하야 八風不染하며 又神通力이 卽能徧因이오 二는 顯其所安立不可思議니 謂佛威神所建立故일세니라

第五句에 初는 顯游於三世平等法性이니 約記三世事인댄 亦是神通이며 無邊際言은 卽平等性이오 二는 顯其身流布一切世間이니 此言甚顯이라

下는 皆各攝一德이라

六은 顯於一切法에 智無疑滯니 本願已滿故오

七은 顯於一切行에 成最正覺을 名智徧往오

八은 顯於諸法에 智無有疑惑을 名於法自在오

九는 顯一切菩薩等所求智오

十은 顯凡所現身이 不可分別이오

十一은 爲顯得佛無二하야 住勝彼岸이니 彼岸已圓에 十身殊妙故오

十二는 顯不相間雜이 如來解脫妙智 究竟功德이며 又諸佛平皆徧호되 而不相雜故오

十三은 顯證無中邊佛平等地니 平等之地는 卽淸淨藏이오

十四는 顯極同法界일세 故云土妙오

十五는 有十力故로 能盡虛空에 見者無厭이오

十六은 窮未來際일세 故照三世니라

경문은 2부분으로 나뉜다.

① 몸을 나타낸 목적을 개별로 밝혔다. 이는 17구로 앞서 말한 21가지의 훌륭한 공덕을 밝히고자 한 것이다. 첫 구절은 총체이고, 나머지 구절은 모두 개별로 말하였다. 개별로 말한 가운데, 앞의 5구는 각각 2가지 덕을 모두 지니고 있고, 나머지 구절은 각기 하나의 덕을 지니고 있다.

개별의 제1구 '照明無礙智慧藏'에서 2가지 덕을 밝혔다는 것은 첫째 덕이란 둘이 아닌 現行을 밝힌 까닭에 이를 '걸림 없다[無礙]' 말하고, 둘째 덕이란 相이 없는 법으로 나아감을 밝힌 까닭에 '지혜의 창고를 비췄다[照智慧藏].'고 말한다. 지혜는 관조의 주체이고, 藏은 관조의 대상이다. 無相眞如로 비춰봄과 달관에 나아가는 안목을 다른 이름으로 말한 것이다.

제2구에서 말한 2가지 덕 가운데, 첫째는 부처님께서 머문 자리에 머물렀음을 밝힌 것이다. 空에 머문 大悲로 마음대로 중생에게 이익과 즐거움을 줌에 있어 잠시도 멈춤이 없는 것을 '성대하다[熾然]' 말하고, 둘째는 일체 부처님의 평등한 자리에 머물렀음을 나타낸 것이다. '청정한 지혜에 의지함'과 '중생에게 이익과 즐거움을 일으켜줌'과 '위 2가지 身業을 행함'이 모두 성대하기[熾然] 때문이다.

제3구에서 말한 2가지 덕 가운데, 첫째는 장애가 없는 곳에 이르렀음을 밝혔고, 둘째는 전변하지 않은 법을 밝힌 것이다. 이 2가지는 마군을 항복시키고 외도를 굴복시키는 공덕이다. 앞에서는 다스리는 방법이 있기에 곧 남들에 의해 흔들리지 않지만, 여기에서는 신통변화가 있음을 따라 남들을 움직일 수 있다.

제4구에서 말한 2가지 덕 가운데, 첫째는 행하는 바에 걸림이 없음을 밝힌 것이다. 여기에서는 "모든 악도에 두루 몸을 나타낸다."는 것이 곧 행하는 바이다. 漏盡通이 있어 팔풍(利, 衰, 毁, 譽, 稱, 譏, 苦, 樂)에 물들지 않으며, 또한 신통력이 곧 모든 악도에 두루 몸을 나타내는 주체에 의함이다. 둘째는 이룩한 바가 불가사의함을 밝힌 것이다. 이는 부처님의 위신력으로 이룩한 바이기 때문이다.

제5구에서 말한 2가지 덕 가운데, 첫째는 삼세제불의 평등한 법성에 노닒을 밝힌 것이다. 삼세의 일을 모두 기억한 것으로 말하면 이 또한 신통이며, '그지없다[無邊際]'는 것은 평등한 법성을 말한다. 둘째는 그 몸이 일체 세간에 널리 나타남을 밝힌 것이다. 이를 '매우 나타냄[甚顯]'이라 말한다.

아래 구절은 모두 각각 한 가지 덕으로 말하였다.

제6구는 모든 법에 대해 의심과 막힘이 없는 지혜를 밝혔다. 본래의 서원이 이미 원만하기 때문이다.

제7구는 모든 행에 가장 바른 깨달음을 성취함을 밝힌 것으로, 이를 두루 찾아가는 지혜라고 말한다.

제8구는 모든 법에 의혹이 없는 지혜를 나타낸 것을 "법에 자재하다."고 말한다.

제9구는 일체 보살 등이 추구하는 지혜를 밝힌 것이다.

제10구는 나타내는 몸에 분별이 없음을 밝힌 것이다.

제11구는 부처님의 둘이 없는 자리를 얻어 수승한 피안에 머문 것을 밝힌 것이다. 피안이 이미 원만하여 십신이 남다르고 미묘한 때문이다.

제12구는 서로 뒤섞이지 않음이 여래 해탈의 미묘한 지혜의 구경 공덕이며, 또한 제불이 공평하게 두루 하면서도 서로 뒤섞이지 않음을 밝힌 때문이다.

제13구는 중앙도 가장자리도 없는, 부처님의 평등한 자리를 증명함을 밝힌 것이다. 평등한 자리는 곧 '청정한 창고[淸淨藏]'이다.

제14구는 법계와 지극히 같음을 밝힌 까닭에 이를 국토가 미묘하다고 말한다.

제15구는 십력이 있기 때문에 모든 허공 법계에 보는 이들이 싫어함이 없다.

제16구는 미래세에 다한 까닭에 삼세를 비춰보는 것이다.

第二 自在下는 擧因結歎이니 前擧積因이오 後歎無盡이라

五 覩佛勝德을 竟하다

② '自在' 이하는 원인을 들어 찬탄을 끝맺었다. 앞에서는 쌓인 원인을 들어 말하였고, 뒤에서는 그지없음을 찬탄하였다.

제5. 부처님의 수승한 공덕을 봄에 대해 끝마치다.

第六 天王請佛處殿

제6. 천왕이 부처님께 도솔궁전에 거처하시기를 청하다

經

**爾時**에 **兜率陀天王**이 **奉爲如來**하야 **嚴辦如是諸供具已**하고 **與百千億那由他阿僧祇兜率天子**로 **向佛合掌**하고 **白佛言**호되 **善來世尊**이시여 **善來善逝**시여 **善來如來應正等覺**이시여 **唯見哀愍**하사 **處此宮殿**하소서

그때 도솔타천왕이 여래를 받들어 이러한 모든 공양거리를 마련하고, 백천억 나유타 아승기 도솔타천자들과 부처님을 향하여 합장하고 부처님께 여쭈었다.

"잘 오셨습니다, 세존이시여. 잘 오셨습니다, 선서시여. 잘 오셨습니다, 여래·응공·정등각이시여. 저희를 가엾이 여기어 이 궁전에 계시옵소서."

◉ 疏 ◉

亦稱五號하고 竝曰善來라하고 及下文意도 皆如第三會說하다【鈔_ 亦稱五號者는 一 世尊이오 二 善逝오 三 如來오 四 應供이오 五 正徧知라 然尋常畧擧下三이어니와 今加上二일세 故爲五德이라】

또한 5가지 불호를 말하고, 아울러 '잘 오셨습니다.'라고 하며, 아래 경문의 뜻도 모두 제3법회의 말씀과 같다.【초_ "또한 5가지 불호를 말하였다."는 것은 ① 세존, ② 선서, ③ 여래, ④ 응공, ⑤ 정변지이다. 그러나 보통 아래 3가지만 들어 간단하게 말하는데, 여기에서는 위의 2가지 불호를 더하였기에 5가지 공덕이 된다.】

## 第七 如來受請

제7. 여래께서 청을 받아들이다

經

爾時에 世尊이 以佛莊嚴으로 而自莊嚴하사 具大威德하사 爲令一切衆生으로 生大歡喜故며 一切菩薩로 發深悟解故며 一切兜率陀天子로 增益欲樂故며 兜率陀天王으로 供養承事하야 無厭足故며 無量衆生으로 緣念於佛하야 而發心故며 無量衆生으로 種見佛善根하야 福德無盡故며 常能發起淸淨信故며 見佛供養하야 無所求故며 所有志願을 皆淸淨故며 勤集善根하야 無懈息故며 發大誓願하야 求一切

智故로 受天王請하사 入一切寶莊嚴殿하시니 如此世界하야 十方所有一切世界도 悉亦如是러라

爾時에 一切寶莊嚴殿에 自然而有妙好莊嚴이 出過諸天莊嚴之上하야 一切寶網이 周匝彌覆하야 普雨一切上妙寶雲하며 普雨一切莊嚴具雲하며 普雨一切寶衣雲하며 普雨一切栴檀香雲하며 普雨一切堅固香雲하며 普雨一切寶莊嚴蓋雲하며普雨不可思議華聚雲하며 普出不可思議伎樂音聲하야 讚揚如來의 一切種智가 悉與妙法으로 而共相應하니 如是一切諸供養具가 悉過諸天供養之上이러라

그때 세존께서 부처의 장엄으로 스스로 장엄하시고 큰 위덕을 갖추시어,

일체중생으로 하여금 큰 환희심을 내도록 하고자 한 때문이며,

일체 보살로 하여금 깊은 깨달음을 내도록 하고자 한 때문이며,

일체 도솔타천자로 하여금 욕망을 증장하도록 하고자 한 때문이며,

도솔타천왕으로 하여금 공양하고 섬기는 데 싫어하는 마음이 없게 하고자 한 때문이며,

한량없는 중생으로 하여금 부처님을 인연하여 발심하도록 하고자 한 때문이며,

한량없는 중생으로 하여금 부처님 뵈옵는 선근을 심어 복덕이 다함이 없도록 하고자 한 때문이며,

항상 청정한 신심을 내도록 하고자 한 때문이며,

부처님을 뵈옵고 공양하되 구하는 일이 없게 하고자 한 때문이며,

마음에 지닌 서원을 모두 청정케 하고자 한 때문이며,

부지런히 선근을 모아 게으름이 없게 하고자 한 때문이며,

큰 서원을 내어 온갖 지혜를 구하게 하고자 한 때문에 천왕의 부탁을 받고 일체 보배로 장엄한 궁전에 들어가시니, 이 세계에서와 같이 시방의 일체 세계에서도 모두 똑같았다.

그때 일체 보배로 장엄한 궁전에 절로 미묘하고 아름다운 장엄들이 여느 하늘의 장엄보다 훨씬 뛰어나,

일체 보배 그물이 가득 덮이었고,

일체 가장 미묘한 보배 구름이 가득 내리고,

일체 보배옷 구름이 가득 내리고,

일체 전단향 구름이 가득 내리고,

일체 견고향 구름이 가득 내리고,

일체 보배로 장엄한 일산 구름이 가득 내리고,

불가사의한 꽃무더기 구름이 가득 내렸으며,

불가사의한 음악과 소리가 가득 울려 나와 여래의 일체 지혜를 찬탄하는데 모두 미묘한 법과 서로 부응하며, 이와 같은 일체 공양거리가 여느 하늘의 공양보다 훨씬 훌륭하였다.

◉ 疏 ◉

分二니 先은 受請入殿이오 二爾時一切下는 入已現嚴이라 前中에 先明此界하고 後辨結通이라 前中에 初一句는 明能應之德이오 次는 明所

爲之意이오 三은 正受請이니 竝顯可知니라

이는 2부분으로 나뉜다.

(1) 천자들의 부탁을 받고서 궁전에 들어가심이며,

(2) '爾時一切' 이하는 궁전에 들어가시자, 장엄이 나타남을 말한다.

(1) 천자들의 부탁을 받고서 궁전에 들어가신 부분의 앞에서는 이 세계를 밝혔고, 뒤에서는 전체로 끝맺음을 말하였다.

앞의 '세계를 밝힌 부분'의 첫 구절은 감응 주체의 공덕을 밝혔고,

다음 구절은 장엄한 바의 뜻을 밝혔고,

셋째 구절은 천자들의 부탁을 받아들임이며, 아울러 그 뜻이 뚜렷하여 설명하지 않아도 알 수 있다.

第二 現嚴은 顯是佛力일세 故出過諸天이라

(2) 장엄이 나타남은 부처님의 신통력을 밝힌 것이기에, 여느 하늘보다 더 훌륭한 것이다.

## 第八 天王獲益

제8. 천왕이 이익을 얻다

**經**

**時**에 **兜率宮中伎樂歌讚**이 **熾然不息**호되 **以佛神力**으로 **令兜率王**으로 **心無動亂**하야 **往昔善根**이 **皆得圓滿**하며 **無量**

善法이 益加堅固하며 增長淨信하야 起大精進하며 生大歡喜하야 淨深志樂하며 發菩提心하야 念法無斷하야 總持不忘이리시니라

그때 도솔타천궁의 음악과 노래와 찬탄이 성대하여 멈추지 않았는데, 부처님의 위신력으로 도솔타천왕의 마음이 흔들리지 않도록 하였으며, 옛날의 선근이 모두 원만하고, 한량없는 선한 법이 더욱 견고하며, 청정한 신심이 더욱 커나가 큰 정진을 일으키고, 큰 환희심을 내었으며, 좋아하는 뜻이 심오하고 청정하였으며, 보리심을 일으켜 법을 생각함이 끊임없어 이를 모두 마음에 지녀 잊지 않도록 하였다.

◉ 疏 ◉

文中에 初는 得定益이오 '往昔'已下는 是進善益이니 佛神力言은 通此二益이라 十住는 位劣하야 攝散歸靜일세 故樂音止息이어니와 此位超勝하야 得動實性일세 故動寂無二하야 熾然音樂에 心不動也니라

경문의 첫 부분은 선정을 얻은 이익이며, '往昔' 이하는 선한 법으로 정진한 이익이다. '부처님의 신통력'을 말한 것은 이 2가지 이익을 모두 지녔기 때문이다.

십주의 지위는 아직 낮기에 산란한 마음을 조섭하여 고요함으로 귀의한 까닭에 음악 소리를 멈췄지만, 이 지위는 보다 훌륭하여 動用의 實性을 얻은 까닭에 동할 때나 고요할 때에 둘의 차이가 없어 성대한 음악에 마음이 흔들리지 않는다.

第九는 承力偈讚이라 然憶念昔因도 亦是益相이로되 取文便故로 爲說偈依라

文中二니 先은 明此處偈讚이오 後는 結通十方이라 前中에 先說偈依니라

제9. 부처님의 위신력을 받들어 게송으로 찬탄하다

그러나 지난 옛 인연을 생각하는 것 또한 이익의 양상이지만, 문장의 편의에 따라 이를 게송을 설하는 의지처로 삼았다.

경문은 2부분으로 나뉜다.

앞에서는 이곳에서의 게송 찬탄을 밝혔고,

뒤에서는 시방세계를 모두 끝맺었다.

앞의 게송 찬탄 가운데 앞부분은 게송의 의지처를 말하였다.

經

**爾時**에 **兜率陀天王**이 **承佛威力**하야 **卽自憶念過去佛所**에 **所種善根**하고 **而說頌言**호대

그때 도솔타천왕이 부처님의 위신력을 받들어 지난 세상에 부처님의 도량에서 심었던 선근을 스스로 기억하고, 게송으로 말하였다.

後는 正陳偈讚이라

뒷부분은 게송의 찬탄을 말하였다.

昔有如來無礙月이라 諸吉祥中最殊勝이시니
彼曾人此莊嚴殿일세 是故此處最吉祥이로다

옛날에 무애월여래 계셨는데
여러 가지 길상 중에 가장 훌륭하셨다
그 부처님 이 장엄 법당에 일찍이 들어갔기에
이곳이 가장 길상한 곳이다

昔有如來名廣智라 諸吉祥中最殊勝이시니
彼曾入此金色殿일세 是故此處最吉祥이로다

옛적에 광지여래 계셨는데
여러 가지 길상 중에 가장 훌륭하셨다
그 부처님 이 금색 법당에 일찍이 들어갔기에
이곳이 가장 길상한 곳이다

昔有如來名普眼이라 諸吉祥中最殊勝이시니
彼曾入此蓮華殿일세 是故此處最吉祥이로다

옛날에 보안여래 계셨는데
여러 가지 길상 중에 가장 훌륭하셨다
그 부처님 이 연화 법당에 일찍이 들어갔기에
이곳이 가장 길상한 곳이다

昔有如來號珊瑚라　　諸吉祥中最殊勝이시니
彼曾入此寶藏殿일세　　是故此處最吉祥이로다

옛날에 산호여래 계셨는데
여러 가지 길상 중에 가장 훌륭하셨다
그 부처님 이 보장 법당에 일찍이 들어갔기에
이곳이 가장 길상한 곳이다

昔有如來論師子라　　諸吉祥中最殊勝이시니
彼曾入此山王殿일세　　是故此處最吉祥이로다

옛날에 논사자여래 계셨는데
여러 가지 길상 중에 가장 훌륭하셨다
그 부처님 이 산왕 법당에 일찍이 들어갔기에
이곳이 가장 길상한 곳이다

昔有如來名日照라　　諸吉祥中最殊勝이시니
彼曾入此衆華殿일세　　是故此處最吉祥이로다

옛날에 일조여래 계셨는데
여러 가지 길상 중에 가장 훌륭하셨다
그 부처님 이 중화 법당에 일찍이 들어갔기에
이곳이 가장 길상한 곳이다

昔有佛號無邊光이라　　諸吉祥中最殊勝이시니

彼曾入此樹嚴殿일세 是故此處最吉祥이로다

옛날에 무변광불이라는 부처님 계셨는데

여러 가지 길상 중에 가장 훌륭하셨다

그 부처님 이 수엄 법당에 일찍이 들어갔기에

이곳이 가장 길상한 곳이다

昔有如來名法幢이라 諸吉祥中最殊勝이시니

彼曾入此寶宮殿일세 是故此處最吉祥이로다

옛날에 법당여래 계셨는데

여러 가지 길상 중에 가장 훌륭하셨다

그 부처님 이 보궁 법당에 일찍이 들어갔기에

이곳이 가장 길상한 곳이다

昔有如來名智燈이라 諸吉祥中最殊勝이시니

彼曾入此香山殿일세 是故此處最吉祥이로다

옛날에 지등여래 계셨는데

여러 가지 길상 중에 가장 훌륭하셨다

그 부처님 이 향산 법당에 일찍이 들어갔기에

이곳이 가장 길상한 곳이다

昔有佛號功德光이라 諸吉祥中最殊勝이시니

彼曾入此摩尼殿일세 是故此處最吉祥이로다

옛날에 공덕광불이라는 부처님 계셨는데
여러 가지 길상 중에 가장 훌륭하셨다
그 부처님 이 마니주 법당에 일찍이 들어갔기에
이곳이 가장 길상한 곳이다

◉疏◉

十頌에 頌各一佛이라 佛名有異로되 畧無別德이오 餘同前會니라 此佛은 卽前會十佛에 次前十佛이니 寄位漸深일세 憶念漸遠耳라

10수의 게송은 게송마다 각각 한 부처님을 읊었다. 불호는 다르지만 공덕은 조금도 다르지 않다. 나머지 부분은 앞의 법회에서 말한 바와 같다. 여기에서 말한 부처님은 앞의 법회에서 말한 열 부처님의 다음가는 앞 열 부처님이다. 그 부처님의 지위가 점점 깊어가기에 생각 또한 따라서 깊어가는 것이다.

◉論◉

云吉祥者는 衆善所集이 名吉이오 衆福所加 名祥이라 云金色殿者는 殿有金色光明이며 亦明法身無垢라 云蓮華殿者는 殿有衆色蓮華莊嚴이며 亦表法身無染이 是蓮華義라 山王殿者는 明積德이 如山王이오 非殿有山이니 如經에 云寶者는 貴德이 爲寶오 非關寶玉이라 餘義는 可知라 所以須歎往昔如來者는 有三義하니 一은 兜率天王이 念昔自分善根力이 合古오 二는 明古今諸佛의 道迹普周오 三은 明如來道迹이 依古不異하야 非天魔梵의 所爲일세 令衆生으로 生信入故니 此十

佛도 亦以加行으로 隨行成名이니라

'길상'이라 말한 것은 수많은 선이 모여 있는 바를 '吉'이라 하고, 수많은 복이 더해지는 바를 '祥'이라 한다.

'금색 법당[金色殿]'이라 말한 것은 법당에 황금색의 광명이 있고, 또한 법신에 때가 없음을 밝힌 것이다.

'연화 법당[蓮華殿]'이라 말한 것은 법당에 수많은 빛깔의 연꽃으로 장엄하였고, 또한 법신에 물듦이 없는 것이 연꽃의 의미임을 밝힌 것이다.

'산왕 법당[山王殿]'이라 말한 것은 쌓은 공덕이 큰 산과 같음을 밝힌 것일 뿐이며, 법당에 실제 산이 있는 것은 아니다. 이는 경문에서 말하는 '보배[寶]'란 고귀한 공덕으로 보배를 비유했을 뿐이며, 실제 보배 구슬과는 상관이 없는 것과 같다. 나머지의 뜻은 설명하지 않아도 알 수 있다.

옛날의 부처님을 찬탄한 바에는 3가지 의미가 있다.

(1) 노솔천왕이 옛날 자신의 선근이 옛 부처님과 부합했음을 생각하였고,

(2) 고금 부처님의 도가 널리 두루 존재함을 밝혔으며,

(3) 부처님의 도가 옛 부처님과 다르지 않기에, 諸天, 마군, 梵天이 할 수 있는 바가 아니다. 따라서 모든 사람으로 하여금 신심을 내어 들어가도록 함을 밝힌 것이다.

여기에서 말한 열 부처님 또한 제각기 더욱 힘을 썼던 그들의 行에 따라 불호를 붙인 것이다.

**經**

如此世界兜率天王이 承佛神力하고 以頌讚歎過去諸佛하야 十方一切諸世界中兜率天王도 悉亦如是하야 歎佛功德이러라

이 세계의 도솔타천왕이 부처님이 지닌 헤아릴 수 없는 영묘하고도 불가사의한 힘을 받들어 지난 세계 부처님의 공덕을 게송으로 찬탄한 것처럼, 시방 일체 세계의 도솔타천왕들도 모두 그렇게 부처님의 공덕을 찬탄하였다.

## 第十 如來就座

제10. 여래께서 법좌에 오르다

**經**

爾時에 世尊이 於一切寶莊嚴殿摩尼寶藏師子座上에 結跏趺坐하시니라

法身淸淨하고 妙用自在하사 與三世佛로 同一境界하시며 住一切智하사 與一切佛로 同入一性하시며 佛眼明了하사 見一切法에 皆無障礙하시며 有大威力하사 普遊法界하사 未嘗休息하시며 具大神通하사 隨有可化衆生之處하사 悉能徧往하사대 以一切諸佛無礙莊嚴으로 而嚴其身하시고 善知其時하사 爲衆說法이러시니라

不可說諸菩薩衆이 各從他方種種國土하야 而共來集하니 衆會淸淨하며 法身無二하며 無所依止하야 而能自在하야 起佛身行이러라

坐此座已하신대 於其殿中에 自然而有無量無數殊特妙好한 出過諸天供養之具호되 所謂華鬘衣服과 塗香末香과 寶蓋幢旛과 伎樂歌讚이니 如是等事가 一一皆悉不可稱數라 以廣大心으로 恭敬尊重하야 供養於佛하니 十方一切兜率陀天도 悉亦如是러라

그때 세존이 일체 마니보장엄전의 마니보장 사자법좌에 결가부좌하셨다.

법신이 청정하고 미묘한 작용이 자재하여 삼세의 부처님들과 경계가 같으시며, 일체 지혜에 머무시어 일체 부처님과 똑같이 하나의 성품에 들어가셨으며, 부처님의 눈이 밝으시어 일체 법을 보시되 모두 장애가 없으며, 큰 위신력이 있어 널리 법계에 노니시되 잠깐도 멈춤이 없으시며, 큰 신통력을 갖추시고 교화할 중생이 있는 곳이면 두루 찾아가실 적에 모든 부처님의 걸림 없는 장엄으로 그 몸을 장엄하고, 그 시기를 잘 알고서 대중에게 법을 말씀하셨다.

말할 수 없는 보살대중이 제각기 다른 지방의 가지가지 국토에서 모두 모여드니 법회에 모인 대중이 청정하여 법신이 둘이 아니며, 의지한 데 없이 자재하게 부처님 몸의 행을 일으켰다.

사자법좌에 앉으시자, 그 궁전에는 자연스럽게 한량없고 수없이 특별하고 아름다운, 여느 하늘보다 뛰어난 공양거리가 마련

되었다. 이른바 화장식·의복·바르는 향·가루 향·보배 일산·당기·깃발·음악·찬양의 노래 들이다.

이러한 공양거리를 하나하나 모두 셀 수 없었다. 넓고 큰 마음으로 공경하고 존중하여 부처님께 공양하였다. 시방의 일체 도솔타천에서도 모두 이와 같았다.

◉ 疏 ◉

文分四別이니 一은 明就座오

二는 顯德이니 亦大同前二十一德이니 恐厭繁文하야 不能具釋이라

三은 衆集이니 卽眷屬圓滿이라 然後 品衆集에 有所表故로 但云一萬이나 理實徧集이라 故此但云不可說衆이라하니 未必但是後品之人이라

四는 現嚴이니 初는 此界오 後는 結通이라

경문은 4부분으로 나뉜다.

(1) 사자법좌에 오르심을 밝혔다.

(2) 공덕을 밝혔다. 이는 또한 앞서 말한 21가지 공덕과 크게는 같다. 문장이 너절할까 두려운 마음에 모두 해석하지 않는다.

(3) 대중이 모여듦이다. 이는 권속의 원만이다. 그러나 뒤의 품에서 말한 '대중의 모임'에는 밝혀야 할 바가 있기에 "1만에 그치지 않는다."고 말했지만, 실제 문맥에서 말한 뜻은 모두가 모인 것이다. 따라서 여기에서 '말할 수 없는 대중[不可說衆]'이라고만 말했을 뿐이다. 이는 반드시 뒤의 품에서 말한 사람에 그치지 않기 때문이다.

(4) 장엄을 나타냄이다. 앞에서는 도솔천을 말하고, 뒤에서는

모두 들어 끝맺은 것이다.

◉ 論 ◉

於此品末에 有十三行半經을 約分爲二段호리니 一은 '爾時世尊'已下로 至'爲衆說法'히 有六行半經은 明如來 處座하사 爲衆說法分이오 二는 '不可說諸菩薩衆'已下로 至'悉亦如是'히 有七行經은 明十方菩薩이 來集處座에 殿內莊嚴妙好 勝出諸天과 一切十方兜率도 悉同此雲集莊嚴分이라

이 품의 끝부분에 13항 반의 경문은 2단락으로 나뉜다.

(1) '爾時世尊' 이하로 '爲衆說法'까지 6항 반의 경문은 여래께서 법좌에 앉아 대중을 위해 설법한 부분을 밝힌 것이며,

(2) '不可說諸菩薩衆' 이하로 '悉亦如是'까지 7항의 경문은 시방 보살이 법회에 찾아와 제자리에 앉자, 궁전 내의 미묘하고 아름다운 장엄이 여느 하늘보다 훌륭함과, 모든 시방 도솔천도 모두 이와 같이 대중이 운집하고 궁전이 장엄되었음을 밝힌 부분이다.

座體는 前已釋訖이어니와 師子座上에 結跏趺坐者는 有二義하니 一은 世間威儀오 二는 會此十迴向中理事交徹이라 如來座體는 以法界緣起不思議智의 無所依住大慈大悲로 以爲座體니 以無依住智 性自徧周하야 與虛空等하야 不去不來코 而對現色身을 與衆生數等하사 任根差別하야 隨應調伏하사 而化度之하사대 而無所造作이시니 如經에 云 法身淸淨하고 妙用自在者 是也라 與三世佛로 同一境界하야 住一切智者는 以智體 無內外中邊일세 諸佛의 同住境界도 亦爾라 與一切佛

로 同入一性者는 爲無性之性이 無出入也니 諸佛이 同此也라 佛眼明了者는 覺一切法非有無하야 而能以智로 徧知一切諸法也라 有大威力하야 普遊十方하야 未嘗休息者는 以無作無依之理智로 破一切邪見執著하야 皆悉消亡을 名之爲威力이오 以智無表裏하야 性徧如空하야 應感現形호되 而無來去를 省之爲遊오 無俗不眞이 名爲法界오 一念三世古今情盡하야 教化衆生호되 無終無始 名未嘗休息이니 明時不遷也라 具大神通者는 大智 無依無形하야 性無生滅을 名之爲神이오 智無不達을 名之爲通이라 隨有可化하야 悉能徧行者는 智無去來中邊表裏하야 十方衆生이 應感皆見호되 皆悉不同을 名之爲徧往이라

사자법좌의 본체에 대해 앞에서 이미 해석하였지만, "사자법좌에 결가부좌했다."는 말에는 2가지 의미가 있다.

첫째는 세간의 위의이며, 둘째는 십회향 가운데 이법계와 사법계가 서로 통합을 회통한 것이다.

여래 사자법좌의 본체란 의지한 바 없는 法界緣起 불가사의 지혜의 大慈大悲로써 법좌의 본체를 삼는다. 의지한 바 없는 지혜의 자성이 두루 존재함은 허공과 같다. 가지도 않으며 오지도 않는다. 중생을 상대로 몸을 나타냄이 중생의 수효만큼 수없이 많지만, 중생 근기의 차별에 따라 각기 달리 응하면서 조복하여 교화하고 제도하면서도 억지로 하는 일이 없다. 경전에서 말한 것처럼 "법신이 청정하고 미묘한 작용이 자재하다."는 것은 바로 이를 말한다.

"삼세의 부처님들과 경계가 같으시며, 일체 지혜에 머무신다."는 것은, 지혜의 본체에 안팎과 중앙 내지 가장자리가 없기에 모든

부처님이 똑같이 안주한 경계 또한 그와 같다.

"일체 부처님과 똑같이 하나의 성품에 들어간다."는 것은, 성품 자체가 없는 성품에는 나가거나 들어옴이 없다. 모두 부처님이 이와 같다.

"부처님의 안목이 밝다."는 것은, 모든 법이 있는 것도 아니요, 없는 것도 아니라는 실체를 깨달아 얻은 지혜로 일체 모든 법을 두루 아는 것이다.

"큰 위신력이 있어 널리 법계를 노니시되 잠깐도 멈춤이 없다."는 것은, 조작도 없고 의지함도 없는 진리의 지혜로 일체 삿된 견해의 집착을 타파하여 모두 없애는 것을 '위신력[威力]'이라 말하며, 지혜에 안팎이 없어 그 자성이 허공처럼 두루 존재하여 감응에 따라 그 형상을 나타내되 오고 감이 없는 것을 생략하여 '노닌다[遊]'고 말하며, 어떤 俗諦이든 眞諦 아닌 게 없는 것을 '법계'라 말하며, 한 생각의 찰나에 삼세 고금의 情識이 사라져 중생을 교화하되 끝도 없고 시작도 없는 것을 '잠깐도 멈춤이 없다[未嘗休息].'고 말하니 시간에 의해 변해가지 않음을 밝힌 것이다.

"큰 신통력을 갖췄다."는 것은, 큰 지혜가 의지함도 없고 형체도 없어 그 자성에 생멸이 없는 것을 '神'이라 말하고, 지혜로 통달하지 않음이 없는 것을 '通'이라고 말한다.

"교화할 중생이 있는 곳이면 두루 찾아간다."는 것은, 그 지혜에 오고 가는 것, 중앙이나 가장자리, 그리고 안팎이 없어 시방 중생에 따라 감응하되 모두 똑같지 않은 것을 '두루 찾아간다[徧往].'

고 말한다.

以一切諸佛無礙莊嚴으로 而嚴莊嚴之 有二義하니 一은 四無礙智莊嚴이오 二는 佛依正二報二福莊嚴이니

"모든 부처님의 걸림 없는 장엄으로 그 몸을 장엄한다."는 것은 2가지 의미가 있다.

① 막힘이 없는 4가지 지혜[法無礙智, 義無礙智, 辭無礙智, 樂說無礙智]의 장엄이며,

② 부처님의 依報와 正報인 2가지 복덕의 장엄이다.

善知其時하야 爲衆說法者는 了依生熟하야 如應化度니라

問曰 何爲諸佛이 知衆生心의 時與非時니잇고 答曰 諸佛如來心이 與一切衆生心으로 本不異故라 是一心一智慧故니라 以此로 知時與非時니 諸佛은 悟而了하사 與衆生共之어니와 衆生은 迷하야 自謂爲隔이라 一切諸佛은 以一切衆生心智慧로 而成正覺이어든 一切衆生은 迷諸佛智慧하야 而作衆生하나니 及至成佛時하얀 還成衆生의 迷理之佛일세 所說法門도 還解衆生心裏의 迷佛衆生이니 以此不異故로 知衆生心이니라

"그 시기를 잘 알고서 대중에게 법을 말씀하셨다."는 것은 근기의 성숙 여부를 알고서 거기에 맞추어 교화하고 제도하는 것이다.

어떤 사람이 물었다.

"어찌하여 모든 부처님이 중생 마음에 알맞은 시기인가, 아닌가를 알아야 하는 것일까?"

이에 대해 다음과 같이 답하였다.

"모든 부처님의 마음이 일체중생의 마음과 본래 다르지 않기 때문이다. 이는 똑같은 마음이며, 똑같은 지혜를 지녔기 때문이다. 따라서 알맞은 시기인가, 아닌가를 아는 것이다. 모든 부처님은 깨달음을 얻어 모든 것을 알기에 중생과 함께할 수 있지만, 중생은 혼미하여 스스로 '간격이 있다.'고 생각하는 것이다.

모든 부처님은 일체중생과 똑같은 마음의 지혜로 바른 깨달음을 성취하는 것인데 반하여, 일체중생은 모든 부처님의 지혜를 알지 못하기에 중생이 된 것이다. 그러나 중생이 성불할 때에는 진리를 알지 못한 중생 마음속에 지닌 부처님을 다시 이뤄주는 것이기에, 연설하는 법문 또한 중생의 마음속에 미쳐, 부처님을 깨닫지 못한 중생을 대상으로 이해시켜주는 것이다. 이와 다르지 않기에 중생의 마음을 아는 것이다."

經云不可說諸菩薩이 各從他方種種國土하야 而共來集者는 約萬行差別하야 名爲他方이오 以法隨根하야 應物調伏이 名種種國土오 不出如來大圓明智 名爲而共來集이라 衆會淸淨者는 無情識也오 法身無二者는 與佛로 同一體性하야 等無性也오 無所依止는 無得無證也오 而能自在하야 起佛身行者는 無作之智 同佛用也오 坐此座已에 會此十廻向法界本也오 殿出殊好는 以智所感也오 出過諸天者는 以智報感일세 非有情爲也니라

경문에 이르기를 "말할 수 없는 보살대중이 제각기 다른 지방의 가지가지 국토에서 모두 모여들었다."고 말한 것은, 보살마다의 각기 다른 수행의 차별을 '다른 지방'에 비유하여 말하였고, 법으로

중생 근기에 따라 감응하여 조복하는 것을 '가지가지 국토'라 말하였으며, 여래의 大圓明智에서 벗어나지 않는 것을 '모두 모여들었다.'고 말한 것이다.

"법회에 모인 대중이 청정하다."는 것은 情識이 없음이며,

"법신이 둘이 아니다."는 것은 부처님과 체성이 똑같고 성품 자체가 없는 것도 똑같으며,

"의지한 데 없다."는 것은 얻음도 없고 증득할 자체도 없음이며,

"자재하게 부처님 몸의 행을 일으켰다."는 것은 조작이 없는 지혜가 부처님의 妙用과 같은 것이며,

"법좌에 앉았다."는 것은 십회향 법계의 근본에 회통하는 것이며,

"궁전이 특별하고 아름답다."는 것은 지혜로 감응한 것이며,

"여느 하늘보다 뛰어나다."는 것은 지혜로 과보가 감응하기 때문에 情識의 작위가 있지 않다.

論主頌解云菩薩所有報相은 約行所生이니 頌曰 '菩薩以忍爲垂鬘이오 慚愧는 恒爲衣服飾이며 戒品은 塗香及抹香이오 慈悲普覆爲其蓋며 正心不動이 禪定幢이라 智慧幢破諸邪見이며 方便常住生死海하야 饒益衆生爲妓樂이며 總持演暢妙法音하야 聞者解脫爲歌樂이라' 已上은 如文可知니라

論主의 게송 해석은 다음과 같다.

"보살은 인욕으로 드리운 꽃장식을 삼고

부끄러워함은 항상 의복의 장식이 되며

戒品은 바르는 향과 가루향이며

자비로 널리 덮어줌은 덮개가 된다.

흔들리지 않는 바른 마음은 선정의 깃발이라

지혜의 깃발이 모든 삿된 선해 타파하고

방편으로 언제나 생사 바다에 머물면서

중생에게 이익 되는 음악이어라.

總持로 미묘한 법음 연설하니

듣는 이의 해탈이 노래요, 음악이다."

이상은 경문에서 말한 바와 같이 설명하지 않아도 알 수 있다.

此會所將如是大悲와 如是智慧와 如是萬行이 但爲長養初發心住의 初生佛家之智慧大悲하야 令慣習自在故로 時亦不改며 法亦不異며 智亦不遷이 猶如竹葦 依舊而成에 初生與終이 無有麤細하며 亦如小兒長에 初生而爲大오 無異大也라

此直以十行 十廻向 十地 十一地로 爲長養道之方便일새 佛果 在於初發心이니라 又十住中에 一住 具十住之功用故며 及十住 十行 十廻向 十地는 十住中總具足故로 猶如神龍馬王의 所生其神駒 生在其地에 與父遲速相似호되 唯力用이 未如其父母인달하야 如初發心菩薩도 以乘如來一切智乘하야 初生佛家에 與佛同智로되 唯神通道力이 未如일새 以待大悲萬行長養故니 雖長養功終이나 法不異也며 時不遷也하야 終不出初發心時 力用功畢이니 如龍女 不刹那際코 一生成佛이며 如善財 一生에 得佛果 亦爾니 一生義者는 得無生也니라

이 법회에서는 이와 같은 대자비, 이와 같은 지혜, 이와 같은

만행을 가지고서, 다만 初發心住에서 처음으로 부처님 집안에 태어날 수 있는 지혜와 대자비를 길이 길러가면서 이를 익숙하게 이뤄나가고 자유자재하게 닦아나가기에, 시간 속에서도 바뀌지 않고 법도 다르지 않으며 지혜 또한 변하지 않는다. 이는 마치 대나무와 갈대가 예전 그 모습 그대로 성장하듯이 처음 돋아나 다하는 날까지 크거나 작은 차이가 없고, 또한 어린아이가 자랄 때 처음 태어난 모습 그대로 커나가는 것이지 다른 모습으로 크지 않는 것과 같다.

이는 다만 십행·십회향·십지·十一地로 도를 길러가는 방편을 삼기에 佛果는 초발심주에 달려 있다. 또한 십주 가운데, 제1 초발심주는 십주의 작용을 모두 갖추고 있기 때문이며, 십주·십행·십회향·십지가 모두 십주 가운데 총체적으로 구족하기 때문이다. 이는 마치 용마[神龍馬王]가 낳은 망아지[神駒]가 태어나면 그를 낳아준 용마와 똑같이 달릴 수 있지만 오직 힘의 작용이 용마와 똑같지 않은 것처럼, 초발심 보살도 여래의 一切智를 갖춰 처음 부처님 집안에 태어날 때 부처님과 그 지혜야 똑같지만 신통의 道力만큼은 똑같지 않다. 대자비의 만행을 오랜 기간 길러나가야 하기 때문이다. 비록 오랜 기간 길러나가는 공부를 끝마쳤을지라도 법은 다르지 않고 시간에 의해 바뀌지 않는다. 결국 처음 발심할 때 힘써 왔던 공부를 끝마치는 데에서 벗어나지 않는다. 예컨대 용녀가 찰나를 벗어나지 않고 단 한 번 태어나 성불하였고, 또 선재동자가 단 한 번 태어나 佛果를 얻은 것 또한 이와 같다. '한 번 태어났다[一生].'는 뜻은 無生을 얻은 것이다.

如三乘에 以意生身菩薩로 未說乘佛一切智乘者는 推佛果 在十一地後 三祇之劫終也니 前三賢이 爲資糧이오 十地 爲見道오 佛果 在十一地三祇之劫終也이니와 如此教는 與三乘中五位行相으로 一倍顚倒하야 行相이 不同하니 後當更明호리라

升兜率天宮品 竟하다

예컨대 삼승의 意生身 보살에게 "부처님의 일체지를 갖췄다."고 말하지 못하는 것은 불과를 11地 이후 3아승기겁이 다할 때까지 미뤄나가야 하기 때문이다. 地前 三賢은 資糧位이고, 십지는 見道位이며, 佛果는 11지 이후 3아승기겁이 다하는 데 있지만, 이 가르침에서는 삼승의 五位 行相과는 곱절이나 뒤바뀌어 行相이 똑같지 않다. 이는 뒤의 해당 부분에서 다시 밝힐 것이다.

승도솔천궁품을 끝마치다.

승도솔천궁품 제23-2 升兜率天宮品 第二十三之二

화엄경소론찬요 제45권 華嚴經疏論纂要 卷第四十五

# 화엄경소론찬요 제46권

## 華嚴經疏論纂要 卷第四十六

◉

## 도솔궁중게찬품 제24

兜率宮中偈讚品 第二十四

初 來意

1. 유래한 뜻

◉ 疏 ◉

來意者는 前明化主赴感이어니와 今明助化讚揚과 及顯位體所依일세 故次來也니라

유래한 뜻이란 앞에서는 교화의 주체가 감응하여 몸을 나타내는 것을 밝혔지만, 여기에서는 교화의 보조에 대한 찬양 및 보살들이 지위에 따라 의거하는 바를 나타냄을 밝힌 까닭에 이 품을 다음으로 쓰게 된 것이다.

二 釋名

2. 품명을 해석하다

◉ 疏 ◉

釋名者는 謂十方菩薩이 於此宮中에 讚佛實德일세 故受斯名이라 通二種釋은 如第三會니라

품명을 해석한다는 것은 시방 보살이 도솔천궁에서 부처님의 진여실상의 공덕을 보조하기에 그 이름을 붙인 것이다. 두 종류 해석에 통함은 제3법회와 같다.

三宗趣

3. 종취

◉ 疏 ◉

宗趣者는 集衆放光偈讚으로 爲宗하고 爲說廻向으로 爲趣니라

종취란 법회에 모인 대중이 방광하면서 게송으로 찬탄하는 것으로 종을 삼고, 회향을 설법하는 것으로 취를 삼는다.

◉ 論 ◉

第一釋品名目者는 明以金剛幢等十菩薩이 各從異佛刹來하야 處兜率天宮하사 至如來所하야 各化作妙寶師子之座已하시고 各以十廻向法門因果로 而偈讚之일세 故名偈讚品이니 異佛刹者는 從十行中來하야 入十廻向이라

第二釋品來意者는 此品은 爲欲成十廻向中因果法門일세 故須此品이 來也라

(1) 품의 명목을 해석한다는 것은 금강당보살 등 열 보살이 각각 다른 국토에서 찾아와 여래가 계신 도솔천궁에 이르러 각각 미묘한 보배로 사자법좌를 만들어놓고 그 자리에 앉아 각각 십회향 법문의 인과를 게송으로 찬탄한 것을 밝힌 까닭에 그 이름을 '게찬품'이라 하였다.

'각각 다른 국토'란 十行으로부터 십회향에 들어가는 것이다.

(2) 품이 유래한 뜻을 해석한다는 것은 이 품에서는 십회향의 인과법문을 이루고자 한 까닭에 반드시 이 품이 오게 된 것이다.

四釋文

4. 경문의 해석

亦三이니 初는 集衆이오 二는 放光이오 三은 偈讚이니 今은 初라

이 또한 3부분이다.

제1. 법회에 모인 대중,

제2. 광명이 쏟아짐,

제3. 게송의 찬탄이다.

이는 제1. 법회에 모인 대중이다.

經

**爾時**에 **佛神力故**로

그때 부처님의 신통력으로

◉疏◉

文二니 先明集因이니 謂佛神力이라

이 경문은 2부분이다.

1. 법회에 모이게 된 원인을 밝혔다. 부처님의 신통력을 말한다.

經

**十方各有一大菩薩**이

시방에 각각 한 분의 큰 보살들이

◉ **疏** ◉

二 衆集이니 於中 文二니 先은 明此會오 後'如此世界'下는 結通이라 今初에 長分十段이니 一은 總擧上首니라

2. 대중이 모임이다. 이 경문은 2부분이다.

앞에서는 이 법회를 밝혔고,

뒤의 '如此世界' 이하는 전체를 끝맺음이다.

앞의 법회 부분은 크게 10단락으로 나뉜다.

제1단락은 상수 보살을 총체로 열거하였다.

經

**一一各與萬佛刹微塵數諸菩薩**로 **俱**하사

한 분 한 분 보살마다 각기 1만 부처님 세계의 미세한 티끌 수와도 같은 수많은 보살들과 함께

◉ **疏** ◉

二는 眷屬數라

제2단락은 같은 권속의 수효이다.

**經**

**從萬佛刹微塵數國土外諸世界中**하야 **來詣佛所**하시니라

1만 부처님 세계의 티끌 수와도 같은 국토 밖, 많은 세계에서 부처님이 계신 도량으로 모여들었다.

◉ 疏 ◉

三은 來處遠近이니 位增數增일세 故各一萬이라

제3단락은 찾아온 국토의 멀고 가까움을 말한다.

지위가 더하면 그 수효가 더한 까닭에 각각 1만을 말하였다.

**經**

**其名 曰金剛幢菩薩**과 **堅固幢菩薩**과 **勇猛幢菩薩**과 **光明幢菩薩**과 **智幢菩薩**과 **寶幢菩薩**과 **精進幢菩薩**과 **離垢幢菩薩**과 **星宿幢菩薩**과 **法幢菩薩**이니라

그 이름은 금강당보살, 견고당보살, 용맹당보살, 광명당보살, 지당보살, 보당보살, 정진당보살, 이구당보살, 성수당보살, 법당보살이었다.

◉ 疏 ◉

四는 主菩薩名이라 同名幢者는 畧有五義하니 一은 高出義니 表三賢位極故오 二는 建立義니 大悲大智로 建立衆生及菩提故오 三은 歸向義니 謂大悲攝生하고 智願攝善하야 歸向菩提及實際故오 四는 摧殄

義니 如猛將幢하야 降伏一切諸魔軍故오 五는 滅怖畏義니 如帝釋幢하야 不怖惑業故니라

異名은 卽表十向行體이니 至偈當明호리라

제4단락은 주보살의 명호이다.

모두 똑같이 '幢'이라 이름 붙인 데에는 간단하게 5가지 뜻이 있다.

⑴ 높다랗게 솟아 있다는 뜻이다. 삼현의 지위가 다하였음을 밝힌 때문이다.

⑵ 세워져 있다는 뜻이다. 大悲와 大智로 중생 및 보리를 세워 주기 때문이다.

⑶ 귀의, 지향한다는 뜻이다. 대비로 중생을 이끌어 들이고, 지혜와 원력으로 선을 이끌어 보리 및 실제로 귀의, 지향하기 때문이다.

⑷ 꺾어 죽인다는 뜻이다. 맹장의 깃발처럼 모든 마군에게서 항복받기 때문이다.

⑸ 두려움을 없애준다는 뜻이다. 제석천왕의 깃발처럼 惑業을 두려워하지 않기 때문이다.

다른 이름은 십회향의 行體를 밝힌 것으로, 게송 부분에서 이를 밝히고자 한다.

**經**

**所從來國은 謂妙寶世界와 妙樂世界와 妙銀世界와 妙金世界와 妙摩尼世界와 妙金剛世界와 妙波頭摩世界와 妙**

**優鉢羅世界**와 **妙栴檀世界**와 **妙香世界**니라

그들이 떠나온 국토는 묘보세계, 묘락세계, 묘은세계, 묘금세계, 묘마니세계, 묘금강세계, 묘바두마세계, 묘우발라세계, 묘전단세계, 묘향세계이다.

◉ **疏** ◉

五 所從來刹을 皆稱妙者는 迴向之力이 微善이라도 彌於法界故니라 其別名은 卽表十向所修法門이니 一은 救護衆生離衆生相 最可貴故오 二는 得不壞信이 常樂因故오 三은 等佛白淨故오 四는 如金徧至諸色像故오 五는 出用無盡이 如摩尼故오 六은 善根堅固 如金剛故오 七은 隨順衆生호되 不染塵故오 八은 眞如之因이 如水生華하야 最爲勝故오 九는 如白栴檀이 能去熱惱之縛著故오 十은 如彼香氣 能普周故니라 故下文 '慈氏座前에 燒一丸香이면 彌滿法界'라하니 卽其事也니라【鈔_ '慈氏座前等者는 卽六十七經이라】

제5단락, 그들이 떠나온 국토를 모두 '妙…'라 말한 것은 회향의 힘이 미세한 선이라 할지라도 법계에 가득 차기 때문이다.

그 다른 이름으로는 곧 십회향에서 닦아야 할 법문을 밝힌 것이다.

(1) 중생을 구제하고 보호하되 衆生相을 여읨이 가장 고귀한 때문이며,

(2) 무너지지 않는 신심을 얻음이 常樂의 원인이기 때문이며,

(3) 부처님의 결백하고 청정함과 같기 때문이며,

⑷ 황금이 모든 색상에 두루 사용되는 것과 같기 때문이며,

⑸ 끝없이 나오는 작용이 마니주와 같기 때문이며,

⑹ 선근의 견고함이 금강과 같기 때문이며,

⑺ 중생을 따르되 티끌에 물들지 않기 때문이며,

⑻ 진여의 원인이 연못의 연꽃처럼 가장 뛰어나기 때문이며,

⑼ 하얀 전단향이 극심한 번뇌의 속박을 없애주는 것과 같기 때문이며,

⑽ 전단 향기가 널리 퍼져나가는 것과 같기 때문이다. 이 때문에 아래의 경문에서 "부처님 앞에 한 알의 향을 사르면 법계에 가득 찬다."는 것이 곧 그런 일이다. 【초_ '부처님 앞' 등은 67경인 優鉢羅華長者經에서 인용한 부분이다.】

經

**各於佛所**에 **淨修梵行**하시니 **所謂無盡幢佛**과 **風幢佛**과 **解脫幢佛**과 **威儀幢佛**과 **明相幢佛**과 **常幢佛**과 **最勝幢佛**과 **自在幢佛**과 **梵幢佛**과 **觀察幢佛**이니라

열 보살이 각각 열 부처님 계신 도량에서 범행을 닦았다.

이른바 무진당불, 풍당불, 해탈당불, 위의당불, 명상당불, 상당불, 최승당불, 자재당불, 범당불, 관찰당불이었다.

◉ 疏 ◉

六 本所事佛이 同名幢義는 不異菩薩이니 別名은 卽表修十向智이며

亦表當位之果라 謂一은 救護之心不可盡故로 成無盡佛이오 二는 如空中風이 不住不壞故오 三은 等佛解脫故오 四는 四威儀中에 無不至故오 五는 明了功德相故오 六은 常能隨順善根故오 七은 隨順衆生善最勝故오 八은 同於眞如하야 得自在故오 九는 淨無垢染하야 不縛著故오 十은 觀察이 卽是入法界故니라

제6단락, 본래 국토에서 섬겼던 부처님의 명호에 똑같이 '幢' 자를 붙인 뜻은 보살과 다르지 않기 때문이다.

그 다른 이름은 곧 십회향을 닦는 지혜를 밝힘이며, 또한 해당 지위에 따른 果位를 나타냄이다.

⑴ 중생을 구제하고 보호하려는 마음이 그지없기 때문에 그지없는 부처를 성취하기 때문이다.

⑵ 허공의 바람이 머물지도 않고 파괴되지도 않음과 같기 때문이다.

⑶ 부처의 해탈과 같기 때문이다.

⑷ 4가지 위의에 이르지 않음이 없기 때문이다.

⑸ 공덕의 모습을 분명히 알기 때문이다.

⑹ 언제나 선근을 따르기 때문이다.

⑺ 중생의 선을 따르는 것이 최고로 뛰어나기 때문이다.

⑻ 진여와 같아서 자재함을 얻기 때문이다.

⑼ 청정하여 때와 오염이 없어 얽매이거나 집착하지 않기 때문이다.

⑽ 살펴보는 것이 곧 법계에 들어갔기 때문이다.

**其諸菩薩**이 **至佛所已**하야 **頂禮佛足**하고

그 모든 보살들이 부처님 계신 도량에 이르러 부처님 발에 정례를 올리고,

◉ 疏 ◉

七은 到已에 修敬이라

제7단락은 부처님 도량에 이른 뒤, 정례를 올림이다.

經

**以佛神力**으로 **即化作妙寶藏師子之座**하사대 **寶網彌覆**하야 **周匝徧滿**이어든 **諸菩薩衆**이 **隨所來方**하야 **各於其上**에 **結跏趺坐**하시니라

부처님의 신통력으로 묘보장 사자좌를 변화하여 만들었는데, 보배 그물로 두루 덮어 사면에 가득하였다. 모든 보살대중이 제각기 떠나온 방위에 따라 사자좌 위에 결가부좌하였다.

◉ 疏 ◉

八은 善住威儀라 座體云妙寶者는 十住에 以慧光徧照故로 以毘盧遮那藏爲體하고 十行에 以行淨離垢故로 以蓮華藏爲體어니와 今十向에 大悲 處於生死하여 普該萬法하야 不拘乎一이라 故座體에 直云妙寶라하고 不限色類하고 以教行徧周하야 籠攝衆生일세 加以寶網으로

彌覆其上이라

제8단락은 잘 머문 위의이다. 법좌의 본체를 妙寶라 말한 것은 十住에서는 지혜 광명이 두루 비친 까닭에 비로자나장으로 본체를 삼고, 십행에서는 行이 청정하여 때를 여읜 까닭에 연화장으로 본체를 삼았다. 하지만 이 십회향에서는 대비의 마음으로 생사에 처하여 모든 법을 널리 갖추어 그 어느 한 가지에 구속받지 않기 때문에 법좌의 본체를 단 妙寶라 말했을 뿐 색상의 유를 국한하지 않았으며, 教行으로 두루 중생을 받아들이기에 보배 그물로 그 위를 가득 덮은 것을 더하였다.

**經**

**其身**에 **悉放百千億那由他阿僧祇淸淨光明**하시니
**此無量光**이 **皆從菩薩**의 **淸淨心寶**와 **離衆過惡**한 **大願所起**라
**顯示一切諸佛自在淸淨之法**하며 **以諸菩薩平等願力**으로 **能普救護一切衆生**하시니 **一切世間之所樂見**이라 **見者**가 **不虛**하야 **悉得調伏**이러라

보살의 몸에서 모두 백천억 나유타 아승기의 청정한 광명을 쏟아내었다.

이처럼 한량없는 광명은 모두 보살의 청정한 마음의 보배와 모든 허물이 없는 큰 원력으로부터 일어난 것이며,

일체 모든 부처님의 자재하고 청정한 법을 나타내 보이며, 보

살들의 평등한 원력으로 일체중생을 널리 구제하고 보호하니, 모든 세간 중생들이 기쁜 마음으로 보았다. 보는 이들은 모두 헛되지 않고 모두 조복되었다.

◉ 疏 ◉

九는 放光利物이니 此位에 多辨悲智救物일새 故復辨此니라 於中에 初는 光體오 次'此無量'下는 辨光因이니 卽圓淨廻向心이오 後'顯示'下는 畧示光業이니 一은 智敬上業이오 二는 悲救下業이라

제9단락은 광명을 쏟아내어 중생에게 이익을 준 것이다. 이 지위에서 대비와 대지로 중생을 구제한 부분을 논변한 바 많다. 이 때문에 다시 이를 말한 것이다.

이 경문에 첫 부분은 광명의 본체이고,

다음 '此無量光' 이하는 광명의 원인을 말하였다. 이는 곧 원만 청정한 회향의 마음이며,

뒤의 '顯示' 이하는 광명의 작용을 간단하게 보여주었다.

(1) 大智로 위의 부처님을 공경하는 일이며,

(2) 大悲로 아래의 중생을 구제하는 일이다.

經

**其菩薩衆**이 **悉已成就無量功德**하시니
**所謂偏遊一切諸佛國土**호되 **無所障礙**하며
**見無依止淸淨法身**하며

以智慧身으로 現無量身하야 徧往十方하야 承事諸佛하며
入於諸佛無量無邊不可思議自在之法하며
住於無量一切智門하야 以智光明으로 善了諸法하며
於諸法中에 得無所畏하야 隨所演說하야 窮未來際호되 辯才無盡하며
以大智慧로 開總持門하며
慧眼淸淨하야 入深法界하며
智慧境界가 無有邊際하며
究竟淸淨이 猶若虛空이러라

보살들은 한량없는 공덕을 이미 성취하였다.

이른바 여러 불국토에 두루 다니되 장애가 없으며,

의지한 데 없는 청정한 법신을 보았으며,

지혜 몸으로 한량없는 몸을 나타내어 두루 시방을 다니면서 모든 부처님을 섬기며,

부처님의 한량없고 그지없고 불가사의의 자재한 법에 들어가며,

한량없는 일체 지혜의 법문에 머물러 지혜 광명으로 모든 법을 잘 알며,

모든 법 가운데 두려움이 없는 바를 얻어 곳에 따라 연설하여 미래 세월 다하도록 변재가 그지없으며,

큰 지혜로 다라니 법문을 열며,

지혜의 눈이 청정하여 깊은 법계에 들었으며,

지혜의 경계가 끝이 없으며,

끝까지 청정함이 허공과 같다.

◉ 疏 ◉

十은 畧讚勝德이라 有十一句하니 初總餘別이라

別中 十門은 一은 神通門이오 二는 入證門이오 三'以智'下는 依智修福이오 四'入於'下는 上入果用이오 五'住於'下는 住善決擇이오 六'於諸'下는 四辯無盡이오 七은 智開總持오 八은 慧眼見性이오 九는 智慧徧知오 十은 究竟離障이라

제10단락은 수승한 공덕을 간단하게 찬탄하였다. 11구가 있다. 첫 구절(悉已成就無量功德)은 총체이며, 나머지는 개별이다.

개별 가운데 10門은 다음과 같다.

(1) 신통력의 문,

(2) 증득에 들어가는 문,

(3) '以智慧身' 이하는 지혜를 의지해 복덕을 닦음이며,

(4) '入於諸佛' 이하는 위로 果位의 작용에 들어감이며,

(5) '住於無量' 이하는 잘 決擇하는 데에 머무는 것이며,

(6) '於諸法中' 이하는 四辯이 그지없음이며,

(7) 지혜로 다라니 문을 여는 것이며,

(8) 지혜의 눈으로 見性함이며,

(9) 지혜로 두루 앎이며,

(10) 끝내 걸림에서 벗어난 것이다.

經

**如此世界兜率天宮**에 **諸菩薩衆**이 **如是來集**하야 **十方一切兜率天宮**에 **悉有如是名號菩薩**이 **而來集會**하시니 **所從來國**과 **諸佛名號**도 **亦皆同等**하야 **無有差別**이러라

이 세계의 도솔천궁에 모든 보살대중이 이렇게 모여드는 것처럼 시방의 일체 도솔천궁에도 모두 이런 명호를 지닌 보살들이 모여들었다. 그 떠나온 나라와 모든 부처님의 명호 또한 모두 같아 차별이 없었다.

◉ 疏 ◉

結通可知라

전체로 끝맺은 부분임을 설명하지 않아도 알 수 있다.

---

第二 放光

제2. 광명이 쏟아지다

經

**爾時**에 **世尊**이 **從兩膝輪**하사

그때 세존의 두 무릎 사이에서

◉ 疏 ◉

文分四別이니 一은 放光處니 言膝輪者는 位漸高故며 又表廻因向果等에 有屈申進趣之相故며 又悲智相導하야 屈申無住故니라

경문은 4부분으로 나뉜다.

1. 광명이 쏟아지는 곳

무릎을 말한 것은 지위가 차츰차츰 높아졌기 때문이며, 또한 원인을 되돌려 결과로 향하는[廻因向果] 등에 굴신으로 나아가는 相이 있음을 밝힌 때문이며, 또한 대비와 대지가 서로 이끌어 굴신하는 데에 머무는 곳이 없기 때문이다.

經

**放百千億那由他光明**하사

백천억 나유타 광명을 쏟아내어

◉ 疏 ◉

二 光數라

2. 광명의 수효

**普照十方盡法界虛空界一切世界**하신대

시방의 온 법계와 허공계의 일체 세계를 두루 비추었다.

◉ 疏 ◉

三 光照分齊라

3. 광명이 비치는 부분

經

**彼諸菩薩**이 **皆見於此佛神變相**하며 **此諸菩薩**도 **亦見於彼一切如來神變之相**하시니라

그 모든 보살들이 모두 부처님의 신통 변화하시는 모습을 보았으며, 이 모든 보살들도 그 일체 부처님의 신통 변화하시는 모습을 보았다.

◉ 疏 ◉

四 光所作業이니 謂令彼此互相見故니라

於中 分三이니 初는 正明彼此相見이오 二'如是'下는 釋見所由오 三'如是等'下는 結德所屬이라

4. 광명이 하는 일

저 부처님과 이 부처님으로 하여금 서로가 서로를 보도록 한 때문이다.

이는 3부분으로 나뉜다.

(1) 저 부처님과 이 부처님이 서로 보는 것을 바로 밝힘이며,

(2) '如是菩薩' 이하는 서로 보게 된 이유를 해석함이며,

(3) '如是等百千億那由他' 이하는 공덕이 속한 바를 끝맺었다.

**如是菩薩**이 **皆與毘盧遮那如來**로 **於往昔時**에 **同種善根**하야 **修菩薩行**일세

이와 같은 보살이 모두 지난 옛적에 비로자나여래와 함께 선근을 심어 보살의 행을 닦았기에,

◉ **疏** ◉

二中에 由二因故見이니 一宿因同行故일세니라

⑵ 서로 보게 된 이유를 해석함이다. 이는 2가지의 원인 때문에 서로 볼 수 있었다.

첫째, 전생에 맺은 인연으로 함께 수행하였기 때문이다.

◉ **論** ◉

明諸菩薩이 從誰發心者는 皆於自心에 無始分別無明으로 爲發心之始하야 達此無始無明이 爲大圓鏡智故로 卽與十方毘盧遮那如來로 同善根故니 若離此智면 無成佛期며 無見佛日이라 是故로 經에 云'如是菩薩이 皆與毘盧遮那로 往昔에 同善根故라'하시니 明達自無明하야 成大智體일세 諸佛이 共此智也라

모든 보살이 누구에 의하여 발심하게 되었는지를 밝힌다는 것은 모두 자신의 마음에 시작도 없는 옛적의 분별심과 무명 때문에 마음을 냈던 것을 시초로 삼아, 그 시작도 없는 옛적의 분별심과 무명이 大圓鏡智가 될 수 있음을 알았다. 이는 곧 시방의 비로자나

불과 선근이 같았기 때문이다.

만일 지혜를 여의면 성불할 기약이 없으며, 부처님을 볼 날이 없다. 이 때문에 경문에 이르기를 "이와 같은 보살이 모두 지난 옛적에 비로자나여래와 선근이 같기 때문이다."고 하였다. 자신의 무명을 알고서 대원경지의 자체를 이룬 것이기에 모든 부처님이 이 지혜를 함께 공유했음을 밝힌 것이다.

**經**

悉已悟入諸佛自在甚深解脫하야 得無差別法界之身하며
入一切土호되 而無所住하야 見無量佛하고 悉往承事하며
於一念中에 周行法界하야 自在無礙호되 心意淸淨이 如無價寶하며
無量無數諸佛如來가 常加護念하사 共與其力하야 到於究竟第一彼岸하며
恒以淨念으로 住無上覺하야 念念恒入一切智處하며
以小入大하고 以大入小에 皆得自在하야 通達無礙하고 已得佛身하야 與佛同住하며
獲一切智하고 從一切智하야 而生其身하며
一切如來所行之處에 悉能隨入하야 開闡無量智慧法門하며
到金剛幢大智彼岸하야 獲金剛定하야 斷諸疑惑하며
已得諸佛自在神通하야 普於一切十方國土에 敎化調伏百千萬億無數衆生호되 於一切數에 雖無所着이나 善能修

**學成就究竟**하야 **方便安立一切諸法**이라

모든 부처님의 자재하신 지극히 깊은 해탈을 모두 깨달아 차별 없는 법계의 몸을 얻었으며,

일체 국토에 들어가되 머무는 데가 없고 한량없는 부처님을 뵙고 모두 찾아가 섬겼으며,

한 생각의 찰나에 두루 법계에 행할 적에 걸림 없이 자재하되 마음이 청정하여 값없는 보배와 같으며,

한량없고 수없는 모든 부처님이 항상 보호하고 생각하여 그 가피의 힘을 함께하여 최후 제일의 피안에 이르렀으며,

항상 청정한 생각으로 위없는 깨달음에 머물면서 모든 생각이 언제나 일체 지혜에 들어갔으며,

작은 것이 큰 데 들어가고 큰 것이 작은 데 들어가되 모두 자재하게 통하여 막힘없고, 이미 부처님의 몸을 얻어 부처님과 함께 안주하였으며,

일체 지혜를 얻고 일체 지혜로부터 그 몸이 나왔으며,

일체 여래가 행하였던 곳을 모두 따라 들어가 한량없는 지혜의 법문을 열었으며,

금강당보살의 큰 지혜 피안에 이르러 금강삼매를 얻어 모든 의혹을 끊었으며,

부처님의 자재한 신통력을 얻어, 일체 시방의 국토에서 널리 백천만억 무수한 중생을 교화하고 조복하면서도 일체의 모든 수효에 집착한 바 없으나, 잘 닦고 배워서 최후의 자리까지 성취하여

방편으로 모든 법을 세웠다.

◉ 疏 ◉

二'悉已'下는 現德圓滿故니라 文有二十句하니 束爲十對니 一은 離障·成身對오 二는 入刹·近佛對오 三은 用速·心淨對오 四는 外護·內證對오 五는 能覺·所覺對니 謂一切智處 是所覺故오 六은 用廣·證深對니 身卽智身이니 同住法界及大悲故오 七은 得智·生身對니 身卽應身이오 八은 行深·解廣對오 九는 智極·定深對니 此位中에 顯名金剛幢은 對金剛定이니 卽菩提智오 十은 得通·立法對니 由得通故로 調化無數하고 由離數故로 而能安立이라

數有二種하니 一은 數量數오 二는 色心有爲니 皆名爲數니라

今文具二니 謂由不著一多하고 能立一切故며 不著於有하고 能安立故로 卽眞俗鎔融이니 謂世俗幻有之相은 相本自空이오 勝義眞空之理는 理常自有니 有是空有라 非常有니 斯有未曾不空이오 空是有空이라 非斷空이니 此空 何嘗不有리오 有空·空有 體一名殊니 名殊故로 眞俗互乖하야 迢然不雜하고 體一故로 空有相順하야 冥然不二니라 一與不一 不卽不離하야 鎔融無礙하니 菩薩 智契其源일세 所以雖迴絕無寄나 而善修安立이니라【鈔_ '一離障成身對'者는 以文易故로 疏不指經이로되 今當指之_호리라 二'入一切土'下는 入刹對오 三은 '於一念中'下 是오 四는 '無量無數'下 是오 五는 '恒以淨念'下 是오 六은 '以小入大'下 是오 七은 '獲一切智'下 是오 八은 '一切如來'下 是오 九는 '到金剛幢'下 是오 十은 '已得諸佛自在'下 是니라

'由離數'下는 釋立法이오 '謂世俗'下는 別是眞俗鎔融之相이니 相從緣生이라 擧體卽空이오 理非斷滅이라 故常自有니라 然有三意하니 此上第一은 當體以明이오 二'有是空有'下는 明二諦交徹成一이니 卽有是空이오 卽空是有니라 三 有空空有는 結成鎔融이니 卽仁王에 云'於諦常自二로되 於解常自一이니 通達此無二면 眞入第一義也라'하니라 '從菩薩智契'下는 結成能立이라】

둘째, '悉已悟入' 이하는 공덕의 원만함을 나타낸 때문이다.

경문의 20구를 정리하여 묶으면 10가지의 상대이다.

① 걸림을 여의는 것과 법신을 성취함이 상대이다.

② 국토에 들어가는 것과 부처님을 가까이함이 상대이다.

③ 작용의 신속함과 마음의 청정함이 상대이다.

④ 밖에서의 비호와 내면으로의 증득함이 상대이다.

⑤ 깨달음의 주체와 깨달음의 대상이 상대이다. 一切智가 있는 곳이 깨달음의 대상이기 때문이다.

⑥ 작용의 광대함과 증득의 심오함이 상대이다. 몸은 곧 지혜의 몸이다. 법계 및 大悲와 함께 머물고 있기 때문이다.

⑦ 지혜를 얻음과 몸이 태어남이 상대이다. 몸은 곧 應身이다.

⑧ 수행이 깊은 것과 이해가 넓은 것이 상대이다.

⑨ 지혜가 지극함과 선정의 심오함이 상대이다. 이 지위의 가운데 금강당이라는 명호를 밝힌 것은 金剛定을 상대로 말한 것으로, 곧 보리지혜이다.

⑩ 통달을 얻음과 법을 세움이 상대이다. 통달을 얻었기에 중생

의 교화가 無數하고, 수효를 여읜 까닭에 모든 법을 세운 것이다.

數에는 2가지 뜻이 있다.

㉠ 한량없는 수효이다

㉡ 몸과 마음으로 하는 일이다.

이를 모두 數라고 말한다. 이 경문에는 2가지 뜻을 모두 가지고 있다. 하나와 많음에 집착하지 않고서 일체 모든 것을 세우기 때문이며, 有에 집착하지 않고 모든 법을 세운 까닭에 곧 眞諦와 俗諦가 하나로 녹아내린 것이다. 세속 幻有의 모습은 그 모습 자체가 본래 空이며, 절대 존재의 眞空 이치는 그 이치가 언제나 有이다. 有는 空의 有이기에 항상 있는 것이 아니다. 이러한 有는 일찍이 空하지 않은 게 없고, 空은 有의 空이기에 斷滅의 空이 아니다. 이러한 空은 어찌 일찍이 有가 아니겠는가.

有의 空과 空의 有는 하나의 본체에 그 이름이 다를 뿐이다. 이름이 다르기 때문에 眞諦와 俗諦가 서로 어긋나 초연하여 섞이지 않고, 본체가 하나이기에 空과 有가 서로 따라 까마득히 둘이 아니다. 하나라는 것과 하나가 아니라는 것은 서로 하나가 되지도 않고 서로 떠나지도 아니하여 서로 녹아내려 걸림이 없다. 보살이 지혜가 그 근원에 부합한 까닭에 비록 아득히 끊어진 자리라 발붙일 곳이 없으나, 잘 수행하여 모든 법을 세우는 것이다.【초 "① 걸림을 여의는 것과 법신을 성취함이 상대이다."라는 것은 경문을 쉽게 이해할 수 있는 까닭에 청량소에서는 경문을 가리켜 말하지 않았지만, 여기에서는 이를 지적하고자 한다.

제2상대, '入一切土' 이하는 국토에 들어간다는 상대이며,

제3상대, '於一念中' 이하가 이것이며,

제4상대, '無量無數' 이하가 이것이며,

제5상대, '恆以淨念' 이하가 이것이며,

제6상대, '以小入大' 이하가 이것이며,

제7상대, '獲一切智' 이하가 이것이며,

제8상대, '一切如來' 이하가 이것이며,

제9상대, '到金剛幢' 이하가 이것이며,

제10상대, '已得諸佛自在' 이하가 이것이다.

'由離數' 이하는 모든 법을 세웠다는 것을 해석함이며,

'謂世俗' 이하는 '眞諦와 俗諦가 서로 녹아내린' 모습을 개별로 보여준 것이다. 모습이란 인연을 따라 생겨나는 것이다. 본체를 들어 말하면 곧 空이며, 이치는 斷滅이 아니기에 언제나 스스로 있는 것이다. 그러나 여기에는 3가지 뜻이 있다. 위에서 말한 첫째는 當體로 밝혔고, 둘째 '有是空有' 이하는 진제와 속제가 서로 통하여 하나가 됨을 밝혔으니, 有가 空이며 空이 有이다. 셋째, 有의 空과 空의 有는 진제와 속제가 서로 녹아내린 부분을 끝맺은 것이다. 이는 곧 인왕경에 이르기를 "諦는 언제나 둘이지만 해석에서는 언제나 하나로 말하였다. 이처럼 둘이 없음을 알면 참으로 第一義에 들어간다."고 말하였다.

'菩薩智契其源' 이하는 모든 법을 세웠다는 부분을 끝맺었다.】

**如是等百千億那由他不可說無盡淸淨三世一切無量功德藏諸菩薩衆**이 **皆來集會**하야 **在於佛所**하시니 **因光所見一切佛所**도 **悉亦如是**러라

이러한 백천억 나유타의 말할 수 없는, 그지없이 청정하고 삼세 일체의 무량공덕장보살대중이 모두 모여들어 부처님 계신 데 있었다. 방광으로 인하여 보이는 모든 부처님 도량 역시 이와 같았다.

◉ 疏 ◉

三은 結德所屬이니 謂無盡德이 屬於此會菩薩과 及光中所見也니라

⑶ 공덕이 속한 바를 끝맺었다. 그지없는 공덕이 이 법회의 보살 및 방광 속에서 보이는 곳에 속해 있음을 말한다.

◉ 論 ◉

如來放光處所表法者는 十信에 足下輪中放光은 以信爲初오 十住에 足指端은 明入聖位之初오 十行에 足趺는 明依聖性法身起行이오 十廻向에 膝上放光以膝者는 人之坐起廻旋卷舒自在之所由也니 明此廻向位法門이 是廻眞處俗하야 解脫無染之大智로 以悲願利生에 處生死而恆涅槃하야 涅槃與生死에 無礙自在일세 以放光處로 表之오 十地에 眉間은 放光者 表中道果光也라

여래께서 방광하신 곳에 따라 법을 나타내어 해석한다는 것은 다음과 같다.

십신 지위에서의 발바닥 방광은 신심이 최초이기 때문임을 밝힌 것이며,

십주 지위에서의 발가락 끝의 방광은 성인 지위에 들어가는 최초임을 밝힌 것이며,

십행 지위에서의 발등 방광은 성인의 성품이 법신에 의해 行을 일으킴을 밝힌 것이며,

십회향 지위에서의 무릎 위 방광은 법을 나타내는 광명을 밝힌 것이다.

무릎이란 사람이 앉고 일어나고 돌아서고 구부리는 데 자재할 수 있기 때문이다. 회향 지위의 법문이 진제에서 돌이켜 속제에 처하여, 물이 들지 않은 해탈의 大智로 대비의 마음과 서원의 힘을 통하여 중생에게 이익을 주는 것이다. 이는 생사에 있어서도 항상 열반에 있어, 열반이든 생사이든 걸림 없이 자재함을 밝힌 까닭에 방광하는 곳으로 이런 의의를 밝힌 것이다.

十地 지위에서의 眉間 방광은 中道 果位의 광명을 밝힌 것이다.

## 第三 偈讚

### 제3. 게송의 찬탄

十菩薩이 卽爲十段이니 亦十方如次히 皆先標說人과 及說儀式이라

今初는 東方 金剛幢菩薩이라

열 보살에 따라 게송은 10단락이다. 또한 시방이 차례와 같이 모두 먼저 설법하는 보살과 설법 의식을 밝히고 있다.

1. 동방 금강당부살

**經**

**爾時**에 **金剛幢菩薩**이 **承佛神力**하사 **普觀十方**하고 **而說頌言**하사대

그때 금강당보살이 부처님이 지닌 헤아릴 수 없는 영묘하고도 불가사의한 힘을 받들어 시방을 두루 관찰하고 게송으로 말하였다.

◉ **疏** ◉

金剛幢菩薩者는 此是會主라 名含總別이니 總은 顯迴向不出悲智니 金剛者는 堅利也라 卽悲之智는 二乘實際不能壞는 堅也오 斷難斷惑은 利也라 故云智慧到彼岸이라하니라 卽智之悲는 愛見不能動은 堅也오 無所不救는 利也라 故文中에 徧刹利生이라하니라

七十八에 云譬如金剛이 唯從金剛處及金處生하고 非餘寶處生이라 菩提心金剛도 亦復如是라 唯從大悲救護衆生金剛處와 一切智智殊勝境界 金處而生이오 非餘衆生善根處生이라하니 故知金剛은 不獨喻智어늘 攻般若者는 不得此意하고 但以標名으로 獨將金剛하야 喻於般若하고 不觀文中에 悲濟九類而無所度하야 悲智相導라야 方爲眞實不共般若니 智者는 應知하라 別名은 卽是救護衆生은 悲也오 離衆生相은 智也니 義不殊總이라 說頌儀式은 頻見上文하다【鈔_ 故知

金剛'下는 四結彈이니 以今古諸師 皆唯般若喻金剛故니라 '不觀文中'下는 成上失意니 以金剛經 具悲智爲金剛故니라 彼經에 云'佛告須菩提하사되 諸菩薩摩訶薩이 應如是降伏其心이니 所有一切衆生之類인 若卵生 若胎生 若濕生 若化生 若有色 若無色 若有想 若無想 若非有想 若非無想을 我皆令入無餘涅槃而滅度之'는 悲濟九類오 如是滅度無量無數無邊衆生호되 實無衆生得滅度者等은 大智而無所度也일세라 故疏에 結云'悲智雙運'이라하니라】

금강당보살은 법회의 주보살이다. 명호는 총체와 개별의 뜻을 포함하고 있다. 총체로는 회향이 大悲와 大智에서 벗어나지 않음을 밝혔다.

금강이란 견고하고 예리함이다. 대비와 하나가 된 대지는 이승의 파괴되지 않는 實際란 견고함이며, 끊기 어려운 미혹을 끊음은 예리함을 말한다. 이 때문에 "지혜로 피안에 이른다."고 하였다. 대지와 하나가 된 대비는 愛見에 흔들리지 않음이란 견고함이며, 구제하지 않은 바 없음은 예리함을 말한다. 이 때문에 경문에서 "국토에 두루 중생에게 이익을 준다."고 하였다.

78경에 이르기를 "비유하면 금강이란 오직 금강이 생산되는 곳이나 황금이 생산되는 곳에서 나오는 것이기에 여타의 보배가 생산되는 곳에서 나오지 않는 것처럼, 보리심 금강 또한 이와 같다. 오직 대비의 마음으로 중생을 구제하고 감싸주는 금강이 나오는 곳과 일체지의 지혜가 수승한 경계의 황금이 나오는 곳에서 나오는 것이지, 여타 중생의 선근이 있는 곳에서 나오는 것이 아니다."고 하였다.

따라서 금강이란 오직 지혜만을 비유한 것이 아님을 알 수 있다. 그러나 반야공부를 닦는 이들은 이런 뜻을 알지 못한 나머지, 단 명제를 밝힐 때 금강을 반야에만 비유할 뿐, 경문에서 말한 "대비의 마음으로 九類 중생(胎, 卵, 濕, 化生, 有色, 無色, 有想, 無想, 非有想非無想)을 제도하되 제도하는 바가 없이, 대비와 대지로 서로 인도해야만 비로소 진실한 不共般若가 된다."는 점을 살펴보지 않는다. 지혜로운 이라면 당연히 이러한 점을 알아야 한다.

개별의 명제로 말하면, 중생을 구제하고 감싸는 것은 대비이며, 중생의 모습을 여의는 것은 대지이다. 그 의의는 총체로 말한 부분과 다르지 않다.

게송을 말하는 의식은 위의 경문에 자주 보인다. 【초_ "따라서 금강이란 … 아님을 알 수 있다." 이하는 제4단락으로 잘못된 부분을 탄핵하면서 끝맺은 것이다. 고금의 많은 사람이 모두 오직 반야로 금강을 비유한 때문이다.

"경문에서 말한 대비의 마음으로 … 살펴보지 않는다." 이하는 위에서 말한 잘못된 뜻을 마무리 지은 것이다. 금강경에서 대비와 대지를 모두 갖추는 것으로 금강을 삼았기 때문이다. 금강경에 이르기를 "부처님이 수보리에게 말씀하셨다. '모두 보살마하살이 당연히 이와 같이 그 마음을 항복 받아야 한다. 나는 일체중생의 유인 卵生, 胎生, 濕生, 化生과 有色, 無色, 有想, 無想, 非有想非無想을 모두 無餘涅槃으로 제도한다.'"고 하였다. 이는 대비의 마음으로 九類 중생을 제도함을 말한다.

“이와 같이 한량없고 셀 수 없고 그지없는 중생을 제도하되 실로 중생이 제도를 얻은 자가 없다.”는 등은 대지로 제도한 바가 없음을 말한다. 이 때문에 청량소에서 대비와 대지 2가지를 모두 갖춰야 한다는 뜻으로 끝맺은 것이다.】

◉ 論 ◉

從'爾時佛神力故'已下로 至'而說頌言'히 五十二行經은 明金剛幢等十菩薩衆이 十方來集하야 彰因示果不二分이라 餘는 如文具明하다

“그때 부처님의 위신력을 받들어” 이하로부터 ‘而說頌言’까지 52항의 경문은 금강당보살 등 열 보살대중이 시방에서 모여들어, 인과가 둘이 아니라는 것을 밝힌 부분이다. 나머지는 경문에서 보는 바와 같이 그 뜻이 분명하다.

經

**如來不出世**며 **亦無有涅槃**이로대
**以本大願力**으로 **示現自在法**하시니

여래는 세상에 나지도 않으시고
열반도 없지만
본래의 큰 원력으로
자재한 법 보여주셨다

是法難思議라　　非心所行處니
智慧到彼岸하야사　　乃見諸佛境이로다

이 법은 불가사의라
마음으로 알 수 없는 자리
지혜로 피안에 이르러야
부처님 경계 보리라

◉ 疏 ◉

正顯頌文 十頌은 歎佛寂用無礙德이라 大分爲二니 初八은 讚佛勝德이오 後二는 結勸修行이라

今初 分三이니 初五偈는 寂而常用이오 次一偈는 用而常寂이오 後二는 無礙自在라

今初 分三이니 初二偈는 無生滅而示生滅이니 於中前偈는 就法正顯이오 後偈는 寄對顯深이니 以依體起用하야 體用無礙일세 故難思議며 又心有心相이면 動不能行이라 故難思議오 智無智相을 名到彼岸이니 方見佛境이라

경문의 10수 게송은 부처님의 적멸의 본체와 미묘한 작용에 걸림이 없는 공덕을 찬탄하였다.

크게 2부분으로 나뉜다.

(1) 앞의 8수(제1~8) 게송은 부처님의 훌륭한 공덕을 찬탄하였고, (2) 뒤의 2수(제9~10) 게송은 수행할 것을 권면하면서 끝맺은 것이다.

(1) 앞의 8수 게송은 다시 3부분으로 나뉜다. 첫 5수(제1~5) 게송은 고요하지만 언제나 작용이 일어남이며, 둘째 1수(제6) 게송은 작용이 일어나지만 고요함이며, 셋째 2수(제7~8) 게송은 걸림 없이 자재함이다.

이의 첫 5수(제1~5) 게송은 또다시 3부분으로 나뉜다.

첫 2수(제1~2) 게송은 생멸이 없는 데에서 생멸을 보여준 것이다. 그중에 제1게송은 바로 법으로 밝힌 것이며, 제2게송은 상대적인 뜻으로 법의 심오함을 나타낸 것이다. 이는 본체의 자리에서 작용을 일으켜 본체와 작용이 서로 걸림이 없기에 불가사의하고, 또 마음에 마음의 相이 있으면 작용을 행할 수 없기에 불가사의한 것이며, 지혜에 지혜의 相이 없는 것을 '피안에 이르렀다.'고 말한다. 이처럼 깨달아야 비로소 부처님의 경계를 보았다고 말할 수 있다.

經

**色身非是佛**이며 **音聲亦復然**이로대
**亦不離色聲**하고 **見佛神通力**이어늘

육신은 부처가 아니요
음성 또한 그러하지만
그렇다고 육신과 음성을 떠나서
부처님 신통력을 보는 것도 아니다

**少智不能知** **諸佛實境界**하나니

久修清淨業하야사　　　　於此乃能了로다

지혜가 적은 이는

부처님의 참된 경계 알지 못하니

청정한 업 오래 닦아야

이를 분명히 알리라

◉ 疏 ◉

次二偈는 非色聲而現色聲이니 亦前偈는 就法正顯이오 後偈는 寄對顯深이라 少智는 謂權小오 久修는 謂圓機니 素習見聞일새 故能了實이라

다음 2수(제3~4) 게송은 색신과 음성이 아닌 데에서 색신과 음성을 나타낸 것이다.

이 또한 제3게송은 법으로 그 뜻을 밝혔고, 제4게송은 상대적인 뜻으로 법의 심오함을 나타낸 것이다. 적은 지혜는 방편의 소승을 말하고, 오래 닦음은 원만한 근기를 성취한 것이다. 평소 익혀 보고 듣는 까닭에 실상을 분명히 아는 것이다.

正覺無來處며　　　　去亦無所從이로다

清淨妙色身을　　　　神力故顯現이로다

바른 깨달음이란 오는 곳도 없고

가는 데도 없지만

청정하고 미묘한 육신을

신통력으로 보여주는 것이다

◉ 疏 ◉

後一頌은 明無來去而示來去니 覺處卽現이라 不從方來며 迷處自無라 不從此去니 以神力故로 示有來去나 然從神力中來일세 卽無來矣니라

뒤의 제5게송은 오고 가는 곳이 없는 것으로 오고 감을 밝힌 것이다. 깨달음을 얻은 곳에 바로 나타나는 터라 어느 곳에서 오는 게 아니며, 혼미한 곳에 절로 없는 터라 여기에서 떠나가는 것이 아니다. 신통력 때문에 오고 감을 보여주지만 신통력에서 오는 것이어서 오는 곳이 없다.

經

**無量世界中**에 **示現如來身**하사
**廣說微妙法**하사대 **其心無所着**이로다

한량없는 세계에
여래의 몸 나타내어
미묘 법을 널리 말씀하지만
그 마음 집착이 없다

◉ 疏 ◉

二用常寂中에 三句 用이오 末句 寂이라

둘째 제6게송은 항상 고요한 가운데, 3구는 작용이며, 끝 구절은 고요함이다.

**經**

智慧無邊際하사 了達一切法하고
普入於法界하사 示現自在力이로다

지혜는 끝이 없어
일체 법 분명히 알고
법계에 널리 들어가
자재한 힘 보여주었다

衆生及諸法에 了達皆無礙하고
普現衆色像하사 徧於一切刹이로다

중생과 모든 법에
모두 걸림 없음을 분명히 알고
여러 가지 모양 널리 나타내어
모든 세계 두루 하셨다

◉ 疏 ◉

三 無礙自在中에 初偈는 了事理無礙하야 起用自在오 後偈는 了生法無礙하야 起用自在니 可知이라

셋째 2수(제7~8) 게송은 걸림 없이 자재한 가운데, 제7게송은

사법계와 이법계에 걸림이 없음을 알고서 작용을 일으킴이 자재함이며, 제8게송은 중생과 모든 법에 걸림이 없음을 알고서 작용을 일으킴이 자재함이다. 이는 설명하지 않아도 알 수 있다.

**經**

**欲求一切智**하야 **速成無上覺**인댄
**應以淨妙心**으로 **修習菩提行**이어다

일체 지혜 구하여
위없는 바른 깨달음 이루려면
청정하고 미묘한 마음으로
보리행 닦아야 한다

**若有見如來**의 **如是威神力**인댄
**當於最勝尊**에 **供養勿生疑**어다

여래의 이러한
위신력을 보려거든
가장 높으신 부처님께
공양하여 의심을 내지 말라

◉ **疏** ◉

後二偈는 結勸中에 初偈는 勸修智進行이오 後偈는 勸修福斷疑라

(2) 뒤의 2수(제9~10) 게송은 수행의 권면을 끝맺는 가운데, 제9

계송은 지혜를 닦아나갈 것을 권함이며, 제10게송은 의심 없이 복덕을 닦아나갈 것을 권하였다.

## 第二 南方 堅固菩薩

2. 남방 견고보살

**爾時**에 **堅固幢菩薩**이 **承佛神力**하사 **普觀十方**하고 **而說頌言**하사대

그때 견고당보살이 부처님이 지닌 헤아릴 수 없는 영묘하고도 불가사의한 힘을 받들어 시방을 두루 관찰하고 게송으로 말하였다.

◉ 疏 ◉

堅固者는 表不壞迴向故며 菩提心堅故며 觀佛無厭故니라

견고란 회향을 무너뜨리지 않기 때문이며, 보리심이 견고한 때문이며, 부처님의 친견을 싫어함이 없기 때문임을 밝힌 것이다.

**如來勝無比**하사 **甚深不可說**이시니
**出過言語道**하사 **淸淨如虛空**이로다

여래의 수승함 비길 데 없어

깊고 깊어 말할 수 없다

말로 표현할 수 없는 진리

청정함이 허공과 같다

**汝觀人師子**의 **自在神通力**하라

**已離於分別**하사대 **而令分別見**이로다

그대는 사람 가운데 사자이신

자재한 신통력을 보라

분별심을 여의었지만

분별심의 중생으로 보도록 하였다

**導師爲開演** **甚深微妙法**이실새

**以是因緣故**로 **現此無比身**이로다

큰 스승이신 부처님이

깊고 깊은 미묘한 법 연설하고자

이러한 인연으로

비길 데 없는 몸 나타내셨다

◉ **疏** ◉

十頌은 多明如來爲物所依德이라 於中 分二니 初三은 讚佛勝德이오 後七은 勸修辨益이라

前中 初頌은 明佛體離言이오 次偈는 無相現相이오 後偈는 現相所因이라

10수 게송은 대부분 여래께서 중생의 의지 대상이 되는 德을 밝히고 있다.

이는 2부분으로 나뉜다.

⑴ 첫 3수(제1~3) 게송은 부처님의 수승한 공덕을 찬탄하였고,

⑵ 뒤의 7수(제4~10) 게송은 수행할 것을 권면하여 그 이익을 말하였다.

⑴ 첫 3수 게송 가운데, 제1게송은 언어를 떠난 부처님의 몸을, 제2게송은 형상이 없는 데서 형상을 나타냄을, 제3게송은 형상을 보여주게 된 원인을 밝혔다.

**經**

**此是大智慧**라　　**諸佛所行處**시니
**若欲了知者**인댄　　**常應親近佛**이어다

이는 큰 지혜라
모든 부처님이 행하셨던 자리
이를 알고자 하면
항상 부처님을 가까이하라

◉ 疏 ◉

後七中에 擧修有益이니 卽顯佛德深玄이라

文中 分三이니 初偈는 指德勸依니 卽結前生後니라

⑵ 뒤의 7수(제4~10) 게송 가운데 수행의 유익함을 들어 밝힌

것이다. 부처님의 공덕이 심오하고 현묘함을 밝히고 있다.

7수 게송은 3부분으로 나뉜다.

첫 제4게송은 부처님의 공덕을 지적하여 귀의할 것을 권면하였다. 이는 앞의 게송을 끝맺으면서 뒤의 게송을 일으킴이다.

**經**

意業常淸淨하야　　供養諸如來호되
終無疲厭心이면　　能入於佛道로다

마음으로 생각하는 일 항상 청정하여
모든 여래께 공양하면서도
고달프거나 싫은 생각 없으면
부처님 도에 들어가리라

具無盡功德하야　　堅住菩提心하면
以是疑網除하야　　觀佛無厭足이로다

끝없는 공덕 갖추고서
보리심에 굳게 머물면
의심그물 사라져
부처님 친견 싫어하지 않으리

通達一切法하면　　是乃眞佛子니
此人能了知　　諸佛自在力이로다

일체 법 통달한 자가

진실한 불자이다

이런 사람은

부처님의 자재하신 힘을 안다

◉ 疏 ◉

次三은 示能入者하야 令物思齊니 各先擧行이오 後彰行益이라

다음 3수(제5~7) 게송은 불법에 들어갈 수 있는 수행을 보여주어 중생으로 하여금 부처님과 똑같이 하도록 생각하게 만든 것이다. 3수 게송은 모두 앞에서는 수행을 들어 말하였고, 뒤에서는 수행의 이익을 밝혀주었다.

**經**

**廣大智所說**에 **欲爲諸法本**이니
**應起勝希望**하야 **志求無上覺**이어다

광대한 지혜 지닌 분의 말씀에

의욕이 모든 법의 근본이라 하니

좋은 희망을 일으켜

위없는 깨달음을 구하려는 생각을 하라

**若有尊敬佛**하야 **念報於佛恩**이면
**彼人終不離** **一切諸佛住**로다

부처님을 존경하여

부처님 은혜 갚으려 하면

그 사람은 끝까지

부처님 계신 자리 떠나지 않으리

**何有智慧人**이　　**於佛得見聞**하고

**不修淸淨願**하야　　**履佛所行道**리오

지혜 있는 사람으로서

부처님에게 보고 듣고서

청정한 원력 닦아

부처님 행하신 도 밟지 않을 수 있으랴

◉ **疏** ◉

後三은 正勸進修라 然夫進修 畧有五法하니 謂欲·精進·念·巧慧·一心이라 初偈는 明欲이오 次偈는 辨念이오 後偈는 巧慧라

前二는 正明이오 後一은 反顯이라 一心精進은 攝在志求之中하다【鈔_然夫進修等者이라 釋此三偈는 自有二重하니 一은 約五法이니 卽智論文이라 天台取之하야 爲二十五方便하니 此第五에 五止觀이라

具云謂前二十法은 雖備나 若無樂欲希慕와(一也) 身心苦策과(二也) 念想과(三也) 方便과(四也) 一心決志者면(五也) 止觀 無由現前이라'하다

釋曰 上卽反釋이라 下順釋에 云'若能欣集無厭하고(一也) 曉夜匪懈하고(二也) 念念相續하고(三也) 善得其意하고(四也) 一心無異면(五也) 此人은能

進前路니라 一心은 喻船舵오 巧慧는 如點頭오 三種은 如篙櫓니 若少一事면 則不安穩이니라 無此五法이면 事禪尚難이온 何況理定가 二는 約九因釋이니 具如疏鈔하다】

뒤의 3수(제8~10) 게송은 바로 닦아나갈 것을 권면하였다. 그러나 닦아나가는 데에는 간단하게 5가지의 법이 있다. 의욕, 정진, 생각, 뛰어난 지혜, 한결같은 마음을 말한다.

제8게송은 의욕을, 제9게송은 생각을, 제10게송은 뛰어난 지혜를 말하였다.

앞의 2수(제8~9) 게송은 바로 밝혔고, 뒤의 제10게송은 반대로 밝혔다. 한결같은 마음과 정진은 의지의 욕구 속에 포괄되어 있다. 【초_ "그러나 닦아나가는 데에는" 등이란 3수 게송의 해석이 2중으로 구성되어 있다. 첫째는 5가지 법으로 말하였다. 이는 곧 지도론의 문장이다. 천태 지자 대사는 이를 취하여 25가지의 방편을 삼았다. 이것이 제5의 5가지 止觀이다. 이를 구체적으로 말하면 다음과 같다.

"앞의 20가지 법이 잘 갖춰져 있으나, ① 좋아하고 사모하는 것, ② 몸과 마음의 경책, ③ 기억하고 생각하는 것, ④ 방편, ⑤ 한결같은 마음과 결연한 의지가 없으면 止觀이 앞에 나타날 수 없다."

이에 대해 다음과 같이 해석하였다.

위는 거꾸로 해석한 것이다. 아래에 차례대로 해석하면 다음과 같다.

"만일 ① 기쁜 마음으로 싫어함이 없고, ② 밤낮으로 게으르지 않고, ③ 생각과 생각이 이어가고, ④ 그 뜻을 잘 알고, ⑤ 한결같은 마음으로 다른 생각이 없으면, 이 사람은 앞으로 나아갈 수 있다. 한결같은 마음은 배의 키에 비유하고, 뛰어난 지혜는 뱃사공과 같고, 나머지 3가지는 상앗대와 노와 같다. 만일 어느 하나라도 없으면 편안하지 못하다. 이러한 5가지 법이 없으면 事禪을 하기도 오히려 어려운 일인데, 하물며 理定이야!"

둘째는 9가지 因을 들어 해석하였다. 이는 청량소초에 자세히 말한 바와 같다.】

---

第三 西方 勇猛菩薩

3. 서방 용맹보살

**經**

**爾時**에 **勇猛幢菩薩**이 **承佛神力**하사 **普觀十方**하고 **而說頌言**하사대

그때 용맹당보살이 부처님이 지닌 헤아릴 수 없는 영묘하고도 불가사의한 힘을 받들어 시방을 두루 관찰하고 게송으로 말하였다.

◉ **疏** ◉

淨心智力으로 見佛盡源하야 等一切佛일세 故名勇猛이라

청정한 마음과 지혜의 힘으로 부처님을 보고 근원을 다하여 일

체 제불과 똑같기에 그의 이름을 '용맹'이라 한다.

**經**

譬如明淨眼이 因日覩衆色인달하야
淨心亦復然하야 佛力見如來로다

비유하면 밝고 깨끗한 눈이
태양으로 인하여 수많은 빛을 보듯이
청정한 마음 또한 그와 같아
부처님 힘으로 여래를 볼 수 있다

如以精進力으로 能盡海源底인달하야
智力亦如是하야 得見無量佛이로다

마치 정진하는 힘으로
바다의 밑바닥까지 다한 것처럼
지혜의 힘 또한 그와 같아
한량없는 부처님을 보리라

◉ 疏 ◉

十頌 分二니 前六은 明感應道交하야 見佛聞法이오 後四는 令捨僞求眞하야 拂見聞相이라 故此一段은 總顯如來見聞弘益之德이라 前中에 前五는 各上半은 喩오 下半은 合이라 通分爲二니 初二는 見佛이오 後四는 聞法이라

前中 初偈는 雙明感應이니 淨心은 如淨眼이라 爲見之因이오 佛力은 如日이라 爲見之緣이오 如來는 如色이라 爲見之境이니 如人入暗이면 則無所見하야 斯則獨因不見也오 如明淨日을 瞽者莫見이라 獨緣不見也니 此辨因緣和合이라야 方能見也니라【鈔_ 此辨因緣者는 正同金剛經에 云'如人有目하야 日光明照에 見種種色'이로되 但彼以般若爲日이라 法中에 明心不住法이니 則內心自有因緣이니 不同佛力爲日也니라】

10수 게송은 2부분으로 나뉜다.

⑴ 앞의 6수(제1~6) 게송은 感·應의 도가 서로 통하여 부처님을 친견하고 법문을 들음을 밝혔고,

⑵ 뒤의 4수(제7~10) 게송은 중생으로 하여금 거짓을 버리고 진리를 구하여 보고 들은 相을 떨쳐버리도록 하는 것이다. 따라서 이 단락은 여래를 친견하고 법문을 들은 데에서 얻어지는 큰 이익의 공덕을 총체로 밝혔다.

⑴ 앞의 6수(제1~6) 게송 가운데, 앞의 5수(제1~5) 게송은 각각 제1, 2구는 비유를, 제3, 4구는 법으로 귀결 지었다. 전체로 구분하면 2가지이다. 앞의 2수(제1~2) 게송은 부처님을 친견함이며, 뒤의 4수(제3~6) 게송은 법문을 들음을 말한다.

앞의 2수(제1~2) 게송 가운데, 제1게송은 感·應을 모두 밝혔다. 청정한 마음은 깨끗한 눈과 같아서 볼 수 있는 원인이고, 부처님의 힘은 태양과 같아서 볼 수 있는 반연이며, 여래는 색과 같아서 보는 대상의 경계이다. 사람이 어둠 속으로 들어가면 볼 수가 없는 것과 같아서 이는 유독 因만으론 볼 수 없고, 아무리 밝은 태양이

라도 봉사는 볼 수 없는 것처럼 유독 반연만으론 볼 수 없는 것이다. 이는 因·緣이 모두 갖춰져 있어야 비로소 볼 수 있음을 말해주는 것이다. 【초_ 여기에 因·緣을 말한 것은 바로 금강경에 이르기를 "사람에게 눈이 있고 태양의 광명이 밝게 비춰주어야 가지가지의 색을 볼 수 있는 것과 같다."고 하였다. 크게는 위에서 말한 바와 같지만, 금강경에서는 반야로 태양을 비유하였다. 법에 있으면서도 마음이 법에 집착하지 않음을 밝힌 것이다. 그러나 이는 내면의 마음 자체에 因·緣이 있음을 말한 것이니, 부처의 힘을 태양으로 비유한 것과는 똑같지 않다.】

後偈는 偏擧於感하야 以因奪緣이니 如出現品에 云此非如來威神之力等이라【鈔_ '如出現品'者는 謂佛 光救地獄衆生生天에 便卽念言호되 此是如來威神之力이라한대 佛便報言하사되 此非如來威神之力이니 若一衆生이라도 於如來所에 不種善根하고 能得如來少分智慧는 無有是處라하니 是也니라】

제2게송은 感의 부분만을 들어 因으로 緣의 자리를 빼앗은 것이다. 제37 여래출현품에 이르기를 "이는 여래의 위신력 등이 아니다."고 하였다. 【초_ '제37 여래출현품'에서 "부처님이 방광으로 지옥중생을 구제하여 천상계에 태어나게 하자, 그들이 '이는 여래의 위신력 때문이다.'고 생각하였다. 이에 부처님이 곧바로 그들에게 일러주었다. '이는 여래의 위신력이 아니다. 어느 중생이든 여래가 계신 곳에서 선근을 심지 않고는 여래의 조그마한 지혜를 얻을 곳이 없다.'"는 부분이 바로 이것이다.】

譬如良沃田에　所種必滋長인달하야
如是淨心地에　出生諸佛法이로다

마치 비옥한 밭에
뿌린 씨앗이 잘 자라듯이
청정한 마음의 터전에서
부처님의 법이 커나갈 수 있다

如人獲寶藏에　永離貧窮苦인달하야
菩薩得佛法에　離垢心淸淨이로다

보배 창고 얻으면
빈궁한 고통 길이 여의는 사람처럼
보살이 불법 얻으면
때를 여의고 마음이 청정하리

譬如伽陀藥이　能消一切毒인달하야
佛法亦如是하야　滅諸煩惱患이로다

마치 아가타약이
모든 독을 없애주듯이
부처님 법도 그와 같아
모든 번뇌 없애준다

**眞實善知識**은 **如來所稱讚**이시니
**以彼威神故**로 **得聞諸佛法**이로다

진실한 선지식은
여래께서 칭찬하는 터
그 위신력으로
부처님 법 들을 수 있다

◉ **疏** ◉

後聞法中에 四偈 分三이니 初偈는 顯因能生法이요 次二는 顯得法之益이라 前偈는 得權智하야 能離所知心垢오 後偈는 有根本智하야 能除煩惱之患이오 三 一偈는 顯緣 令聞法故니 上文에 云'佛法無人說이면 雖慧莫能了'라하니라

뒤의 '법문을 들은' 부분의 4수(제3~6) 게송은 3부분으로 나뉜다.

첫 제3게송은 因이 법을 만들어냄을 밝혔고,

둘째 2수(제4~5) 게송은 법을 얻음에 따른 이익을 밝혔다. 제4게송은 방편의 지혜를 얻어 편견의 마음 때를 버리는 것이며, 제5게송은 根本智가 있어 번뇌의 우환을 없애주는 것이다.

셋째 제6게송은 반연[緣]으로 법문을 듣도록 하였음을 밝힌 때문이다. 위의 경문에 이르기를 "불법을 말해주는 사람이 없으면 아무리 지혜가 있을지라도 알지 못한다."고 하였다.

設於無數劫에 財寶施於佛이라도
不知佛實相이면 此亦不名施로다

만일 한량없는 겁에
부처님께 재물을 보시하여도
부처님의 실상을 알지 못하면
이 또한 보시라 말할 수 없다

無量衆色相으로 莊嚴於佛身이나
非於色相中에 而能見於佛이로다

한량없는 여러 가지 상호로
부처님 몸을 장엄하였지만
그 상호 속에서
부처님을 보는 것은 아니다

如來等正覺이 寂然恒不動하사대
而能普現身하사 徧滿十方界로다

여래·등정각이
고요하여 항상 동하지 않으면서도
널리 몸을 나타내어
시방세계에 충만하시다

譬如虛空界가 不生亦不滅인달하야
諸佛法如是하야 畢竟無生滅이로다

마치 끝없는 허공이
나지도 죽지도 않는 것처럼
부처님 법 또한 그러하여
끝까지 생멸이 없다

◉ 疏 ◉

後四는 令捨僞求眞中二니 前一은 示僞令捨니 住相施故며 以色相見佛이 行邪道故며 後三은 顯眞令求니 初二偈는 顯眞佛이니 前偈는 卽相非相이라 故非色能見이오 後偈는 卽寂而應이라 故不可以寂取니라 末偈는 顯眞法이니 眞法은 無生滅故니라

(2) 뒤의 4수(제7~10) 게송은 거짓을 버리고 진실을 구하도록 하는 가운데, 2부분으로 나뉜다.

앞의 제7게송은 거짓을 보여주어 버리도록 함이니 相에 집착한 보시이기 때문이며, 색상으로 부처님을 보는 것은 삿된 도를 행함이기 때문이며,

뒤의 3수(제8~10) 게송은 진실을 밝혀 구하도록 함이다. 앞의 2수(제8~9) 게송은 참 부처를 밝힌 것이다. 제8게송은 相과 하나가 되어 相이 아니기 때문에 색으로 볼 수 있는 것이 아니며, 제9게송은 고요와 하나가 되어 응하기 때문에 고요를 집착해서는 안 된다. 마지막 제10게송은 진실한 법을 밝혀주고 있다. 진실한 법은 생겨

남도 없고 또한 사라짐도 없기 때문이다.

---

第四 北方 光明幢菩薩

4. 북방 광명당보살

**經**

**爾時**에 **光明幢菩薩**이 **承佛神力**하사 **普觀十方**하고 **而說頌言**하사대

그때 광명당보살이 부처님이 지닌 헤아릴 수 없는 영묘하고도 불가사의한 힘을 받들어 시방을 두루 관찰하고 게송으로 말하였다.

◉ **疏** ◉

以大悲力으로 運智慧光하야 朗彼重昏하야 無所不至 名光明幢이라 又以智慧로 令諸善根으로 無所不至故니라

대비의 힘으로 지혜 광명을 운용하여 저 짙은 어둠을 밝혀주어 이르지 않는 데가 없는 것을 '광명당'이라고 말한다. 또한 지혜로써 모든 중생의 선근을 이르지 않는 데가 없도록 하기 때문이다.

**人間及天上** **一切諸世界**에
**普見於如來** **清淨妙色身**이로다

인간계와 천상계
일체 모든 세계에
여래의 청정하고도
미묘한 색신을 보여주었다

◉ 疏 ◉

此頌中에 多顯如來 卽體化用이 周普之德이라 十頌 分三이니 初一은 化用廣이며 亦明化處며 次七은 化用深이며 亦明化依오 後二는 雙結釋化니라

이 게송은 여래의 본체에서 일어난 교화의 작용이 널리 두루한 공덕을 밝힌 바가 많다.

10수 게송은 3부분으로 나뉜다.

(1) 첫 제1게송은 교화의 작용이 드넓고, 또한 교화의 장소를 밝혔고,

(2) 다음 7수(제2~8) 게송은 교화의 작용이 깊고, 또한 교화의 의지를 밝혔으며,

(3) 뒤의 2수(제9~10) 게송은 위의 2가지를 모두 끝맺으면서 교화를 해석하였다.

譬如一心力이 能生種種心인달하야
如是一佛身이 普現一切佛이로다

하나의 마음으로
가지가지 마음 내듯이
한 부처님의 몸으로
일체 모든 부처님 나타내셨다

菩提無二法이며 亦復無諸相이로대
而於二法中에 現相莊嚴身이로다

보리는 두 가지 법이 없고
여러 모양도 없지만
두 가지 법 가운데
장엄한 몸 모양을 나타내셨다

了法性空寂하사 如幻而生起하시니
所行無有盡이라 導師如是現이로다

법성이 공적함을 알지만
요술처럼 일어나
행하는 바 끝이 없듯이
부처님의 몸도 이처럼 보여주신다

三世一切佛이 法身悉清淨하사대
隨其所應化하야 普現妙色身이로다

삼세의 모든 부처님

법신이 모두 청정하지만
교화할 중생을 따라
미묘하신 몸 널리 나타내신다

◉ 疏 ◉

化依中 分四니 初四는 雙明能所依오 次一은 拂其能化心이오 次一은 拂其所依體오 後一은 雙融自在니라

今初에 初偈는 總明一多無礙니 依一總心하야 變多王所며 於一實佛에 應化多端일세 故無礙也니라

次一은 相二無礙니 無相現相하며 無二現二하야 體絕能所일세 故云無二오 相依身有일세 是卽二也니라 然相二相對하야 應成四句어늘 畧擧其一이라 無二現二는 卽於一現多니 乃至百千이라도 亦名二故니라

次偈顯依性起니 起不異性일세 故如幻無盡이라

後偈는 從法身流니 擧三世佛하야 以顯道同이라

(2) 7수(제2~8) 게송 가운데, 교화의 의지 대상 부분은 4단락으로 나뉜다.

첫 4수(제2~5) 게송은 교화의 주체와 대상의 의지를 모두 밝혔고,

둘째 제6게송은 교화 주체의 마음을 떨쳐버리는 것이며,

셋째 제7게송은 교화 대상의 몸을 떨쳐버리는 것이며

넷째 제8게송은 주체와 대상을 원융하게 자재함이다.

이는 첫 4수(제2~5) 게송 가운데, 제2게송은 하나와 많음에 걸

림이 없음을 총체로 밝힌 것이다. 하나의 총체인 마음을 따라 수많은 마음으로 변화하고, 하나의 진실한 법신에서 수많은 응신과 화신이 나타나기에 걸림이 없다.

제3게송은 보리와 법 2가지에 걸림이 없다. 相이 없는 데서 상을 나타내고, 둘이 없는 데서 둘을 나타내어, 본체가 주체와 대상의 자리이기에 2가지 법이 없다 말하고, 相이 몸을 의지하여 있기에 곧 2가지이다. 그러나 2가지의 상이 서로 상대가 되어 4구를 이루고 있는데, 그 가운데 하나만을 간단하게 들어 말한 것이다. 2가지 법이 없으면서도 2가지가 나타나는 것은 곧 하나에서 많은 것을 나타낸 것이다. 내지 1백, 1천 또한 2가지 법이라고 말한 때문이다.

제4게송은 법성에 의해 일어남을 밝힌 것이다. 일어난 존재가 법성과 다르지 않기 때문에 요술처럼 그지없는 것이다.

제5게송은 법신으로부터 유출된 것이다. 삼세제불을 들어 도가 똑같음을 밝혔다.

**如來不念言** **我作如是身**이라하고
**自然而示現**하사 **未嘗起分別**이로다

여래는 이런 생각을 하지 않는다
내가 이런 몸을 만들어낸다고…
자연스럽게 나타내어
분별심을 내는 일이 없다

◉ 疏 ◉

二拂能化心中에 謂如摩尼珠 無私成事故니라

둘째 제6게송은 교화 주체의 마음을 떨쳐버리는 가운데, 마니주가 아무런 사심 없이 일을 이뤄내는 것과 같기 때문이다.

經

法界無差別이며 亦無所依止로대
而於世間中에 示現無量身이로다

법계는 차별이 없으며
의지한 데도 없지마는
그러나 이 세간에
한량없는 몸을 보여준다

◉ 疏 ◉

三 一偈는 拂所依니 謂上無二無相 法性法身이 卽是法界니 法界는 本自無差이며 亦無定有언마난 爲化依止니 由無依無別일세 故爲依爲別이라 故下文에 云虛空 雖無所依나 能令三千世界而得安住하며 如空無色이나 而能顯現一切諸色이라하니라

셋째 제7게송은 교화 대상의 몸을 떨쳐버리는 것이다. 위에서 말한, 둘이 없고 형상이 없는 법성과 법신이 곧 법계임을 말한다. 법계는 본래 차별이 없으며, 또한 반드시 있다는 것도 아니지만, 교화 대상의 의지처이다. 의지함이 없고 차별이 없는 까닭에 의지

가 되고 차별이 된다. 이 때문에 아래 경문에 이르기를 "허공이 의지한 바 없지만 삼천대천세계를 안주하도록 하며, 저 허공이 색이 없으나 일체 모든 색을 나타내준다."고 하였다.

**經**

**佛身非變化**며 **亦復非非化**니
**於無化法中**에 **示有變化形**이로다

부처님 몸은 변화한 것도 아니고
변화하지 않은 것도 아니다
변화가 없는 법 가운데
변화하는 형상을 보여준다

◉ **疏** ◉

四 一偈는 雙融自在라

言非非化者는 此有二義하니 一은 假非化以遣化라 非謂是非化니 則上半은 約體絶待오 下半은 依體起用이라 二는 不礙化故니라 然眞化無二하야 融爲一身이로되 不壞體用을 名依眞起니라 依眞起者는 則報亦依眞이오 非謂三身에 獨一是化니라【鈔_ '非謂是非化'者는 此一向是遮니 卽拂迹入玄耳라 故昔人이 云'我言非有者는 但言非是有이언정 非謂是非有라 如人夜見於杌코 謂之爲人이면 智者 告言호되 此非是人이라하면 但非其心中計人이어늘 愚人 聞之하고 便謂此杌이 是於非人하나니 非人은 卽鬼라 故人執雖無나 鬼執卻起일세 故爲惑耳니

라 故下釋에 云上半絕待라하니 則化與非化 兩亡이라

二不礙化故者는 卽重釋亦復非非化니 此卽以化로 遣於非化면 則上句非變化者는 卽是眞身故며 亦復非非化者는 有化用故니라 前釋은 上半 是體오 下半 是用이어니와 今此上半은 自具體用이니 依於後義하야 廣釋經文이라

於中三이니 先은 總明이라 然約二身인댄 自有多義니 一은 法報 合爲眞身이오 應化 合爲化身이며 二는 法身이 爲眞身이오 報應은 皆爲化身이니 今依此義일세 故云非謂三身에 獨一是化라하니라】

넷째 제8게송은 주체와 대상을 원융하게 자재함이다.

"변화하지 않은 것도 아니다."고 말한 데는 2가지 뜻이 있다.

① 변화하지 않은 것을 빌려 변화를 버리는 것이다. 이는 '변화가 아니다.'는 말이 아니다. 제1, 2구는 본체의 절대적인 자리를 말하였고, 제3, 4구는 본체에 의해 작용을 일으킴이다.

② 변화에 장애가 되지 않기 때문이다. 그러나 진실한 변화는 둘이 없어 원융하게 하나의 몸이 되지만, 본체와 작용을 파괴하지 않는 것을 진실한 법신에 의해 일어남이라고 말한다. 진실한 법신에 의해 일어난다는 것은 報身 또한 眞身에 의지한다는 것이지, 三身 가운데 유독 하나가 화신임을 말한 게 아니다. 【초_ "이는 '변화가 아니다.'는 말이 아니다."는 것은 하나같이 가로막음인 것으로, 말끔히 자취를 떨쳐버리고 현묘한 자리에 들어간 것이다. 따라서 옛사람이 이르기를 "내가 있지 않다고 말한 것은 단 있는 게 아니라는 것을 말할 뿐이지, '有가 아니다.'는 말은 아니다."고 하였다.

어떤 사람이 캄캄한 밤중에 나무 그루터기를 잘못 보고서 사람이라고 착각하였다. 지혜로운 사람이 그에게 "그것은 사람이 아니다."고 말한 것은 그의 마음속에 생각하는 사람이 아니라는 것인데, 어리석은 사람이 그의 말을 듣고서 언뜻 생각하기를 "이 나무 그루터기는 사람이 아닌 그것"이라고 여겼다. '사람이 아닌 그것'은 곧 귀신이기 때문이다. 사람이라는 잘못된 집착은 사라졌지만, 도리어 귀신이라는 집착을 일으킨 것이다. 이 때문에 아래에서 해석하기를 "제1, 2구는 본체의 절대적인 자리를 말하였다."고 하니, 이는 변화와 변화하지 않은 것을 모두 떨쳐버린 것이다.

"② 변화에 장애가 되지 않기 때문이다."는 것은 "변화하지 않은 것도 아니다."는 부분을 거듭 해석한 것이다. 이는 변화로써 변화하지 않은 것을 떨쳐버린 것이다. 위의 구절에 '변화하지 않은 것'이란 곧 眞身이기 때문이며, "변화하지 않은 것도 아니다."는 것은 교화의 작용이 있기 때문이다. 앞의 해석에서는 제1, 2구는 본체를 말하고, 제3, 4구는 작용을 말했지만, 여기에서는 제1, 2구에 체용을 모두 갖추고 있다. 이는 뒤에서 말한 뜻에 따라 경문을 자세히 해석한 것이다.

이는 3부분으로 나뉜다. 앞에서는 총체로 밝혔다. 그러나 진신과 화신 2가지로 말하면, 그 나름 많은 의미가 있다.

① 법신과 보신을 합하여 진신이 되고, 응신과 화신을 합하여 화신이 되며,

② 법신이 진신이고, 보신과 응신이 모두 화신이다.

여기에서는 이런 뜻에 따른 까닭에 "삼신 가운데 유독 하나가 화신임을 말한 게 아니다."고 하였다.】

且依眞起化 畧有二門하니 一開義오 二融合이라

初中에 眞應이 各有二義하니 眞中에 一은 不變義니 謂雖化而常湛然이니 初句는 顯之오 二는 隨緣義니 謂不守自性하야 無不現故니라 故云亦復非非化라하니라 二 約化中에 一은 無體卽空義니 謂攬緣無性이라 故云於無化法中이라하고 二는 從緣幻有義라 故云示有變化形이라하니라 二 融合 中에 亦二義니 一은 眞化別合이오 二는 眞化融通이라 初中에 由眞中隨緣이 卽不變故니 是故로 亦眞亦非眞과 非眞非不眞을 名眞法身이오 化中體空이 卽幻有故니 是故로 亦化亦非化와 非化非不化를 名爲佛化身이라 二融通者는 謂由眞不變하야 顯化體空이니 此眞不無·化不有로 以爲法身이로되 而不無化用이니 以有化中空義故며 又由眞隨緣하야 顯化幻有니 此는 是化不無·眞不有로 以爲化身이나 而不無眞理니 以有眞中에 隨緣義故니라 又由隨緣幻有하야 不異不變體空故니라 是故로 現化紛然이나 未嘗不寂이며 眞性湛然이나 未曾不化라 眞化鎔融하야 爲一無礙淸淨法界니 宜審思之어다

또한 진신에 의해 화신을 일으킨 데에는 간단하게 2가지 부분이 있다.

① 구분시어 보는 것이며,

② 융합하여 보는 것이다.

'① 구분지어 보는' 부분의 진신과 응신에는 각각 2가지 뜻이 있다.

첫째, 진신의 2가지 뜻은 ㉠ 변하지 않는다는 뜻이다. 비록 변

화하지만 언제나 담담하다. 이는 첫 구절(佛身非變化)에서 말한 뜻을 나타낸 것이다.

㉡ 인연을 따라 변화한다는 뜻이다. 자성을 고수하지 않고 다른 모습으로 나타나지 않음이 없기 때문이다. 따라서 제2구에서 "변화하지 않은 것도 아니다."라고 말하였다.

둘째, 응화로 말한 2가지 뜻은 ㉠ 체성이 없는 것이 곧 空이라는 뜻이다. 인연을 따라 체성이 없기 때문에 제3구에서 "변화가 없는 법 가운데"라고 말하였다.

㉡ 인연을 따라 허깨비처럼 있다는 뜻이다. 따라서 제4구에서 "변화하는 형상을 보여준다."고 말하였다.

'② 융합하여 보는' 부분에 또한 2가지 뜻이 있다.

㉠ 진신과 화신이 개별로 융합함이며,

㉡ 진신과 화신이 원융하게 통함이다.

'㉠ 진신과 화신이 개별로 융합함'에는 진신 중에 인연을 따른 변화가 곧 변하지 않는 이유 때문이다. 이 때문에 또한 진신이자 또한 진신이 아니며, 진신도 아니고 진신이 아닌 것도 아님을 진실한 법신이라 하고, 변화 중에 본체가 공한 것이 곧 幻有이기 때문이다. 이 때문에 또한 화신이자 또한 화신이 아니며, 화신도 아니고 또한 화신이 아닌 것도 아님을 부처님의 화신이라고 말한다.

'㉡ 진신과 화신이 원융하게 통함'이란 진신이 변하지 않음에 따라 화신의 본체가 공함을 나타낸 것이다. 이는 진신이란 無가 아니고 화신이란 有가 아니라는 것으로 법신을 삼았으나 화신의 작용이 없지 않다. 화신 중에 空한 의의가 있기 때문이며, 또한 진신의 인연을 따름으로 연유하여 화신의 幻有를 밝힌 것이다. 이는 화신이란 無가 아니고 진신이란 有가 아니라는 것으로 화신을 삼았으나 진리가 없지 않다. 이는 진리의 가운데 인연을 따른 의의가 있기 때문이며, 또한 인연을 따른 幻有를 연유하여 不變의 본체가 공함과 다르지 않기 때문이다. 이 때문에 화신이 분분하게 나타나지만 일찍이 고요하지 않음이 없고, 眞性이 담담하지만 일찍이 화신으로 나타나지 않음이 없다. 진신과 화신이 하나로 원융하여 하나의 걸림 없는 청정법계가 된다. 이러한 점을 살펴보고 생각해야 할 것이다.

正覺不可量이라 法界虛空等하야
深廣無涯底하니 言語道悉絕이로다

정각은 헤아릴 수 없다
법계와 허공과 똑같다
깊고 넓어 끝이 없기에
언어를 초월한 자리이다

如來善通達하사 一切處行道하시니
法界衆國土에 所往皆無礙으로다

여래는 잘 통달하시어
일체 모든 곳에서 도를 행하시니

법계의 모든 국토에

걸림 없이 다니신다

◉ 疏 ◉

第三 二偈는 雙結釋中에 前偈는 結歸於體니 謂智冥眞境이라 等法界故로 深無底오 等虛空故로 廣無涯니 皆絕言道하야 爲不可量이라 後偈는 擧因釋成이니 所以法界無礙者는 智行偏故니라

(3) 뒤의 2수(제9~10) 게송은 모두 해석을 끝맺은 가운데, 제9게송은 본체에 귀결 지었다. 지혜가 진여의 경계에 보이지 않게 하나가 되는 터라 법계와 같기 때문에 깊이는 밑바닥이 없고, 허공과 같기 때문에 넓음은 끝이 없다. 모두 언어를 초월하여 헤아릴 수 없다. 제10게송은 원인을 들어 해석을 끝맺은 것이다. 법계에 걸림이 없는 바는 智行이 두루 한 때문이다.

第五 東北方 智幢菩薩

5. 동북방 지당보살

爾時에 **智幢菩薩**이 **承佛神力**하사 **普觀十方**하고 **而說頌言**하사대

그때 지당보살이 부처님이 지닌 헤아릴 수 없는 영묘하고도 불

가사의한 힘을 받들어 시방을 널리 관찰하고 게송으로 말하였다.

◉ 疏 ◉

於佛寂用之境에 決斷無礙故며 又智導萬行하야 出生無盡일세 故名智幢이니라

부처님의 寂用의 경계에서 결단하여 걸림이 없기 때문이며, 또한 지혜로 모든 행을 인도하여 그지없음을 낳기 때문에 그 이름을 '지당'이라 한다.

若人能信受　　　　一切智無礙하야
修習菩提行하면　　其心不可量이로다

만약 어느 사람이
일체 지혜 걸림 없음을 믿고서
보리행을 닦아 익히면
그 마음 헤아릴 수 없으리

◉ 疏 ◉

頌中에 多歎如來應現出生 無盡無礙之德이라

十頌 分二니 初一은 標章勸信이니 信有修行之益이라

게송에는 많은 부분이 여래의 '몸을 나타내어 보여주는 데 그지없고 걸림 없는 공덕'을 찬탄하였다.

10수 게송은 2부분으로 나뉜다.

(1) 제1게송에서는 표장으로 신심을 권면하였다. 수행의 이익이 있음을 믿는 것이다.

經

**一切國土中**에 **普現無量身**하사대
**而身不在處**며 **亦不住於法**이로다

일체 모든 국토에
한량없는 몸 나타내시되
몸은 어떤 곳에도 있지 않고
또한 법에도 머물지 않는다

◉ 疏 ◉

後九는 所信勝德이라
於中 分二니 初一은 總이오 餘八은 別이라
總中은 上半은 用而無盡이오 下半은 寂而無住니라
不著應處와 不住法體는 卽本末雙寂也니 通爲寂用無礙니라

(2) 뒤의 9수(제2~10) 게송은 신심의 대상인 수승한 공덕이다.

9수 게송은 다시 2부분으로 나뉜다.

첫 제2게송은 총체이며, 나머지 8수(제3~10) 게송은 개별이다.

제2게송의 총체 가운데 제1, 2구는 작용으로서 그지없고, 제3, 4구는 고요한 본체로 그 어디에도 머물지 않는다.

작용의 감응처에 집착하지 않고 법의 본체에 집착하지 않음은 곧 본말이 모두 고요함이다. 이는 전반적으로 적멸의 본체와 動用의 감응에 걸림이 없다.

**經**

一一諸如來의 神力示現身을
不可思議劫에 算數莫能盡이로다

부처님 부처님마다
신통력으로 나타내시는 몸
불가사의의 영겁에
그 수효 모두 셀 수 없다

三世諸衆生은 悉可知其數어니와
如來所示現은 其數不可得이로다

삼세의 모든 중생이야
그 수효 알 수 있지만
여래의 나타내신 몸
그 수효 알 수 없다

◉ 疏 ◉

別中二니 初二는 明無盡이니 一一衆生前에 能現無盡身일세 故衆生可知어니와 佛不可數니라

나머지 8수(제3~10) 게송은 개별 부분인 가운데 다시 2부분으로 나뉜다.

앞의 2수(제3~4) 게송은 그지없는 부처님을 밝혔다. 하나하나 중생 앞에 그지없는 몸을 나타냈기에 중생은 설명하지 않아도 알 수 있지만 부처님은 셀 수 없다.

**經**

**或時示一二**와 **乃至無量身**하사
**普現十方刹**하사대 **其實無二種**이로다

어떤 때는 한 분이나 두 분으로
내지 한량없는 부처님의 몸을
시방세계 두루 보여주지만
실제는 차이가 없다

**譬如淨滿月**이 **普現一切水**에
**影像雖無量**이나 **本月未曾二**인달하야

마치 해맑은 보름달이
모든 강물에 비쳐
달그림자 한량없지만
본래 하늘의 달은 둘이 없듯이

**如是無礙智**로 **成就等正覺**하사

**普現一切刹**하사대　　**佛體亦無二**로다

이처럼 걸림 없는 지혜로

등정각을 성취하사

일체 세계에 몸을 나타내지만

부처님의 몸은 둘이 아니다

**非一亦非二**며　　**亦復非無量**이나

**隨其所應化**하사　　**示現無量身**이로다

하나도 아니고 둘도 아니며

또한 한량없는 것도 아니지만

교화할 중생을 따라

한량없는 몸을 보여주셨다

◉ 疏 ◉

後六은 明無礙라

於中 三이니 初四는 一異無礙며 亦是本末無礙니 一法 二喩 三合 四釋이라

뒤의 6수(제5~10) 게송은 걸림이 없음을 밝힌 것이다.

6수 게송은 다시 3부분으로 나뉜다.

첫 4수(제5~8) 게송은 하나와 다름에 걸림이 없고, 또한 본말에 걸림이 없다. 첫 제5게송은 법을, 둘째 제6게송은 비유를, 셋째 제7게송은 종합을, 넷째 제8게송은 해석이다.

經

佛身非過去며　　亦復非未來라
一念現出生과　　成道及涅槃이로다

부처님 몸은 과거도 아니고
또한 미래도 아니다
한 생각의 찰나에
태어나고 성도하고 열반을 보여주셨다

◉ 疏 ◉

次一偈는 延促無礙니라

다음 제9게송은 장수와 단명에 걸림이 없음이다.

經

如幻所作色이　　無生亦無起인달하야
佛身亦如是하사　　示現無有生이로다

요술로 만들어진 형상처럼
태어남도 일어남도 없는 것처럼
부처님의 몸 또한 그와 같아
태어남이 없음을 보여주셨다

◉ 疏 ◉

後一偈는 性相無礙니라

뒤의 제10게송은 본성의 근본 자리와 현실 세계의 형상에 걸림이 없음이다.

---

第六 東南方 寶幢菩薩

6. 동남방 보당보살

經

**爾時**에 **寶幢菩薩**이 **承佛神力**하사 **普觀十方**하고 **而說頌言**하사대

그때 보당보살이 부처님이 지닌 헤아릴 수 없는 영묘하고도 불가사의한 힘을 받들어 시방을 널리 관찰하고 게송으로 말하였다.

◉ 疏 ◉

以圓淨智로 照平等理하야 不礙應現하고 隨順一切 如摩尼寶일새 故名寶幢이라

원만청정 지혜로 평등한 진리를 관조하여, 일체중생을 따라 몸을 나타내는 데 걸리지 않음이 마니주와 같기에 그 이름을 '보당'이라 한다.

**佛身無有量**하사대　　**能示有量身**하시니

**隨其所應覩**하사　　　　**導師如是現**이로다

부처님의 몸 한량없지만

한량 있는 몸을 보이시니

보는 중생의 기연에 따라

부처님께서 그처럼 보여주셨다

**佛身無處所**하사대　　　　**充滿一切處**하사

**如空無邊際**하시니　　　　**如是難思議**로다

부처님의 몸 계신 곳 없지만

일체 모든 곳에 가득 계시니

허공이 끝없듯이

이처럼 불가사의하다

◉ 疏 ◉

頌中에 多顯平等超世之德이라

十頌 分二니 前五는 總顯難思오 後五는 迴超時數라

前中 初二는 正明이니 前一은 超量現量이오 後一은 超處徧處라 故出現品에 云'譬如虛空이 徧至一切 色非色處等이라'하니라 如是難思는 雙結上二니라

게송의 대부분은 평등한 진리로 세간을 초월한 부처님의 공덕을 밝히고 있다.

10수 게송은 2부분으로 나뉜다.

(1) 앞의 5수(제1~5) 게송은 불가사의함을 총체로 밝혔고,

(2) 뒤의 5수(제6~10) 게송은 시간의 수효를 멀리 초탈한 것이다.

(1) 앞의 5수 게송 가운데, 앞의 2수(제1·2) 게송은 바로 불가사의함을 밝힌 것으로, 제1게송은 초탈한 부분과 현재 헤아릴 수 있는 부분이며, 제2게송은 초탈하여 계시는 곳과 두루 계신 곳을 말하였다. 이 때문에 제37 여래출현품에 이르기를 "비유하면 허공이 일체 색계와 색계가 아닌 곳에 두루 이르는 것과 같다."는 등이다.

"이처럼 불가사의하다[如是難思議]."는 구절은 위의 2수 게송을 모두 끝맺는 부분이다.

**經**

非心所行處라　　　心不於中起니
諸佛境界中엔　　　畢竟無生滅이로다

마음으로 생각할 수 있는 게 아니라
마음에서 생각조차 일으킬 수 없다
모든 부처님 경계는
끝까지 생멸이 없다

如翳眼所覩가　　　非內亦非外인달하야
世間見諸佛도　　　應知亦如是로다

마치 백내장의 눈으로 보면
안도 아니고 바깥도 아니듯이

세간 중생이 부처님을 보는 것
또한 똑같음을 알겠다

**饒益衆生故**로 **如來出世間**하시니
**衆生見有出**이나 **而實無興世**로다

중생에게 이익을 주고자
여래께서 세간에 나오셨다
중생은 나오신 걸 보지만
실제는 세간에 나오신 일이 없다

◉ **疏** ◉

後三은 展轉釋成이라 初云'何以難思오 若身若處 非生滅心行之境故일세니라 何以非心境고 佛自不起心故니라 何以不起오 體無生滅故니라'

뒤의 3수(제3~5) 게송은 전전하여 해석하면서 끝맺었다.

첫 게송에서 말한 뜻은 다음과 같다.

"무엇 때문에 불가사의한 것일까? 부처님의 몸과 부처님이 계신 곳은 일어났다 사라지는 마음의 의식으로 가늠할 수 있는 경계가 아니기 때문이다.

어찌하여 마음의 의식으로 헤아릴 수 있는 경계가 아닌 것일까? 부처님 자체가 마음을 일으키지 않기 때문이다.

무엇 때문에 마음을 일으키지 않는 것일까? 부처님 자체가 생멸이 없기 때문이다."

若爾인댄 何以現見고 次偈에 釋云病眼所覩로 取色分濟니 勿謂爲貴이어다

"그렇다면 무엇 때문에 몸을 나타내신 것일까?"

다음 게송에서 이를 해석하였다.

"백내장을 앓는 눈으로 보는 것은 바로 색의 일부분만을 취한 것이기에, 그것을 전체의 실상으로 생각해서는 안 된다."

次疑云若爾인댄 豈無如來出現世耶아 次偈에 釋云自機見耳라 上三句는 以應就感에 衆生謂出이오 末句는 旣因物感인댄 出卽非出이니 名實不出이라 故諸法無行經에 云如來不出世오 亦不度衆生이로되 衆生強分別하야 作佛度衆生이라하니 旣無有出인댄 安有沒耶아

다시 의심을 하였다.

"그렇다면 여래께서 세간에 나오지 않아야 하는 것이 아닐까?"

다음 게송에서 이를 해석하였다.

"機緣으로 몸을 보여준 것이다. 위의 3구는 응신으로 감응한 것을 중생이 세간에 몸을 나타냈다 말하고, 끝 구절은 이처럼 중생을 따라 감응한 일이라면 세간에 나오심이 곧 나오심이 아니다. 이를 '실제로 나온 것이 아니다.'고 말한다. 이 때문에 제법무행경에서 이르기를 '여래는 세간에 나오지 않으며, 또한 중생을 제도하지 않지만 중생의 억지 분별심으로 부처님이 중생을 제도하였다.'고 말한다. 이처럼 나온 일이 없다면 어찌 죽는 일이 있을 수 있겠는가!"

上三은 亦初一超心行이오 次一은 超內外오 後一은 超出沒이라

위의 3수(제3~5) 게송은 또한 제3게송은 마음의 의식을 초탈하였음을, 제4게송은 내외의 의식을 초탈하였음을, 제5게송은 생멸을 초탈하였음을 말하고 있다.

經

**不可以國土**와　　**晝夜而見佛**이니

**歲月一刹那**도　　**當知悉如是**로다

어느 국토에 나오셨다거나

어느 밤, 어느 낮에 부처님을 뵈었다고 말할 수 없다

어느 세월, 어느 찰나라는 시간도

모두 그런 줄을 알아야 한다

◉ **疏** ◉

後五偈는 迴超時數而現時數라 於中 初一偈는 結前標後니 國土는 結前處故니라

⑵ 뒤의 5수(제6~10) 게송은 부처님이 아득히 시간을 초월했지만 시간 속에 몸을 나타냄을 말하였다.

5수 게송 가운데, 첫 제6게송은 앞의 게송을 끝맺으면서 뒤의 게송을 밝힌 것이다.

'국토'는 앞서 말한 공간을 끝맺은 것이다.

衆生如是說 某日佛成道나
如來得菩提는 實不繫於日이로다

중생들은 이렇게 말들 한다
어느 날 부처님 성도하셨다 하지만
부처님이 보리를 얻으심은
시간에 얽매이지 않는다

如來離分別하사 非世超諸數하시니
三世諸導師가 出現皆如是로다

여래는 분별심을 떠나
세간 의식이 아닌 모든 수량을 초월하셨다
삼세의 모든 부처님이
출현하심도 모두 그와 같다

譬如淨日輪이 不與昏夜合호되
而說某日夜인달하야 諸佛法如是로다

마치 찬란한 태양이
어두운 밤과 함께하지 않지만
사람들은 어느 날 밤이라 하듯이
부처님의 법도 그러하다

**三世一切劫**이　　**不與如來合**호되
**而說三世佛**하나니　　**導師法如是**로다

삼세의 모든 겁이
여래와 함께하지 않지만
삼세제불이라 말하니
부처님의 법도 그러하다

◉ **疏** ◉

後四는 別顯超時라

初偈는 立宗이니 上半은 牒妄情이오 下半은 正立이니 菩提는 是有法이오 定不繫時는 是宗法이라

次偈는 立三因이니 一은 智無分別故오 二는 三世不遷故오 三은 體非有爲之數故니라

次偈는 擧同喩니 謂日體常明故로 不合昏夜니라

後偈는 合結이니 上半 合이오 下半 結이라 合中에 語倒니 若順인댄 應云 '一切諸如來 不與三世合이니라' 又若以超時現時로 爲宗者인댄 則上宗中에 四句 皆宗이니 應云'菩提是有法이오 定不繫日호되 隨機說日은 是宗法이오' 因云'體非三世等이로되 不礙三世等故'며 同喩는 云如'日輪이 不合昏夜로되 以山映故로 說有日夜'라하니 合云'佛無三世라 以不應見機之所映故로 而說三世'니 是則上三句는 皆合이오 下一句는 結이라

뒤의 4수(제7~10) 게송은 시간의 초월을 개별로 밝힌 것이다.

첫 제7게송은 종지를 세운 것이다. 제1, 2구는 허망한 情識을

이어 말하였고, 제3, 4구는 바로 논지를 세움이다. '보리'는 有의 법이고, 꼭 시간의 날짜에 얽매이지 않는 것은 宗法이다.

제8게송은 3가지 因을 세운 것이다. ① 지혜에 분별이 없기 때문이며, ② 삼세가 변하지 않기 때문이며, ③ 본체는 有爲의 숫자가 아니기 때문이다.

제9게송은 똑같다는 비유를 들어 말하였다. 태양의 본체는 언제나 밝은 까닭에 어둠의 밤과는 함께하지 않음을 말한다.

제10게송은 종합이자, 끝맺음이다. 제1, 2구는 종합이고, 제3, 4구는 끝맺음이다. 종합 부분은 어순이 전도되어 있다. 이를 어순에 따라 말하면 다음과 같다.

"일체 모든 여래가 삼세와 함께하지 않는다."

또한 만일 초월의 시간과 현재 시간으로 종을 삼으면, 위에서 말한 종법의 가운데 4구가 모두 宗이다. 당연히 다음과 같이 말해야 한다.

"보리는 有의 법이며, 꼭 날짜에 얽매이지 않지만 기연을 따라 날짜를 말한 것은 宗法이다."

이어서 이르기를 "본체는 삼세 등이 아니지만, 삼세 등에 걸리지 않기 때문이다."고 하며, 똑같다는 비유에 이르기를 "태양은 어둠의 밤과 함께하지 않되 산사람에 비치기 때문에 낮과 밤이 있음을 말함과 같다."고 하며, 종합에 이르기를 "부처님은 삼세가 없는 터라 당연히 볼 수 없지만 기연에 따라 비춰주기 때문에 삼세를 말하였다."고 한다. 이는 곧 위의 3구는 모두 종합이고, 아래 1구는 끝맺음이다.

第七 西南方 精進幢菩薩

7. 서남방 정진당보살

經

**爾時**에 **精進幢菩薩**이 **承佛神力**하사 **普觀十方**하고 **而說頌言**하사대

그때 정진당보살이 부처님이 지닌 헤아릴 수 없는 영묘하고도 불가사의한 힘을 받들어 시방을 두루 관찰하고 게송으로 말하였다.

◉ 疏 ◉

勤觀如來 眞應皆同일세 故能平等隨順一切衆生을 名精進幢이라

여래의 진신과 응신이 모두 똑같기에 일체중생을 평등하게 따라야 함을 부지런히 살펴보는 것을 '정진당'이라 한다.

經

**一切諸導師**가 **身同義亦然**하사
**普於十方刹**에 **隨應種種現**이로다

일체 모든 부처님이
몸도 같고 이치도 똑같아서
시방세계에 두루
중생을 따라 응하여 가지가지 몸 나타냈다

◉疏◉

十頌은 顯此同義니라

文分爲二니 初一은 總標오 餘九는 別釋이니라

前中에 上半은 正標오 下半은 畧顯同相이니 言身同者는 三身十身이 皆悉同故니라

義亦然者는 此含多意니 一은 且約三身인댄 體·依·聚義 無不同故며 所覺·能覺·覺他 同故니라 又義名所以니 所以得名佛者는 正覺眞智와 力無畏等이 無不具故로 得名爲佛이니 佛佛皆然일새 故義同也니라

又應用利樂이 無不同故라 故攝論第十에 云諸佛法身은 應知恒時에 能作五業等이니 二十一種功德之中에 名爲逮得一切佛平等性이라하니 所依意樂과 作業無差別故니라【鈔_ '義亦然者'下는 出三意니 一은 釋三身과 及與佛義니 體卽法身이오 依是報身이오 聚是化身이라

'所覺'下는 所覺은 自法身이오 能覺은 是報身이오 覺他는 化身이라

'又義名所以'者는 明成佛所以니 卽具衆德故로 問明에 云'十方諸如來 同共一法身이라 一心一智慧오 力·無畏亦然이라'하니'諸佛法身'者는 卽應化法身이니라

言'五業'者는 攝論에 云'第一은 救濟有情 灾橫爲業이니 於暫時見에 便能救濟盲聾狂等諸災橫故오 二는 救濟惡趣爲業이니 拔諸有情하야 出不善處하야 置善處故오 三은 救濟非方便爲業이니 令諸外道로 捨非方便하고 求解脫行하야 置於如來聖教中故오 四는 救濟薩遮耶見爲業이니 授之能超三界道오 五는 救濟諸乘爲業이니 拯拔欲趣餘乘諸菩薩과 及不定性諸聲聞等하야 安置善處하야 令修大乘行故니라

於此五業을 應知諸佛業用平等이라하니라

若梁攝論인댄 當第十五하니 二十一下에 指上品所依智等三事하야 佛佛平等이라하니 無性도 亦明是利他德이라】

10수 게송은 일체 제불이 똑같다는 뜻을 밝혔다.

게송은 2부분으로 나뉜다. (1) 제1게송은 총체로 밝혔고, (2) 나머지 9수(제2~10) 게송은 개별로 해석하였다.

(1) 제1게송의 제1, 2구는 바로 밝혔고, 제3, 4구는 일체 제불이 똑같은 모습을 간단하게 밝혔다. "몸이 같다."고 말한 것은 3가지 몸[法身, 報身, 應身]과 10가지 몸[菩提身, 願身, 化身, 力持身, 相好莊嚴身, 威勢身, 意生身, 福德身, 法身, 智身]이 모두 똑같기 때문이다.

"이치도 똑같다."는 것은 많은 뜻을 함축하고 있다. 첫째, 또한 三身으로 말하면, 體(法身)와 依(報身)와 聚(化身)의 이치가 똑같기 때문이며, 깨달음의 대상과 깨달음의 주체와 남들을 깨우쳐주는 것이 똑같기 때문이다. 또한 이치는 그 所以然을 말한다. 부처라 명명한 이유는 正覺의 진실한 지혜와 힘과 無畏 등이 모두 갖춰져 있기 때문에 그 이름을 부처라 한다. 모든 부처님이 모두 그러하기에 그 이치가 똑같다.

또한 응용의 이익과 즐거움이 똑같지 않음이 없기 때문이다. 따라서 섭론 제10에 이르기를 "제불의 법신은 언제나 5가지 업 등을 짓는다. 21가지 공덕 가운데 일체 제불의 평등한 성품을 얻었다고 말함을 알아야 한다."고 하였다. 의지 대상의 좋아하는 마음과 하는 일이 차별이 없기 때문이다. 【초_ "이치도 똑같다." 이하는 3

가지 뜻을 말하였다. 첫째는 3가지 몸과 부처의 뜻을 해석하였다. 體는 법신, 依는 報身, 聚는 化身이다.

'所覺' 이하에서 말한 깨날음의 대상은 자신의 법신, 깨달음의 주체는 보신, 남들을 깨우쳐주는 것은 화신이다.

"또한 이치는 그 所以然을 말한다."는 것은 성불의 이유를 밝힌 것이다. 수많은 덕을 갖추고 있기 때문이다. 따라서 제10 보살문명품에 이르기를 "시방 모든 여래가 똑같은 하나의 법신이라, 똑같은 마음이요, 똑같은 지혜요, 힘과 두려움이 없는 것 또한 그러하다."고 하였다. '시방 제불의 법신'이란 곧 應化의 법신이다.

'5가지 업'이라 말한 것은 섭론에 이르기를 "① 중생의 뜻하지 않은 재난을 구제해주는 것으로 일을 삼는다. 잠시라도 보면 곧 봉사, 귀머거리, 미치광이 등의 모든 뜻하지 않은 재난을 구제해주기 때문이다.

② 삼악도 등에서 고통을 받는 중생을 구제해주는 것으로 일을 삼는다. 모든 중생을 구제하여 좋지 않은 곳에서 벗어나 좋은 곳으로 인도해주기 때문이다.

③ 진실한 방편이 아닌 데에서 구제해주는 것으로 일을 삼는다. 모든 외도로 하여금 진실한 방편이 아닌 것을 버리고 해탈행을 구하여 여래의 가르침 속에 두기 때문이다.

④ 薩遮耶見[僞身見]을 구제해주는 것으로 일을 삼는다. 삼계를 초월하는 도를 전수한 때문이다.

⑤ 諸乘을 구제해주는 것으로 일을 삼는다. 欲趣 餘乘의 모든

보살 및 不定性인 모든 聲聞 등을 구제하여 좋은 곳에 안치하여 그들로 하여금 대승행을 닦도록 하기 때문이다. 이러한 5가지 업에 모든 부처님의 하는 일이 평등함을 알아야 한다."고 하였다.

만일 梁攝論으로 말하면, 제15에 해당한다. 21 下에 "上品의 의지한 바의 지혜 등 3가지 일을 가리켜 모든 부처님이 평등하다." 고 하였다. 無性論에서도 또한 '利他의 공덕'을 밝혔다.】

二 約十身釋義同者인댄 皆通三世間이니 彼此互望에 無差別故로 種種利樂이 居然是同이라 此有三因하니 一은 行海齊滿이오 二는 大願齊具오 三은 同一法性故니 非唯相似라 亦一卽一切하야 互相融故니라 餘는如問明品說하다

下半 同相은 畧擧應用同이니 以應卽眞故로 非應之外에 別明法身是同이라 然普有二義하니 一은 約諸佛이니 謂無有佛不徧十方故오 二는 約一佛이니 謂無一方而不現故일세니라

둘째, 十身으로 이치가 똑같음을 해석하면, 삼세간에 모두 통한다. 저 부처와 이 부처를 서로 대조해보면 차별이 없기 때문에 가지가지의 이익과 즐거움이 모두 똑같다. 여기에는 3가지 원인이 있다.

① 行의 바다가 똑같이 원만하기 때문이며,

② 큰 원력을 똑같이 갖추었기 때문이며,

③ 똑같은 법성이기 때문이다.

모든 부처님이 똑같을 뿐 아니라, 또한 한 분의 부처님이 일체의 부처님과 하나가 되어 서로가 서로를 원융하게 받아들이기 때문이다. 나머지는 제10 보살문명품에서 말한 바와 같다.

제3, 4구에서 말한 똑같은 모습은 응용이 똑같음을 간단하게 들어 말하였다. 응신이 곧 진신이기 때문에 응신 이외에 별개로 법신이 똑같음을 밝힌 것이 아니다.

그러나 '普於十方刹'의 '普' 자에는 2가지의 뜻이 있다.

① 모든 부처님으로 말한다. 부처님마다 시방에 두루 나타내지 않음이 없기 때문이다.

② 한 분의 부처님으로 말한다. 어느 지방에도 몸을 나타내지 않음이 없기 때문이다.

**經**

汝觀牟尼尊의　　所作甚奇特하라
充滿於法界하사　　一切悉無餘로다

그대는 석가모니 세존을 보라
하시는 일 매우 기이하여
법계에 가득하시니
일체 모든 곳에 남김없이 계신다

佛身不在內며　　亦復不在外로대
神力故顯現이시니　　導師法如是로다

부처님의 몸 안에 있는 것도 아니고
밖에 있는 것도 아니지만
신통력으로 몸을 나타내니

부처님의 법이 이와 같다

**隨諸衆生類**의 **先世所集業**하사
**如是種種身**으로 **示現各不同**이로다

수많은 중생의
전생에 지은 업을 따라
이처럼 가지가지의 몸으로
나타내심이 각기 다르다

**諸佛身如是**하사 **無量不可數**니
**唯除大覺尊**하고 **無有能思議**로다

모든 부처님 이와 같아
한량없고 셀 수 없다
오직 대각 세존을 제외하곤
생각하여 헤아릴 수 없다

◉ **疏** ◉

後九는 別釋中 分二니 先四는 頌正釋이오 後五는 頌轉釋이라

前中 初偈는 釋前普於十方이라 無餘 二義는 一은 無處不偏故오 二는 一切皆佛身故니 諸佛·本師는 二頌影畧이라

次偈는 釋前現義니 謂有感方現이라 故云非內오 神力能現이라 故云非外니라

次偈는 釋前隨應種種義니 一은 隨物類면 則十法界等 萬類殊應이오 二는 於一類中에 隨其先業하야 各見不同이니 如金色塗灰等이라

後偈는 釋前身同之義하야 結成難思니 佛身皆同하야 無數量故니라 唯除大覺者는 佛佛同證故일세니라

(2) 뒤의 9수(제2~10) 게송은 개별로 해석한 가운데 2부분으로 나뉜다.

앞의 4수(제2~5) 게송은 바로 해석하여 읊었고, 뒤의 5수(제6~10) 게송은 전전한 해석을 읊은 것이다.

앞의 4수 게송 가운데, 첫 제2게송은 앞의 게송에서 말한 "시방세계에 두루 나타난다."는 부분을 해석한 것이다.

'남김없이[無餘]'라는 구절에는 2가지 뜻이 있다.

① 어느 곳이든 두루 나타내지 않음이 없기 때문이며,

② 일체가 모두 부처님이기 때문이다.

諸佛과 本師는 2수 게송에서 한 부분의 설명을 줄여 미루어 알 수 있도록 말하고 있다.

둘째 제3게송은 앞서 말한 "부처님 몸을 나타낸다."는 뜻을 해석하였다. 부른 곳이 있으면 바야흐로 몸을 나타내기 때문에 "안에 있는 것도 아니고," 신통력으로 몸을 나타내기에 "밖에 있는 것도 아니다."고 하였다.

셋째 제4게송은 앞서 말한 "감응에 따라 가지가지의 몸으로 나타낸다."는 뜻을 해석하였다.

① 중생의 유를 따르면 十法界 등 1만 가지의 유에 따라 각기

다른 몸으로 응하고,

② 하나의 유에는 그가 지은 전생의 업을 따라 각기 다른 몸을 보여주는 것이다. 금색의 몸과 진흙 빛의 몸 등을 보여주는 것과 같다.

넷째 제5게송은 앞서 말한 "몸이 같다."는 뜻을 해석하여 불가사의함으로 끝을 맺었다. 이는 부처님의 몸이 모두 똑같아 그 수효를 헤아릴 수 없기 때문이다. "오직 大覺 세존을 제외하곤"이란 모든 부처님이 똑같이 증명한 때문이다.

**經**

如以我難思를 　　心業莫能取인달하야
佛難思亦爾하야 　　非心業所現이로다

마치 '나'라는 존재가 불가사의하여
마음 작용을 알 수 없듯이
부처님의 불가사의도 그와 같아
마음의 작용으로 나타낼 수 없다

如刹不可思나 　　而見淨莊嚴인달하야
佛難思亦爾하야 　　妙相無不現이로다

세계가 불가사의하지만
청정한 장엄을 보듯이
부처님의 불가사의도 그와 같아
미묘한 모습 모두 나타낸다

譬如一切法이 衆緣故生起인달하야
見佛亦復然하야 必假衆善業이로다

마치 일체 모든 법이
많은 인연으로 생겨나듯이
부처님 뵈옴도 그와 같아
반드시 많은 선업 빌려야 한다

譬如隨意珠가 能滿衆生心인달하야
諸佛法如是하야 悉滿一切願이로다

마치 여의주가
중생의 마음 만족시켜주듯이
부처님 법도 그와 같아
일체중생 원하는 바 모두 만족을 준다

無量國土中에 導師興於世하시니
隨其願力故로 普應於十方이로다

한량없는 많은 세계에
부처님 나오심은
본래의 원력 따라
시방에 두루 응하신 때문이다

◉ 疏 ◉

後五轉釋中에 從後向前하야 釋上四偈니 前四는 兼喩오 後一은 唯法이라 於中初二는 釋第四無能思義니 一은 以我爲喩니 謂如妄計之我는 本無所有일세 故不可思니 此以妄計 情有理無라 非聖智境일세 以況法身 理有情無니라 非下位測이라

後偈는 以刹爲喩니 喩雖絕相難思나 而不礙相이오

次一偈는 釋第三隨業異現이니 所以要隨業者는 同一切法하야 必假緣故니 此以總喩別이오

次一偈는 釋第二非內外義니 如珠現物에 雖非內外나 能滿物心이오

後偈는 釋充滿法界義니 所以能滿者는 本願普周故일세니라

뒤의 5수(제6~10) 게송의 전전한 해석 부분은 뒤로부터 앞을 향하여 위의 4수 게송을 해석하였다. 앞의 4수(제6~9) 게송은 비유를 겸하였고, 뒤의 제10게송은 오직 법만을 들어 말하였다.

앞의 4수 게송 가운데, 2수(제6~7) 게송은 앞의 넷째 제5게송에서 말한 불가사의의 뜻을 해석하였다. 제6게송은 '나'로 비유하였다. 그가 허튼 생각으로 잘못 인식한 '나'는 본래의 존재가 아니기에 불가사의하다. 이는 허튼 생각의 情識으로 보면 있다고 생각하지만, 진리의 자리에서는 없는 것이어서 성인의 지혜 경계가 아니다. 법신은 진리의 자리에서는 있지만 情識의 경계에는 없는 터라, 아래 지위 사람의 입장에서 헤아릴 수 있는 게 아님을 비유하였다.

제7게송은 국토로 비유하였다. 비록 相이 끊어진 자리여서 불가사의하지만, 相에 걸리지 않음을 비유하였다.

제8게송은 앞의 셋째 제4게송에서 말한 "중생의 업에 따라 몸을 달리 보여준다."는 부분을 해석하였다. 중생의 업에 따라야 하는 것은 일체 모든 법과 같아 반드시 인연을 빌리기 때문이다. 이는 총체로써 개별을 비유한 것이다.

제9게송은 앞의 둘째 제3게송에서 말한 "안에 있는 것도 아니고, 밖에 있는 것도 아니다."는 뜻을 해석하였다. 여의주가 중생을 비춰줄 때 비록 안팎에 있는 것이 아니지만, 중생의 마음을 모두 만족시켜주는 것과 같기 때문이다.

뒤의 제10게송은 앞서 말한 "법계에 가득하다."는 뜻을 해석하였다. 법계에 충만한 바는 本願이 두루 널리 이루어졌기 때문이다.

## 第八 西北方 離垢幢菩薩

8. 서북방 이구당보살

**經**

**爾時**에 **離垢幢菩薩**이 **承佛神力**하사 **普觀十方**하고 **而說頌言**하사대

그때 이구당보살이 부처님이 시닌 헤아릴 수 없는 영묘하고도 불가사의한 힘을 받들어 시방을 두루 관찰하고 게송으로 말하였다.

◉ 疏 ◉

眞如 體淨하야 能成白法하고 復淨世間일세 故名離垢니라【鈔_ '眞如體淨'은 第八廻向中義오 '復淨世間'은 卽今偈意니라】

진여의 본체가 청정하여 白法을 성취하였고, 다시 세간을 청정하게 한 까닭에 그 이름을 '이구'라 한다.【초_ "진여의 본체가 청정함"은 제8회향에서 말한 뜻이며, "다시 세간을 청정하게 하였다."는 것은 이 게송에서 말한 뜻이다.】

如來大智光이 普淨諸世間하나니
世間旣淨已에 開示諸佛法이로다

여래의 큰 지혜 광명으로
모든 세간 널리 청정케 하고
세간이 이미 청정하자
부처님 법을 보여주었다

設有人欲見 衆生數等佛이라도
靡不應其心하사대 而實無來處로다

가령 어떤 사람이
중생 수효와 같은 부처님 보고자 하면
그들의 마음에 모두 응하지만
실제로 오는 곳이 없다

◉ 疏 ◉

十頌은 多歎如來淨德이니 前六은 淨他오 後四는 自淨이라

前中 前二는 總明이오 後四는 別釋이니라

今初에 前偈는 智淨이니 妄惑旣寂에 眞智不無하야 開示無我知見性相일새 故名爲法이라

後偈는 身淨이니 謂拂應顯眞이라【鈔_ '妄惑旣寂'等者는 揀異斷空이오 '開示'已下는 卽法華開示悟入意也니라】

10수 게송은 여래의 청정한 공덕을 찬탄한 부분이 많다.

(1) 앞의 6수(제1~6) 게송은 남들을 청정하게 함이며, (2) 뒤의 4수(제7~10) 게송은 자신의 청정이다.

(1) 앞의 6수 게송 가운데, 앞의 2수(제1~2) 게송은 총체로 밝힘이며, 뒤의 4수(제3~6) 게송은 개별로 해석하였다.

앞의 2수 게송 가운데, 제1게송은 지혜의 청정이다. 허망한 미혹이 이미 사라져 고요함에 참 지혜가 없지 아니하여, 無我知見의 본성 양상을 열이 보여주었기에 그 이름을 법이라 한다.

제2게송은 몸이 청정함이다. 응화의 몸을 말끔히 떨쳐버리고 진신을 밝힌 것이다.【초_ "허망한 미혹이 이미 사라져 고요함" 등이란 斷空과 다름을 구별한 것이다. "無我知見의 본성 양상을 열어 보여주었나." 이하는 법화경에서 말한 "깨달음의 도를 보여주었다."는 뜻이다.】

**經**

**以佛爲境界**하야 **專念而不息**하면
**此人得見佛**호되 **其數與心等**이로다

부처님을 경계로 삼아
오롯한 생각 멈추지 않으면
그 사람은 부처님을 친견하되
부처님의 수효 그 마음과 같으리라

**成就白淨法**하야 **具足諸功德**하면
**彼於一切智**에 **專念心不捨**로다

희고 청정한 법 이루어
모든 공덕 갖추면
그는 일체 지혜에
오롯한 마음 내려놓지 않으리라

**導師爲衆生**하사 **如應演說法**하사대
**隨於可化處**하야 **普現最勝身**이로다

부처님, 중생 위하여
근기에 맞춰 법문 연설하시되
교화할 곳 따라
가장 훌륭한 몸 널리 나타내신다

佛身及世間이 一切皆無我니
悟此成正覺하고 復爲衆生說이로다

부처님 몸이나 세간이
일체 모두 '나'라는 게 없다
이를 깨달아 정각 이루고
다시 중생 위해 설법하신다

◉ 疏 ◉

後別釋中에 前二는 釋第二偈오 後二는 釋初偈라

前中 初偈는 正明이니 欲見諸佛인댄 應專佛境이니 隨念隨現일세 故名心等이라 又了心境이 卽佛眞性이니 迷則不知하고 念則便現이라

次偈는 轉釋專念之義니 無漏具德일세 故能專念이라【鈔_ '隨念隨現'者는 此有二意니 一은 隨念多少하야 佛亦等之니 如稱一口에 有一化佛等이오 二는 隨念淺深하야 佛應稱之일세 見有優劣이라 '又了心境' 下는 約觀心釋이니 卽心卽佛之義耳니라】

뒤의 개별로 해석한 4수(제3~6) 게송 가운데, 앞의 2수(제3~4) 게송은 제2게송을 해석하였고, 뒤의 2수(제5~6) 게송은 제1게송을 해석하였다.

앞의 2수 게송 가운데, 제3게송은 바로 모든 부처님을 친견하고자 하면 당연히 부처님의 경계를 오롯한 마음으로 생각해야 함을 밝혔다. 이는 생각하는 마음을 따라 부처님의 몸을 나타내어 보여주기 때문에 친견하고자 하는 마음에 따라 부처님의 수효가 똑

같이 나타난다고 말한 것이다.

또한 내면의 마음과 밖의 경계가 모두 부처님의 眞性임을 알아야 한다. 혼미하면 이를 알지 못하고, 오롯한 마음으로 생각하면 곧 부처님의 眞性이 나타나게 된다.

제4게송은 오롯한 마음으로 생각한다는 뜻을 전전하여 해석하였다. 번뇌 없는 마음으로 공덕을 갖췄기에 오롯한 마음으로 생각하는 것이다. 【초_ "생각하는 마음을 따라 부처님의 몸을 나타내어 보여준다."는 데에는 2가지 뜻이 있다. ① 생각의 많고 적음에 따라 부처님 또한 똑같이 나타나는 것이다. "입으로 한 차례 부처님 명호를 부르면 하나의 化身佛이 있다."는 것과 같다는 등이다. ② 생각의 깊고 얕음에 따라 부처님의 應身이 그에 맞추어 나타나기에 우열이 있음을 볼 수 있다.

"또한 내면의 마음과 밖의 경계가 모두 부처님의 眞性임을 알아야 한다." 이하는 마음을 살펴보아야 한다는 뜻으로 해석하였다. 마음이 부처라는 뜻이다.】

後二中에 前偈는 釋普淨世間이니 說法現身而能淨故며
後偈는 釋開示佛法이니 示其所悟二無我故니라

뒤의 2수(제5~6) 게송 가운데, 제5게송은 널리 세간을 청정히 함을 해석하였다. 설법하고 현신하여 세간을 청정하게 만들었기 때문이며,

제6게송은 불법을 보여준 데 대한 해석이다. 그 깨달음의 대상이 2가지 無我임을 보여줬기 때문이다.

一切人師子가 無量自在力으로
示現念等身하시니 其身各不同이로다

모든 사람 가운데 사자왕이신
한량없이 자재한 힘으로
생각과 평등한 몸 보이시니
그 몸이 제각기 같지 않다

世間如是身과 諸佛身亦然에
了知其自性이실새 是則說名佛이로다

세간의 이와 같은 몸
부처님 몸도 똑같은데
그 자성 분명히 아셨기에
그 이름 부처라 한다

如來普知見으로 明了一切法하사
佛法及菩提를 二俱不可得이로다

여래는 두루 지견으로
일체 법 실상 밝게 아시니
부처님 법과 보리의
두 가지 본체를 모두 얻을 수 없다

**導師無來去**며　　**亦復無所住**라
**遠離諸顚倒**실새　　**是名等正覺**이로다

부처님은 오고 가는 일 없고
머무는 곳도 없다
전도망상 영원히 여의었기에
등정각이라 말한다

◉ **疏** ◉

後四 自淨中에 初一은 已淨差別之用이오 後三은 內淨三德이니 一은 見性成佛하사 自開法身이니 稱性現應이오 次偈는 無得成佛하사 自開般若니 佛法은 所覺이오 菩提는 能覺이니 必能所相因일세 故俱叵得이니 無所得者는 則得菩提니라

後偈는 離妄成佛하야 自開解脫이니 不動無住故로 妄倒斯寂을 名眞解脫이니라

⑵ 뒤 4수(제7~10) 게송의 자신의 청정 가운데, 제7게송은 이미 차별의 작용을 청정하게 함이며,

뒤의 3수(제8~10) 게송은 내면으로 3가지 공덕을 청정하게 함이다.

제8게송은 견성으로 성불하여 스스로 법신을 깨달음이니, 법성에 걸맞은 응신을 나타냄이며,

제9게송은 얻음이 없는 것으로 성불하여 스스로 반야를 깨달음이니, 불법은 깨달음의 대상이고 보리는 깨달음의 주체이다. 반

드시 주체와 대상이 서로 연결되어 있기에 모두 얻지 못한 것이다. 얻은 바가 없는 것은 곧 보리지혜를 얻음이다.

제10게송은 전도망상을 여의어 성불하여 스스로 해탈을 깨달은 것이다. 움직임이 없고 머문 바가 없기 때문에 고요한 것을 진실한 해탈이라 말한다.

## 第九 下方 星宿幢菩薩

9. 하방 성수당보살

**經**

**爾時**에 **星宿幢菩薩**이 **承佛神力**하사 **普觀十方**하고 **而說頌言**하사대

그때 성수당보살이 부처님이 지닌 헤아릴 수 없는 영묘하고도 불가사의한 힘을 받들어 시방을 두루 관찰하고 게송으로 말하였다.

◉ **疏** ◉

解佛徧應法界之身而不離法性이 若彼星宿 粲然羅空하야 不可縛著일새 故以爲名이라

부처님의 법계에 두루 응하는 몸이 법성에서 떠나지 않음이 마치 찬란한 별들이 허공에 나열되어 있지만 얽매임이 없는 것과 같음을 알기에 그와 같은 명호를 붙인 것이다.

如來無所住로대　　普住一切刹하사
一切土皆往하시니　　一切處咸見이로다

여래는 머무는 곳 없지만
모든 세계에 두루 머물러
일체 국토에 모두 가시니
모든 곳에서 모두 친견하도다

佛隨衆生心하사　　普現一切身하사
成道轉法輪하시며　　及以般涅槃이로다

부처님은 중생의 마음 따라
널리 온갖 몸 나타내어
도를 이루고 법을 연설하고
그리고 열반에 드셨다

諸佛不思議시니　　誰能思議佛이며
誰能見正覺이며　　誰能現最勝이리오

모든 부처님은 불가사의하다
그 누가 부처님을 가늠하고
그 누가 정각을 보고
그 누가 수승한 몸을 나타내겠는가

◉ 疏 ◉

十頌은 顯佛此德이라

分爲三別이니 初三은 總顯卽體之應이오 次六은 別釋體應自在오 後一은 拂去自在之迹이라

前中初偈는 約處顯身之徧이니 謂法性身은 則無所住오 約自受用인댄 則無所不住니 名爲普住오 約他受用及變化身인댄 有感則往일세 故云一切土皆往오 若約十身인댄 無處非佛일세 故云一切處咸見이니라【鈔_ 謂法性身者는 此初一偈에 上三句는 約四身說徧이오 第四句는 約十身說徧이니 此十身은 正說衆生國土等十身故니 則有虛空處는 卽虛空身이오 有國土處는 卽國土身等이라 故無非佛身矣니라】

10수 게송은 부처님의 이러한 공덕을 밝히고 있다.

이는 3부분으로 나뉜다.

(1) 앞의 3수(제1~3) 게송은 본체와 하나가 된 응신을 총체로 밝혔고,

(2) 다음 6수(제4~9) 게송은 본체와 응신의 자재함을 개별로 해석하였으며,

(3) 뒤의 제10게송은 자재한 발자취까지 말끔히 떨쳐버린 것이다.

(1) 앞의 3수 게송 가운데, 제1게송은 공간을 들어 부처님의 몸이 두루 나타남을 밝혔다. 法性身은 머문 자리가 없지만 自受用身으로 말하면 머물지 않은 곳이 없기에 "널리 머문다[普住]." 말하고, 他受用身과 變化身으로 말하면 부른 곳이 있으면 곧바로 찾아가기에 "일체 국토에 모두 찾아간다." 말하고, 10가지 몸으로 말하면

어느 곳이든 부처님 아닌 것이 없기에 "모든 곳에서 모두 친견할 수 있다."고 말한다. 【초_ '法性身'이란 첫 게송에서 위 3구는 부처님의 4가지 몸이 두루 계심을 말하였고, 제4구는 10가지 몸이 두루 계심을 말하였다. 10가지 몸은 바로 중생국토 등의 十身을 말한 까닭에 허공에 계시면 곧 虛空身이요, 국토에 계시면 곧 國土身 등이다. 이 때문에 부처님의 몸 아닌 게 없다.】

次偈는 約機顯身之多일세 故云一切와 及八相事 皆由物感이라

後偈는 結歎難思니 初句는 總標오 下三句는 顯相이니 二句는 約感不能思니 思는 唯約心이오 見은 通心眼이며 下句는 約應難思일세 云誰能現고하니라

제2게송은 機緣으로 말하여 부처님의 몸이 많음을 밝힌 까닭에 "일체 및 八相의 일이 모두 중생의 감응에 연유한 것이다."고 하였다.

제3게송은 불가사의함을 찬탄으로 끝맺었다. 제1구는 총체로 밝힘이며, 아래의 3구는 그 모습을 나타냄이다. 위의 2구절(誰能思議佛, 誰能見正覺)은 감응을 도저히 사유할 수 없다는 것으로 말하였다. 思惟는 오직 마음으로 말하였고, 본다[見正覺]는 것은 '마음의 눈[心眼]'으로 통하고, 아래의 한 구절(誰能現最勝)은 응신의 불가사의함을 말한 까닭에 "그 누가 수승한 몸을 나타내겠는가!"라고 말한 것이다.

**一切法皆如**일세 **諸佛境亦然**이니
**乃至無一法**도 **如中有生滅**이로다

일체 법은 모두 진여이기에
부처님 경계도 그와 같다
내지 하나의 법까지도
진여 속에 생멸이 있는 게 아니다

**衆生妄分別** **是佛是世界**어니와
**了達法性者**는 **無佛無世界**로다

중생이 잘못된 분별심으로
부처이니 세계이니 따지지만
법성을 깨달은 이는
부처도 세계도 없다

**如來普現前**하사 **令衆生信喜**나
**佛體不可得**일세 **彼亦無所見**이로다

여래가 널리 앞에 나타나니
중생이 믿고 기뻐하지만
부처님 본체는 찾을 수 없고
그들 또한 본 게 없다

◉**疏**◉

次六 別釋中에 初三은 順釋이오 後三은 反釋이라
今初에 初偈는 釋前誰能現義니 謂現卽同如하야 無生滅故니라

次偈는 釋前誰能思義니 謂起心而思는 是妄分別이라 有依有正이어니와 法性之中에 能所斯寂이라

後偈는 釋前誰能見義니 謂能應隨緣하야 體本自無어니 能感之機 竟何所見가

⑵ 다음 6수(제4~9) 게송의 개별 해석 가운데, 첫 3수(제4~6) 게송은 차례대로 해석하였고, 뒤의 3수(제7~9) 게송은 거꾸로 해석하였다.

첫 3수 게송 가운데, 제4게송은 앞서 말한 "그 누가 수승한 몸을 나타내겠는가!"라고 말한 뜻을 해석하였다. 이는 現身이 곧 진여와 같아 생멸이 없기 때문임을 말한다.

제5게송은 앞서 말한 "그 누가 부처님을 가늠할 수 있겠는가!"라고 말한 뜻을 해석하였다. 이는 마음을 일으켜 생각한다는 것은 잘못된 분별의식이다. 報身도 있고 법신도 있지만, 법성 가운데는 주체와 대상이 사라져 이에 고요하기 때문이다.

제6게송은 앞서 말한 "그 누가 정각을 볼 수 있겠는가!"라고 말한 뜻을 해석하였다. 이는 응신의 주체가 인연을 따라 체성이 본래 없는 것인데, 감응의 주체가 되는 기연을 결국 어떻게 볼 수 있겠는가!

**若能於世間**에 **遠離一切著**하고
**無礙心歡喜**하면 **於法得開悟**로다

만약 세간에서

모든 집착 영원히 여의고
걸림 없이 마음에 기쁨이 넘치면
모든 법을 깨달으리라

**神力之所現**일세 **卽此說名佛**이니
**三世一切時**에 **求悉無所有**로다

신통력으로 나타내신 몸을
부처님이라 말하지만
삼세 모든 시간에
찾아봐도 있는 바가 없다

**若能如是知** **心意及諸法**하면
**一切悉知見**하야 **疾得成如來**로다

만일 이처럼
마음과 뜻과 법을 알면
일체 모두 알고 보았기에
여래를 빨리 이루리라

◉ **疏** ◉

後三 反釋中에 謂由無思見等하야 方能思等이니 則反顯前有思見等이 不了佛境이라

於中 初偈는 無思思니 要無著無礙故오

次偈는 無現現이니 神力之現일세 體卽虛故오

後偈는 明無見見이니 躡前無所有니 爲見前稱實之見이 非唯見佛이라 亦得疾成이니라

뒤의 3수(제7~9) 게송은 거꾸로 해석한 가운데, 생각하거나 볼 수 없는 등을 따라야 비로소 생각하거나 볼 수 있다는 등을 말한다. 이는 앞서 말한 "생각하거나 보는 것 등으론 부처님의 경계를 알 수 없다."는 뜻을 반대로 밝힌 것이다.

뒤의 3수 게송 가운데, 제7게송은 생각이 없는 생각이다. 집착이 없고 걸림이 없어야 하기 때문이다.

제8게송은 나타남이 없는 나타남이다. 신통력으로 몸을 나타내기에 그 자체가 공허한 때문이다.

제9게송은 봄이 없는 봄을 밝힌 것이다. 앞서 말한 "무소유로 본다."는 뜻을 뒤이어서 말한 것이다. 이는 진여실상에 부합하는 견해는 오직 부처님만이 볼 수 있을 뿐 아니라 빠르게 성취할 수 있다.

經

**言語中顯示** **一切佛自在**하시니
**正覺超語言**이어늘 **假以語言說**이로다

말씀 속에서 부처님의
자재하심을 보여주신다
정각은 언어를 초월한 것이지만
언어를 빌려서 말할 뿐이다

◉ 疏 ◉

三 一偈 拂自在之迹者는 上明自在는 尙假言詮이어니와 正覺은 超言이라 故拂言迹이니 超言도 亦假일세 應忘이라야 契之니라

⑶ 제10게송은 자재한 자취까지 말끔히 떨쳐버리는 것은 위에서 자재함을 밝힌 부분도 오히려 언어를 빌려 말했을 뿐이다. 바른 깨달음은 언어를 초월한 것이기에 언어의 자취까지 말끔히 떨쳐버리는 것이다. 언어를 초월했다는 것 또한 언어를 빌려 말한 것이기에 당연히 이것마저도 잊어야 진여실상에 하나가 될 수 있다.

## 第十 上方 法幢菩薩

10. 상방 법당보살

**經**

**爾時**에 **法幢菩薩**이 **承佛神力**하사 **普觀十方**하고 **而說頌言**하사대

그때 법당보살이 부처님이 지닌 헤아릴 수 없는 영묘하고도 불가사의한 힘을 받들어 시방을 두루 관찰하고 게송으로 말하였다.

◉ 疏 ◉

知眞實之法하야 普入法界면 則所修行이 皆無分量일세 故名法幢이니 知法名佛이라 故先讚見佛之益이니라

진실한 법을 알고서 법계에 널리 들어가면 수행하는 바가 모두 한량이 없기에 그 이름을 '법당'이라 한다. 법을 아는 것을 부처라 부르기에 부처님을 친견한 이익을 먼저 찬탄하였다.

**經**

**寧可恒具受** **一切世間苦**언정
**終不遠如來**하야 **不覩自在力**이로다

차라리 일체 세간의 고통을
영원히 모두 받을지언정
끝내 여래를 멀리하여
그 자재한 힘을 보지 않으면 안 된다

◉ **疏** ◉

十頌은 雙顯佛法難聞이라 於中 分二니 前四는 讚佛이니 勸人聞見이오 後六은 讚法이니 勸物聞求니라

前中 初一은 正令甘苦近佛이라

10수 게송은 부처님과 법을 듣기 어려움을 모두 밝혀주었다.

이는 2부분으로 나뉜다.

(1) 앞의 4수(제1~4) 게송은 부처님을 찬탄하였다. 이는 사람들에게 부처님을 친견하여 법문을 듣도록 권면함이며,

(2) 뒤의 6수(제5~10) 게송은 법을 찬탄하였다. 이는 중생들에게 법문을 듣고서 구하도록 권면함이다.

(1) 앞의 4수 게송 가운데, 제1게송은 바로 괴로움을 달게 여겨 부처님을 가까이하도록 함이다.

**經**

若有諸衆生이　　未發菩提心이라도
一得聞佛名하면　　決定成菩提로다

만일 모든 중생이
보리심을 내지 않을지라도
부처님 이름 한 번 들으면
반드시 보리지혜 이루리라

若有智慧人이　　一念發道心하면
必成無上尊이니　　愼莫生疑惑이어다

지혜 있는 사람이
한 생각 도심을 일으키면
반드시 위없는 세존 이루리니
삼가 의심을 내지 말라

如來自在力을　　無量劫難遇니
若生一念信이면　　速證無上道로다

여래의 자재하신 힘
무량겁에 만나기 어렵다

한 생각 신심을 내면

위없는 도 바로 이루리라

◉ **疏** ◉

後三은 釋其所以라

畧擧三事니 初偈는 聞名益이오 次偈는 發心益이오 後偈는 生信益이라

旣受苦得聞이면 成斯勝益이어니와 受樂不覩이면 不免長淪일세 故應甘苦而近佛也니라

뒤의 3수(제2~4) 게송은 그 이유를 해석하면서, 3가지 일을 간단하게 들어 말하였다.

제2게송은 부처님의 명호를 들은 데 따른 이익을 말하였고,

제3게송은 발심의 이익을 말했으며,

제4게송은 신심을 낸 데 따른 이익을 말하였다.

이처럼 괴로움을 달게 받으면서 불법을 들으면 수승한 이익을 성취하겠지만, 쾌락을 누리면서 부처님을 친견하지 않으면 생사의 바다에서 영원히 윤회를 면치 못할 것이다. 따라서 괴로움을 달게 여기면서 부처님을 가까이해야 한다.

**設於念念中**에　　**供養無量佛**이라도

**未知眞實法**이면　　**不名爲供養**이로다

설령 모든 생각마다

한량없는 부처님께 공양 올릴지라도
진실한 법을 알지 못하면
공양이라 말할 수 없다

若聞如是法하면 諸佛從此生이니
雖經無量苦라도 不捨菩提行이로다
만일 이런 법을 듣기만 해도
모든 부처는 여기에서 나온다
한량없는 고통 겪을지라도
보리행을 버리지 말라

一聞大智慧와 諸佛所入法하면
普於法界中에 成三世導師로다
단 한 번만이라도 큰 지혜와
모든 부처님이 들어가신 법을 들으면
널리 드넓은 법계에
삼세 부처님을 성취하리라

雖盡未來際토록 徧遊諸佛刹이라도
不求此妙法하면 終不成菩提로다
하지만 미래 세월 다하도록
모든 부처님 세계 두루 다닐지라도

이처럼 미묘한 법 구하지 않으면

끝내 보리지혜 성취하지 못하리라

**衆生無始來**로 **生死久流轉**하야
**不了眞實法**일세 **諸佛故興世**로다

중생이 시작도 없는 그 옛날부터

나고 죽는 데 오래 허덕이고

진실한 법 알지 못하기에

모든 부처님 일부러 세상에 나오셨다

**諸法不可壞**며 **亦無能壞者**니
**自在大光明**이 **普示於世間**이로다

모든 법 깨뜨릴 수 없고

깨뜨릴 사람도 없다

자재하신 큰 광명

세간에 널리 보여주셨다

**◉疏◉**

後六中에 已遇良醫인댄 復須法藥이라
於中 初二는 由聞實法하야 能成行法이니 前反 後順이라
次二는 由聞理智하야 成於果法이니 前順 後反이라
後二는 以感應釋成이니 前偈는 佛興이 由生迷實이오 後偈는 說法하야

示於眞實이니 不動眞際코 建立諸法이면 則性不可壞오 不壞假名而說實相이면 則相不可壞니 斯則天魔外道 等皆法印일세 故無能壞니라 餘는 如十藏品하다 上十菩薩之偈는 應以六相圓融이이다【鈔云 '上十菩薩'下는 總結이라 言'六相'者는 一은 總顯佛德이오 二는 別이니 則十種德殊오 三은 同이니 則同明佛德이오 四는 異니 則十德互望不同이오 五는 成이니 則共成佛德이오 六은 壞니 則各住自性이라】

(2) 뒤의 6수(제5~10) 게송에서는 이미 훌륭한 의원을 만났으면 또한 반드시 법이 되는 약을 구해야 함을 말해주고 있다.

6수 게송 가운데, 앞의 2수(제5~6) 게송은 신여실상의 법을 들음으로써 수행의 법이 이뤄지는 것이다. 앞에서는 반대로, 뒤에서는 차례대로 해석하였다.

다음 2수(제7~8) 게송은 진리의 지혜를 들음으로써 果法을 성취하였다. 앞에서는 차례대로, 뒤에서는 반대로 해석하였다.

뒤의 2수(제9~10) 게송은 감응을 해석하여 끝맺었다. 제9게송은 부처님이 세간에 나오심은 중생이 진여실상의 법을 알지 못한 데 따른 것이며, 제10게송은 설법하여 진실한 이치를 보여준 것이다. 진리의 자리에서 움직이지 않고 모든 법을 세웠기에 법성이 파괴되지 않고, 假名을 파괴하지 않고 실상을 말했기에 相이 무너지지 않은 것이다. 이는 곧 천마와 외도가 똑같이 모두 法印을 지녔기에 이를 파괴할 수 없다.

나머지는 제22 십무진장품에서 말한 바와 같다.

위의 열 보살의 게송은 6가지 모습[六相]으로 원만하게 융합할 수 있다.【초_ "위의 열 보살의 게송" 이하는 총체로 끝맺은 것이다.

"6가지 모습[六相]"이라 말한 것은 다음과 같다.

① 총체로 부처님의 공덕을 밝혔으며,

② 개별로는 10가지 공덕이 각기 다른 것이며,

③ 같은 것으로는 부처님의 공덕을 똑같이 밝혔으며,

④ 다른 것으로는 10가지 공덕을 서로 대조해보면 똑같지 않으며,

⑤ 성취한 것으로는 부처님의 공덕을 똑같이 성취하였으며,

⑥ 무너지는 것으로는 自性에 각기 머무는 것이다.】

所以偈後無結通者는 爲顯法界兜率에 讚德異故니 猶彼處處文殊偈偈各別하야 顯佛德無盡故니라

게송 뒤에 전체를 들어 끝맺음이 없는 바는 법계와 도솔에 찬탄한 공덕이 다르다는 것을 밝히기 위한 때문이다. 저 모든 곳에 문수보살이 각기 다른 게송으로 부처님의 공덕이 그지없음을 밝힌 것과 같기 때문이다.

◉ 論 ◉

已上은 各說一法하야 共成十廻向心이니 或但說有하면 衆生이 著有하고 或但說無하면 衆生이 著無일세 如經星宿幢菩薩頌에 云衆生이 妄分別是佛是世界어니와 了達法性者는 無佛無世界라하시고 法幢菩薩頌에 云寧可恒具受 一切世間苦언정 終不遠如來하야 不覩自在力이라하시니 此二頌은 皆相成就有無하야 恐墮邊見이니 餘는 例知라 如觀十方은 何意오 爲觀衆意之同別이며 亦觀十方世界諸佛의 法同不二니라

兜率天宮偈讚品 竟하다

위에서는 각각 하나의 법만을 말하여 똑같이 十回向의 마음을 성취하였다. 혹 有만을 말하면 중생이 有에 집착하고, 無만을 말하면 중생이 無에 집착한 까닭에 경문의 성수당보살 게송에서는 "중생이 잘못된 분별심으로 부처이니 세계이니 따지지만, 법성을 깨달은 이는 부처도 없고 세계도 없다." 말하였고, 아래의 법당보살 게송에서는 "차라리 일체 세간의 고통을 영원히 모두 받을지언정, 끝내 여래를 멀리하여 그 자재한 힘을 보지 않으면 안 된다."고 말하였다. 이처럼 두 보살의 게송은 모두 有·無를 성취하여, 유와 무의 한쪽 견해에 떨어질까 두려워한 것이다.

나머지는 이에 준해보면 설명하지 않아도 알 수 있다.

시방세계의 열 보살의 게송을 살펴보는 것은 무슨 뜻일까? 보살대중의 뜻이 똑같고 다른 점을 살펴보는 것이며, 또한 시방세계 모든 부처님의 법이 똑같아 둘이 아님을 살펴보는 것이다.

도솔궁중게찬품을 끝마치다.

도솔궁중게찬품 제24 兜率宮中偈讚品 第二十四

화엄경소론찬요 제46권 華嚴經疏論纂要 卷第四十六

# 화엄경소론찬요 9
# 華嚴經疏論纂要

2019년 2월 19일 초판 1쇄 발행

편저자 혜거
발행인 박상근(至弘) • 편집인 류지호 • 상무 이영철
책임편집 양동민 • 편집 김선경, 이상근, 주성원, 김재호, 김소영 • 디자인 쿠담디자인
제작 김명환 • 마케팅 허성국, 김대현, 최창호, 양민호 • 관리 윤정안
펴낸 곳 불광출판사 03150 서울시 종로구 우정국로 45-13, 3층
대표전화 02) 420-3200 편집부 02) 420-3300 팩시밀리 02) 420-3400
출판등록 1979. 10. 10 (제300-2009-130호)

ISBN 978-89-7479-500-9 04220
ISBN 978-89-7479-318-0 04220 (세트)

이 도서의 국립중앙도서관 출판예정도서목록(CIP)은
서지정보유통지원시스템 홈페이지(http://seoji.nl.go.kr)와
국가자료공동목록시스템(http://www.nl.go.kr/kolisnet)에서 이용하실 수 있습니다.
(CIP제어번호: 2019002053)

잘못된 책은 구입하신 서점에서 바꾸어 드립니다.
독자의 의견을 기다립니다. www.bulkwang.co.kr
불광출판사는 (주)불광미디어의 단행본 브랜드입니다.